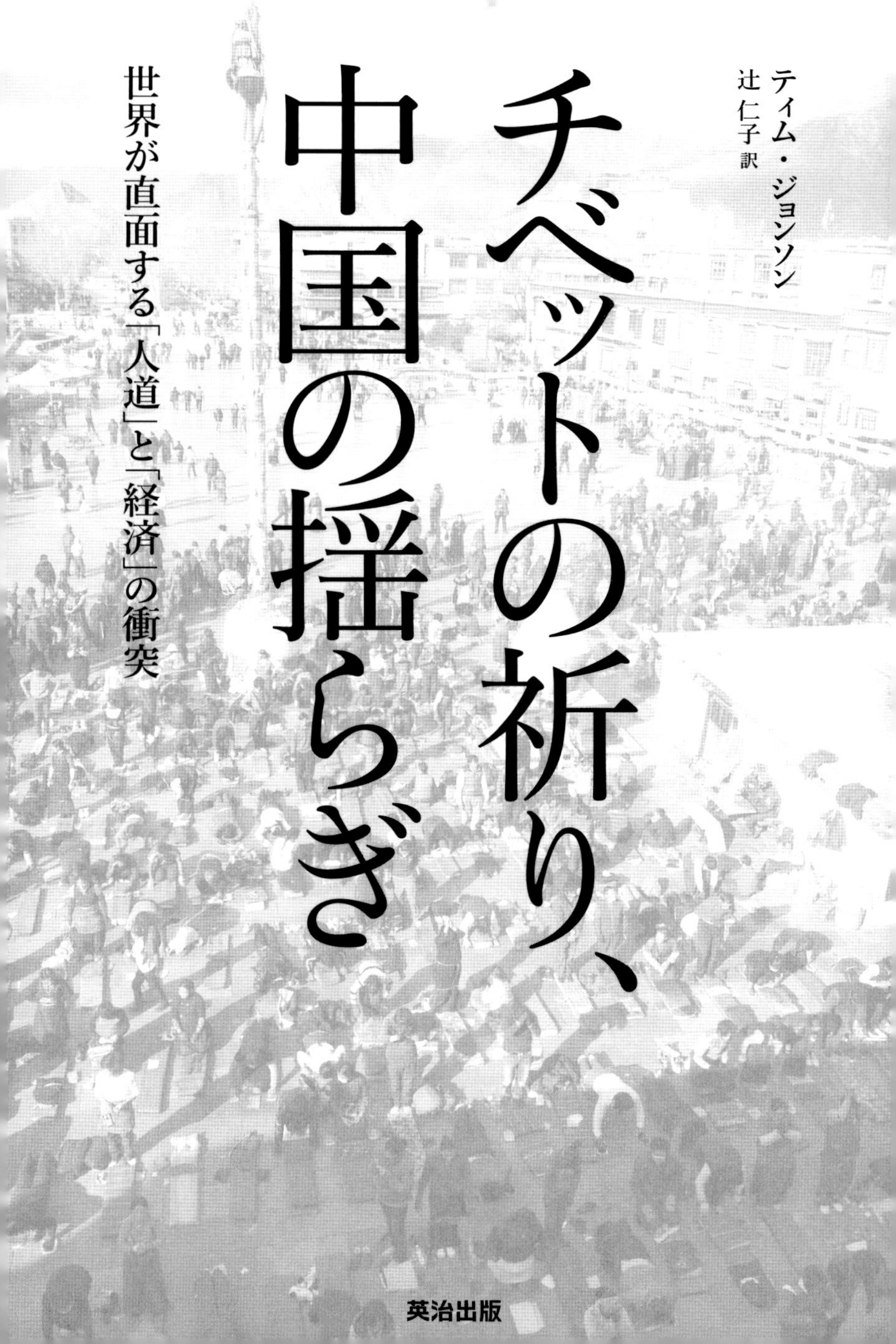

ティム・ジョンソン
辻 仁子 訳

チベットの祈り、中国の揺らぎ

世界が直面する「人道」と「経済」の衝突

英治出版

妻ターニャと母ジーンに捧げる

TRAGEDY IN CRIMSON

How the Dalai Lama Conquered the World but Lost the Battle with China

by

Tim Johnson

First published in the United States by
Nation Books, a member of the Perseus Books Group
Japanese translation rights arranged with Nation Books,
a member of the Perseus Books Inc., Massachusetts
through Tuttle-Mori Agency, Inc., Tokyo

はじめに

この本のもとになっているのは、六年間におよぶ私の中国駐在の経験だ。そこで目撃した、何億人もの生活を一変させるような劇的な変化について記している。

北京に着任した二〇〇三年当時、外国人ジャーナリストを取り巻く環境は厳しかった。中国外交部の要請により、北京市外に出かける場合は必ず政府に報告する必要があった。インタビューをしたければ、たとえ相手が一般人でもいちいち公式な許可が必要だった。もっとも、われわれの業界でおとなしく規制を守っていた者は少ない。こちらも仕事だ。許可が出るまで延々と待たされたうえ、取材先に行ってまで外交部の世話人に張りつかれたのでは話にならない。ただし許可を持たずに出かけて運悪く北京市外で捕まると、現地の治安当局者に「自我批評」――規則を破ったことを告白する自己批判文――を書かされた。

しかし、二〇〇八年初めに状況が変わった。同年の夏季五輪の主催国として、中国は国際社会でのさまざまな責任を果たす必要があった。その一環で、外国人ジャーナリストへの規制も緩和されたのだ。もはや当局に旅行計画を報告する必要はなくなった。インタビューも相手の同意があれば当局の許可はいらなくなった。こうしたオープンな環境が北京五輪後も維持されている点は評価できる。ただ、一部の規制は依然として有効だ。

外国人がチベットに立ち入るには、今でも許可証——ビザのようなもの——が必要で、これがなかなか認められない。チベットは中国共産党にとって最もデリケートな問題の一つだ。報道ではよく「三つのTと二つのF」という表現が使われる。三つのTとは台湾、チベット、そして一九八九年に軍が民主化デモを鎮圧した天安門。一つのFとは一九九〇年代後半から中国で急速に拡大した気功集団、法輪功《ファールンゴン》だ。法輪功は今では「邪教」として厳しい取り締まりの対象になっている。

二〇〇七年、権威ある英字誌『ファーイースタン・エコノミック・レビュー』〔二〇〇九年一二月で廃刊〕に掲載された論文「中国研究者はみな買収されているのか?」が大論争を巻き起こした。香港科技大学のカーステン・A・ホルツ教授はその論文で、欧米の中国研究者の間に「中国政府の機嫌を損ねないようにする」という暗黙の意識がはたらいていることを示唆したのだ。

教授の説明はこうだ。欧米の研究者が中国でフィールドワークをする際、データ収集のために現地の研究者と協力することが必要となる。しかし中国の研究機関や大学の活動は、中国共産党の目的にかなうことを前提としている。そのため「党が許容できる方法で研究が実施され、その内容は政治的に許容できる事項に限定される」という(1)。また、党や主要機関とのコネクションの恩恵にあずかっている研究者が、それを維持するために研究活動を自主規制する場合もあるという。すべての中国研究者がそうというわけではないが、特に政治学や経済学の分野でこうした意識が強いと考えられる、とホルツ教授は指摘した。

この論文をめぐって中国研究者らの議論は白熱した。厄介な問題提起だった。中国に出入りするチャンスを失いたくないので、研究内容は妥協している——そんなことを認める研究者がいるだろうか。現に、中国のデリケートな問題に大胆に踏み込んだ研究もある。しかし私の見るところ、その論文は本質を突いていた。しかも研究者だけの問題ではない。

中国という巨大市場に参入するために会社の理念さえ曲げる企業幹部、そして中国勤務を出世の布石と考えているジャーナリストにも、暗黙の意識が働いているのではないだろうか。経験豊富な中国研究者でも、いったん中国政府のブラックリストに名が載れば、学会に出席しようにもビザが下りなくなり、在留資格も取り上げられる。もちろんキャリアには大きな傷がつく。実際にそんな目に遭うケースはまれで、人数にすれば十人、二十人程度かもしれない。しかしその抑止効果は絶大だ。すでに多くの研究者が、中国のデリケートな問題に関する研究や、中国国内の出来事に関する発言に、及び腰になっている。

私自身も中国で、ある種の圧力を経験した。二〇〇八年十一月のある日、私は受信した電子メールを読んで大いに動揺した。送信元は私が所属する新聞社のワシントン支局長だった。中国の在サンフランシスコ総領事館から、中国での私の取材活動についてＣＥＯと話したいという要請があったらしい。そのとき私はチベット問題の取材でインドのダラムサラにいた。「中国外交部に目をつけられる覚えはありません」と返信したが、いろいろな考えが頭をよぎった。それから何日かは気が散って仕方がなかった。こんなふうに仕事をマークされては、編集者たちも慎重にならざるを得ない。そして私自身の取材活動にも――おそらくは無意識のうちに――影響が出るかもしれない。

一カ月ほど経って、私はワシントン支局を訪ね、中国の外交官とＣＥＯがどんな話をしたのか訊いてみた。「きみが書いているチベットの本のことを知りたがっていた」と支局長は言う。安堵すると同時に愕然として、危うく床にへたり込むところだった。チベットを取材していることだけならまだしも、なぜ本を書いていることまで知っているのだろう？　理由は明白だった。私自身は外交部の役人とは一年以上コンタクトを取っていなかった。ほとんど誰にも明かしていなかった執筆計画が彼らに漏れるルートは一つしかない。中国の公安組織の何者かが、私の電子メールを監視し、電話を盗聴したということだ。

だが、中国では特に驚くことではない。外交官や外国人記者だけでなく、中国では誰でも公安組織によってアパートやオフィス、車に盗聴マイクを仕掛けられる可能性がある。中国では国民の自由も外国人の自由もどんどん拡大しているが、それは政治問題にかかわらない場合の話だ。脅威と見なされた人物、あるいはデリケートな問題に関わろうとした人物は、国家が何千もの目と耳で徹底的にマークする。私自身も監視され、盗聴されていた。そして、国家がマークしていることを本人に知らしめるため、私の会社に威嚇射撃があったのだ。背筋が凍る思いだった。

だが、その何倍もの恐怖を味わっているのがチベットの人々だ。

この本では、私の数年間の旅の記録とともに、取材に応じてくれた多くのチベット人——遊牧民、僧侶、怒れる若い亡命者、そして中国共産党の最高指導者とつながる一人の若い女性——の物語を通して、彼らが置かれた状況をさまざまな側面から描き出す。

どの章からも、チベット人と中国人（多数派である漢族）の間の深い溝がくっきりと浮かび上がるだろう。ほとんど虚構の「自治」という言葉、そして「飛躍的な発展」の約束。それを隠れみのにして、中国政府はじわじわとチベット人を骨抜きにしている。政府が中国人のチベットへの移住を許可したことで、チベット人のアイデンティティや文化はどんどん希薄化している。

私は執筆にあたって、極寒のヒマラヤからネパール、インドを取材して回り、ダライ・ラマ十四世の米国講演旅行も追った。成長著しい中国の影響力は、国内外のチベット人だけでなく、インターネットの世界や諸外国にまで及んでいる。中国がいかに腕力を振りかざし、チベット人の活動を挫折させているか――読者はその様子を目の当たりにするだろう。

この本を読んで緊迫感を覚える読者もいるかもしれない。それはひとえにチベットの最期のときが迫っているからだ。ダライ・ラマ十四世はすでに老境にある。無神論に立つはずの中国共産党は、ダライ・ラマの転生者を認証する権利は中国政府にあると主張している。政府が自らに都合のよい転生者を選ぼうとすることは間違いない。すでにそのような前例がある。チベット人にとって、ダライ・ラマがいなくなることは壊滅的な打撃を意味する。チベット問題が世界中に知れわたったのはダライ・ラマの名声によるところが大きく、彼が亡くなれば絶望が広がるだろう。

さらに、これは約六百万人のチベット人だけにとっての問題ではない。中国共産党が、その権力を脅かす存在と見なした相手――とりわけ自治、人間の尊厳、信教の自由といった理想を掲げる人々――にどう対処するかが問われているのだ。中国政府が示している回答は、虐待と過酷な弾圧だ。そして国際舞台では、貿易相手国に中国の歴史観を受け入れるよう強要している。その影響を受けるのはチベット人だけではない。今後ますます中国の力が強くなれば、私たちの誰もが巻き込まれる可能性がある。

私の中国勤務は幕を閉じた。今は地球の別の場所で働いている。そのおかげで、中国での経験をより公正に書くことができた気がする。とはいえ、私自身に中国に対する特別な思い入れがあることは否めない。私の祖父母は八十年ほど前に私と同じくらいの期間を中国で過ごした。私の二人の娘は中国に住むことを考えている。娘たちは子供時代を中国で過ごした。下の娘は有名な芳草地小学校に五年間通い、現地の子供と間違われるほどの中国語を話す。子供たちがひしめき合って遊んでいる運動場で、ジャン・フェイフェイと娘の中国名を呼ぶと、彼女はぱっと反応する。すっかり中国のアイデンティティになじんでいるのだ。

私自身は意見を率直に話せる立場にあったが、私の取材相手の多くはそうではなかった。二年以上をかけて何十人ものチベット人にインタビューしたが、この本に登場するのはほんの一部だ。場合によっては、彼らの安全に配慮して、本名を伏せ一語だけのチベット名を用いた。中国以外に住むチベット人については フルネームを用いている。

しかし、外国にいてさえチベット人たちの口は重かった。ある晩私は、ボストンで一人の教養あるチベット人女性と食事した。彼女とは以前の取材で出会い、今回も家族の話を聞かせてもらうことになっていた。ところが、突然彼女はさめざめと泣き出し、自分のことを書かないでくれと懇願した。まだ中国にいる家族に迷惑がかかるのが怖いというのだ。

彼女のような人々が、恐怖から解放される日が来ますように——。

この本には、そんな願いが込められている。

ティム・ジョンソン

メキシコシティにて

チベットの祈り、中国の揺らぎ❖目次

第6章　ダラムサラ　166

第7章　カルマパ　194

ロシア
モンゴル
内蒙古自治区
ゴビ砂漠
北朝鮮
北京
黄河
韓国
西寧
蘭州
夏河
上海
長江
四川省
台北
台湾
香港
ベトナム
© AVALON TRAVEL

チベット自治区と大チベット
カザフスタン
バルハシ湖
キルギスタン
新疆ウイグル自治区
タクラマカン砂漠
甘粛省
パキスタン
青海省
長江
チベット自治区
ダラムサラ
大チベット
ネパール
マチュアン川
メコン川
ヒマラヤ山脈
ラサ
シガツェ
ニューデリー
カトマンズ
ブータン
チョ・オユー山
エベレスト山
インド
バングラデシュ
イラワジ川
N
ミャンマー
0
400 km

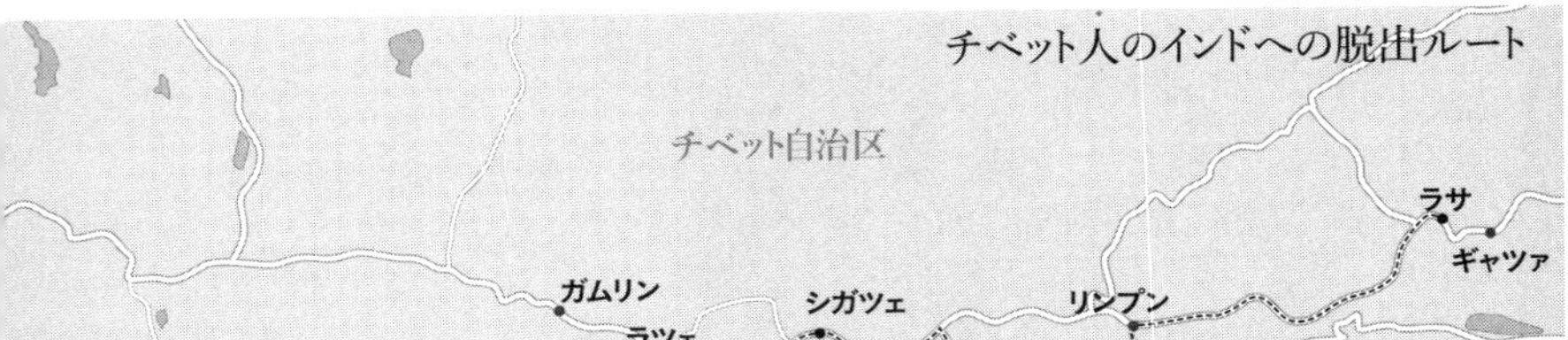
チベット人のインドへの脱出ルート
チベット自治区
ラサ
ギャツァ
ガムリン
シガツェ
リンプン
ラツェ
キドン
ギャンツェ
ガンカル
ティンリ
カンマル
ロカ
ガムパ
ニャラム
ダム
ナンパ峠
チョ・オユー山
エベレスト山
カトマンズ
ブータン
ネパール
N
© AVALON TRAVEL

第1章　大きな賭け

歴史？　それは歴史家や法律家が考えるもの。彼らに任せておきましょう。どうでもいいことです。過去は過去。大切なのは未来です。

――ダライ・ラマ十四世（東京での記者会見、二〇〇八年十一月三日）

世界が敬愛する存在

ダライ・ラマへのインタビュー当日、私は興奮と不安を胸に目を覚ました。過去に大勢がつめかけた記者会見の場で質問したことはある。講演を聴いたことは十回以上――劇場、ホテルの広間、会議場、あるときはアメリカンフットボールのスタジアムにも足を運んだ。しかしダライ・ラマを独占してじっくり質問するチャンスを得たのは初めてだった。親しみやすく陽気な人柄の一方で、問題の核心に切り込む鋭さをもった人物であることは十分にわかっていた。聞いた話では、インタビュアーが勉強不足だと感じると、話を打ち切ってしまうこともあるらしい。頭のすみに不安がわだかまっていた――彼が本当に悟りをひらいた存在、つまり観音菩薩の化身ならば、私の心などお見通しなのではないか。こちらの手の内は丸見えで、太刀打ちできないのではないか？

私はインドの高原避暑地《ヒル・ステーション》、ダラムサラのゲストハウスに宿泊していた。寝ぼけまなこでふらふらと窓辺に近づき、見下ろすと、カングラ谷にはすでにモンスーン期の雨雲が集まっていた。ツクラカン寺院から僧侶の早朝の読経の声が低く響いてくる。尾根にまたがるこの寺院は、木々に覆われた丘の上にあるダライ・ラマの公邸、事務所へと続いている。

テンプル通りのコーヒートーク・カフェに入り、蜂蜜とジャムのついたワッフルとカプチーノを頼む。通りの向こう側ではチベット人の行商人たちが、トルコ石やサンゴの宝飾品などさまざまな屋台を並べている。彼らの客は、隣のパンジャブ州から暑さを逃れてくるインド人観光客。パンジャブ州はパキスタンと接するインド北部の州で、その寒暖の差の厳しさは有名だ。通りの様子はいつまで眺めていても飽きない。チベット仏教の僧侶が通り過ぎる。にぎやかな集団もいれば、頭をたれて一人でゆく者もいる。あざやかな縞模様のエプロンをつけたチベットの女性たちが、大声でしゃべりながら、世界各地から集まるバックパッカーや旅行者の間を縫ってゆく。目を上げると、はるかに雄大なダウラダール山系がそびえている。その山々を越えれば、中国、チベットとの境界は遠くない。

約束の時間が近づいたため、寺の境内を通って丘をくだり、広々とした中庭に出る。さらに進むと黄色いダライ・ラマの事務所があり、正面を完全武装したインド人の警備員が固めていた。ダライ・ラマに対するインド政府の警護体制は、閣僚や政府高官クラスと同等だ。側面にまわったところに入口があり、チベット人とインド人の警備員が訪問者をチェックしている。私は数日前にも、ダライ・ラマの個人秘書と面会するためここを訪れた。そのときはうっかりパスポートを忘れてしまったのだが、警備員は用件を詳しく訊き、各種の取材許可証を確認し、面会相手に電話を入れると、そのまま入館を許可してくれた。まだ私の顔を覚えていたようだが、今回はパスポートをすみずみまであらためる。質問も念入りだ。鍵や硬貨などの持ち物をポケットから出すと、徹底的なボディーチェックが始まった。これほど厳重なのはイスラエルのベン・グリオン空港以来だ。片足ずつ、くまなく叩いて調べていく。足、尻、股間、胸、背中。危険性なしと判断され、トレーに載ってX線検査機から出てきたレコーダーとカメラを受け取る。そして待合室に進むよう指示された。

いくつかある待合室の一つ、八角形の部屋に入ってベンチにかけた。開かれた窓からわずかに風が入ってくる。まわりでは数人の女性たちが中国語で話している。ノートやお香などが入ったビニール袋を握りしめているのが目につく。ほどなく十人以上の人々が新たにやってきて、狭い部屋の壁ぎわに並んだベンチを埋めた。この人たちもダライ・ラマに会いに行くのだろうか。私の面会時間は予定どおり四十五分間確保できるだろうか。質問内容を見直しながら二十分ほど待つと、ダライ・ラマの優秀な若手側近のテンジン・タクラが扉口に現れ、ついてくるよう身振りで示した。彼は幼少期をニュージャージー州で過ごし、その英語には米国アクセントがあった。彼の父親はダライ・ラマの実兄だ。つまり彼の仕える人物は、地球上で最も有名なチベット仏教の僧侶でもあり、叔父でもある。

ダライ・ラマ——人道主義のシンボルとなった世界有数の聖職者。しかし面会の機会を得るのは思ったほど難しくなかった。八カ月前、私は北京を拠点とするジャーナリストという肩書でインドのダライ・ラマ事務所に手紙を出した。当時私は米国三位の新聞ネットワーク、マクラッチー・ニュースペーパーズの北京支局長で、まもなく六年間の任期を終えようとしていた。中国のあらゆる地域を歩き、チベットの将来は強大化する中国の世界的役割を抜きには語れないと痛感していた。そして、この観点からチベット問題をとりあげた本を執筆し、北京任務の締めくくりにしたいと考えていた。手紙はそれを説明するものだった。数週間後、インドを訪れたついでに直接事務所に出向いて面会希望を出した。ほかに書かなければならない記事が山積みだったので、急いではいなかった。それから六カ月あまり経過し、本の執筆に本腰を入れ始めた私は、ダライ・ラマの有力な側近の一人に電子メールを送った。すぐさまテンジン・タクラから、六週間後にインタビューの日程を組んだとの返信があった。質問の数を絞り込み、事前にテーマを教えてほしいとのことだった。「質問に対する猊下《げいか》のお答えが長くなりがちな点はご了承ください。そのため、所定のインタビュー時間内にすべての質問に答えられない場合もあります[1]」

彼の要請に従い、私は質問のテーマを二つ用意した。一つはチベットの不穏な社会情勢について。もう一つは、すでに七十歳を超えたダライ・ラマ十四世にいつか訪れる死に対し、チベットの人々が抱く不安の高まりについてである。チベット人はダライ・ラマの身体と精神に仏性の一側面が顕われていると考え、法王として崇拝している。ダライ・ラマを目にし、涙を流して地面にひれ伏す人々の姿を見たこともある。過去十三代のダライ・ラマの転生を受け継ぎ、その深遠なる叡智と洞察力のすべてを体現する存在――それが、彼らの信じるダライ・ラマ十四世なのだ。

「洗脳されていないでしょうね?」

七世紀ごろに仏教に出会ったチベットの人々は、独特な信仰を築きあげてきた。彼らは、死と転生のプロセスを会得した数百の「トゥルク」(化身ラマ)が、自身の生まれ変わりを選び何度も転生を繰り返しながら人々を悟りに導くと信じている。数百年を経てチベット仏教は四つの宗派に分かれた。最大宗派のゲルク派で最も尊敬されているのが、ダライ・ラマとパンチェン・ラマである。十七世紀になると、ダライ・ラマはチベット中央部で政治的・精神的な影響力を確立する。近年では宗派を問わずほぼすべてのチベット仏教信者がダライ・ラマを救世主として崇拝し、その名はヒマラヤ山脈をはるかに超えて知れわたっている。[2] 非暴力を貫き、人間味あふれる姿勢で慈愛の精神を広めるダライ・ラマ。世界中の国々で——もっとも中国は別だが——道徳的シンボルとして称えられる存在だ。彼は一年間に地球を何周もまわり、各国の指導者と会い、チベットの首を締めあげるような中国の現状を訴え、地球温暖化や核の拡散など世界レベルの問題について意見を発信する。いたずらっ子のように陽気でメディア受けのよいダライ・ラマは、訪れる先々で新聞やテレビのトップをさらう。

しかし、ダライ・ラマがここまで世界的な名声を得ているにもかかわらず、中国の支配下にあるチベットの人々には、いっこうに自由が見えてこない。中国は口をきわめてダライ・ラマを批判し、母国からのチベット分離を画策する悪魔のような黒幕と呼んでいる。近年では、右肩上がりの経済的影響力をふりかざし、ダライ・ラマを受け入れようとする国々に経済的な対抗措置をちらつかせて脅している。民主主義国の模範的存在といわれる南アフリカ共和国やコスタリカでさえ、中国の警告に従ってダライ・ラマの訪問を拒絶したり、ビザの発給を取りやめたりしている。やがて訪れるダライ・ラマ十四世の死が、現状を大きく変える分岐点になるだろう。中国共産党は、世界中を味方につけた難敵から解放される一方で、自由な祖国が遠のいたことを嘆くチベットの人々が先鋭化するリスクを抱えることになるだろう。

私はテンジン・タクラにともなわれて小高い丘を登り、ダライ・ラマのレセプション・ホールに隣接する大きな待合室に向かった。圧倒されるような景色だった。丘の周囲は崖がするどく切れ落ち、背後には五千メートル級の山々がそびえ立つ。建物を囲む木々からはカラスの声が響き、見上げれば夏の上昇気流にのってタカが空高く旋回している。丘の斜面を覆うのは常緑樹のヒマラヤスギだ。

途中サルを見かけることはなかったが、おそらく近くにいたはずだ。丘の下からは僧侶の詠唱が聞こえてきた。穏やかに共鳴しあい、心を落ち着かせる豊かなバリトン。

誰もいない部屋に通されて待つ。ソファとコーヒーテーブルがいくつも置かれ、すべての壁に窓がある。窓の外では、訪問者の一群が列をなしてダライ・ラマの祝福を待ち構えている。まもなく、ゆったりと列に歩み寄るダライ・ラマの姿が見えた。微笑をたたえ、胸の前で手を合わせている。訪問者は頭を下げて彼を待つ。涙をぬぐっている人もいる。ダライ・ラマは列にそって進みながら、一人一人に短く言葉をかけ、両手を包み込むように握り、彼らが祝福を受けるために持参した品物に触れていく。ダライ・ラマが列の最後に到達するのを見届ける前に、私は側近に呼ばれた。

そこは小ぢんまりして気持ちのよい部屋だった。床には緑のチベット絨毯《じゅうたん》が敷かれ、壁には十一枚の「タンカ」――仏陀やその他の尊像を刺繍《ししゅう》で表した掛け軸――が掛かっている。ベージュの布地をはった長椅子二脚とひじかけ椅子四脚が部屋の大部分を占めている。壁際にはほかにも質素な椅子がいくつか置かれていた。素朴な花瓶に活けられたみずみずしい黄色い花が窓辺にいろどりを添えている。長椅子にかけるようにと指示された。ダライ・ラマはひじかけ椅子に座るという。私は起立したままダライ・ラマの到着を待った。三人の側近が入ってきた。二人は個人秘書、もう一人は標準中国語を話すチベット問題の専門家。そして、ダライ・ラマが姿を現した。ほほ笑みを浮かべ、私の差し出した手を力強く握りしめると、ダライ・ラマは腰を下ろした。おなじみの深紅の僧衣をまとい、肩口には芥子色の布地が見える。靴下も深紅だ。靴は茶色の革のひも靴で、室内でも履いたままだった。左手首には金属製バンドの腕時計。バンドが緩めてあるため文字盤が内側を向いている。私に関する情報は事前に伝えられていたが、あらためて自己紹介をする。米国人ジャーナリストで、長い中国勤務を終えるにあたりチベットに関する本を執筆中だと説明した。

「洗脳されていないでしょうね?」ダライ・ラマは手を打ち合わせて快活に笑った(3)。

ダライ・ラマは口語的な英語を話し、ときどき動詞が抜けたり構文が崩れたりした。また、ふいにチベット語に戻って側近に通訳を頼むこともあった。私が執筆中の本に関心を示し、発行はいつかと尋ね、中国語版があると役に立ちそうだと意見してくれた。「中国の人々は常識的ですよ。正しい情報さえあれば、常識的に判断する人たちです。でも指導者は――一部のタカ派の人たちは、常識を考える部分の脳みそが欠けているみたいですがね」。そう言って、また明るく笑った。

ただの僧侶が大国に挑む

私はチベット人居住区を取材して回ったことに触れ、本題に入った。まずは二〇〇八年三月にチベット高原のあちこちで発生した大規模な暴動についてだ。約半世紀前にダライ・ラマが亡命して以来、チベット人は中国支配への抵抗を続けてきたが、このときの暴動は過激化して広範囲に飛び火し、最大の事件となった。当初は平和的に始まった抗議運動だが、チベット自治区の首府ラサでは一部が暴徒化して投石し、車や店に火をつけた。残された瓦礫に煙がくすぶる有様を見て、多くの中国人がチベット人の抱える怒りの激しさに愕然としたのである。ラサでの暴動に続き、数週間のうちに百を超える場所でデモが起こった。大半は平和的なものだったが、中国政府はただちに外国人のチベット入りを禁止するとともに、何万人もの治安部隊をチベット高原に送り込んだ。

興味を引かれるのは、抗議運動の大半が、チベットの山奥にあるラサからはるか遠く離れた四川省、甘粛省、青海省などチベット自治区以外の場所で発生したことだ。私はダライ・ラマに、なぜこうした地域で暴動が起こったのか訊いてみた。すると彼は側近の一人にチベット語で声をかけ、即座に地図が用意されてテーブルに広げられた。ダライ・ラマは説明を始めた。チベット中央部の共産党の役人は「ものすごく厳しい統制力」を発揮しているという。報道によれば、ラサの暴動後、チベット自治区の管理責任者だった漢族の張慶黎《チャン・チンリー》党委書記は、処刑すべきチベット人は処刑すると表明し、その後一年ほどでそれを実行したという。

ダライ・ラマはチベット高原の周辺のいくつかの地域を指し示した。「過去七百年間、ここが中国との本当の国境地帯でした。だからこのあたりの人たちは強いのです。一九五〇年まで、この地域を支配していたのはチベット政府でも中国政府でもありません。部族軍の長たちです。半分独立のような状態でした」。数百年も混沌とした国境地帯に暮らすなかで、チベット人はたくましく、もっといえば好戦的になった。「このあたりでは――」と青海省南東部のチベット人居住地を指し、「外で盗みたかりをできないような男は男ではない、なんて言うそうですよ」と言って、くすくす笑う。チベット高原の周辺地域では昔から党の役人の監視も甘く、ほかの地域よりは役人を恐れずに不平不満を口に出すことができたらしい。そのため、ラサで最初の暴動が発生したあと、こうした地域ではニュースがあっという間に広まり、人々は平和的な手段で立ち上がったのだ。

私はダライ・ラマに、あなたが引退したら誰が先頭に立ってチベットの文化と仏教を守るのかと訊いてみた。即座に何人もの若いラマの名前が返ってきた。筆頭に挙がったのが、チベット仏教の四つの宗派の一つ、カルマ・カギュ派の最高位にある、カルマパ十七世だ。カルマパはまだ二十代だが端然としてカリスマ性があり、一九九九年にインドに亡命して以来、亡命チベット人に高い人気がある。ダライ・ラマはほかにも名前を挙げ、「これらのラマの潜在能力もとても高い」と言う。そこには、チベットで静かに勤めを果たしている僧侶も含まれていた。彼らは標準中国語とチベット語に堪能で、チベット高原の社会情勢も熟知している。そして、亡命すべきか、あるいは中国の監視のもとにとどまるか、そのタイミングを測っているのだ。しかしダライ・ラマは、私の問いの核心部分にはなかなか触れようとしなかった。ダライ・ラマの転生はいつか――これはチベットの人々の心をかき乱すだけでなく、中国の将来さえも左右しかねない大問題だ。

ダライ・ラマは一九三五年生まれで、仏教で言う「極楽」に行く日もそれほど遠くはないかもしれない。そして世界中のチベット人は、今までと同じ宗教的伝統が守られることを望んでいる。つまり高僧ラマたちがお告げや予言、その他さまざまな暗示によってダライ・ラマ十四世が転生した少年を見つけ出し、最終的にその少年がダライ・ラマ十五世に即位することを願っている。仏教では生きとし生けるものは輪廻転生を繰り返すと信じられているが、なかでもチベット仏教は独特で、偉大な高僧の生まれ変わりである「トゥルク」は自身の霊魂《マインドストリーム》を新たな命――悟りを共有できる少年――に受け継ぐことができると信じられている。通常ならば、晩年を迎えたダライ・ラマは、たとえば詩などの形で自身の転生者が見つかる場所の手がかりや暗示を残す。しかしダライ・ラマ十四世は、この制度を踏襲するかどうかはチベット人自身が決めればよいという姿勢だ。彼は自身の転生者について、中国よりもっと自由のある国で見つかるかもしれないし、「マデイ・トゥルク」で決まる可能性もあると述べている。マデイ・トゥルクとは、ダライ・ラマが存命のうちに後継者となる子供が誕生し、ダライ・ラマ自らその子供に教育をほどこすという、まさに人知を超えたプロセスだ。

私はダライ・ラマに、自身の転生の方向性をいつ決定するつもりか、さりげなく訊いてみた。それは十年くらい先だろうか？　「主治医に訊いてみないといけませんね」と彼は笑う。――と、その目が一段と輝きを増した。次の瞬間、前代未聞の大胆な予言が飛び出したのである。

「確証があるとは言えませんが——」彼は言葉を継いだ。「ダライ・ラマ十四世の寿命は、中国共産党の寿命よりちょっとだけ長いような気がするのです。中国の全体主義的システムの命は、あと五年か十年でしょう。今の冷酷な政策が長続きするとは思っていません」

私は自分の耳を疑った。つまり、中国共産党の現体制はあと数年で終わるかもしれない、ということなのか？　彼はうなずいた。

成長著しい中国を支える党体制の老い先が短いとは、あまりに軽はずみで性急な発言に思われた。彼は中国とチベットの戦いを、中国共産党とダライ・ラマの戦いとしてとらえようとしていた。ちょうど中国共産党が、チベット問題をダライ・ラマ個人との戦いにすり替えているように。中国の指導者がダライ・ラマの死を待ち望み、彼の死によって苛立ちの原因が一掃されると考えているのは明らかだ。

ほんの少し間をおき、ダライ・ラマはあらためて指摘した。中国の指導者は、「一方的な」ダライ・ラマ攻撃によってチベット動乱のすべての責任を彼に押しつけてきた。「彼らの目には一つの標的しか見えていない——それがチベット問題の根本的な原因なのです」。標的とは、もちろんダライ・ラマ自身だ。「過去二十年、彼らはことあるごとに言ってきました。『蛇を殺すには頭をつぶせ』とか、『ハエを追い払うには腐った肉を片づけろ』とか」。そして実際に——と彼は続ける。ダライ・ラマに対するチベット人の思い入れはきわめて強く、もし中国がチベットの抵抗を鎮圧しようとすれば、血なまぐさい事態は避けられないだろう。「チベット人の九〇％を殺さなければならないでしょうね」

要するに、ダライ・ラマは中国に真正面から立ち向かうつもりなのだ。寿命の長さだけではない。

互いの社会的・政治的な権力の強さと弱さについてもそうだ。これまで数十年間、中国のチベット支配をめぐって何度も小競り合いが繰り広げられた。中国が統治権を維持することは受け入れるとしても、そのなかでチベットの宗教の自由と自治権を拡大する。それがダライ・ラマの要求だった。両者には歴然とした力の差があるが、ときに弱者は強者にかみつき、番狂わせを演じたのだ。

とはいえ、やはりダライ・ラマは圧倒的に無力だ。いくらチベット人の尊敬が篤かろうと、地上に彼の王国はない。一九五九年、暴動失敗の余波で脱出した祖国は、中国の軍隊に占領されている。彼は今、インド北部のヒマラヤ山脈の、サルの群れが建物をつたい走るような小さな街に亡命政府を立てて統治している。その政府を承認する国は国際社会に一つもない。彼にはパスポートもなく、旅行には黄色い難民旅行証明書を使う。さまざまな面でまったく無力であり、彼が好んで言うように「ただの僧侶」なのだ。本人は「ホームレス」だと笑い飛ばしたこともある。

しかしダライ・ラマは世界で最も知られた指導者の一人であり、今では南アフリカのネルソン・マンデラ、米国のマーティン・ルーサー・キング・ジュニア、インドのマハトマ・ガンジーとも並び称される道徳的シンボルだ。彼の友人・知人には、各国の現役指導者やかつての指導者が含まれる。彼が講演すればスタジアムは満員になり、ハリウッドのセレブたちが先を争って彼の隣で写真におさまる。一九八九年にノーベル平和賞を受賞したことで、宗教的寛容、人道問題への同情、環境への配慮を提唱する彼の声にはますます支持が集まった。公的に無力とはいえ、彼は巨大なソフトパワーを巧みに操っている。経済の不安、核の危機、環境の悪化——苦悩の絶えない現代世界において、素朴で人間味のあるアプローチを訴えるダライ・ラマの提言は広く共感を呼び、みなが耳を傾ける。

無力なただの僧侶。その見かけとは裏腹に、ダライ・ラマは中国の指導者を怒りにふるわせてきた。彼らにとってダライ・ラマほど癪《しゃく》にさわる敵はそうそう見当たらない。ダライ・ラマは彼らが忌み嫌うもの――あるいは恐れるもの――のほとんどを体現しているのだ。宗教的自由への一途な思いと、亡命政府に導入した、うまく機能する民主主義。彼の思想は世界中で共感を呼んでいる。そして支持者たちが彼に寄せる心からの敬意。それこそ、しかめ面の政治局常務委員たちが夢見てやまないものだ。ダライ・ラマについて考えをめぐらせるうち、ある往年の宗教指導者が脳裏に浮かんだ。前ローマ教皇ヨハネ・パウロ二世である。故国ポーランド、そして中東欧全体の民主化に尽力した彼は、二十世紀で最も称賛された人物の一人に数えられる。そして二十一世紀、その役割を継承したのは間違いなくダライ・ラマだ。彼もまた普遍的な道徳的シンボル、独裁的支配の痛烈な批判者として、その名を世界に知られ、老化した共産党指導者と対峙し、一般人に対する弾圧と戦っている。

中国本土ではダライ・ラマに対する誹謗中傷が絶えない。国営テレビのニュースキャスターは軽蔑をこめて彼を「ダライ」と呼び捨てにし、その地位をおとしめる。攻撃はそれにとどまらず、中国ではダライ・ラマの写真もご法度だ。彼の存在を消し去るための第一歩である。いつか本当に彼が亡くなったとき、チベット人は頼るべきかけがえのない人物を失うことになる。そして、チベット問題に対する世界の関心も失われるだろう。多数派の支配下にある少数民族など世界では珍しくないからだ。そういう意味で、チベット問題は文字どおり生きるか死ぬかの戦いだ。すべてがテンジン・ギャツォ――自身を「二流のダライ・ラマ」と呼ぶいたずら好きなチベット僧――の生死にかかっているのである。あるとき彼は記者会見で、「このダライ・ラマ十四世は悪いダライ・ラマではありません――すばらしいってほどではありませんがね」(4)と述べて笑った。

ダライ・ラマは現在の中国を厳しく批判する一方で、過去六十年間で中国が達成してきたことは称賛している。かつて毛沢東は、チベットの若きリーダーになったダライ・ラマを「真の偉大な指導者」と評価した。時を経て中国は経済体制を抜本的に変革し、その国際的立場は大きく変わった。ダライ・ラマによれば、中国には超大国を標榜するに足る人口・軍事力・経済力があるものの、その政策は抑圧的で、超大国を自任するだけの道徳的権威に乏しい。彼は胡錦濤《フー・チンタオ》国家主席が掲げた「調和した社会」という目標を評価する一方で、「調和した社会は信頼のうえに成り立つ。銃や恐怖によってではない」と釘を刺すことも忘れない。ダライ・ラマに言わせれば、道徳的権威とは宗教やその他の自由が尊重されてはじめて獲得できるものだ。「中国が本当に尊敬できる超大国になれば、われわれチベット人は、その一部であることをもっと誇らしく思うでしょう」

十三億人の爆発する欲望

チベット問題を理解するには、ダライ・ラマが戦いを挑んでいるのは現代中国のどの部分かという点をよく考えることが大切だ。中国の人口は十三億人（全人類のおよそ五分の一）に達し、さらに強く豊かになっている。私自身、六年間の滞在中にすさまじい都市の変貌を目の当たりにした。オフィスの目の前に高層ビルが次から次へと生えてくる——まるでアルプスの牧草地の花が一斉に開くさまを早回しで見るようだった。ショッピングモール、高速道路、地下鉄、空港があっという間に完成する。中国は伸び盛りの十代のような成長を見せた。六年のうちに中国経済は英国を抜いて世界第四位に、ドイツを抜いて第三位に、そして二位の日本と並ぶ地位まで一気に駆け上がった。いずれ一位の米国を追い抜くという予測に異論を挟む専門家はほとんどいない。問題はそれがいつかという点だけだ。今世紀半ばには抜き去るだろうと予想するエコノミストもいる。

一九七〇年代後半、中国共産党は純理論的な国家計画から方向転換し、「改革開放」政策を打ち出した。そして、不均衡をはらみつつも驚異的な経済成長がもたらされた。現代史において、これほど多くの人々の生活がこれほど短期間に変わった国はほかにない。世界銀行の試算によれば、中国の奇跡的な経済成長の結果、四億人の国民が貧困から抜け出したという。どんなデータに照らしても——一人当たりの肉の消費量や、都市部居住者一人当たりの床面積など——中国人の生活水準の向上は明らかだ。中国はなおも次々と目標をクリアし、その実力を世界に証明している。快適な暮らしと、頼もしさを増す国家。中国人の国に対するプライドは高まっている。二〇〇三年には初めての宇宙飛行士を輩出し、有人の月面探査を次の目標にしている。二〇〇八年には北京で夏季五輪を主催し、その国力を世界に知らしめた。北京五輪は史上最高の成功をおさめ、中国は金メダルの獲得数でも世界一に輝いた。二年後の二〇一〇年には上海で世界万博を開催し、最先端都市の仲間入りを印象づけた。

　私を含め、北京に滞在する多くの外国人は、この激動を魔法にかけられたような思いで眺めていた。変化の波は私の住まいの玄関先にも押し寄せた。中国に赴任した二〇〇三年当時、北京市街を流していたタクシーは大抵おんぼろの赤い夏利《シャーリー》だった。狭い後部シートに膝を押し込むのは一苦労で、排ガスの臭いが車内にこもって冬でも窓を開けなければ我慢できなかった。それが二〇〇六年になると、夏利は引退して現代《ヒュンダイ》自動車やフォルクスワーゲンのぴかぴかの車両が町にあふれた。それらがリッチな黒いアウディ——国営企業の幹部たちが好む車——と競い、ときにはランボルギーニやポルシェとも張り合って首都の高架式環状道路を走っている。二〇〇〇年代の終わりごろ、私はレストラン事業で大成功した中国系米国人の起業家にドライブに誘われた。彼の愛車は二十万ドルの赤いフェラーリ３６０モデナのスポーツカー。しかし人々の注目を集めることはほとんどなかった。

北京や上海は、最近の世界の大都市に負けず劣らずスタイリッシュでモダンに見える。毛沢東スタイルの青い服を着て布底の靴を履いた人など、もはやどこにもいない。私が初めて北京に来たとき、二路線ある地下鉄で通勤する人々は、誰もかれも野暮ったい服装をしていた。そういう服装規定でもあるのかと疑ったほどだ。それから一、二年のうちに、若者たちがアディダスやナイキなど、ブランドロゴが大きく入ったスウェットスーツやスポーツウエアを着るようになった。北京の消費者はさらに裕福になって洗練され、質のよいカジュアルウエアを選ぶようになった。スポーツウエア姿もまだ見られたが、それは周辺都市からやってくる出稼ぎ労働者に限られているようだった。[5]

あまりの変化の激しさに、長年中国を見てきた専門家や学者でも全体像の把握にとまどう。中国にはいまだ不可解な部分が多いとはいえ、かつては国営メディアを通じて少ししか出てこなかった情報が、今ではあふれている。インターネットには何千万もの中国語サイトが存在し、ニューススタンドには雑誌や新聞が山積みだ。多言語対応のニュースレターが多数発行され、国営の中国中央テレビは中国語のほか英語、スペイン語、フランス語、アラビア語、ロシア語で放送している。二〇〇九年十一月には、米国のバラク・オバマ大統領が中国を訪問した。北京でのトップ会談後、その成果について批評する専門家に対し、ジョン・ハンツマン・ジュニア駐中国大使は不快感もあらわにこう指摘した。「十年前に中国を離れて最近戻ってきた人に中国の何がわかるか。二年前に中国を離れて戻ってきた人に何がわかるか。ここの変化はあまりにも早くダイナミックだ。今起きていることが中国の将来におよぼす意味を理解するには、絶えずコンタクトを取り続けることが必要だ」。流暢《りゅうちょう》な標準中国語を話すハンツマン大使は、本当に中国に精通している人がそれほどいるとは思えないと語る。「私の中で結論は出ている。『中国通』とは一種の矛盾語だ。自ら中国通を吹聴するような人は、何か勘違いしているのではないか(6)」

中国経済は過去三十年間、急成長を続けてきた。不平等や汚職の拡大を憂慮する声もあったが、ほとんどの市民は将来に希望をもった。なにしろ三十年間、生活水準が上がり続けているのだ。つまり中国の三十歳未満の人々は、去年より生活が悪くなるという経験をしたことがない——その数、ざっと五億六千万人。成長のムードは、大いなる期待と大いなる幻想を生み出した。ある日、職場の中国人アシスタントが、私は将来きっとリッチになると言った。どんなふうにと訊いてみた。素敵なマンションを買うことか。最新モデルの車に乗ることか。そんなことではないらしく、彼女が言うリッチとは、ミドルクラスよりもはるかに裕福という意味だった。もしかしたら非現実的な夢かもしれない。しかし、そういう夢を見ているのは彼女だけではない。二〇〇八年の北京五輪直前に実施された調査によれば、自国の発展の方向性に満足している中国人の割合は八六%で、他の国々より飛び抜けて高かった(7)。

驚異的な物質的成長と呼応して中国人のプライドはぐんぐん高まり、外国に軽んじられることをいっそう嫌うようになった。かつて中国の台頭は何度も敵に阻まれてきた——中国の指導者はそう言って、過去の怒りを絶えず反芻《はんすう》している。中国の子供たちは、一九四九年の毛沢東の革命まで続いた「百年の屈辱」を繰り返し教え込まれる。数年前に日本との緊張が高まったとき、中国はすかさず一九三七~三八年の「南京事件」を持ち出した。侵略した日本軍が二十五万人の中国人を殺害したという事件である〔事実の存否や程度には論争がある〕。ほかにも十九世紀のアヘン戦争や、一八六〇年の英仏軍による頤和園《いわえん》の破壊など、中国メディアは過去の記憶を何度も取り上げている。怒りの矛先が米国に向いた場合、やり玉に挙がるのは一九九九年のベオグラード中国大使館誤爆事件だ。

ただ、中国人の怒りの矛先は、外国人に向かうことはあっても、中国人に向かうことはめったにない。党指導者に向かうことは絶対にない。大抵の中国人は、毛沢東が一九五〇年代末に推進した「大躍進政策」のもと、飢餓や衰弱で推定三千万人の死者が出たことをほとんど知らない。また、一九六六年から十年続いた文化大革命で推定二百万人が粛正されたことも知らない。毛沢東の評価については、後の最高指導者の鄧小平《ダン・シャオピン》が述べたという「七割の功績、三割の過ち（七分功、三分過）」が引用されるばかりで、その他の意見は一切無視されている。

今では毛沢東は一種の観光名所だ。故宮の入口には微笑を浮かべた彼の肖像画が飾られ、数百メートル離れた御影石の霊廟には防腐処理をほどこされた遺体が安置されている。中国共産党はその社会主義的イデオロギーを変質させ、持続的な経済成長と機会拡大を旗印にした。そして、多くの国民はそれに納得した。北京、上海、広州、深圳《しんせん》といった大都市では給料が右肩上がりで、人々の満足度はかなり高い。これは党の方針が機能している証だろう。ただしそこには暗黙の合意――共産党の権力独占を批判しない――が存在する。党に盾突かないかぎりトラブルに巻き込まれることはなく、党が着実な経済成長とある程度の社会的流動性を保証してくれる。国民の大部分はこの合意を受け入れている。道中に多少のでこぼこがあろうとも、彼らは党が約束する「豊かな社会」を目指して乗り越えていく。機会の拡大は、たとえば大学進学率に表れている。二〇〇八年までの十年間に、大学入学者数は六倍以上に増えて二千百五十万人になった。抜け目のない起業家ならば、莫大な富を築くことは難しくないだろう。ここではゲームのルールはあってないようなものだ。汚職や不公平は避けられない副作用である。

ある日私が中国政法大学の経済学者、楊帆《ヤン・ファン》に会いにいったら、彼はそれまでのぼろアパートを引き払っていた。新たな住まいは北京市西部にある瀟洒《しょうしゃ》なアールデコ調の新築マンションだ。転居のお祝いを伝えたついでに、そのマンションに多くの空き室があるのはなぜかと訊いてみた。彼はこともなげに、人が住んでいないだけですべて販売済みだと言う。どんな人たちが買っているのか問うと、「山西省の鉱山のオーナーばかりだ」と答える。私は愕然とした。中国の石炭産業はきわめて危険なことで知られ、最近一年間で三千二百十五人の鉱山労働者が死亡した(8)。鉱山のオーナーらは、安全対策の費用を出し惜しんで巨大な利益を上げていたのだ。「彼らは本当にリッチだよ」と楊は言った。

中国政府は「青空」をつくる

私はジャーナリストとして、中国の暗部に近づくために多くの人々に取材をしてきた。中国の圧倒的な経済成長の陰には、置き去りにされた人々がいる。貧しい農村部や少数民族の人々だ。共産党の社会的セーフティネット、いわゆる「鉄の茶碗」システムは、もはや原形をとどめていない。中国は、共産主義から残酷な権威主義的資本主義へと移行した。かつて誰もがほぼ無料で受けられた医療は、「金を出すか、さもなければ死ぬか」という容赦のないシステムに置き換わり、手の届かない存在になった。何百万もの家庭が治療費のかかる病人をかかえて四苦八苦している。教育費も家計に重くのしかかる。しかし政府に不満を抱こうものなら、さらなる不安は免れない。役人ともめごとを起こせば「要注意人物」のレッテルが貼られる。中国に千カ所ほどあるという「労働改造所（労改）」や刑務所はそんな「要注意人物」でいっぱいだ。「国家権力の転覆」や「国家機密の暴露」の罪に問われた彼らは、そこで過酷な労働を強いられている(9)。さらに何千もの人々が「裏監獄《ブラック・ジェイル》」――政府がその存在を否定し続ける刑罰システム――に入れられている。それだけではない。財産権の欠如、徹底的な環境破壊、地方役人の権力乱用など、この国には血を沸騰させるような問題がいくつも存在する。

私のオフィスには、ときおり不満を募らせた市民が訪ねてくる。新聞社の興味を引いて記事にしてもらう――それくらいしか苛立ちのはけ口が見つからないのだ。私は彼らをマークする国家の目に気づいていた。ある日、膨大な人口を擁する南西部の四川省から、人権活動家の劉正有《リュウ・ジェンヨウ》がやってきた。がっしりした体格で人当たりがよく、言葉には強い四川訛《なま》りがあった。地元では住居の取り壊しの対象になった住民が十分な補償を受けておらず、彼らを代表して政府に陳情に来たのだという。私は劉に好感を持ち、数年後、別の取材の合間に四川省自貢《ズーゴン》の劉の自宅を訪ねた。劉は大いに歓迎して家に招き入れてくれた。そのとき彼の電話が鳴った。公安部の役人からだ。標準中国語で短いやりとりがあった。用件は「今日の午後、お茶に招待する」(10)――だったそうだ。言動に注意せよという公安流の警告だった。公安は劉が外国人ジャーナリストと会っていることを把握していた。私たちが外に出ると、すかさず四人の男が乗ったアウディが後ろに現れた。そして、街を歩いて回る私たちの背後で、ひたひたと監視は続いたのである。

ひとたび社会不安が起きれば党の命運にかかわる。「小さな火花も広野を焼き尽くす」という格言を遺したのは毛沢東だが、党幹部はまさにそれを懸念し、突発的な動乱の発生を恐れている。私は少数民族の割合が高い地域をまわってみて、国家の団結という点で中国が抱えるもろさを実感した。南西部や西部では、分離志向をもつ少数民族がかなりの人口を占める。右肩上がりの成長のさなかでも、トラブルは各地で相次いでいる。今も中国の人口の半数以上は農村部に暮らしていて、地元の役人が権力におぼれ汚職にまみれていることも少なくない。中央政府はこの弱みを敵に突かれることを恐れ、治安に莫大な予算を割いている。

ほかの外国人記者と同様、私は過去に起きた社会不安のきっかけを調べようと走り回った。きっかけは無数にあり、その大半は地方にあった。これまで、鬱積《うっせき》した怒りは爆発すると同時にしぼんでしまうことが多かった。しかしテクノロジーの発展で様相が一変した。訴えたいことがあれば、メールやツイッター、ＱＱ空間〔中国インターネット企業テンセント社が提供するＳＮＳ〕などのソーシャルネットワークを使って仲間を集められる。権力乱用に気づいて頭にきたら、携帯電話の写真や動画で現場を押さえ、インターネットで公開できる。もちろん国も対策を打つ。最新鋭の検閲機能――グレート・ファイアウォール――と人海戦術で、ネット上の不穏な動きを監視する。ユーザーの多いチャットルームやフォーラム、その他の投稿サイトには、型どおりの政府見解に意見を誘導しようとするガイド役が出現する。ネットユーザーが彼らを揶揄《やゆ》して付けたあだ名は「五毛党《ウーマオダン》」――報道によれば、政府方針を支持するコメントを一件投稿するごとに、彼らは〇・五元（五毛）の報酬を得るらしい。胡錦濤は二〇〇八年半ばの演説で、こうした人々が「世論をガイドする新たな模範を示している」と歓迎した。

「プロパガンダ」や「検閲」の代わりに「ガイド」という言葉を使う。まさに典型的な現代中国のレトリックである。「青空の日」もよい例だ。北京五輪開催までの数年間、政府が頭を悩ませていたのは、深刻な大気汚染で競技に支障が出ることだった。政府の汚染防止策はエスカレートの一途をたどった。北京や周辺の省で工場の操業を止めさせ、建設工事を中断させ、曜日を決めて自家用車の走行を規制した。その成果をアピールするために使われた指標、それが「青空の日」である。一九九九年、北京で記録された「青空の日」は百日だった。北京市当局は前年以上の「青空の日」の達成を目指し、毎年クリアし続けた。五輪の前年の目標は二百四十五日。そして、それを一日だけ上回ってクリアした。ただし当局が基準をごまかし、データを操作しているのではないかという疑惑はつきまとう。空はずいぶんきれいになったが、「青空の日」でもスモッグに覆われて太陽が見えない日は多い。「青空の日」とは、事実と反する空想論をあらわす婉曲表現――少なくともひねくれた外国人ジャーナリストたちの間では、そういう定義になっている。

外国人の私たちはこんな軽口をたたくこともでき、干渉されずに記事を書くこともできたが、中国人の評論家の場合はそうはいかない。彼らがインターネット上に意見を投稿するときは、危険な語彙《ごい》のカモフラージュに細心の注意をはらう必要がある。二〇〇七年、一部の中国人ブロガーが、自分のサイトにカニの画像を貼りつけ始めた。これは「調和した社会の建設」という胡錦濤のスローガンへの当てつけであり、検閲への対抗措置だ。中国では日常茶飯事だが、検閲によってブログ記事が削除されることがある。ブロガーたちがそれを皮肉って、記事が「調和」されてしまったと書くようになった。こんな表現を当局が許すはずもなく、「調和された」も禁止語にされたが、ブロガーたちも対抗する。調和を意味する中国語の「和諧《ハーシェ》」は、カニを意味する「河蟹《ハーシェ》」と発音が似ている。そこで「調和」の隠語として「河蟹」が使われ、カニの画像が氾濫するようになったわけだ。何年かすると、インターネット上にまた別の奇妙な生き物、「草泥馬《ツァオニーマ》」が現れた。実在の動物ではない。これを発音すると、母親に対する最も不道徳な行為を指す言葉とほぼ同音になる。たちまち「草泥馬」のぬいぐるみが商品化され、中国人のふつうの会話にも登場するようになった。ひやかしや意地悪な批評に使われることもあれば、下品な誤解をまねきそうな言い方をしてしまって弁解するときに使われることもある。こうした言葉遊びを駆使することで、現在の中国のインターネットユーザーは、親世代よりもはるかに自由な情報環境を生み出した。現実世界の政治活動は制約ばかり――若い世代はその点には見切りをつけ、インターネットに自由を見出している。

簡潔明瞭に表現できるのは中国語の便利なところだ。私のアパートの賃貸契約書は一ページ半の読み切りサイズである。しかし中国共産党は、玉虫色の表現もマスターしている。中国の法律は曖昧《あいまい》かつ厳格で、どのようにも解釈できる。そういう法律を盾に、警察は「祖国の治安、名誉、利益」を損なおうとする者、あるいは「国家の機密」——その定義はまったく不明だが——を暴露しようとする者を、かたっぱしから取り締まっている。言葉の使いようで、政治的な問題の矛盾点をぼかすこともできる。がむしゃらに資本主義の道を邁進《まいしん》する中国だが、憲法ではいまだに「プロレタリアート独裁」や「社会主義の道」という原則を掲げているのだ。

そして、チベットをめぐる議論でもしっくり来ない言い回しが多い。私にはそう思えた。ダライ・ラマは中国の体制を「全体主義」と批判してはばからないが、それを言うなら隣の北朝鮮のほうがふさわしい。チベット問題ではチベット史の解釈が重要な争点の一つだが、中国のチベット史観は選び抜かれた言葉で形作られている。中国に言わせればダライ・ラマは「分離主義者」で「分裂主義者」である。中国の狙いは、ダライ・ラマの眼中にはチベットの独立しかないというイメージを作り上げ、国民の愛国心に訴えかけることだ。そして、チベットの人々が心に抱く本当の怒りに国民の目を向けさせないようにしている。実際にダライ・ラマが求めているのは自治権の拡大だ。しかし彼がいくらそう訴えても、中国はうそつき呼ばわりして相手にしない。

歴史上、今のチベットと同じような状況は存在しなかっただろうか。一部の中国人アナリストは、米国が中国のチベット支配に異議を唱えるのは偽善だと主張する。米国の西部開拓によっておびただしい数の先住民族が犠牲になってから、わずか百五十年ほどしか経っていないからだ。チベット人の怒りの声に耳を傾けるうちに、私はチベット問題を米国の公民権運動と重ね合わせて考えるようになった。チベット人は中国の憲法や法律で保障された自由を認めてほしいだけだと訴える。かつての米国南部の黒人たちの願いも同じだった。私が歴史書を読みあさっていたころ、中国外交部の役人たちも歴史書を手にしていた。手にはしたのだが——彼らはどうも、最後のページから読み始めたらしい。彼らがチベット政策の説明で引き合いに出したのは、バラク・オバマ大統領の人種的ルーツであった。二〇〇九年十一月、オバマ大統領が初めて訪中しようとしていた矢先、外交部の秦《チン》剛《ガン》報道官が会見で、大統領は米国の南北戦争の歴史を学ぶべきだと示唆したのである。

オバマ大統領は就任後、リンカーン大統領がいなければ米国で初めての黒人大統領にはなれなかったかもしれないと述べ、リンカーン大統領への「特別な感謝」を表明された。また、国民の団結と領土の保全を進めた点でもリンカーン大統領の功績は大きいと述べておられる。ダライはチベットの封建主義的農奴制の頭目であり、現在は祖国の分裂や領土保全の妨害を目的とした活動に関与している。……オバマ大統領は黒人の大統領として、リンカーン大統領が主導した奴隷制廃止の意義を深く理解されていることだろう。ダライが統治した旧チベットでは暗黒の農奴制が実施され、ダライは農奴制の頭目であった。中国が一九五九年に農奴制を完全に廃止したのは、人権の理念に照らして大きな前進だ。これは米国でリンカーン大統領が奴隷制を廃止したのと本質的に同じである。(11)

オバマ大統領を相手に人種問題の講釈をたれ、米国の歴史を読み返せと挑発する。自信にあふれた物言いだ。厚かましいとさえ言える。ボストンのタフツ大学のある研究者はこれを「チープな宴会芸」と切り捨てた。このような結論が出るのは、リンカーンの奴隷制反対の意味と、南北戦争をもたらした政策に対する解釈が間違っているからだという[12]。自らの意志で合衆国の一部になった米国南部とは違い、中国の統治下に置かれることについてチベットの意志が正式に確認されたことはない。それどころか、中国の軍隊は一九五〇年にチベットに侵攻し、圧力をかけて、中国による支配を認める十七条の協定に無理やり調印させたのだ。後にダライ・ラマは、この協定は無効だと表明した。

不満を募らせるチベット人共産党員

二〇〇七年、筋金入りのチベット人共産党員の一部が、政府の政策に不満を募らせているという話を耳にした。ダライ・ラマの死をただ待つのではなく、チベット経済の立て直しをはかって人々を懐柔しようとしているらしい。私はさらに情報を集めるため、六カ月にわたってあるチベット人識者のもとに通った。七十代前半で、特筆すべきキャリアをもつジャムペル・ギャツォである。彼は中国屈指の研究機関である中国社会科学院と結びつきが強い。貧しい家の生まれだが、堂々とした風格があった。もじゃもじゃの白い髪にふさふさの白い眉毛、ふちなしの眼鏡。何かにつけてよく笑い、こぼれる白い歯が白髪頭を引き立てる。高齢にもかかわらず、院には彼の研究室がまだあった。もっとも、私がいつも訪ねたのは北京第五環状線のさらに北にある彼のアパートメントだった。

そこまでの往復には、北京五輪の前後に整備された新しい地下鉄を使った。今や北京の地下鉄網は一日に約五百万人の乗客が利用する。三十セントほどの均一運賃で、どこまでも乗車可能だ。地下鉄五号線の駅では、プラットホームと線路の間にガラスパネルの仕切りがある。電車はすばらしく静かにホームに入ってくる。古くてやかましい米国の地下鉄とは大違いだ。各車両には薄型のスクリーンが設置され、コマーシャルが延々と続く。扉の上部には電光表示があり、次の停車駅を教えてくれる。私の降車駅は立水橋南《リーシュイチャオナン》駅だった。高架式のこの駅から半マイルほど歩いたところにあるアパート、その二階にギャツォは住んでいた。私が靴を脱いでスリッパに履きかえると──中国の家庭ではよくある習慣だ──彼はいつも熱いミルクティーをいれて歓迎してくれた。

ここからは四度目に訪ねたときの話である。三回目までの訪問で、ギャツォの生い立ちについて詳しく聞いた。彼の故郷はチベット高原の東の縁にある巴塘《バタン》県の、自然豊かな谷あいの村だ。生活が苦しく姉の一人は孤児院に入れられたという。一九四九年に中国共産党が勝利宣言をするまで、この地域は毛派ゲリラ、国民党兵士、部族軍、そして山賊のたぐいが入り乱れる戦場だった。ある日ギャツォは、村外れの戦闘エリアで、切断された頭部やばらばらの体が散乱する凄惨《せいさん》な現場を目の当たりにした。そのときの光景はまだはっきりと脳裏に焼きついているという。

十一歳のとき、彼は兄が所属していた人民解放軍の歌舞団に入隊した。そして、軍が一九五〇年代に推進した「世界の屋根」の支配と安定化に向けた取り組みの最前線に参加する。入隊から数年後の一九五二年、まだティーンエイジャーになったばかりのギャツォは、ラサで開催された新年行事──現地の軍幹部が主催した、ダライ・ラマを招いて新年を祝う会──で、司会兼通訳というきわめて名誉な役割を命じられる。ダライ・ラマはギャツォの四つ年上で、こちらもまだ若かった。ギャツォは「彼に近づくことは許されなかった」と振り返る。「ダライ・ラマは私と目が合うとにっこり笑って、片手をちょっと動かしてみせた」

何度か訪問するうちにギャツォの立場が見えてきた。どんな指摘を受けようと、彼はあくまで中国のチベット政策を擁護した。貧しい家に生まれ育った彼は、幼少期にチベット人としての誇りを十分に養うことができなかった。その代わりに心ひかれたのが共産主義だ。一九八〇年、ついに中国共産党への入党がかなうと、彼は党の方針に傾倒し、出世街道をひた走った。彼はチベット仏教のナンバーツーの僧侶、パンチェン・ラマ十世ともきわめて近いつながりを持っていた。チベットの人々にとって、ダライ・ラマとパンチェン・ラマは宗教界の太陽と月のような存在だ。パンチェン・ラマの個人通訳を長く務めるうち、ギャツォは彼に深い敬意と愛情を抱くようになった。

パンチェン・ラマは悲劇の運命をたどった。当初は中国共産党のチベット改革を支持したが、その改革手法を批判したために党の怒りを買い、投獄されてしまう。獄中生活は一九六八年から七七年まで続き、そのほとんどの期間を独房で過ごした。一九八〇年代に社会復帰すると、僧衣をぬぎ、漢族の将軍を祖父にもつ女性と結婚し、一子をもうけた。そして一九八九年、彼はチベットで謎の多い死を遂げる。そのわずか数カ月後、党指導者は北京の街路に戦車を出動させ、天安門広場で民主化を求めるデモ隊を鎮圧した——この事件は今も亡霊のように中国政府を悩ませている。

パンチェン・ラマと親しかったギャツォは彼の生前から伝記の執筆を一任されていたが、完成した本は検閲によって姿を消した。理由は考えるまでもない。パンチェン・ラマが中国政府のチベット政策の失敗を糾弾したエピソードが問題視されたのだ。私がギャツォを訪ねた日、同書の英語版のコピーが用意されていた。読んでもいいと言う。目を通したが、「マルクス主義的情熱《マルキスト・パッション》」という言葉が気になるし、共産党に迎合する書きぶりも目についた。英語圏の出版社が手を出しそうな本ではなかった。

ギャツォはその日、私との間に一定の信頼関係が築けたと判断してくれていたのかもしれない。彼は中国のチベット政策に関する不満を、少しだけこぼした。政府はチベットに何十億ドルもつぎ込んでいるのに、なかなか生活水準が上がらない――。「ほかの地域はもっと発展が速い。一九八〇年当時、チベットの一人当たりの所得は年に四百元（約二百六十一ドル）で、北京郊外の農家の所得はわずか百元。それが今では、北京の農家は二万元や三万元を稼ぐようになったのに、チベットはたったの四千元だ」。ギャツォは母語のチベット語ではなく流暢な中国語で説明する。「そう、かつてはチベットの方が十倍も所得が多かった。でも沿岸部ではそこから所得が百倍にも二百倍にも伸びた」

チベット人は開発政策に強い不満を抱いているという。しかしチベット高原のどうしようもない党幹部たちは、それをひたすら隠蔽《いんぺい》してきた。「彼らが中央政府に上げる報告は、『すべて順調』とか『チベット人は中央政府を強く支持している』とか、そういう内容ばかり。問題や対立にはふたをしてしまう。そして、ひとたび問題が表面化すれば、『達頼集団《ダライ》』のせいにする」。ダライ集団とは、中国共産党がダライ・ラマとその一派を指して好んで使う表現だ。党は彼らを、分離主義者を扇動してトラブルを引き起こす亡命集団と決めつけている。

ギャツォは、自分からこうした表現を使うことはあまりないと明言した。一九八八年、彼はフランクフルトで再びダライ・ラマと会う。チベット人共産党員がダライ・ラマに面会したのは初めてのことだった。「私の顔は覚えていなかったけれど、情報は入っていたようで、『あのときとても若かったあなたが、今では研究者になられたのですね！』などと話した。三十三年ぶりの再会だった」。少数民族を監督する統一戦線部の方針に従い、ギャツォがダライ・ラマの前でひざまずくことはなかった。「ただ彼の手を握って、ハタを贈った」と言う。「ハタ」とは純潔や友好をあらわすチベットの儀礼的な白い絹織物で、こうした邂逅《かいこう》の場でよく交換される。

ギャツォはこれまで政策への不満を心の中にしまい込み、外に出すことはほとんどなかった。それと対照的なのが、チベット人共産党員として最も有名なプンツォク・ワンギェルだ。ギャツォとは巴塘県の同じ村の出身だ。もう八十代だったがはつらつとした人物で、本名を縮めたプンワンの名で知られる。現在は北京に住み、基本的には表舞台から距離をおき、ときたま訪れる客の相手をして過ごしていた。チベット最古参の共産党主義者のプンワンは、一九四〇年代、チベットの封建制度と戦うために地元で共産党〔チベット共産党〕を立ち上げた。当時中国共産党は少数民族の独立の動きを許容する姿勢を見せていたが、後に態度をひるがえす。それが鮮明になったのを見て、彼はやむなくチベットの独立をあきらめ、中国共産党との融合を選んだ。一九五〇年、彼は人民解放軍のチベット進駐を助け、それからの十年間は中国共産党内のチベット人トップとして党に尽くした。一九五四～五五年、ダライ・ラマが北京に滞在して毛沢東と会談したときに通訳を務めたのも彼だった。しかし毛沢東は、やがて初期の相談相手だった有力者を次々と追放し始める。プンワンも一九六〇年に投獄され、十八年間を独房で過ごした。釈放されたときには、すでに毛沢東はこの世を去っていた。まもなくプンワンは党内トップのチベット人指導者の地位に復帰した。

二十一世紀を迎え、プンワンは焦燥感を募らせていた。ダライ・ラマの帰還の道のりはなお遠く、チベット問題をめぐる公式対話は手詰まり状態だった。彼は行動を起こすことを決意し、胡錦濤国家主席に長い手紙を何度も送った。二〇〇四年十月の最初の書簡では、ダライ・ラマが死去すれば問題が解決するという党の見解に異議を唱えた。「ダライ・ラマ十四世が寿命をまっとうするまで問題を先送りする。そんな考えは世間知らずでは済まされない。愚かで戦略として間違っている」。この書簡の内容は後に書籍化されている。

彼の指摘はさらに続く。チベット問題が進展しなければ国際的にも面目を失うし、ダライ・ラマの死去によって急進的な若いチベット人が暴徒化する可能性もある。プンワンに言わせれば、ダライ・ラマが願う自治の拡大と中国共産党が目指すチベット政策とは「まったく矛盾しない」のだ。ダライ・ラマは、帰還しても政策には口を出さないし、宗教的問題以外には関与しないと約束している。それを受け入れてはどうか、とプンワンは胡錦濤に進言した。「ダライ・ラマの名声と影響力は世界中に広まっている。これまでチベット人は外にばかり目を向け、亡命したダライ・ラマを追って出ていった者もいる。彼が帰還するとなれば彼らも落ち着くだろう……亡命先のダライ・ラマに会うために、何千人もの人々が毎年命の危険をおかす必要もなくなる」

チベットから中国の未来が見える

ダライ・ラマへのインタビュー時間は残り少なくなっていた。すでに開始から一時間以上が経過していた。だが私は心を決めて、二人の年老いたチベット人共産党員、ジャムペル・ギャツォとプンワンの名前を出した。私は言った。ギャツォは中国共産党への忠誠と民族への愛着との間で板挟みになっていたと思うのです――。すかさず問い返された。「彼と知り合ってどのくらいですか」。半年ですと答える。「その期間で、完璧な信頼関係が築けたと思いますか」。おそらく無理でしょうと答える。「良識のあるチベット人ならば、中国共産党を信用する者は一人もいないと思いますよ」

ダライ・ラマについては言わずもがなだ。あっさり答えが出た質問はほかにもある。これまでの数十年間、中国訪問を真剣に考えたことがありますか――そう問うと、いくつかの年が挙がった。一九八三年、彼は中国とチベットを訪問したいと正式に表明したが、実現しなかった。また一九八九年にパンチェン・ラマが死去したときにも、葬儀参列のために政治色を排した訪中が検討された。

しかしこのときダライ・ラマは、訪中を機に彼の帰還が実現するのではないかという無用な期待をチベット人に抱かせることを憂慮した。中国側にも決断力が欠けていたため、訪中はまたも実現しなかった。「最近では、中国国内の聖地の巡礼のような旅なら認めてもいい、というような話がありました」と彼は言った。行き先はおそらく中国仏教の四大聖地の一つである五台山《ウータイシャン》で、チベットへの立ち寄りは許されない。これについても彼は政治的な影響を斟酌《しんしゃく》し、自身の「道義的な原則」に反すると判断したという。

話題はいつしか、一九八九年のパンチェン・ラマの死に関する踏み込んだ話になっていた。パンチェン・ラマは、シガツェのタシルンポ寺に滞在中のある晩、突然この世を去った。シガツェは歴代のパンチェン・ラマが本拠としてきたチベット第二の都市だ。当時パンチェン・ラマは五十歳で、肥満気味だった。そして低地の北京から高地のタシルンポ寺に到着したばかりだった。公式発表では心臓まひによる死亡とされている。

「毒殺ではないかというわさが根強く残っているのです」とダライ・ラマは言った。

その話なら私も聞いたことがある。だがダライ・ラマが、パンチェン・ラマの死因をめぐり中国側と現場のチベット人側の説明が一致しないことを長々と語るのを聞いて、はっと気づいた。彼が中国訪問を決めようとすれば、まったく同じ不安がつきまとうわけだ。彼はパンチェン・ラマの死の背後に、いまだ解決されない陰謀の存在を感じ取っていた。大いなる陰謀――それは彼自身の転生者の選出にも影を落とすものかもしれない。ダライ・ラマの話は続いた。一九八九年初め、パンチェン・ラマは当時戒厳令がしかれていたチベットの自由の拡大をめぐって、最高指導者の鄧小平と対立した。そしてパンチェン・ラマがタシルンポ寺に戻る直前に、中国政府は彼の主治医と護衛を交替させたという。死の前日、彼は夕食の麺類を食べた後に体調を崩した。そこで主治医が注射を打った。彼が死亡したのがその後すぐだったのか、翌朝だったのかはわかっていない。

それから一、二年後、パンチェン・ラマの死の真相解明に向けた期待が一気に高まった。一人のチベット僧がチベットからインドのダライ・ラマのもとを訪れ、パンチェン・ラマの遺髪を渡すことになったのである。故人の髪を宗教的な遺品として保管する習慣があるからだ。そして、この髪は科学的に分析され、毒を盛られた形跡があるかどうか調査されるはずだった。しかし、とんでもない落とし穴が待っていた。

「彼がダラムサラに到着してみると、髪が見当たらない。なんと、なくしてしまったんですよ」。ダライ・ラマは思い出してはじけるように笑った。「とても重要なものだったのに！……あのときは……ほんの不注意で、あんなことに」。腹を抱えて笑い、やっとのことで言葉を絞り出している。

本当のところ、パンチェン・ラマは毒殺されたのだろうか。中国共産党がチベット仏教の高僧の代替わりに手をくだしたのだろうか。その秘密を握っていたかもしれない貴重な髪の毛は、煙のように消えてしまった。

インタビューは終わった。すでに一時間半近く経っていた。ダライ・ラマはじきに中国は大きく変わると予言した。その楽観的な見通しを思い返しながら、私は外に出た。彼が正しいかどうかはわからない。かつて一九八九年のベルリンの壁の崩壊やソビエト連邦の瓦解を予測した人はほとんどいなかった。ソ連の衰退の兆候は、後になってようやくわかったのだ。しかし中国はソ連とは違う。中国は成功につぐ成功を収めている。閣僚や中国共産党の高官の一人一人のレベルは――多少の経験不足はあるにせよ――欧米に引けを取らないと思われる。それに、中国の急激な政治的変化を喜ぶ人はおそらくどこにもいない。急激な変化で中国国内に混乱が生じれば、それを鎮めるために治安部隊の強化が進み、民主改革はいっそう遠ざかってしまうからだ。

中国の将来に対する興味は尽きなかった。しかし私は、チベット高原にも同じくらいの興味をかきたてられ、さらに幅広く取材しようと心に決めていた。ヒマラヤ山脈を越えてネパールへ、そして再びインドへ――。チベットの危機的状況を分析するためには米国にも立ち寄らねばなるまい。この「世界の屋根」の状況を知り、多くのチベット人が難民となってヒマラヤ山脈を越える動機を探り、亡命政府の内幕を観察して国外のダライ・ラマに対する中国の妨害の実態を知る。これらがすべて、私の取材テーマになった。

チベット、チベットの宗教、チベットの法王。――それらはまるで、ジャングルの秘境に咲く貴重なランの花のように私の心を魅了した。もしかすると絶滅危惧種かもしれない。果たして絶滅をまぬかれるのか、見当もつかなかった。ただ、チベットの最期のときを見守るよりも、もっと大事なことがあるような気がしてならなかった。おそらくそれは、中国のふるまいを注視することだろう。非力で目障りな相手に対し、彼らはどのような態度に出るのだろうか。

今日、彼らの視線の向こうにいるのはチベットの人々だ。しかし明日、中国の青空に「調和」されるのは――あなたかもしれないし、私かもしれない。

第2章　チベット高原の周辺で

ここでの生活がどれほど大変か、説明しようとすれば何日もかかります。……私たちには銃が突きつけられています。チベット人は中国の少数民族の中でも最下層の存在です。自由などまったくありません。

――チベット僧（青海省のクンブン寺）

少年ロビンとの出会い

二〇〇八年、チベット高原の周辺地域では大規模な抗議運動が相次いだ。その翌年、私はチベット人の意識を取材するため青海省同仁《トンレン》を訪ねた。チベット語でレゴンとも呼ばれる同仁には仏教寺院が四つあり、そのうち三つは郊外の丘陵地帯やポプラが多く生える川沿いにある。青海省の南西はチベット自治区に接している。

チベット自治区は中国政府が定めた行政区で、チベット人の伝統的な居住エリアの半分ほどの面積に相当する。チベット人を取材するのに、なぜチベットの中心地から遠く離れた同仁なのか、と思われるかもしれない。たしかに同仁からはチベット自治区の区都ラサよりもモンゴル国境のほうが近い。

ラサまで行くには、荒れ果てた山道、永久凍土の台地、高地の草原を越えて千百キロメートルもの旅をしなければならない。だが、同仁はチベット人の伝統的な居住エリアのぎりぎり内側に含まれる。少し北東に行けばイスラム教徒の回《ホイ》族と多数派の漢族が住むエリアとなる。そして、地理的にはチベット高原の端だが、チベット問題における同仁の存在感は主役級だ。それは一つには、ここに住むチベット人たちが強烈な民族的・宗教的アイデンティティを維持しているからである。ダライ・ラマ十四世が生まれた村も、車で一時間ほどの距離にある。同仁の取材を進めながら、私は確信した。チベット高原の周辺地域にはチベット人が自由拡大への思いを堂々と表明している地域がいくつかあるが、同仁もまさにそういう土地だ。

私はロンウォ寺を訪ね、迷路のように寺院群がつらなる広大な境内を奥へと進んだ。誰かここの雰囲気について話を聞かせてくれそうなチベット人はいないだろうか。巡礼者にまじって歩く物売りの男を見つけた。声をかけると快活に応えてくれた。だがほとんどのチベット人と同じく、彼も標準中国語が不得意でなかなか話が通じない。それでも彼は熱心に訴えた。中国はチベット僧の宗教行為を制限している。これは民族に対する抑圧だ――。話すうちに彼はどんどん興奮してきて、余計に言葉がわからなくなった。私たちが共通して理解できるのは標準中国語だけだが、彼の中国語にはものすごい訛りがあり、しかもチベット語がまじる。話の流れを追うのも一苦労だった。取材してわかったのだが、チベット人の多くは標準中国語をほとんど話せず、チベット語だけを話すようだ。この二つの言語は大きくいえば同じ語族に属しているが、互いに理解し合うことはできない。またチベット高原の端と端でも方言がかなり違うため、チベット人同士でさえ意思疎通が難しいことがある。

私がインタビューに悪戦苦闘していると、一人のチベット人の若者が英語で話しかけてきた。彼はチベット語の名前を教えてくれたが、ここではロビンと呼ぶことにする。トラブルに巻き込まないためだ。まだ十八歳で、もうすぐ近くの高校を卒業するらしい。英語は学校のボランティアの英語教師から教わり、最後に習った先生は定年退職した南アフリカ人だったという。がっしりした体格に平均的な背丈。やや長めの黒髪を後ろになでつけ、広い額がよく目立つ。チベット人によく見られる温和な丸顔で、鼻の幅が広く、眉頭が低く、あごのラインが丸い。うすく口ひげを生やし、上の唇に小さなほくろがある。まぶたの蒙古ひだが浅く、もっと東に住むアジア人と比べるとあまり目立たない。ジーンズに中国メーカーのスニーカーをはいている。チベットの遊牧民の家系だといい、身のこなしには遊牧生活に慣れた者の独特の優雅さがあって、運動神経に自信がありそうだ。

最初は私も慎重だった。気を許して長々と話し込むのはまずい。ジャーナリストとして中国で経験を積むうちに、私は取材のコツをつかんでいた。地元の警察や役人の邪魔が入る前にすばやく情報を集めるには、多くの相手に少しずつインタビューするのが一番だ。だが、ロビンは気持ちのよい青年だった。まっ白な歯を見せてにこやかにほほ笑む——その笑顔に負けてしまった。ロビンのほうも私から離れようとしなかった。私は彼の英語の練習相手にうってつけだったのだ。並んで境内を歩きながら、彼は地元のチベット人の雰囲気をあれこれ説明してくれた。

赤と黄土色の高い壁に両側を挟まれた道を歩く。ときおり壁がとぎれて木製のゲートがあり、個々の寺や僧の勉強場所の中庭に通じていた。壮大な正面口の近くには、木製のマニ車がずらりとならぶ長い回廊があった。マニ車は基本的に円筒形をしていて、中心の軸で回転する。一つ一つが高さ一メートルほどあり、あざやかな赤、オレンジ、黄色、緑で塗られていた。回廊を通るチベット人は、老いも若きもなかば無意識のように手を伸ばし、聖なる真言《マントラ》が刻まれたマニ車を回転させてゆく。

信者たちは、これを時計回りに一度回すごとに一回分の祈りの言葉が宇宙にとどくと信じている。寺院の入り口では、一人の女性が「五体投地《ごたいとうち》」をしている――ひざをつき、両手を頭上に伸ばして地面に倒れ込む。砂ぼこりが彼女を包む。チベット仏教ではこの礼拝によって仏陀への帰依を表す。信者はこれで穢《けが》れを取り除き、功徳を積むことができるとされている。

ロビンはこの土地の雰囲気を、緊張がうずまく大釜のようだと表現した。二〇〇八年の抗議運動で多数の逮捕者が出たことへのチベット人の怒りは収まっていなかった。しかしチベット人は組織立った動きを見せていない。「彼らは中国政府と中国人に大きな怒りを感じています」とロビンは言う。「でもどうすればいいかわからない。リーダーがいないのです。リーダーが現れて、それを助ける人が一人でも出てくれれば、みんな一つにまとまりますよ」

私はロビンに通訳をしてもらうことにした。連れだって寺院を後にし、まわりの集落で何人かの遊牧民を見つけて取材した。彼らの「市民的不服従」のエピソードが次々と明らかになった。ある村では、チベット人が中国の国旗を燃やし、禁じられたチベットの雪山獅子旗《スノー・ライオン・フラッグ》〔一九一二年にチベット国旗として制定〕を掲げた。すると役人がやってきて九人の村人が拘束されたという。民族衣装の「チュバ」――羊革のロングコートのようなもの――を着た牧畜民にも話を聞いた。積もりに積もった中国政府への怒りは時が経っても決して消えないという。「私が死んだってね」、とその五十三歳の牧畜民は言う。「息子や孫たちが忘れないよ。みな政府を憎み続けるだろう」

私たち三人はロンウォ寺の正面口のすぐ外側にある広場で話していた。まわりに立てられた高いポストの先には監視カメラが設置され、姿の見えない当局者が二十四時間体制で広場の様子を監視していた。トラブル多発地域にカメラを設置するのは中国の常套手段だ。以前、同仁から車で二時間のところにある古刹《こさつ》クンブン寺を訪ねたことがあるが、そこの僧侶たちも言っていた。寺の施設にはすみずみまで――礼拝の場所でさえ――カメラの目が光っている。私は治安当局の目を警戒し、いったん別れて人目の少ない別の出入り口で待ち合わせようと提案した。十五分後、私たちは小さな中庭で合流した。しかし一見して外国人とわかる私には、やはり好奇の目が集まってしまう。私たちは人目を避けて、ほとんどささやくような小声で話しながら、吹き抜けになった階段へと移動した。

何千人ものチベット人が逮捕された前年の暴動で、ロビンの兄も一時拘束されたという。予期せぬ拘束だった。兄はガールフレンドとラサを旅行中で、抗議運動が始まったときには市の中心部のゲストハウスに宿泊していた。身を隠したものの、警察の捜索が入って見つかってしまった。警察はガールフレンドには関心を示さなかったため彼女はその場を逃れたが、兄はチベット自治区の外から入り込んだという理由で「要注意人物」と見なされた。警察は彼をトラックの荷台に放り込んだ。ほかにも拘束された人が次々に詰め込まれて体にのしかかり、気を失いそうになった。ほぼ一日中頭にフードをかぶせられたまま、四十八日間拘留された。何度も移送され、最終的に解放されたのはチベット自治区の外、甘粛省の省都蘭州《ランチョウ》だった。警察は彼の靴を返さず、はだしのまま放りだした。ロビンの口調は淡々としていた。そんな目に遭って兄さんは怒っていないのか――そう尋ねると、怒ってはいるが、できることなどほとんどないという答えが返ってきた。日暮れが近づき、私は別れを告げた。明日もまた会いましょうというロビンに、私も異存はなかった。

つきまとう危険

私は夕食をとり、夜遅くなってからホテルにチェックインした。自衛のためだ。中国のホテルではフロントで客のパスポートのコピーをとる。客が常駐記者を表すJ1ビザを持っていた場合、フロント係には治安当局への報告が義務づけられている。とはいえ、特に気にする必要のない地域もある。景気がよい東部の沿岸地域では、外国人ジャーナリストが滞在しても基本的に現地当局とトラブルになることはない。だが、それほど繁栄していない地域――不満が高まっている農村部や、民族的な不安要素を抱える地域――では、外国人の存在が現地治安当局にとって危険信号になる場合がある。

農村部の警察が外国人ジャーナリストの障害になり得ることを、私は経験から学んでいた。彼らは話を聞きたいと言ってわれわれを署に連れていき、お茶をすすめながらパスポートを確認する。彼らは終始笑顔で、こう断言する。これもあなたがたの安全のためですよ――。そして中国と欧米の違いに関する哲学的な問答が延々と続き、半日かかることもある。さらに、取材の「便宜をはかる」ためだと言って現地の外交部の役人を同行させようとする場合もある。政府の世話人など付けられると率直なインタビューはできない。自由な記事も書けないだろう。私が同仁に滞在しているからといって何かの法律に抵触することはないはずだったが、冬の終わりの時期で、私は用心を重ねた。この季節はチベット人にとってめでたい季節でもあり、緊張の季節でもある。チベット暦の正月と同じころ、一九五九年三月十日のチベット動乱――蜂起が失敗に終わり、ダライ・ラマがインドへの亡命を余儀なくされた事件――の記念日がやってくる。この記念日やその前後には例年のように混乱が生じ、とくに一九八九年と二〇〇八年には大きな事件になった。私が同仁を訪れたのは、ちょうど記念日を控えて治安部隊が神経をとがらせている時期だった。

インタビューする相手の安全も気にかかった。ジャーナリストは、たとえ多少の不便を強いられたとしても必ず自由の身で大都市の自宅に戻ることができる。しかしインタビューを受けた相手は現地に残り、どんな目に遭うかわからない。駐華外国記者協会の年次調査によれば、外国人記者と話した一般の人々が警察から嫌がらせを受けるケースが頻発している。頭にこびりついて離れない、ある悲惨な事件がある。被害者は、長江の三峡ダムの建設にともなう数十万人の強制移転に反対してきた付先財《フー・シャンツァイ》だ。警察は付に対し、外国人記者との接触をやめるよう繰り返し警告した。そして二〇〇六年のある日、付はドイツのテレビの取材を受けた後、暴徒に襲撃されて首を折られた。しかし中国政府の発表は、付は路上で足をすべらせて転倒した際に負傷したというものだった。それから一年後、今度は中国北東部の黒竜江省の農民が二年間の「労働教養」の判決を受けた。彼は政府に収用された農地の奪回を目指す運動のリーダーで、それについて外国人ジャーナリストの取材を受けたことが判決の理由だった(1)。

同仁の朝はしんしんと冷え込んだ。私は町の目抜き通りを歩いた。立ち並ぶ二階建ての建物は共産党様式のくすんだ色合いで、ところどころにチベット風のアクセントが入る。どの区画も一階部分は店舗だが、まだほとんどの店がシャッターを下ろしたままで、まるでガレージが無限に続いているような眺めだ。路上の小さな屋台からただよう香りに鼻をくすぐられた。チベット人が奉納する伝統的な杜松《としょう》のお香がたかれている。道ばたでは数人のチベット人がバイクにまたがったまま談笑していた。半円形にとめられたバイクは、どれもチベット風の独特なセンスで飾られている。チベット人の若者たちは、バイクのシートに折りたたんだ毛布や小さめのウールの敷物をかけ、後ろにサドルバッグをぶら下げる。かつてこの地域の主な交通手段だった乗馬のスタイルを模しているのだ。若者たちが道路脇に寄り集まってバイクを止める様子は、水場に集まる馬乗りたちの姿を彷彿させる。

寺院の入り口近くでロビンが待っていた。よかったら寮に来てお茶でも飲みませんかと言う。私たちは身をかがめてゲートをくぐり、中庭を抜け、小さな建物にたどり着いた。ドアを開けるとまだ十代後半とおぼしきチベット人女性がいた。学校の友人だという。おそろしくシャイな女性で、ほとんど口をきかなかった。二間続きの部屋の中央にストーブが置かれて薪が燃えていた。煙突が天井の上まで伸びている。ブロック板の脚の上に寝床が作られていて、下に炭を入れて暖をとることができる。中国の典型的な様式だ。

ロビンは私に座るようすすめ、塩味のするバター茶をいれてくれた。それから「ツァンパ」が出た。これは初体験だ。どこへ行ってもチベット人の主食はツァンパである。乾煎《からい》りした大麦粉を粉にしたもので、バター茶と混ぜることが多い。チベット人は、べたべたしたツァンパの生地をこねてボール状にして食べる。栄養価を高めるためにほかの材料、たとえばヤクのチーズや砂糖、塩などを混ぜることもある。煎った大麦粉は消化がよく、すぐにエネルギー源になる。チベットでは毎食ツァンパを食べる地域も多い。同じチベット人でも方言や仏教の宗派、そのほか地域的な違いがあるが、社会学者によればツァンパを食べるという点はみな同じらしい。一方、ほとんどの中国人はツァンパを原始的な未開人の食べ物と見なす。そのためチベット人は、民族のアイデンティティを示すものとしていっそうツァンパにこだわるのだ。大麦粉の用途はほかにもある。チベット人は結婚や誕生日を祝うときや葬儀の際に一つまみのツァンパをまく。こうした習慣は仏教信仰よりも古く、精霊崇拝の意味合いを持つと考えられている。私はロビンが出してくれた小さな椀を手にとり、指で小さく丸めて口に放り込んだ。ロビンは私の感想を待ち構えている。噛みしめてみたが——どちらかというと、まずかった。

ロビンは携帯電話をいじっている。呼び出し音はチベット独立の応援歌だ。カナダに亡命した長髪の男性歌手、アムチョク・ゴンポのミュージックビデオも保存されていた。安全な寮の部屋でそれを再生するロビンの表情は生き生きとしていた。私はそれを興味深く見つめた。もし当局に見つかればまずいことになるが、承知のうえだとロビンは言う。中国には民族集団が国家の団結を脅かすことを禁止する法律がある。この歌やビデオはそれに抵触する可能性があるため、本来は鑑賞禁止だ。私は彼の故郷の村についていくつも質問した。すると彼は、学期が終わるころにまた来られますか、そうしたら高地の草原地帯にある実家を案内しますと言う。私は提案に飛びついた。チベットに関する本を書いていることを明かし、草原地帯の家族の暮らしぶりをぜひ見せてもらいたいと頼んだ。

必ずまた来てくださいね——寮を出る私を、彼は念押しして見送った。何週間かすると、私の携帯電話にロビンからメールが何通も届くようになった。「お元気ですか。いまどこにいますか」。こんな他愛のないものもあれば、「あと二十日で学校が終わります」などと近況を伝えるものもあった。早く彼の故郷を訪問したくてうずうずしたが、学校が終わるまで待ち、それからコンタクトをとった。しかし、思いもよらぬ返事が返ってきた。「ごめんなさい、都合が悪くなりました。理由はたくさんあります。あとでちゃんとお話しします（理由もふくめて）」。私は北京での取材を続けながら、訪問のチャンスを待つことにした。

シルクロードの要衝へ

何カ月も経って、ようやくロビンからメールが届いた。次の週末に村に来てほしいという。地図を確認すると、彼の故郷は同仁からそれほど遠くない。しかし移動の便宜を考え、最も行きやすい別のルートを選んだ。まず北京から飛行機で二時間の甘粛省の省都蘭州まで飛び、そこからバスを乗り継いで、チベット人が多く住む夏河《シアホー》へ。ロビンの故郷の村はその近くだ。

蘭州に到着した私は、タクシーでバス停に向かった。窓口で目的地を告げて次の便について尋ねると、係員の女性が顔もあげずに言う。「そういう乗車券の購入は認められません」。面くらったが、何かの勘違いだろうと解釈し、もう一度尋ねてみる。「認められません」。係員は怒鳴るように言い捨てて、背を向けてしまった。夏河には大きな寺院があり、反体制派の僧侶たちが頻繁に暴動を起こしている。そこに外国人を行かせないという政府の方針なのだろうか。私はタクシーに乗って二時間ほど離れた経由地の臨夏《リンシア》まで行くことに決めた。タクシーで乗り合わせた人たちに訊いてみたが、外国人がバスの乗車券の購入を断られる理由はわからないという。臨夏に着いた。タクシーの運転手はバス停に車をとめ、そこにいたバスの運転手に何やら耳打ちした。すると、バスの運転手が私のほうを向いて、乗れと合図してきた。彼は私に通常料金の三倍の金額を要求した。そのかわり夏河までちゃんと乗せてやるということらしい。

そこからまた二時間のバスの旅。曲がりくねった道はいくつもの渓谷を越えてゆき、何度も絶景が広がった。季節は初夏。山肌の段々畑では、菜種油をとる黄色い菜の花が咲き乱れていた。ようやく夏河に到着した。標高二千九百メートルの活気にあふれた町。漢族が支配する中国から抜け出して、さまざまな文化と宗教が入り混じるシルクロードの要衝に来たことを実感する。通りを行き交う深紅の衣を着た僧侶、羊革の衣装の放牧民らの姿が、ここがチベット人の町であることを示している。そして、ここはイスラム教徒の回族の町でもある。白い帽子をかぶり、あごひげを生やした回族の人々の姿も見られた。

建物の二階にある食堂に入ると、長い髪を二つのポニーテールに結んだチベット人ウェイトレスが応対した。フレンドリーで好奇心旺盛な彼女は、欧米人の客に興味津々の様子。ジャーナリストだと告げると、彼女なりに解釈したらしく、仕切られたテーブル席の向かいの椅子に腰を下ろした。私のほかに客はいない。従業員はもう一人だけいて、ほこりっぽい床にモップをかけていた。ふいに外から軍隊のような大きな掛け声が聞こえてきた。彼女に導かれて裏窓からのぞくと、小川を挟んだ向こう側に学校があり、だだっ広いアスファルトの運動場でオリーブ色の服を着た数十人の部隊が忍者のような武術の訓練をしていた。みな一メートルほどの棒を手にしている。暑さのためシャツを脱いでいる者も多い。カンフーのように身を揺らし、盛大な掛け声とともに棒を突き出す。ウェイトレスによれば、部隊はその学校に駐留しているらしい。やかましい訓練は毎日二回実施され、地元のチベット人は一種の示威行為と受け止めている。彼らが所属するのは準軍事組織の人民武装警察部隊。すなわち国境の警備や暴動の回避、そのほか非常事態への対処を任務とする組織である。

訓練の見物はそのくらいにして、私はウェイトレスに、近くのラブラン寺——中国最大級の名刹——の僧侶たちの話を聞きたいと持ちかけた。すると彼女は携帯電話を取り出した。なんでも彼女の兄がそこの僧侶で、呼べばすぐ来てくれるらしい。

数分後、私の向かいの椅子には、深紅の僧衣をまとい黒い目をらんらんと輝かせた三十九歳のチベット人が座っていた。彼の標準中国語は基礎レベルだったが、何とか会話が成立した。町の雰囲気について尋ねると、緊張感が満ちていると言い、チベット人は差別を受けていると訴えた。「官公庁にチベット人はほとんどいません。チベット人は大学で懸命に勉強しても職に就けないのです。私の妹は——」とウェイトレスを指し、「高校を出ていますが、職が見つかりません」。彼の話によると、前年の抗議運動のさなか、警察はいきなり寺に踏み込んできたという。そしてすべての僧侶の指紋をとり、漢字で書かれた書類――読めない僧侶も多かった――にサインさせ、ダライ・ラマの写真をすべて破り取っていった。ダライ・ラマの絵や写真は中国ではご法度だ。

妹が私に問いかけた。彼女たちの期待を考えると、それは正直には答えづらい質問だった。「ダライ・ラマ法王がチベットにお戻りになる可能性はあるのかしら」。どう答えたものか――私は逡巡《しゅんじゅん》した。「法王様がチベットにお戻りになるように、私たちはいつも祈ってるんだけど」。答えを促そうとしている。私は口を開いた。共産党にはダライ・ラマの死を待っている人が多い。彼さえいなくなれば問題は解決すると考えているから――。兄が反射的に叫んだ。「あり得ない！そんな考え方は間違っている！」兄妹は口々に反論した。「私たち、心の底から中国人が嫌い」と妹が言う。私たち、とは僧侶も含むチベット人すべてを指すのだろうか。僧侶は生きとし生けるものすべてに慈悲をそそぐ者のはずだが。そう問うと、「お坊さまのことじゃなくて、私たち若者という意味」と答える。兄は前年の抗議運動の際にラブラン寺の人たちが警察から受けた仕打ちについて詳しく語った。「彼らは銃床でわれわれの体や頭を殴りつけました」。しばらく話すと、彼は寺に戻ると言って席を立った。私も店を出て、ホテルを見つけることにした。

次の朝、起床した私は抜けるような空の青さに目をみはった。いつもスモッグがかかっている中国東部の都市とは大違いだ。ロビンが手配してくれたタクシーに乗り、曲がりくねった道を抜けてなだらかな起伏が続く草原地帯へと向かう。チベット人遊牧民のテントが見える。あたたかい夏の間、彼らはこうして羊やヤクの群れの近くで過ごすのだ。ある集落の近くの広い平原にさしかかると、道路脇に点々と杜松の枝の束を置いて燃やしているのが見えた。儀礼用の「チュバ」を着て色とりどりの帯を締めたチベット人の馬乗りたちがたくさん集まっている。さらに近づいてみると、みな馬やバイクにまたがって道路沿いに整列し、誰かの到着を待っているようだ。平原のほうには何百人もの女性と子供がいる。こちらは「チュバ」にあざやかな深紅の帯を巻いている者が多い。子供たちの多くは紫がかった青色の錦織の上着を着ている。運転手によると、ラブラン寺の高位の「リンポチェ」(転生ラマ)を村に迎えるところで、年に一度の大切な祝日なのだという。車を降りてもっと近づいてみる。美しい祭りの光景に心を奪われた。

どちらを見わたしても一本の樹木もない草原が何マイルも広がり、雲にかくれた遠い山々のすそ野まで続いている。ところどころに散らばった黄色い菜の花や大麦小麦の畑が、広々とした風景にパステル画のようないろどりを添えている。遠くの丘に目をこらすと、カラフルな遊牧民のテントや羊の群れがかすかに判別できた。そのとき、わずかに地面が揺れ、それがだんだん大きくなってきた。見まわすと馬に乗った男たちが草原を疾駆している。どの馬も儀礼用の鞍下をつけて、尾をきれいに編んである。到着した「リンポチェ」の車列には三台の警察車両が併走していた。さらに共産党幹部らを乗せた車も何台か続く。そろそろロビンの村に向かおうと運転手に促された。

私たちは草原を越えて集落に入った。切り立った崖の上に小さな寺があり、その下にれんがと泥で作った家が並んでいる。バイクにまたがったロビンが満面の笑みで迎えてくれた。彼は運転手の携帯電話に何度も連絡を入れて、私の到着を待っていた。ぬかるんだ中庭に案内しながら、彼は説明した。――お祭りの時期まであなたの訪問を延ばしてほしいと家族に頼まれたんです。それなら外国の人が訪ねてきても理由がつくし、家族に疑いの目が向くこともありませんから。

彼の実家はすきま風の入る三部屋の住居だった。私たちは家に上がって腰をおちつけた。集落のまわりの美しい風景を眺めると心が洗われた。しかし集落の貧しさを見ると暗澹《あんたん》たる気分になる。一番広い部屋の中央に家畜のふんを燃料にしたストーブがあった。この部屋はリビングルーム兼ダイニングルームとして使われ、夜にはベッドルームになる。すぐに人数分のバター茶が用意された。そして山積みのパンと、麺の入ったスープが出てきた。私がお茶を一口すすると、すかさずロビンの母親がつぎ足してくれる。だいぶ中国の生活にも慣れてきた――そう感じていた中国が、どこか遠く感じられる。ここで食卓を囲んでいる人たちはみな――ロビンだけは例外として――ごく初歩的な標準中国語しか話せなかった。会話をはずませることなど期待すべくもない。にもかかわらず、単純な衛星システムにつながったテレビをつけると河南省のチャンネルが映り、流れてきたのは標準中国語だった。

私はロビンに、標準中国語がわかる村人はどのくらいいるのか訊いてみた。「みな少しは中国語がわかりますが、それほどうまくはないです。必要に迫られれば使います。でも進んで勉強しようとはしません。中国語が堪能《たんのう》なチベット人はほとんどいません。中国のトラックが来てここで物を買っていくようになれば、使うようになるでしょうけど」。要するに、国家の主たる言語を意図的に避けているということだ。こうした傾向はほかのチベット人地域を取材したときにも見られた。英語を学びたいという意欲はとても強いが、それに比べると中国語はさっぱりだった。

ロビンは自分の部屋を見せてくれた。小さな部屋で、裸電球をぶらさげて明かりをとっている。ベッドの脇には金属製のロッカーが二つあった。彼はロッカーを開け、英語のテキストと、びっしり書き込まれたノートを次々と取り出した。彼が何年もかけて懸命に勉強してきた証である。しばらく話すうち、ロビンの今までの行動範囲がきわめて狭い範囲にとどまっていることがわかった。彼は甘粛省の省都の蘭州に行ったことがなかった。隣接する青海省の省都西寧《シーニン》にも、彼の高校からわずか車で二時間しか離れていないにもかかわらず、行ったことがないようだ。私は彼に、中学校ではどんなことを勉強したのかと尋ねた。「中国の歴史、中国の政治、中国の地理、世界の歴史、世界の地理を習いました」と答える。もし選べるとしたら何が勉強したい？ そう問うと、「チベットの歴史、チベットの政治、チベットの文化や習慣、それから英語が勉強したい」と言う。――中国の科目はいらない？「いりません」

開けっぱなしの玄関の向こうに、中庭で作業する母親の姿が見える。さきほどは村人たちと一緒に刈ったヤクの毛を叩き伸ばして敷物を作っていた。今は洗濯をしている。私の関心が母親に向いたのを見て、ロビンは朝から晩まで働きづめの両親の暮らしぶりについて語った。「母は毎日ヤクの飼い葉を切って干します。飼い葉は草原に行って取ってこなければなりません。小麦も育てていて、その期間は朝から晩まで大変です。冬はおばと一緒にヤクを草原に連れていきます。ヤクのふんも集めなければなりません。ほんとうに重労働の毎日です。だからぼくたちは一生懸命勉強する必要があります。父は五十三歳、母は四十八歳で、もう年ですから」

ロビンはバスケットボールをつかむと、村のコートに行こうと提案した。そんなものが村にあるとは驚きだ。泥道をくだり、巨大な円錐状に積まれたふん――おそらくストーブの燃料にするのだろう――のあいだを通り、小川を越え、土を押し固めて作ったコートについた。両サイドに粗末なゴールリングがあり、三方向に広大な草原が広がっている。ロビンはボールをつかむとドリブルを始めた。「ぼくはアイバーソンのファンなんです」と彼は言った。NBAのスター、アレン・アイバーソンだ。ほかにもスター選手の名がすらすらと出てくる。ドウェイン・ウェイド、レブロン・ジェームズ、そしてコービー・ブライアント。ただし発音はすべて中国式だ。「ケビ」がコービー、「ジエムシ」がジェームズだと気づくまでには少々時間がかかった。中国のファンには英語の発音が難しいため、

NBAのスター選手はみな中国式の名前で呼ばれている。ロビンと私はHorse《ホース》――コートのいろいろな位置から交互にシュートを決め合うゲーム――の対決をした(2)。すると、たちまち息が切れてきた。

標高三千メートルを超える高原にいるのだ。息が上がるのも無理はない。高地の直射日光も体にこたえた。私はコートから出て、手で日差しを避けながら草の上に座り込んだ。ロビンはシュートを打ち続けている。そのうち十代の若者たちが馬やバイクに乗って集まってきて、十人以上になった。遠くからこのコートを見て駆けつけてきたのだ。ゲームが始まった。でこぼこに固まった土の上ではボールが変則的にバウンドし、ドリブルするのも大変そうだ。

若者たちが休憩に入った。そのときロビンの隣にいた細身の若者が彼の兄だった。二〇〇八年のラサの抗議運動に巻き込まれて捕まったという兄である。私たちは一緒に腰を下ろした。兄は拘束後に警察に受けた仕打ちについて詳しく語り、それをロビンが通訳した。彼とガールフレンドのラサ旅行に特に意図はなかった。それまでラサに行ったことはなかったが、まわりの人たちが口々にラサを見てみたいと話すのを聞いて行ったらしい。チベット人なら誰でもラサを訪ねたいものです、とロビンが補足する。「有名な仏像がたくさんあるので、村人はみな行きたがっています。何といってもチベットの首都ですから」。とはいえ容易な旅ではない。警察が旅行目的に目を光らせていて、政治的扇動者と見なされれば足止めをくらう。「ラサはチベット人の場所なのに、チベット人は行くことができない」と兄は言う。「ポタラ宮はぼくたちの宮殿なのに、中国人に占領されている」

ロビンたちは再びバスケットボールを始めた。私はその間、日陰で涼んだり本を読んだりして午後のひと時を過ごした。しばらくしてロビンがやってきた。何やら興奮した様子だ。「あなたが本を読んでいる間に、西南民族大学から電話がありました。『入学を認めます』って」。すばらしい知らせだった。中国では、多数派の漢族を除く五十五の少数民族およそ一億八百万人のために、各地に民族大学が設置されている。なかでも四川省の成都——チベットへの玄関口の大都市——にある西南民族大学はトップクラスだ。チベット人は名前こそ知られているが少数民族の中で特に人口が多いわけではない。中国に住むチベット人の人口は六百二十万人。それより人口が多い民族には、チワン（壮）族、満州族、回族、ミャオ（苗）族、ウイグル（維吾爾）族、トゥチャ（土家）族、イ族、モンゴル（蒙古）族がある。中国政府は少数民族を中心に入学させる大学を全国十二カ所に設置し、基本的に少数民族だけを隔離して高等教育の機会を与えている。すでにロビンは蘭州にある西北民族大学にも合格していたが、成都の西南民族大学のほうが格上だ。——だが、一般の大学で漢族の学生に交じって勉強することは考えなかったのか。そう問うと、ロビンは肩をすくめて不可能だと答えた。「中国にはたくさん大学があるけれど、中国人しか入学させません。つまり、少数民族ではなく生粋の中国人だけという意味です」。ロビンは中国語の単語をまぜて説明した。

チベット人の抱えるジレンマ

ロビンの村に滞在した数日間、私と彼はチベットが抱えるジレンマについてさまざまな視点で話しあった。私は何度もチベット高原を取材して回ったが、ここは最も「純粋」なチベットの生活を経験できた村の一つだった。ここには漢族の中国人がいない。一人も住んでいなかった。チベット人の遊牧民や村人は、自らの文化的アイデンティティのなかで——標準中国語のテレビを見ることを除けば——暮らしているように見えた。多数派の漢族が少数派のチベット人の首を締めあげていると言われても、この村ではそうは思えない。そういう私の話を、ロビンは静かに聞いていた。そして、もっと多くの村人と話せば全体像がわかるはずだと言った。私はダラムサラで聞いた話を思い出していた。チベット人の抵抗運動は、抑圧が激しいラサを離れて周辺地域——まさに今私がいる大《グレーター》チベットの北東の外れのような——に移っているということだった。こうした周辺地域はダライ・ラマやパンチェン・ラマの故郷であり、学問の伝統も古い。そして土地のチベット人は争いにもまれてたくましくなっている。

チベット人は昔から祖国を三つの地域に分けて考えている。カムと呼ばれる東部は戦士たちの地域。ラサをかこむ広大な中央部は聖なる権力者の地域で、チベット人はウー・ツァンと呼んでいる。北部から北東部に位置するアムドは思想家や学者を輩出することで有名だ。チベット仏教ゲルク派——四つある宗派の最大宗派で、ダライ・ラマが属する——の「六大寺院」のうち、クンブン寺とラブラン寺がアムドにある。アムドには文筆分野でも豊かな伝統があり、現在でもチベット語のブログやエッセーに受け継がれている。

翌日、私はロビンに連れられて寺の近くの丘に行き、そこで三十三歳の僧侶を紹介された。この村の出身だが、有名なラサのデプン寺で六年間過ごしたという。デプン寺はチベット最大の寺で、百年ほど前には一万人もの僧侶がいた。学問の水準が高いことでも有名である。この僧侶も涼やかな目にきびきびとした身のこなしをしていて、いかにも頭が切れそうだ。彼はこの村で事実上の四人生活を強いられているという。

二〇〇八年の動乱ではデプン寺でも多くの僧侶が逮捕されたが、彼もその一人だった。彼はチベットや青海省の拘留施設に六カ月間入れられた。当局は拘束した僧侶たちに対し、仲間を裏切るよう迫ったという。「彼らはたびたび『情報を出さないかぎり解放しない』と言いました」。ふいに吹きつけた突風に、彼は深紅の僧衣をかき合わせる。親族が学校や政府機関に勤務している僧侶には、さらに厳しい圧力がかけられた。「『そいつの仕事もなくなるぞ』と言うのです」。また実家の祭壇に毛沢東の写真を飾るよう命じられ、従わなければ多額の罰金を科すと脅された者もいた。

彼はデプン寺の仲間を扇動したことはないと訴えたが、通らなかった。警察が取りだした監視カメラの映像には、ほかの僧侶とともに立ち上がって蜂起を呼びかける彼の姿がはっきりと映っていた。それでマークされていたのだ。同じ拘留施設に入れられた僧侶たちも、自身の行動が映った証拠ビデオを見せられていた。解放されるときに宣告されたという。今後ラサに戻ることは許されない。故郷の村に帰るだけだ——。「もちろんラサに戻りたい。チャンスさえあれば今すぐにでも。でも私に自由はありません。どこかに行こうとすれば、こっそりと後をつけてくるはずです」。そして強制的に連れ戻されるのだろう。私は彼に訊いてみた——ラサで激しく弾圧されるくらいなら、むしろこの村のほうが仏教の実践に適しているのではないか。すると彼はきっぱりと否定した。たとえ弾圧されようともラサのほうがチベット人の意識が高く、あくまでチベットの伝統を守るべきだと主張する活動家がいる。「この村では『慣習を守りなさい』などと言う人はいません。だから中国語とチベット語をごちゃ混ぜにして使う人もいるのです」。文化の衰退はゆっくりだが確実に進行している、と彼は言った。

ロビンと私は家に戻った。ロビンは目前に迫った大学入学に心をおどらせていた。成都の大学に通う金を工面できるかどうかはわからないと言いつつ、チベットの言葉や文化、そしてもっと上級の英語を学ぶチャンスが広がったことがうれしくてたまらないようだ。いろいろな夢をふくらませていた。

自分の民族的ルーツや文化について知識を広げたい。ラサに行きたい。一方で、チベットを出てみたいという思いもあるようだ。「外国に行きたい」と彼は言った。「ぼくは英語が好きなんです」

しかし、どちらの道を選んでも結末が見えている気がして心が痛んだ。大学を卒業したチベット人が目指せるのは頑張っても教職ぐらいだ。しかし賃金は低い。強力なコネクションがあれば、政府のポストにつけるかもしれない。だが教師や政府の職につけないとすると、選択肢は限られる。起業したり弁護士や会計士などの専門職についたりしても、チベット人の場合は将来の見通しは明るくない。もしロビンが外国で暮らすことを選んだら――よい経験にはなるだろうが、彼が「チベット人らしさ」を失うことは避けられない。

私は草原の旅を終え、北京に――チベットに対する考え方が百八十度違う世界に――戻ることにした。北京ではダライ・ラマは邪悪な存在だ。多くの中国人は、諸外国が中国のチベット政策を誤解、あるいは悪意をもって曲解していると考えている。北京はまるで残響室《エコーチェンバー》だ。党の発する公式見解が、増幅され音量を増して鳴り響いている。チベット人の自治拡大の要求について、新聞やテレビのニュースは社会制度を後退させる外国かぶれの謀略だとひたすら感情的に攻撃し、ダライ・ラマのことを分離主義者だとこき下ろしている。

高まる愛国心、強まる確信

私は自分なりにチベットと中国の交渉の道を考えた。たとえば「一国二制度」の合意――一九九七年に香港が英国統治下から中国に復帰したときのような――はできないだろうか。無理だろう。中国共産党が譲歩する可能性は低い。今や中国人の愛国心はどんどん高まっていて、党が少しでも譲歩すれば弱腰とみなすだろう。党指導者にとっては受け入れがたいことだ。中国の国益という観点からもチベットの資源と領土はきわめて重要だ。チベットは鉱物資源と水資源にめぐまれている。長江と黄河を含むアジアの七つの大河川が、ヒマラヤの氷河を源流としているのだ。また、中国はチベットに四、五カ所の核ミサイル基地を保有しているといわれている。(3)もしチベットに譲歩すれば、反抗的な少数民族が同じ待遇を求めて連鎖的に動きだすかもしれない。まさにパンドラの箱だ。私が知る漢族の中国人の多くは、チベットを中国の腕の中でもっと強く抱きしめてやればよいと考えている。すでにチベットは絞め殺されそうな思いをしているわけだが、中国は手を緩めようとは考えない。

外国の大学を出ている友人でさえ、チベットに関する議論を避けようとする。理想郷《シャングリラ》に目を輝かせてまわりが見えていない外国人とは、議論などできないと言わんばかりだ。中国最大級のインターネットサイトの上級編集者を務める友人もその一人だ。彼女はチベット問題が話題になると、とげを含んだ物言いをする。彼女の見解はこうだ。中国にはチベットを統治する正当な権利があるのに、外国はその点を無視してダライ・ラマのほうが人道的に優れているかのような扱いをする。彼は政治力を持ったずる賢い僧侶にすぎない。欧米諸国は彼の術中にはまっているのよ――。彼女は、ロンドンでチベット問題にささやかな抵抗を続けているという中国人の友人のエピソードを話した。その友人は書店でダライ・ラマに関する本を見つけると、それがどこのセクションに置かれていようと――「宗教」でも「自己啓発」でも「時事問題」でも――そこから取り出して、「フィクション」のセクションにこっそり移すそうだ。それで友人が捕まったというわけではなく、そうやって抵抗を示すことが心の癒しになっているらしい。

彼女の話が何日も頭から離れなかった。彼女がチベット問題についてあれほど感情的に反応するとは思ってもみなかった。しかし事実として、中国都市部の漢族の人々は欧米諸国のチベット認識は間違っていると考えていて、忌々しさを感じていない人を見つけるのは難しい。中国では四億人以上が日常的にインターネットを使用している。そしてかなりの人々が、外国メディアの「誤り」を指摘する中国のニュースや解説に触れている。よくあるのが、外国通信社の配信した写真の説明に誤りがある例――たとえば、チベット人のデモ隊を警察官が殴打する写真に「中国で撮影」というキャプションがついていたが、実際の撮影地はネパールのカトマンズだった――というケースだ。編集担当者の不注意という釈明で終わることが多いが、それで納得する中国人はほとんどいない。もっと悪意に満ちた理由があると確信している。

　外国人ジャーナリストにとって、報道や人民とかけ離れたところにいる中国の最高指導者に質問をぶつけるチャンスはほとんどない。温家宝《ウェン・チアパオ》首相は年に一度、北京中心部の天安門広場にある人民大会堂で記者会見を行う。中国勤務の最初の年、会見場に出向いた私は国内外の何百人ものジャーナリストのなかで律儀に手を挙げて指名されるのを待った。しかしほどなく舞台裏がわかった。指名されるジャーナリストはすでに外交部が選んでいて、事前に質問内容を提出させていたのだ。ほとんどの質問者は事前に提出した質問内容を忠実に守った。つまり、温はインドのジャーナリストが指名されることを事前に知っていたからこそ、古代インドの奥義書《ウパニシャッド》の一節やラビンドラナート・タゴール〔インドの詩人・思想家〕の詩をそらんじて引用し、テレビの生中継で見る人々に博学ぶりをアピールできたのだ。すべてのお膳立てが整った出来レースである。一方、胡錦濤国家主席はほとんどインタビューを受けず、報道陣を相手に会見することも滅多にない。外遊の際に一件か二件の質問を受けつける程度である。

チベットのようなデリケートな問題の場合、新聞やテレビの報道は基本的に党の見解の繰り返しに終始する。チベット問題に関する見解はこうだ。「はるかなる雪の国チベットは、少なくとも七百年にわたり中国の一部であった。一九五〇年代に中国軍が進駐するまで、チベットはこの世の地獄であった。中国のチベット統治は慈悲にあふれ、莫大な開発費用を負担する一方でチベット人の自治を認めている」(4)。ニュース番組は、数十億ドル規模のチベット事業——橋や道路の建設、寺院の修復、水力発電所の建設など——の詳細を忠実に報道している。中国のチベット統治のすばらしさを知らしめること。それが北京のテレビ番組や展覧会のお決まりのテーマだ。

「問題は存在しません」

チベット関連の新しい展覧会が始まったと聞いて、私は天安門広場の西にある民族文化宮を訪れた。定年退職後の人たちが列をなして入館待ちをしている。頭上には「西蔵《シーツァン》民主改革五十年」と書いた大きな横断幕が掲げられている。並んでいる人々の多くは国営企業の退職者で、この展覧会の無料入場券を持っていた。みな表情は明るく、気持ちのよい陽気を楽しんでいた。中国の都市部では毎年何百万人もの若い労働力が供給されるため、定年の年齢が低く設定されている。多くの場合は女性が五十歳、男性が五十五歳である。私が見るかぎり、並んでいたのはみな漢族だった。漢族は北京、そして中国全体で多数を占める民族で、人口十三億人の九二%に相当する。

広大なエントランスホールには真っ赤なポインセチアで囲まれた巨大なパネルがあり、展覧会の序文が記されていた。チベットではわずか半世紀前まで「官僚・ラマ・貴族階級による独裁的神権政治のもとで封建主義的な農奴制が続いていた」と書いてある。そして、この展覧会の主旨はチベットが共産主義のもとで成し遂げた「目覚ましい業績」を浮き彫りにすることらしい。エントランスホールから続く三つの展示室は、それぞれ別のテーマを掲げている。一つ目の展示室は横暴な僧侶と封建領主が支配する解放前のチベット社会。二つ目の展示室は一九五〇年代にチベットを「解放」した中国軍への賛辞。そして三つ目の展示室は、チベット高原での農奴制復活を狙う「諸外国とダライ・ラマ一派の画策」にもくじけずに獲得した、チベット人の「幸福」がテーマだった。

中国の展覧会ではよくあることだが、統計的な数字がいやというほど出てくる。たとえば、かつて農奴の強制的無給労働のうえで安穏と暮らしていた僧侶の数はその一例だ。みじめな農奴の写真に添えられた説明にはこう書かれている。「旧チベットには二千六百七十六の寺院があり、そこに高位の僧侶五百人、経済的権力をにぎった僧侶四千人を含む十一万四千九百二十五人（チベットの人口の一二％）が住んでいた。肉体労働にたずさわる僧侶は一人もいなかった。現地の農家や遊牧民が彼らの生活を支えていたからである」。ある展示ケースには、木製の重い柵や、手かせ、親指責め具、足かせなどの木製の拷問用具が収められていた。部屋の中央には囚人を閉じ込めるために使われた木製の檻《おり》が展示されていた。説明書きによれば「多くの寺院には刑事裁判所と刑務所があった。つまり、彼らこそ残酷な刑罰に関与し農奴制を遂行した当事者なのである」。また中国軍の医療旅団が到着するまでは、天然痘などの病が発生すると蔓延《まんえん》し、農奴が領主にむち打たれて不自由な体になることも珍しくなかったらしい。

この展覧会では、ダライ・ラマとその側近について、チベットで周期的に高まる民族不安の黒幕という描き方をしている。チベットの区都ラサで発生した二〇〇八年の暴動による被害状況の展示を見た退職者たちが、不愉快そうに首を振っている。説明書きによれば、抗議運動の参加者は三百カ所に放火し、九百八の店舗、七つの学校、百二十の住宅を破壊した。五つの病院が瓦礫と化し、八十四台の車両が放火または破壊された。そして痛ましいことに、罪のない市民が十八人犠牲となった。写真には煙に包まれたラサが映っていた。しかし、なぜチベット人は中国の支配に暴力的な手段で抵抗するにいたったのか――それを解く鍵になる彼らの怒りについては、まったく触れられていない。

わずかに、文化大革命の時代にチベットの宗教的遺産が破壊されたことについて多少の説明があった。一九六六年から一九七六年まで続いた文化大革命で、毛沢東は「破四旧（旧風俗・旧文化・旧習慣・旧思想の打破）」をスローガンに若い原理主義者の紅衛兵を解き放ち、大混乱を巻き起こした。紅衛兵は中国全土に派遣され、博物館を荒らし、寺院を破壊し、いにしえの遺産のわずかな痕跡まで根絶やしにした。チベットの被害だけが大きかったわけではないが、チベットの仏教遺産は壊滅的な打撃を受けた。漢族の紅衛兵のほか、チベット人のなかにも追随者がいて、何千もの寺院や仏塔、ラマ寺を破壊し尽くした。手書きの経典やそのほかの宗教的資料などのきわめて貴重な遺産が、川に投げ込まれたり埋め立てられたりしたのである。だが文化大革命がチベットに与えた打撃について、この展覧会ではほんの少し説明があるだけだ。「文化大革命の時期、チベットはほかの地域と同じく挫折や損失を経験した。しかし中央政府は最善を尽くし、チベットの損失を最小限に抑えるべく指導と支援の手を差し伸べたのである」

私は展覧会の感想を聞こうと来場者に声をかけた。ほかにも何組かの外国の取材クルーが同じことをしていた。だが、みな警戒して口が重い。欧米メディアがいかにチベットのニュースを歪曲して中国を悪者にしてきたかという展示を見てきたばかりなのだ。おそらくそのせいだろう。八十三歳の王《ワン》は、「すばらしい展覧会ですな！」と答えた。いろいろ学ぶところがあったという。「疑う余地はありませんよ。旧チベットで、農奴の主人や高位のラマが人々をひどく抑圧していたのは明らかですな」。別の高齢の男性は、夫人が止めるのも聞かずに意見を述べた。ダライ・ラマはチベットの状況を誤解しているという。「彼の考え方が間違っていることがわかりましたよ。中国は彼に何度もチャンスを与えたのに、それを生かさなかった」。彼は国営の航空資料館の元従業員だと言った。もう少し話を聞けそうだったが、夫人が何やら小声でささやきながら引っ張っていってしまった。すべての来場者がしっかり主旨を理解して帰ることができるように、展覧会は次のような親切な掲示で締めくくられていた。

歴史は公平な判断をくだす。開発の五十年間で、チベットは暗闇から光へ、独裁から民主主義へ、閉鎖から開放へと変化した。

中国政府は、国民に、そして世界の人々に、「チベットは誰にでも門戸を開いている」という結論にたどりついてほしいのだ。しかしそれは真実とはかけ離れている。チベットはどこからどう見ても、独自の入国管理法をそなえた閉鎖国家だ。私は正式な許可を受けた外国人ジャーナリストだが、招待がないかぎりチベットに行くことは許されなかった。私が初めてチベットを訪れたのは二〇〇七年。それ以来、もう一度行くために何通もの文書やファックスを送り、数え切れないほどの電話をかけたが、許可は下りなかった。旅行者の場合、大金を積み、かつパスポートを見せてジャーナリストや外交官ではないと判断されれば、外国人でもチベット入りを許されることが多い。しかしチベットの内部事情に詳しい者の場合、許されないか、許されたとしても短期の滞在に限られる。現地の窮状について信憑《しんぴょう》性のある記事を書かれるのを避けるためだ。「閉鎖から開放へ」と変化したどころか、中国はチベットのまわりにカーテンを下ろしたままだ。そして周到に準備を整えたうえで、ちょっとだけ開ける。中国政府の支援を受けてチベットに入る外国人ジャーナリストも少しはいるが、彼らには政府の世話人がぴったりと張りつくのである。

さしあたって私にできることは、政府側の見解――議会に相当する全国人民代表大会（全人代）の期間中に出される状況報告――を聞いて、政府が国民に共有させたいチベット像の情報を得ることだけだった。私はそれを目的に人民大会堂――天安門の巨大な建造物――まで戻り、赤い絨毯の上を歩いて、二階にあるチベットのモチーフで飾られた広間に向かった。広間の木製の壁は巨大なポタラ宮の絵や手の込んだ壁画で彩られ、三つのシャンデリアが輝いている。毎年三月の全人代に合わせて、ここでチベット自治区代表団の会議が行われるのだ。広間に入ると、Uの字形に配置されたテーブルの各席にマイクが設置され、代表団二十人あまりが着席しているのが見えた。その背後には同じ人数の補佐官が座っている。代表団の半数ほどは美しいチベットの民族衣装に身を包んでいた。人民解放軍の政治委員や制服を着た軍当局者に混じり、女性たちのあざやかな帽子が目をひいた。会議の進行役はチベット人のジャムパ・プンツォクだ。痩せ形で、青いブレザーに縞《しま》のネクタイ、メタルフレームの眼鏡をかけている。彼の肩書きはチベット自治区人民政府主席だが、実際には現地の漢族の党書記長の指示を受けていた。ただし党書記長が表立って権力をふるうことはなく、一般の人々からすると、政府の人間として目にする機会が最も多いのはプンツォクである。

広間の後方から報道陣が見守るなか、プンツォクをはじめとする代表団が報告を始めた。彼らがいかにチベット経済の力強い成長を維持し、外国の投資を呼び込み、チベット高原の脆弱な環境を守り、若者の失業を解決するためのプログラムを実行してきたか。輝かしい成果が次々に発表される。最後に短い質疑応答の時間が設けられた。報道陣がマイクに殺到する。ある外国人ジャーナリストが、なぜ当局は外国人ジャーナリストをチベットに入れないのかと質問した。プンツォクは至極まじめに――冷笑の色はつゆほども見せず――答えた。

「われわれは世界中からジャーナリスト諸君がやってきて取材することを心から歓迎しています。百聞は一見にしかずとも言うように。……外国人ジャーナリストのチベット入りを許可しないなどという『問題』は存在しません」

第3章　鉄道に乗ってチベットへ

中華人民共和国のすべての民族は平等である。……いかなる民族に対しても差別や抑圧をしてはならない、民族の団結を壊し民族の分裂を引き起こす行為をしてはならない。

――中華人民共和国憲法、第一章、第四条

鉄道にまつわる懸念

ラサに向かう天空列車――「青海チベット鉄道」の旅では、いくつか確実なことがある。標高が高いため猛烈に頭が痛くなる。しかしそこは我慢だ。快調に飛ばす列車の行く手には、この世のものとも思えないほどの絶景が待っている。この鉄道に初めて乗るにあたり、私はボールペンをすべてビニール袋に入れた。なにしろ世界一高い場所を走る列車だ。気圧が下がってインクが飛び出るかもしれない。だが、こうしておけばパソコン、カメラ、衣服を汚さなくて済み、大惨事はまぬかれるだろう。決して大げさな心配ではなく、実際にそういう目に遭った仲間がいたのだ。

列車は一日半をかけてぐんぐん高度を上げ、チベット高原に入る。そしてついに最高地点、米国本土（アラスカ除く）の最高峰をはるかにしのぐ、標高約五千メートルのタンラ峠を通過する。これほどの標高になると、密封されたスナック菓子の袋は破裂寸前だ。乗客は高地病の頭痛でぐったりし、車窓に広がる雄大な景色を楽しむどころではない。空気に含まれる酸素は海抜ゼロ地点の六〇％ほどに減少し、高山に挑む者が味わう苦労をアイゼンもピッケルもなしで体験できる。

　旅をともにした二人の仲間は、標高が低いうちはジョークを飛ばして笑い合ったりしていたが、列車が高地に入り空気が薄くなるにつれて口数が減った。車内は加圧調整されていたが、それでも息が切れてきた。車掌が酸素チューブを配って回る。壁のソケットに差し込むと、酸素をたくさん含んだ空気が送られてくる。乗客は発作を起こした喘息《ぜんそく》患者のような有様でそれを吸入するのだ。

　列車は広大な青海省を抜け、木々もまばらなチベット自治区北部の荒涼とした高原を走り、世界の屋根を目指す。食堂車は満席だった。政府の役人に、少数の外国人旅行者、そして漢族の商人や貿易商風の人々――なかなかおもしろい取り合わせだった。私たちはポーカーをしてのんびりと過ごした。酸素不足で頭がまわらず、うっかり大事な手札を捨ててしまうこともあったが。カードに飽きると窓辺に張りついて風景を楽しんだ。ところどころ雪が残る草原にヤクの群れを見つけては写真におさめる。貴重なチベットカモシカの姿を探すことも忘れない。澄みきった青空の下、はるかかなたに点在する湖には蜃気楼《しんきろう》が浮かび、ゆらゆらと地平線を溶かしている。夜はコンパートメントに戻って外を眺めた。月はまだなく、かすかに星が見えるほかは真っ暗だ。地平線まで一つの明かりもない。私が中国で人間の圧迫感を感じなかった場所は、ここを含めてわずかしかない。

　機関車は三千八百馬力の特注エンジンを積んでいる。軽快に続くエンジン音を聞いていると、この鉄道が驚異的な技術革新のうえに成り立っていることをつい忘れそうになる。この鉄道が開通したのは二〇〇六年半ば。長江の三峡ダムの建設、その数年前の中国人宇宙飛行士の初飛行に匹敵する快挙として、中国は開通を国をあげて祝った。ほかの二大事業と同じく、北京とラサを結ぶこの四千キロメートルの鉄道にはとてつもない費用がかかっている。その額ざっと四十一億ドル。注ぎ込まれた技術も半端ではない。中国にはプライドをかけて突き進まざるを得ない理由があった。

線路は、きわめて標高の高い凍てついた大地の上に伸びている。全区間のうち約一千キロメートルは、標高四千メートルを超える永久凍土区間だ。私は列車の停車駅が主に橋の上に作られていることに気づいた。中国の技術者たちは凍土を溶かさないために独自の技術を編み出した。凍土区間には表面の薄い軟氷《スラッシュ》が昼と夜で解けたり凍ったりを繰り返している場所がある。その上に線路を敷設すれば、車両の熱が凍土まで伝わって地盤が緩む可能性がある。そこで技術者たちは何百キロメートルもの高架橋をつくったのだ。多くの場合、コンクリートの穴あき杭を地中深くまで打ち込み、永久凍土を溶かさないように冷却液を循環させている。一部の区間ではアンモニアベースの熱交換機を使った冷却システムも採用されている。線路は日よけで保護されており、地盤が比較的頑丈な区間では、盛土をして巨大な石板で覆う方法をとっている。さらに、線路に熱を与えないように車両自体にも冷却技術がほどこされている。車両の窓は密閉されて開けられないが、おかげで外で氷のような風が吹いても車内は暖かく保たれている。これを居心地がよいと感じるか、閉塞《へいそく》的で息がつまると感じるか――それは乗る人によりけりだ。

この鉄道は中国の長年の夢だった。半世紀前、毛沢東はチベットを強制的に中国に併合したいと考えた。中国の歴史家は、チベットは十三世紀以降ずっと中国の一部分だったと主張していたが、明文化された法令や布告といった裏付けはなく、異なる歴史解釈も十分にあり得た。毛沢東は、鉄道を通せば有無を言わせず領土を抱き込めることを見抜いていた。そして困難な鉄道建設に立ち向かったのだ。労働者を高地に送り込んで働かせるのは簡単なことではない。標高四千メートルになると肺水腫や脳水腫――肺や脳が腫れてあっという間に死にいたる病――を発症する者が出てくる。確実に回復させるには低地に下ろすしかない。中国は、この鉄道の建設に携わった二万人の労働者のうち、高地病で死亡した者は一人もいないとしている。

私自身は、何年か前にペルーやボリビアの高地を何度も旅して懲りていた。こういう高地にくると吐き気やひどい頭痛を起こしやすい体質なのだ。最悪の二日酔いと同じくらい、いやもっと悲惨なことになる。そこで登山家がよく使う「ダイアモックス」を処方してもらって飲んでいた。この薬を飲むと呼吸が速くなって酸素の代謝量が増えるため、高地に順応しやすくなる。そして頬や手足の指がひりひりする副作用が出る。このときも手にちくちく感じていた。

鉄道開通により、すでにチベットには変化が現れている。かつてチベットに行こうとすれば、空路か、トラックに乗ってでこぼこ道を数週間かけて進むかしかなかった。しかし今では、列車の片道切符を買えるだけの金――硬座（硬いシート席）で四十六ドル、軟臥（軟らかい寝台）で百五十八ドル――があり、新たなフロンティアへの情熱を持った中国人ならば、誰でもチベットに行くことができる。こうして門戸が開放されたわけだが、多くのチベット人はこの鉄道をきっかけに漢族の中国人が大挙して押し寄せ、自分たちの文化が希薄化するのではないかと危惧している。ダライ・ラマは「鉄道でつながったのは本当に危険」だと述べている。「職がなくて苦しんでいる中国本土の人々がラサに向かっていいます」。青海チベット鉄道では、永久凍土の安定を保つために細心の注意が払われている。だがチベット社会の人口動態の安定についてはーーそれはまた別の話らしい。

中国人の鉄道に対するイメージは、昔と今で大きく変わった。かつて鉄道といえば恐怖を引き起こすものだった。清の時代、鉄道は、アヘンまみれで弱体化した中国を食いものにする欧米列強の象徴だった。中国人は怒って鉄道を破壊した。一八七七年、英国商人たちが上海－呉淞《ウーソン》間に無断で敷いた十六キロメートルの鉄道の運行が始まった。しかし南京を管轄する両江総督の沈葆楨《シェン・バオジェン》は即刻取り壊しを命じた[1]。一九〇〇年、外国人が風水を無視して鉄道を建設したことが一つのきっかけになって、義和団の乱が発生した。反欧米思想の義和団は、蜂起して教会やキリスト教徒を襲い、外国人が作った鉄道を破壊した。山東省ではドイツが作った二路線を、地域の調和を乱すとして破壊。そして北京と天津を結ぶ主要路線も襲撃した。中国が鉄道を積極的に導入し始めたのは、一九四九年の革命以降のことである。鉄道は、周辺地域の先住民族を同化させて中国という巨大な人間パッチワークを縫い上げるうえで効果的なツールになった。

中国の指導者は民族の「調和」に力を入れたが、その道のりは平坦ではなかった。というよりも、中国の民族調和の道のりが平坦だったためしはない。何千年もの間、中国人は自分たちこそ世界の中心であり、周辺の異民族は野蛮人だと考えてきた。天下を治める独占権を持った中国に、異民族の周辺国家は臣下として朝貢した。歴史上、異民族は何度かその独占権に挑戦した。なかでも元（一二七一～一三六八年）を築いたモンゴル族、清（一六四四～一九一二年）を築いた満州族が有名だ。しかし中原《ちゅうげん》をルーツとする漢族――世界一人口が多い民族――はそのたびに主導権を取り戻し、文化的優位を守り続けてきた。やがて毛沢東の中国共産党が権力を握ったが、彼は一九五三年の著作〔『批判大漢族主義』〕で「大漢族主義」について苛立ちをあらわにしている。いわく、民族の問題は「単なる大漢族主義の残りかすではなく、重大な問題である。（中略）故にすべからく真剣な教育をほどこし、一歩ずつこの問題の解決を目指すべきである」。毛沢東のこの警告は広く受け入れられた。一九八二年制定の憲法にも「大漢族主義」という語句が盛り込まれ、少数民族の保護を約束している。現在では国の祝日などで色あざやかな衣装を着る少数民族の姿を目にすることは多い。しかし日常生活では彼らはきわめて不利な立場に置かれており、国の貧困層の五〇％を占めるのである[2]。

中国が領土を維持するために民族の団結がどれほど重要か。それは地図を広げてみればよくわかる。公式見解によれば、中国には五十五の少数民族が暮らし、全人口十三億人の八・四％を占めている。むかしから資源が豊かな土地に暮らしてきた民族は、今や漢族の大規模な流入にさらされて、民族の存続にかかわる危機に直面している。その中の二つの民族の現状を考えることで、チベットの将来を占うことができるかもしれない。

まずはウイグル族だ。コーカソイドに近い顔立ちでテュルク語を話し、多くがスンニ派のイスラム教徒である。中国北西部の乾燥地帯に居住し、中国政府はそこを新疆《しんきょう》ウイグル自治区に指定している。次にモンゴル族だ。強大なモンゴル帝国――最盛期には東ヨーロッパから朝鮮半島までを勢力下に置いた巨大国家――を築いたチンギス・ハンの末裔《まつえい》である。チベットへの漢族の流入が今の勢いで進んだ場合、その行く末はモンゴル族がたどった道と重なるかもしれない。モンゴル族は現在三つの国に分かれて暮らしている。中国に住むモンゴル族は五百万人あまりで、内蒙古自治区と、その東北部に隣接する遼寧省を中心に居住している。北に接する大草原の国モンゴルには約三百万人のモンゴル族が住んでいる。そのほか百万人ほどがロシアに住んでいる。

現在、チベット族、ウイグル族、モンゴル族は数のうえでは中国の少数民族の最大集団ではない。チワン族、満州族、イスラム教徒の回族のほうが多い。しかしチベット族とウイグル族は、文化・言語・宗教の面で多数派の漢族と大きく異なる。両民族ともに宗教こそがアイデンティティの中核であり、宗教の実践を抑制されることは耐えがたい苦しみだと感じている。またチベット族、ウイグル族、モンゴル族の居住エリアは広大な国境地域に集中している。この三民族のうち一つでも大規模な分離独立運動に立ち上がれば、中国は領土を大きく削りとられる可能性がある。チベット自治区と内蒙古自治区はそれぞれ中国の国土の八分の一を占め、新疆ウイグル自治区にいたっては六分の一だ。この三つの自治区の面積を合わせれば中国の国土の四二％に相当する。しかもこの数字にはチベット自治区以外のチベット人居住エリア——総面積はチベット自治区の二倍——に住むチベット人は含まれていない。この大チベットまで含めれば、中国の国土の五〇％に達するのである。

ウイグル族とモンゴル族の歴史はチベット族の歴史と異なる点もあるが、類似点もある。特に、中国の指導者が自治区を設けて邪魔な少数民族を移動させ、自由拡大を求めた人々が投獄されるか亡命したという点はよく似ている。ウイグル族とモンゴル族の歴史をより深く理解するために、私は二人の女性にコンタクトを取った。この二人にまったく接点はないが、自身の民族を全力で支えようとしている点は共通している。一人は中国政府から「分離主義者の怪物」とかテロリストの扇動者と呼ばれ、支持者からは「ウイグルの母」と呼ばれている女性だ。数年前に国外追放されて現在は米国大統領官邸の目と鼻の先にあるオフィスを拠点に活動している。もう一人は聡明な元マルクス主義者の哲学者だ。現在は内蒙古自治区の区都フフホトでモンゴルの工芸品店を経営しながら静かにモンゴル族の信念を広め、政治犯として獄中生活を送る夫を支えている。

ウイグルの母

二〇〇九年夏、中国の北西の果てで、過去十余年で最悪の民族暴動が発生した。そのときニュースに登場した民族の名は、アジア以外ではあまりなじみがなく、ニュースキャスターはWEE-gerなどと読み方を書き添えて原稿を読んだ。ウイグル人にとって不幸だったのは、彼らにダライ・ラマのような宗教的・政治的リーダー――英語を話し、欧米の政治家や財界の大物と交流があり、話題を集めることができるカリスマ――がいなかったことだ。

ウイグル人で国際的スポークスパーソンに近い役割を果たしたのは、思いがけずリーダー的存在になったラビア・カーディルである。小柄な元実業家で、今は亡命先の米国で暮らしている。私は何度目かの新疆の取材中に、携帯電話でカーディルに連絡をとることができた。彼女はカリフォルニア州にいて、通訳も同行していた。カーディルは母語のウイグル語で話した。このときの電話で何より印象に残っているのは、電話を耳に当てていられなかったことだ。やたらと耳障りな大声だった。しかしカーディルについて理解を深め、彼女が個人的に大きな犠牲を払ってきたことがわかるにつれ、ぜひ会ってみたいという気持ちが膨らんだ。そしてついに二〇〇八年末、ワシントンD.C.で彼女に面会するチャンスをつかんだ。

私はペンシルベニア通りに面したビル――権力の中枢近くに陣取りたい業界団体やロビー団体が好む場所――に来るよう指示された。斜向かいにはワシントンのランドマーク、アイゼンハワー行政府ビルがある。国家安全保障会議の事務局など大統領のスタッフが詰めている場所だ。住所を聞くと重厚なイメージがあるが、在米ウイグル人協会のオフィスは間に合わせの感じがした。実際、専用のオフィスはない。フロアには複数の団体――パラオ大使館、法律事務所、全米禁欲教育協会など――が入っていて、空いているスペースを適宜使用していた。私が訪ねたときは、カーディルの側近の男性がフロアを歩き回って使用可能なスペースを確保してくれた。

数分後、カーディルがやってきた。真っ先に目をひかれたのはその髪型だ。二つに分けて緩く編んだ髪が、背中の真ん中あたりまで垂れている。襟の立った赤いブラウスに黒い縁取りをした深い朱色のウールのジャケットを着ている。頭にはウイグル人伝統の「ドッパ」――ビロードの小さな四角い帽子――を、頭頂部のやや後ろに、一つの角が正面の高い位置に来るように傾けてかぶっている。髪の量は多く、白いものがかなり混じっている。肌は健康的な黄褐色で、濃い色の瞳と眉毛がくっきりと目立つ。にこやかな女性で、地球の反対側から雑音まじりの携帯電話で話したときのイメージよりもソフトな印象だった。カーディルの中国語は初歩的だった。そして、米国に亡命して何年もたつにもかかわらず、英語はもっと話せなかった。やはりウイグル人の通訳を介して話すことにした。そして彼女は、実に興味深い話を次々と語り始めた。

アルタイ山脈の金鉱ではたらく貧しい鉱夫の家に生まれたカーディルは、やがて新疆ウイグル自治区最大の都市ウルムチ――中央アジアにつながる商業の要衝――に出て、商売で成功を収める。はじめは羊革の取引、そして繊維製品やくず鉄の取引に携わった。資本をたくわえた彼女は百貨店を建設し、不動産開発や食品生産へと事業を拡大した。優れた商才を発揮して、一九九〇年代初めには中国で七番目の富豪にもなった(3)。正規の教育はほとんど受けず、大学にも通わず、しかも十一人の子供を育てながら、それだけの富を築いたのである。当時ソ連から独立したばかりの中央アジアの国々との貿易にも手を広げ、彼女はさらに力を拡大していった。

中国共産党は彼女に役職を与えるために、北京で開かれる全国人民代表大会に代表者として招待した。彼女は党の有力者らとの晩餐会にも出席した。しかしこのとき、彼女は気づいた。ウイグル人など少数民族の平等を守るためという名目で作られた法律が、実は少数民族を弱体化させ強制的に同化させるために適用されていたのである。

「私が人を率いるとは思ってもみませんでした。誰かが現れるだろうと思っていました。でも結局、それが私自身だったというわけです」とカーディルは言う。彼女はその地位を利用して声を上げた。新疆では中央政府の主導で石油や綿花などの資源が開発されているのに、なぜウイグル人には何の恩恵ももたらされないのか――。「中国統治下の六十年間、ウイグル人は生き延びるだけで精一杯の毎日を過ごしてきました」。カーディルは新疆ウイグル自治区で長年にわたり実権を握る党有力者の王楽泉《ワン・ラーチュエン》に面会したときのエピソードに触れた。王は十年以上もウイグル人の土地に住みながら、一般の漢族の中国人と変わらずウイグル語を話せなかったという。彼女はすぐに、自分が特別に優遇されているということに気づいた。「中国政府は私を含む一部のウイグル人が裕福になることを許し、政府の方針のすばらしさを示す証拠にしたのです[4]」

カーディルの夫は学者で、新聞に中国が主張する新疆支配の歴史的正当性を疑問視する論説を書くようになった。カーディル自身も、政府組織（全国人民代表大会など）に参加することに嫌気がさし始めたという。もはや「完全な時間のむだ[5]」としか思えなくなったのだ。そして堂々と発言し始めた。新疆に漢族が大量に流入していること。ウイグル人には結婚式や葬式の場で政治的な話をすることが禁じられていること。ウイグル人が権力のある地位にまったくついていないこと――。漢族流入の問題については、多くのウイグル人が腹を立てていた。一九四九年には新疆の漢族の割合は六％だったが、最近では二千百万人のうち四〇％を占めるまでに増加し、四五％（九百万人あまり）のウイグル人に肉薄している。あるウイグル人はこう嘆いたという――漢族はまるで植民地の支配者のような態度で、ウイグル人におもしろ半分で伝統衣装を着させたりする。

「民族の調和」――中国の政治イベントではお決まりのテーマだが、少数民族はエキゾチックなお飾りでしかない。カーディルはその薄っぺらなやり方に憤っていた。「そういう場でウイグル人に民族舞踊を踊らせ、幸せいっぱいの歌を歌わせるのです」[6]。一九九五年、カーディルは北京で開催された国連主催の世界女性会議への参加を許された。ただし常時三人の中国人女性がつきそって通訳した。彼女は後年の著作で、「私と彼女たちの関係は、人質と誘拐者という感じだった」と書いている[7]。

一九九七年初め、グルジャで蜂起したウイグル人が流血をともなう弾圧を受けたことについて、カーディルは厳しく批判した。すると彼女は政府の役職をすべて解かれた。一九九九年、彼女が米議会からの訪問使節団に新聞の切り抜きを渡そうとしたところ、当局は「国家機密の漏洩」の罪で彼女を告訴し、有罪を宣告した。彼女は六年近く獄中生活を送った。二〇〇五年に健康状態を理由に釈放された彼女は米国に亡命し、すでに米国に逃れていた夫と再会した。治安当局は彼女に警告した。中国を国外から批判するな、さもなければ祖国に残る彼女の家族が代償を払うことになる――。

それは高い代償だった。二〇〇六年六月のある日、ワシントン郊外のバージニア州にいた彼女に電話がかかってきた。新疆にいる娘のルシャングルからだった。公安当局者がカーディルの二人の息子に暴行し、一人が重症だという。当局者はルシャングルに命じカーディルに電話をかけさせた。カーディルのせいでこうなったと宣告するために。ウイグル人権プロジェクトのディレクターを務めるアリム・セイトフ――カーディル一家と家族ぐるみの付き合いがある友人――は、当時の状況をこう語る[8]。「彼女は泣き叫び、飛び上がり、当局者がアブリキムを殴打していることを母親に伝えた」。カーディルはこの経緯を詳しく話そうとしたが、涙があふれて何度も言葉を詰まらせた。同じ二〇〇六年、今度はバージニア州フェアファックス郡で、白いライトバンが車線を越えて暴走し、カーディルの乗った車に激突した。少なくとも一つの報道記事では、ライトバンは衝突後に後退し、あらためて車にぶつけたと伝えている。[9] セイトフによれば、後日カーディルのオフィスにＦＢＩ（連邦捜査局）から連絡があり、ある情報がもたらされた。そのライトバンは、中国大使館がワシントンでレンタルしていた車両だった。

カーディルが諸外国の支持を受けて二〇〇六年のノーベル平和賞の受賞候補になると、中国共産党の指導者らは激怒した。新疆ウイグル自治区のヌル・ベクリ主席――彼もウイグル人だ――は彼女の活動について、「中国の平和と安定の破壊を目論んでいることは明らかだ。このような活動はノーベル平和賞受賞の条件を満たさない」と述べた。ベクリは、彼女にウイグル人を代表して発言する資格はないと批判し、「ラビアを『ウイグルの母』と呼ぶなど、まったくばかげている」[10]と断じた。中国政府はいろいろな呼び方で彼女をおとしめてきたが、最近は「テロリストと結託した徹底的な分離主義者」で「中国内外の不安をあおり続けている」[11]というフレーズが気に入っているようだ。

二〇〇八年の北京五輪の開幕が数日後に迫ったころ、カシュガルでは小規模な爆破事件と、やや大きなテロ事件が連続して発生した。中国政府はカーディルが裏で糸を引いているとして、彼女に「テロリスト」のレッテルを貼ろうとしてきた。しかし正確にはこうした武力抵抗の歴史はもっと古い。中国政府は公式見解として、新疆は古代から――ざっと二千年前から――「多民族国家中国の欠くべからざる一部分」であると主張している。[12] そこが抵抗の出発点なのだ。たしかに中国が中央アジア地域を支配してシルクロードの交易路に経済的勢力を伸ばしたのはその時代にさかのぼるが、中国軍が直接支配したのではなく、中国王朝に従属する現地君主を経由した支配であった。[13] 二十世紀、中国は内戦と日本の侵略で疲弊する。その間、ウイグル人は二度にわたり「東トルキスタン」として独立を試みた。一九三三年、ソビエト連邦の後押しを受けて成立した第一次東トルキスタン共和国は、中国軍によって翌年崩壊した。一九四四年に成立した第二次東トルキスタン共和国は、中華人民共和国成立後に人民解放軍が進駐するまで五年間続いた。一九八〇年代以降、分離主義者は小規模な攻撃を繰り返すにとどまっており、カーディル自身はこうした攻撃を非難してきた。

しかし、二〇〇一年九月十一日にアルカーイダが米国にテロ攻撃を行い、その後アフガニスタンでウイグル人が逮捕されたことで事態が動く。中国はウイグル人を悪者にするためのすばらしい両面作戦を思いついた。中国にとって、不満を抱いたウイグル人とイスラム世界の団結——最悪の場合は武力による協力——は避けたいところだ。そこで中国は、カーディルが米国に亡命したことを利用して、彼女は欧米の手先だという印象をイスラム世界に植えつけようとした。カーディルは、「彼らはイスラム世界に向けて、私たちは親欧米派だから悪いイスラム教徒だというメッセージを送りました」と説明する。一方、欧米各国では駐在する中国人外交官が、ウイグル人の急進派を「アルカーイダとつながりのあるテロリスト」と表現し、その罪は決して見過ごすことができないと訴えた。二〇〇一年、米軍はアフガニスタンの訓練キャンプで数十人のウイグル人を拘束し、キューバのグアンタナモ湾収容キャンプに移送した。米国政府は、彼らが中国に戻れば不当な扱いを受けかねないとして中国には帰さなかったが、最終的にアルバニア、バミューダ諸島、パラオに送った。つまり、イスラム諸国も欧米諸国もウイグル人の味方をすることはなかったのである。中国政府の両面作戦はまんまと成功した。イスラム諸国も、成長著しい大国の中国の機嫌を損ねたくないという思いはほかの国と同じである。チベット人がメディアを味方につけているのに対し、ウイグル人は報われていない。「国際社会には、私たちに同情する意見はほとんどありません」とカーディルは述べた。

面会時間が残り少なくなってきたころ、カーディルは、中国が新疆のウイグル人への締めつけをいっそう強化していると示唆した。ウイグル人が反発して暴力的な手段に出ればしめたもので、厳しく取り締まる口実ができるからだ。だが、私はそうは思わなかった。よく新疆を訪ねる人ならみな同じだろうが、私は新疆の歴史にのめり込んでいた。かの地の民族の緊張が大爆発し、数十年の弾圧政治によって生じた亀裂がむき出しになるとは思えなかった。

新疆にはうっとりするような歴史がある。かつて東西の隊商が大量の荷物を積んだラクダを率いて行き交ったシルクロードの要衝。オアシス都市には今も往時の中央アジアの面影が残る。昔ながらのバザールを歩くと、あちこちでウイグル人の職人が働いている。銅を叩いて鉢や水差しを作る者、木彫りをする者、絨毯にふさ飾りをつける者——いにしえのシルクロードがよみがえったような光景だ。ほこりっぽい道のわきでは、ナン焼き職人が真っ赤なザクロジュースを飲みながら雑談し、その合間に深いタンドリー釜から焼き上がったナン——丸くて平べったく、ネギが散らしてある——を取り出している。肉屋の屋台では、皮をはぎ血抜きをした羊がさかさまに吊るしてある。さらに歩くと、伝統的なイスラム教の帽子をかぶった行商人が山盛りのブドウ、アンズ、クコ、リンゴ、ナシ、メロンを売っている。クルミやレーズン、そして珍しい香辛料もたっぷり積まれている。

しかし注意深く見てみると、漢族の中国人とウイグル人は隣で生活していてもまじりあっていないことがわかる。一つの例が「時間戦争」だ。ここでは二つの異なる時刻が存在している。中国では政府の方針で全国一律の標準時が採用されている。そのため、中国は米国に匹敵する面積があるにもかかわらず、四つの標準時がある米国とは違って国内の時差がない。新疆ウイグル自治区の区都ウルムチでは、学校、官庁、駅、空港の時計はすべて「北京時間」に合わせてある。しかし実際の経度でいえばウルムチと北京には二時間の時差がある。そのためウルムチでは冬場は朝の十時でも暗く、夏場は夜の十一時でも明るい。イスラム教徒のウイグル人は「北京時間」を無視し、自分たちの時計を二時間早めて太陽の動きに合わせている。そのぶん彼らは漢族より起床するのが遅く、仕事を始めるのも遅い。漢族とウイグル人の生活時間のずれは、新疆の二つの民族の間にある深い溝を象徴している。

怒りに満ちた人々

新疆の産業都市ウルムチの市街地で二百人近くの死者を出す民族暴動が起きる数カ月前、私はタクラマカン砂漠——サハラ砂漠に次ぐ世界で二番目に大きな砂漠——の南の縁にあるオアシス都市ホータンに数日間滞在した。砂漠の気候はきわめて厳しく、土地の人たちは「生きては帰れない場所」と呼ぶ。たまに暴風が吹き荒れると、砂が舞い上げられて何日も太陽をさえぎることがある。私の滞在中、市街地は空中をただよう粉塵《ふんじん》に覆われてかすんでいた。ある晩、私は現地で知り合った外国人ジャーナリストと一緒に、ビールが飲めるホテル——同地では貴重な存在——に向かった。ドアマンの後についてエレベーターホールにいき、上階のカラオケバーに行くよう案内された。そこでちょうど同じ店に向かうところだった漢族の若者たちと出会った。お互いに興味津々ですぐに会話がはずみ、エレベーターを下りるときには酒を飲みながらもっと話そうということになっていた。店内はビートのきいた音楽が鳴り響いていて、話を聞き取るのがやっとだった。若者たちのうち何人かは巨大送配電企業の国家電網公司に勤めているらしい。私の隣にすわった二十代半ばの若者もそうだった。そんな立派な企業に入れたなんてすごいね、と持ち上げる。しばらく雑談していると、ふいに彼が身を寄せてきて言った。「怖くないですか?」

漢族の中国人はほとんど本能的に、悪びれることもなく、ウイグル人は進歩が後れた民族だと思っている。信用できない民族だと思っていることさえある。ある人権活動家はずばりと言った。「中国ではウイグル人に対する一般的な見方が変わりつつあります。今では『ウイグル人』と言えば、『凶悪なテロリスト！』という意味です」[14]。ましてや新疆に住む漢族であれば、ウイグル人が漢族との経済格差に対して抱いている怒りを肌で感じることもあるだろう。また、ウイグル人がイスラム文化に近いのも気味悪く感じるようだ。ウイグル人の女性は頭にスカーフを巻いている。アフガニスタンなどで見られるブルカをまとう女性もいる。隣の若者の問いかけは、地元のイスラム教徒が怖くないかという意味だったのだろうか？　そう問うと、彼はうなずいた。「ぼくらは嫌われています」

もちろんすべてのウイグル人が漢族を「迷惑な占領者」と考えているわけではない。なかには中国の統治のもとで成功しており、たとえウイグル人の言語やアイデンティティを失おうとも、漢族の圧倒的な経済力に便乗して同じ地位を手に入れたいと思っている人もいる。ただ、そういうウイグル人がどれだけいるか調べることは難しい。中国ではどこでもそうだが、デリケートな政治問題について独立機関が世論調査をすることは許されない。

中国では少数民族に対する積極的差別是正策《アファーマティブ・アクション》として、大学での優遇や「一人っ子政策」の一部適用除外といった措置がとられている。中央政府がつぎ込んだ多額の開発資金のおかげで、新疆には十二カ所の近代的な空港ができ、何千キロメートルもの高速道路ができた。新疆は、石油・天然ガス・風力エネルギーへの投資、成長著しい建設業、そして農産業の分野で大きな成功をおさめている。一九九九年に始まった「西部大開発」計画のもと、新疆経済の成長率はつねに中国全体の成長率を上回っている。新疆への投資ルートの開拓は毛沢東の時代に始まった。毛沢東は主に軍隊から約十七万五千人を集めて新疆生産建設兵団——農場や都市を開発するとともに、同地の治安維持を担う組織——を立ち上げた。地元で兵団《ビンチュアン》と呼ばれるこの組織は、新開拓地を安定させるために漢族を積極的に採用した。しかし多くのウイグル人の目には、これがウイグル人の無力化と人口減少を狙う作戦に映った。現在、兵団の団員二百五十万人のうち八八％を漢族が占めている。この地域は今も新疆ウイグル自治区と呼ばれているが、人口に占めるウイグル人の割合は下がりつつあり、「自治」の範囲は狭まりつつある。ちなみにチベット自治区では、自治区主席は少数民族から選ばれ、漢族が副主席として補佐する体制だ。しかし実権を握るのはチベット自治区の党委書記であり、このポストは歴代漢族の男性で占められている。

新疆ではウイグル人と漢族は別の世界に生きていることが多く、二つの世界が重なることは滅多にない。ウイグル人が石油や天然ガス、運輸業、製造業、通信業、建設業といった業界で職を得ることはほとんどない[15]。ウイグル人は職業差別に不満を抱いている。彼らがつける業種はだいたい貿易業に限定されてしまうのだ。教育、医療、雇用条件の面でも漢族との間には大きな差がある。何よりも大きな不満は、信仰に対するさまざまな制限と、彼らの文化や生き方を破壊する政策だ。党幹部は新疆全域で十八歳未満のイスラム教徒のモスクへの出入りを禁止している。ほかのイスラム諸国のようにスピーカーでモスクの外側に説教を流すこともない。礼拝時刻の告知係《ムエジン》が声を張り上げることもない。また、地元の礼拝指導者《イマーム》が信者のために社会奉仕や教育サービスをすることも禁じられているため、彼らの影響力も限られている[16]。新疆の自治体の党指導者はしばしばラマダン——イスラム教の暦で最も神聖な月——の断食さえ禁止してきた。そして男性のあごひげを落とさせ、女性のベールを脱がせた[17]。イスラム教徒にとって、サウジアラビアにあるメッカへの巡礼は健康が許すかぎり一生に一度は行うべき義務である。しかし新疆では、ウイグル人の住民が勝手にメッカに行かないように警察がパスポートを押収している自治体もある。中国では、メッカ巡礼を政府の許可制にすることで、毎年メッカに行くイスラム教徒を厳密に監視しようとしている。ウイグル人の不満は広がり、一部のジャーナリストは新疆を「中国のもう一つのチベット」と呼ぶ[18]。

　現在、新疆でウイグル人の色が最も強く残っている都市はカシュガルだ。パミール高原の山々を間近にのぞむ、キルギスタンとの国境に近い中国最西端の都市。二千年の歴史を持ち、ウイグル人の文化と誇りの原点であると同時に、ウイグル人の不満が最も大きく膨らんでいる都市でもある。近代化の名のもとに、中国政府がウイグル文明の破壊を進めているからだ。迷路のように入り組んだほこりっぽい路地、昔ながらのバザール、泥れんが造りの家並みは、時を超えて人々を魅了してきた。ウイグル人の豊かな歴史を具現化したこの都市には年に百五十万人の観光客が訪れる。かつては、中国と中央アジア・ヨーロッパを結ぶ交易ルートの主要な経由地として繁栄した。マルコ・ポーロも一二七〇年代にこのオアシスを通過した。ティムールやチンギス・ハンに蹂躙《じゅうりん》された時代もあったが、この町は活気を取り戻した。しかし今、中国を相手にカシュガルはやられ放題だ。中国は、古い町並みは地震に弱い、下水道が整備されていないという点を突いてくる。伝統的な民家を「古くて危険な建物」とみなし、貴重な建築様式が残るカシュガル中心部の大半を破壊した。そして郊外に作ったコンクリートの四角い集合住宅へと住民を追いやっている。

　一四四二年に建立された壮大なエイティガールモスクの裏手にあった古いバザールは、その大部分が二〇一〇年までにブルドーザーで跡形もなく壊された。街の中心部の一角を占めていた八平方キロメートルの卸売市場の解体も進み、それに代わって建てられたのは、異文化体験にはぴったりのイスラム建築もどきの建物や、ガラスと鋼鉄の無個性なショッピングセンター——テナントは移住してきた漢族の経営する店ばかり——である。[19] さらに、およそ六万五千戸の住居の取り壊しも進んでいた。[20] 計画では都市部の少なくとも八五%を更地にして再開発する予定で、約二十二万一千人が影響を受ける。当局はカシュガル中心部の住民を郊外の集合住宅に移住させる方針で、毎日のようにテレビを通して移住計画を説明している。テレビでは新しい高層マンションの前で幸せそうに踊るウイグル人の姿を映しだす。そして大地震によって尊い人命が失われることを憂慮する市の指導者らの姿勢をアピールする。市街地の再開発については住民ときちんと協議しているし、彼らに発言の機会も与えている——当局側の説明では、そういうことになっている。

しかしウイグル人側の話では、単に説明会に呼ばれて補償計画や移住のスケジュールを聞かされただけだという。先祖代々住み続けてきた土地を失おうとしている人たちもいる。ウイグル人の怒りは補償して解決するほど表面的なものではない。テロリストが潜んでいるかもしれない迷路のような路地を一掃するのが当局の狙いではないかと考えるウイグル人もいる。もちろんカシュガル郊外に整然と建設された中層アパートメントに引っ越すことで、生活環境が改善する人たちがいることは間違いない。しかし、移住がもたらす影響はもっと根が深く、文化の保護や開発協議への参画といった面でさまざまな問題を生むのだ。一方で、漢族の経営者たちは旧市街に進出する準備を着々と進めているようだ。そして彼らがバザールの支配権をにぎり、ウイグル人は——一部は烈火のごとく怒っているが——ますます周辺へと追いやられてしまう。

市街地の取り壊しがまさに始まろうとしていた時期だった。私がカシュガル郊外を訪ねると、たちまち移住への怒りに満ちたウイグル人の女性たちが集まってきた。頭にスカーフを巻いた大柄な女性が、両手首を合わせて手錠をかけられるジェスチャーをして泣き始めた。同行したウイグル人の通訳によれば、彼女の親戚は、政府の補償が不十分であること、また収用した土地を政府が補償額の十倍もの価格で開発業者に売っていることについて抗議したところ、拘束されて投獄されたのだという。女性はますます興奮してまくし立てた。すると通訳は急に口をつぐんだ。通訳するように促すと、彼は「ぼくたちだけじゃないですよ」と言って何やら目くばせする。見るとジャケットを着た何人かの男性が少し離れたところに立って会話を聞いている。そろそろ引き上げ時だった。

新疆を旅するうちに、治安当局に尾行されていないか警戒するくせがついた。ウルムチでは、朝から晩までタクシーに乗るたびに執拗に尾行されてうんざりした。宿泊先のホテルのロビーで私の行動を見張っている当局者を見つけた。私は近づいて、中国語で言ってやった。「ほっといてくれないか」。私は新疆の外交部の許可があると説明した。すると彼は薄笑いをうかべ、何も言わずに席を立ってロビーのドアから出ていった。――と思ったら、数分後にはまたそこにいた。

新疆では治安部隊が大きな存在感を示しているものの、適切な対応能力に欠け、二〇〇九年夏に起こった民族の不満の爆発を阻止できなかった。当時、爆発につながる最初の火花が散ったのは、意外なことに三千キロメートルも離れた沿岸部――世界の工場と呼ばれる広東省の韶関《シャオグァン》にある、香港系玩具メーカーの旭日玩具工場だった。そこでは千八百人が働き、ウイグル人も含まれていた。彼らは国の雇用政策の一環として、新疆からはるばる南西部の熱帯湿潤気候の広東省に連れてこられ、工場での作業に従事していたのである。沿岸部に連れてこられた新疆出身の労働者は、当時すでに約二十万人にのぼっていた。二〇〇八年初めに始まったこの出稼ぎ労働政策について中国政府は、新疆の百五十万人あまりの失業者に働き口を与えるための施策だと説明した。しかしウイグル人の支持者らは反論する。政府は多額の罰金で脅し、ウイグル人の世帯に若者――とくに家族の了承を得やすい二十五歳未満の女性――を差し出させたという。多くのウイグル人は標準中国語をほとんど話せず、ほかの出稼ぎ労働者と交流することはなかった。

二〇〇九年六月下旬、旭日玩具工場である噂が広まった。何人かのウイグル人労働者が、寮に入り込んだ漢族の女性をレイプしたというのである。激怒した漢族の労働者は六月二十六日の未明、ベッドから取り外したスチールパイプや棍棒、歩道の敷石などを振りかざしてウイグル人の寮に殴り込んだ。夜が明けて警察が駆けつけると、二人のウイグル人が死亡、およそ百二十人――大半がウイグル人――が負傷していた。この乱闘を映した動画はすぐさまインターネットの検閲で禁止された。漢族の労働者が加害者として見えたからである。

国営メディアはこの乱闘事件に関する情報をほとんど出さなかった。しかし新疆の人々には、現場の工場の労働者からメールが届いた。そこには国営メディアが示唆するよりもずっと悲惨な状況が記されていた。新疆では不安が一気に高まった。外国メディアも疑問の声をあげた。英紙『ガーディアン』は七、八人のウイグル人の殺害に加担したという漢族労働者のコメントを載せた。「おれたちは鉄の棒でやつらをめった打ちにして死なせた。死体は外に引きずっていって一カ所に集めた」[22]

ウルムチのウイグル人は加害者の処罰を求めた。二〇〇九年七月五日の夕方、ウルムチの人民広場に正義を訴える人々が数百人集まった。次第に数を増したウイグル人は暴徒化し、ガードレールを押し倒し、バスを叩き壊し、警察車両に放火した。通りがかりの漢族を追いかけて殺そうとし、何百もの店舗に火をつけた。翌朝、街路にはガラスの破片が散乱し、血痕が飛び散り、裏返しになった自動車が放置されていた。暴動の二日後――まだ犠牲者数の集計が続いているころ――漢族の逆襲が始まった。報復に燃える人々が、棍棒や鉛管、斧、肉切り包丁を手に街頭に集結し、ウイグル人の生活エリアを襲った。イスラム商店のウィンドウを割り、自動車をひっくり返した。暴動とその報復により、公式には百九十七人が死亡、千七百人以上が負傷した。国営メディアによれば死者の三分の二が漢族だった。

その年、ウルムチでは夏の終わりまで緊張状態がつづいた。二百三十万人の人口の七五％を占める漢族の住民は、ウイグル人への処罰と漢族の安全確保が不十分だとして苛立ちを募らせた。そして、はからずも警察が問題をさらに悪化させた。八月三十一日、当局は住民にメールを送って警告した。「最近、住民が注射器で襲われる事件がありました。……パニックを起こさないでください」[23]。何人かのウイグル人が、復讐として無防備な漢族を針で刺したのだ。小さな針を使ったこの復讐作戦は、ふつうの武器による攻撃よりも大きな恐怖を与えた。漢族はちょっとした痛み――たとえば蚊に刺されるなど――を感じると、誰かに刺されたとパニックになった。四日間で五百人以上の住民が病院に駆け込み、バスの中で刺された、公共の場で刺されたと訴えた。ウイグル人の「注射器魔」はＨＩＶや肝炎ウイルスが入った注射針を使っているという噂が広まった。九月三日、怒れる漢族の群衆が人民広場に集結して叫んだ。「王楽泉は辞めろ！」――新疆ウイグル自治区で長年党の実権を握ってきた書記長に対し、漢族の安全を保障できていないとして退陣を求めたのである。漢族の暴徒は注射器魔の疑いがあるウイグル人をかたっぱしから袋叩きにし、死者数はさらに増加した。

王書記長は地位にしがみつき、政府の力を誇示する行為に出た。この暴動に関して二十六人に死刑を言いわたしたのだ。そのほとんどがウイグル人だった[24]。さらに、国外の扇動者が問題をこじらせることを恐れた当局は、新疆をデジタル石器時代にタイムスリップさせた。インターネットの回線を停止したのである。電子メールやテキストメッセージ、国際通話を遮断した。ある意味、共産党の本来の性質——党の権力を守るためなら、どんな手段でも使う——を表す行為だ。新疆を情報のブラックホールに放り込んでしまえ。そうと決めたら、そうするのである。新疆の七百万人のインターネットユーザーが再びネットにアクセスできるようになったのは十カ月後のことだった。そして中央政府は、二〇一〇年初めまでに新疆の治安予算を二倍近くに増額した。つまり、ウイグル人の不満が再び新疆を揺るがす場合に備え、対策を強化しているということである(25)。

「調和」されていくモンゴル族

一方、内蒙古自治区については、中央政府は「民族調和の手本」という位置づけを維持している。しかし現実は、モンゴル族は国家政策によって弱体化し、反発する者すら出てこないと言ったほうが正しい。「調和」とは国家権力におとなしく従うことでもある。

人権活動家たちと話をすると、あるモンゴル族の女性の名前が出て、内蒙古に行って会って話すといいと勧められた。モンゴル族弱体化の流れに公然と立ち向かっている数少ないモンゴル族の一人だ。彼女の名はシンナ。一部のモンゴル族でみられるように一語の名前で通っている。私は彼女に会うため内蒙古自治区の区都フフホトに飛んだ。ウイグルの活動家ラビア・カーディルと同じように、シンナも自らの意思とは関係なく活動家になった。一九九五年に大学教授の夫が逮捕され、その命を救うには戦うしかなかったのだ。彼女の夫は政治犯として中国で最も長い期間服役している（二〇一〇年一二月に釈放されたが直後からシンナとともに行方不明）。夫の苦境を世界に訴え続けるうちに、彼女はモンゴル族という民族コミュニティを守り、中国の一党体制のもとでの自由の拡大を求める運動のリーダー的な存在になった。

フフホトはモンゴル族の文化が色濃く感じられる近代的な都市だ。道路標識や店の看板には漢字とモンゴル文字が併記され、ゲル〔遊牧民の移動式住居〕のデザインを取り入れた建物が街にいろどりを添えている。いたるところにオオカミやシカのトーテムがあり、公園のベンチにはモンゴル風の馬の鞍のモチーフがあしらわれている。だが、こうしたモンゴル族らしさはきわめて表面的なものだ。最近のフフホトは漢族中心の都市である。二百六十万人の住民のうち、モンゴル族の割合は一〇%に満たない。内蒙古自治区全体でもモンゴル族はわずか一七%だ。彼らが住む場所は、放牧地の中の集落か、広大な漢族居住地に囲まれたオアシスのような民族コミュニティに限られている。かつてはこんな状態ではなかった。一九四九年に中華人民共和国が成立した時点ではモンゴル族と漢族の人口比率は五対一だった。それが二〇〇〇年の国勢調査ではモンゴル族一人につき漢族四・六人の割合に逆転した。過去数十年で人口構成の変化は着々と進み、モンゴル族は事実上飲み込まれてしまった。彼らのアイデンティティは徐々に「調和」され、一般的な三音節の漢族の名前を名乗りモンゴル語が話せないモンゴル族も増えている。

シンナは流暢な標準中国語を話したが、モンゴル族としてのルーツを守り、民族音楽を聴き、モンゴル族独特の工芸品に囲まれて暮らしている。彼女はモンゴル族の手工芸品を販売する店を経営して生計を立てている。店は内蒙古師範大学に近い地区の目立たない路地裏にあった。三つの部屋からなる店は、手作り商品やモンゴル語の書籍、民芸品であふれていた。大草原の野生の馬のタペストリーやチンギス・ハンのポスターが壁に掛かっている。ある棚は木彫りのフタコブラクダで占められていて、その隣には革の鞍のミニチュアやさまざまな雑貨が並ぶ。山積みになったモンゴル音楽のCDのそばには馬頭琴《モリンホール》と呼ばれる木製の二弦楽器が置かれている。木製の頭部は馬の頭をかたどっており、弦には乾燥させたシカの腱《けん》が使われている。シンナはそれらをいとおしそうに手に取り、それぞれの文化的な重要性を説明した。学校の先生のような話し方だった。かつてはそれが本職だったのだ。

近東のクルド族と同じように、モンゴル族の居住エリアは国境を越えて複数の国家にまたがっている。中国の内蒙古自治区に住むモンゴル族は数のうえでは最も多いが、北に接する独立国のモンゴルに住むモンゴル族と比べると、自らの文化を守る自由は限られている。モンゴルは二十世紀のかなりの期間をソビエト連邦の影響下で過ごしたが、今では複数政党制の民主主義国家だ。シンナと私は、モンゴルと内蒙古の文化的な差異について話した。彼女は最も違いが目立つのは芸術分野だと言い、音楽CDの棚に歩み寄った。「モンゴルの歌はどんどん増えているのに対し、内蒙古の歌はどんどん減っています。イデオロギーの違いがその理由です。こちらのモンゴルの歌は人生や恋愛の喜びを歌っています。内蒙古の歌はもっとイデオロギー的です。『国を守るために武器を取れ』という歌をご存じでしょう？[26]」――あいにく知らなかったが、彼女の言いたいことは伝わった。

夜になって店を閉めた後、私たちはモンゴル料理のレストランに行った。シンナは熱々の子羊のロースト、バタースープ、煎った雑穀を添えたモンゴル式ミルクティーを注文した。まず大皿にのせたチーズとサワーミルクが運ばれてきた。ふいに彼女は真剣な表情になり、モンゴル族が就職活動で直面する差別について語り始めた。最近もかなり腹立たしい出来事があったらしい。近くの内蒙古師範大学の構内で、ある中国企業の求人広告が掲示された。師範大学はフフホトで最もモンゴル族の学生の割合が高い大学である。だがその求人広告では、モンゴル語ではなく標準中国語の教育を受けていることが応募の必須要件とされていた。「広告を見て学生たちは激怒しました」とシンナは言う。「モンゴル語が話せても、標準中国語が得意でなければ必要とされない。これが現実です[27]」

母語のモンゴル語で教育を受けたモンゴル族の若者のあいだでは、こんな話は日常茶飯事だ。しかし、たとえ将来の就職が難しくなろうとも、あえてモンゴル族の文化や歴史を大学レベルで勉強したいという学生もいる。師範大学蒙古学部の卒業生のナブチ――日用品の売店を経営する若い女性――は、モンゴル語の学位を就職活動に生かすことはできなかった。電話取材に応じた彼女は言った。「この分野ではたとえ博士号を持っていても仕事を見つけるのは難しいのです。そのほかの外国語、たとえば英語や日本語ができるとか、特殊な研究に秀でている人は就職できるのですが[28]」

私は後日、米国に亡命した人権活動家のトゴチョグ・エンフバトに連絡をとった。彼は南モンゴル人権情報センターの代表で、ニューヨークを拠点に活動している。話を聞くと、モンゴル族の言語や文化を保護すると書かれた法律は、紙の上では立派に見えるが、現実にはいつも無視されるという。「モンゴル語も公用語の一つとされていますが、会議でモンゴル語は使われません」と彼は言う。「たとえば手紙を送ろうとしても、住所をモンゴル語で書いたら配達してもらえないでしょう。まったく役に立たないのです[29]」

シンナは、夫のハダ――彼も一語の名前である――との貴重な面会を果たしたばかりだった。一九九〇年代の初め、元大学教授のハダはフフホトで蒙古学書社という書店を経営していた。店にはよくモンゴル族の知識人が集まり、モンゴル族のアイデンティティや文化を守る方法について議論した。一九九二年、中国の憲法で保障されているはずの、もっと広範なモンゴル族の自治を実現するために、ハダは南モンゴル民主連盟を組織した。やがてハダは『内蒙古之出路』を著し、より積極的に自由の拡大を求めるようになる。一九九五年十二月中旬、彼の店に十人以上の警察官が踏み込んで捜査した。そして密室裁判の結果、彼は「分離主義活動」と「スパイ活動」をした罪で懲役十五年の判決を受けた。

当局はハダをフフホトではなく赤峰《チーフェン》の刑務所に送った。フフホトからは電車で十三時間もかかり、シンナと息子のウィレスが会いに行こうとすれば大変な旅になる。ウィレスは定期的に父親との面会の様子をリポートしている。ウィレスによれば、赤峰の第四刑務所で彼とハダが面会する様子は必ず録音・録画される。二人はガラス越しに電話機を使って会話する。少しでもモンゴル語で話すと、通話は切られてしまう。標準中国語での会話しか許されないのだ。二〇〇九年のウィレスのコメントによれば、獄中のハダは十三年間ずっと同じぼろぼろのセーターを着ているという。シンナとウィレスは、ハダに衣類、脚の再発性静脈炎の治療薬、書籍を提供する権利を訴えたが、認められていない。ウィレスのブログによれば、「父のために注文した新聞はきちんと届けられない。たまに父の手元に届くことがあっても、政治や国際問題に関連する記事は削除されていた。父は獄中で一冊の本も読むことを許されない(30)」

ただ、ハダの獄中生活がいかに過酷なものであれ、死刑判決を受けなかったという意味では運がよかった。中国では死刑判決は珍しくなく、反体制派の少数民族にはしょっちゅう適用されている。二〇〇八年三月のラサの暴動と二〇〇九年七月のウルムチの暴動で、合わせて四十件近い死刑判決が出た。人権団体によれば、中国の死刑執行数は中国以外のすべての国々の執行数を足した数よりも多い。中国は国家機密にかかわるとしてその数を公表していないが、アムネスティ・インターナショナルの推計によれば、中国は二〇〇八年に千七百十八人の死刑を執行した。中国の法律では最高刑が死刑の犯罪は六十八種類あり、そこには殺人や加重暴行などの暴力犯罪だけでなく、密輸や脱税、横領などの知能犯罪も含まれる。外国の死刑反対派が問題視しているのは、中国では少数民族——とりわけ国家機密の漏洩や治安維持法違反、国家安全保障に対する脅威の罪で有罪判決を受けた者——への死刑執行が不釣り合いに多い点だ。少数民族の活動家が少しでも不満を漏らせば、厳格な治安維持法によって長期の懲役刑や死刑が言いわたされる。中国で不満を外に表すことは、とてつもない恐怖なのである。

年配のモンゴル族は、文化がきわめて失われやすいものであることをよく知っている。彼らには一九六六年から十年続いた文化大革命の記憶がある。大混乱を起こしたこの政策は、漢族以外の民族の痕跡をすべて攻撃対象にした。「私が小学校を卒業すると、モンゴル語で話しかけてくる人は誰もいなくなりました」——そう話してくれたのは、かつてモンゴル舞踊の踊り手として名を馳せたフフホト市文化局の王黒小《ワン・ヘイシャオ》局長だ。私は王の執務室を訪ね、お茶を飲みながら話を聞いた。「モンゴル語で話すことも禁止。モンゴル語を習うことも禁止。私の通っていた学校は閉校になって、郊外に行かされました」。文革の嵐が去ったあと、王はモンゴル語を覚え直して話せるようになった。しかし以前のように日常生活に密着したものではないという。多くのモンゴル族と同じく、王は漢族の女性と結婚して漢族の名前を名乗った。二十代半ばの息子はモンゴル語をほんの少ししか話せない。「ここは標準中国語の環境なのです」と彼は言った。

モンゴル語で教育を受けることを選ぶ生徒の数は激減した。これは少数民族の文化の衰退と漢族文化の進出を示すバロメーターである。一九八六年時点では、モンゴル語の教育を受ける生徒の数はおよそ三十八万人だった。しかし私が訪ねたころの国営メディアの発表では二十四万人に落ち込んでいた。興安路《シンアンルー》民族小学校のダライ・デュレン校長は「標準中国語の学校に通わせたほうが子供の将来のためだと考える親もいます」と話す。「生徒が内蒙古から出て勉強したいと言った場合、そこでの教育は標準中国語ですからね」。校長は不安を抱いていた。「われわれの言語が失われれば、やがて文化も失われるでしょう[31]」

ほかにも民族の団結をはばむ要因がある。中国、モンゴル、ロシアに暮らすモンゴル族が話す言語は同じだが、使う文字は違う。モンゴルのモンゴル族は、旧ソ連に強制された結果、キリル文字を使って左から右へ書くようになった。しかし内蒙古のモンゴル族は古典的なモンゴル文字で上から下へ書く。また、モンゴルと中国の国境は厳重に警備されている。中国側のモンゴル族の業者によれば、モンゴル側から帰国する際にはいつも厳重な検査があるという。内蒙古の貿易商のセンゲ・レンチンと北京で昼食をとったとき、彼は「携帯電話の中に何か情報がないかチェックされる。カメラもチェックされる。彼らが荷物を調べ尽くすまで半日待たされる」とぼやいた。「モンゴル族の大多数は迷惑だと思っているが、口には出さない[32]」

もしも鉄道がなければ、内蒙古に漢族が大量に押し寄せることはなかっただろう。一九九〇年代、世界的にカシミヤブームが起こり、毛糸を取るヤギを育てようと何万人もの漢族が内蒙古に移り住んだ。そして過放牧になった結果、砂漠化が加速し、中国北部の全域にわたって大規模な砂塵嵐が頻発するようになった。これを食い止めるため中央政府は、約六十五万人の遊牧民や牧畜民を先祖代々暮らしてきた放牧地から都市部へと移住させる政策に乗り出した。「生態移民」と呼ばれるこの政策により、モンゴル族の牧畜民は伝統的な放牧地から切り離されて環境難民になった。自分のふるさとに居場所がなくなったのだ。当局は「草原の生態系の再生」とか「砂漠化との戦い」というスローガンを掲げ、草原で家畜を放牧した者には厳しい罰と多額の罰金を科している。

ダライ・ラマは、内蒙古の現状はチベットの未来を暗示するものかもしれないと危惧している。問題は民族の人口構成だけではなく、言葉や文化のアイデンティティにもかかわってくる。私はダライ・ラマが東京での記者会見で、モンゴル族の置かれた立場——野放図な漢族の移住でモンゴル族の文化が衰退している——に対する苛立ちをあらわにするのを聞いた。彼はチベット人やウイグル人が強制移住に反対するのは当然の権利だと述べた。「内蒙古自治区ではモンゴル族はもはや少数派です」と彼は言う。「私たちにとっても、文化を維持することはきわめて難しいでしょう[33]」もしチベットや新疆で先住民が少数派になってしまえば、これは差し迫った不安です。

シンナはダライ・ラマの懸念に理解を示した。彼女は中国のなかで長期的にモンゴル族の生活スタイルを維持していける見込みはほとんどないと考えていた。「昔は私たちが迎え入れる側でしたが[34]」、とシンナは言う。「今では、自分たちの土地なのにお客さんのような心境です」

チベット開発と経済的野心

ラサに向かう青海チベット鉄道に話を戻す。私たちは夜が明けるとすぐに、足もとをふらつかせながら食堂車に向かった。列車の両側に広がる、雪をいただいた峰々のパノラマを見たかったのだ。車両の端の電光表示で現在の走行速度、標高、車外の気温がわかる。薄紫色の制服を着て頭にスカーフ巻いた車内サービス係の女性が、温かいお茶や粥《かゆ》、野菜の漬け物、卵をもってきてくれた。あまり食欲がなく少々頭も痛んだが、澄みきった山の空気と車窓を流れる絵はがきのように美しい風景のなかにいると、それも忘れてしまうほどだ。快適な車内から凍てつく外の世界を心ゆくまで堪能する。やはりすごい鉄道だ——思わずうならされる。

緑に黄色のラインが入った八両編成の列車は、見た目はいたってノーマルだ。しかし実際は、カナダのボンバルディア——鉄道車両や航空機の製造を手がける巨大企業——のノウハウが詰め込まれた特別な車両である。標高の変化による急激な気圧低下を避け、零度を下回る外気を遮断するために、二重窓は開けられない。ガラスにはUVカット加工がほどこされている。特注の高出力機関車に、風で飛んでくる氷の破片や猛吹雪にも堪えられる強化車台。これらも特別仕様だ。トイレで使う水は凍結防止のために温められていて、汚水や廃棄物の回収システムが完備されている。汚物の処分も中国のほかの地域のやり方——線路上に投棄——とは違い、特定の回収ポイントで処理される。

列車は三十三の陸橋を通過する。絶滅の危機に瀕したチベットカモシカやその他の野生動物が下をくぐって行き来できるようにする配慮だという。だが、これに関して捏造《ねつぞう》写真スキャンダルが発覚した。問題になったのは、二十頭ほどのチベットカモシカの群れが陸橋の下をのどかに駆け抜けている写真だ。国営テレビはそれを報道写真の年間トップテンに選んだ。しかし一部のインターネットユーザーから、轟音をあげているはずの列車のそばでカモシカが平然としているのは不自然だという声が上がった。専門家もチベットカモシカはちょっとした物音にもおびえる動物だと説明した。そして後日、捏造写真であったことが判明する。カメラマンの劉為強《リウ・ウェイチャン》が、二枚の写真を合成したことを告白し、「報道関係者として神聖な仕事を続ける理由がない」と述べて辞職した。だが劉は、国営メディアが彼の写真を大々的に取り上げたことについては触れなかった。チベット鉄道が環境に害を与えないというメッセージを伝えたいがために、メディアは誰も待ったをかけなかったのだ。この鉄道が自然に害を与えるのかどうか——それはまだわからない。しかしわかってきたこともある。この鉄道に期待されている役割の一つは、チベットの鉱物資源やエネルギー資源の開発を容易にし、中国の産業界の飽くなき欲求を満たすことにある。

青海チベット鉄道の建設プロジェクトに着手するにあたり、中国は七年間、四千四百万ドルをかけて調査プロジェクトを実施し、西蔵《シーツァン》――チベットの中国語表記で、文字どおりの意味は西の宝物庫――に莫大な投資に見合う価値があるかどうかを検討した。結果はイエスだった。初期の報告によると、チベットの地下には銅が三千万〜四千万トン、鉛と亜鉛が四千万トン、鉄鉱石が数十億トン埋蔵されている可能性があった。世界一の銅と鉄鉱石の消費国である中国が、見つけた《ユリイカ》！　と叫んだ瞬間だった。製鉄や自動車、電子製品の製造のためになくてはならない鉱物資源。これで外国資源への依存を軽減できるかもしれない。さらに喜ばしいことに、チベット高原で見つかった鉱床の鉄鉱石や銅は、中国国内のどこで生産されるものよりも質がよかった。

新華社通信の記事によれば、中国地質調査局の高官はチベット北部にも「大型、あるいは超大型」の天然ガスとオイルシェールの埋蔵量があると述べ、「これらの埋蔵資源が、わが国の鉱物資源不足を根本的に緩和するだろう」と説明した。この高官によればチベット高原で新たに発見された鉱物資源の潜在的価値は千二百八十億ドルに相当する[35]。

チベットでの鉱物資源発見のニュースを聞き、ダライ・ラマはすぐさま懸念を表明した。二〇〇三年の公開書簡で彼は訴えた。「チベットでの事業を検討している外国のすべての採掘企業、そして株主のみなさんにお願いします。事業に着手するときには倫理的な価値観にも十分配慮してください[36]」。その数年後にダライ・ラマ事務所は、「大規模な鉱物資源の採掘活動によって、チベット高原やその周辺の環境や社会に大きな悪影響が出ることを深く憂慮している」という声明を発表した。

青海チベット鉄道の開通によって、資源の採掘計画はずっと現実的なものになった。チベットへの物資の輸送コストも削減できる。初期の見積もりによれば、この鉄道はチベット自治区に住む二百八十万人に一人当たり平均三トンの貨物を運ぶ。貨物輸送のコストも開通前の三分の一で済む。だがこの鉄道を見守るチベット人の思いは複雑だ。発展のために必要だと考える一方、大量の移住者が押し寄せることに心から懸念を抱いている。

私は今回の旅に出る前の日々を思い返していた。チベットの採掘キャンプやその他の現場を訪問する許可を得ようと、外交部にたびたび手紙やファックスを送ったが無駄だった。それで今回、私はドイツ人ジャーナリストとメキシコ人カメラマンとともに、旅行者としてチベットに潜入したのだった。外国人ジャーナリストがチベットに入るには許可証が必要だが、それはきわめて手に入りにくい。しかし蘭州の旅行代理店で旅行者としての許可を出してくれることがわかった。それで、一か八かそれを使うことに決めたのだ。旅先に何が待ち受けているか、想像もつかなかった。

ともあれ、さしあたって私たちは車窓を流れる景色に夢中だった。放牧されたヤクの群れや蜃気楼の浮かぶ湖、ぽつぽつと見える特徴的な四角い尖塔を立てた農家、そして延々と続くツンドラの凍った大地。まわりの乗客はおしゃべりしたり、携帯電話でネットサーフィンをしたりしている。電波はどこでも通じるようで、中国の技術の進歩が垣間見える。夕方になり、列車はラサ川を超えた。そして、いよいよチベットの聖なる都が見えてきた。

第4章 聖なる都か、悪魔の国か

チベットは中国政府の完全な支配下にあります。こんな状況でチベット人がチベットの運命を変えることなど不可能です。チベットは中国に歩調を合わせて変わることしかできません。

――ツェリン・オーセル（チベット人の作家、二〇〇九年十二月）

ついにラサに到着

鉄道の旅を終えてはじめてラサに降り立つ旅人は、かつて近づくことさえ難しかったこの都に足を踏み入れることに畏怖にも似た感情を抱く。南にはヒマラヤ山脈が立ちはだかり、ほかの方角から近づこうにも荒涼とした大地が行く手をはばむ。何世紀にもわたり、ラサは外国人を寄せつけなかった。命知らずの冒険家、変人奇人、教師、宣教師――ラサの都を目指した者は多いが、彼らの旅は容易ではなかった。準備だけでも数カ月かかり、荷物を載せる動物を集めてキャラバンを組まなければならない。そのうえラサには外国人に敵意むき出しのチベット人がいた。しかし二十世紀初頭には、その砦《とりで》にも隙《すき》ができていた。アジアの貿易商や外交官がぽつぽつと住み着き始め、ヨーロッパ、北米、アジアの旅行者が壮大なポタラ宮――チベットの不朽のランドマーク――の見事な景観を目当てに訪れるようになっていた。

ポタラ宮は代々のダライ・ラマが拠点としてきた場所だ。その巨大さを見れば、人心を掌握するチベット仏教の法王の権力の大きさがよくわかる。雲を突くようなポタラ宮が完成したのは十七世紀半ばのことだ。数千もの部屋があり、端から端までの距離は四百メートル。宮殿としては世界最大の規模である。完成後三百年あまりは居住用の建築物としても世界最大と見なされていた。十三階しかないが、白色・褐色・黄色のポタラ宮は丘の上から堂々とラサの平原を見下ろしている。その高みはまさにそこが俗世に君臨する聖域であることを象徴しているようだ。内部には数え切れないほどの祭壇、礼拝堂、僧房、中庭がある。所蔵する仏像はおよそ一万体。そして無数の「タンカ」や過去のラマたちの遺品などが保管されている。

夕方、私たちは重いリュックサックを背負って列車を降り、出迎えの現地旅行代理店のスタッフを見つけた。絹の「ハタ」を首にかけてもらい、市街の中心部から少し離れたホテルに案内される。到着してうれしかったが、長旅で疲れ果てていたし、その晩のうちに滞在中の予定を決めろとしつこく言う旅行代理店のスタッフに少々うんざりしていた。そして、内心不安もあった。チベットに入る外国人ジャーナリストには中国政府の特別な許可証が必要だが、その規則を無視していたからだ。蘭州の旅行代理店では休暇中のジャーナリストだと説明し、目的地はネパール国境に近いエベレストのベースキャンプということにして旅行者用の許可をもらった。取材のための方便だ。しかし、これが原因でラサを訪れる次のチャンスが永久に失われることになろうとは――このときは思いもしなかった。

目的地を偽ったわけではない。実際、チベットにあるエベレストのベースキャンプに行くことが目的だった（ネパール側のベースキャンプより人気は劣るが）。半年ほど前に、ある編集者からチベットを取材して来ないかと言われた。以後たびたび、準備はできたかと訊いてくる。彼が最初に提案したのはアドベンチャー雑誌向けの記事だった。ベースキャンプに集う無謀な登山家や、準備もせずにやってくる財界セレブたちの特集といったところだ。その編集者からメールが来た。「来年の春、エベレストの登山シーズンが近づくころに使える記事があるといいと思ってね」。中国当局のチベット入境許可は簡単には取れません――そう返しつつ、私はチベット取材旅行に思いを馳せ、ひとり心を躍らせた。ちょっと調べてみると、エベレストは有名になりたい人たちが世界中から集まる名所であることがわかった。一年ほど前には『プレイボーイ』誌の元プレイメイトのポーランド人女性が登頂に成功した。同じころに両脚にカーボンファイバーの義足をつけたニュージーランドの男性が登頂に成功した。男性はこのとき凍傷を負ってさらに脚と手の指を切断することになったが、その経験も講演活動の糧になっているようだ。

エベレストの取材をしようにも、チベット入りの許可が下りないかもしれない――そう報告したが、編集者は納得しなかった。「単純に、エベレストに登りたいと申告すればいいさ。ほとんど登山経験のない人間の登山を許可することなんか、彼らは何とも思っていないんだ」。――いやいや、それは無理だろう。こんな不健康な体で、靴にアイゼンをつけて八千八百四十八メートルの氷の山に登るつもりはない。だが、なんとかして行ってみたい。二カ月後、またうるさいメールが来た。「ところで、エベレスト登山計画のほうはどうかな？」

私は北京の外交部あてに許可を求める手紙を送った。チベット入りの目的は世界最高峰に挑む外国人登山家へのインタビューだと書く。すると、ラサの外交部――外国人の訪問者を監視する役所――

に話をしろと返事がきた。ラサの外交部は、外国人訪問者には同伴者をつけるというマルクス・レーニン主義時代のおきてが残る官僚機構だ。さっそくやり取りをする。私がしつこく催促するので、先方は業を煮やしたようだ。二度と電話をかけてくるな、回答をおとなしく待て——職場に命令がきてしまった。とはいえ、時間がない。二カ月間のエベレスト登山シーズンはもう始まろうとしていた。来年に持ち越すことは避けたい——。焦りを感じていたところに、ドイツ人のジャーナリスト仲間が、「休暇」として行くことを提案した。そんな小手先のごまかしでは不安だったが、彼は何度もチベットに行った経験がある。試してみて損はないだろう。私はそう判断した。

ラサに到着した日の夜、私たちはホテルのロビーで旅行代理店のスタッフと打ち合わせをした。エベレストのベースキャンプに行くための四輪駆動車をチャーターしたいと頼むと、彼らは小声で話し合い、法外な金額をふっかけてきた。いいカモだと思われているようだ。契約していたわけではなく、言いなりになる義理はない。打ち合わせは笑顔で終わったが、みな腹の中で舌打ちしていた。私たちはラサに数日とどまり、人々を取材したりほかの旅行代理店の見積もりをとったりすることにした。翌日か翌々日、たまたまチベット人オーナーの旅行代理店を見つけた。この店で提示された金額はずっと良心的だった。問題は解決できそうだったが、引き続き目立たないように慎重に行動する。もし呼び止められて、招かれざるジャーナリストだと判断されれば、放り出される恐れがあった。

というわけで、私たちはびくびくしながらラサを歩きまわったが、かつてラサを初めて訪問した外国人が感じた恐怖と比べれば大したことではない。一九二四年、勇気ある五十五歳のフランス人女性が、欧米人女性として初めてラサに足を踏み入れることを決意した。この女性、アレクサンドラ・ダヴィッド＝ネールはチベット語に堪能で、チベットの周辺地域を何度も訪れた経験があり、それが自信になっていた。彼女は少しでも怪しまれないよう托鉢《たくはつ》の巡礼者に身をやつし、「後に彼女の養子となる一人の若いチベット僧とともに、疑いの目を避けるため夜間に歩いてラサを目指した。当時外国人がチベットの奥深くに入ることは許されておらず、非合法な旅だった。彼女は後年の著書〔『パリジェンヌのラサ旅行』〕で、「私は四十四日間歩き、雪にひざまで埋もれながら何十もの山々を越え、先史時代の人々のように氷の洞窟で眠った。食べ物はなく、モカシン〔シカ革の靴〕のかかとは岩ですり減ってはだしも同然だった」と綴っている。ついにラサに到着した二人は、ちょうど宗教行事を祝っていた巡礼者の人混みにまぎれた。彼女はチベット人に扮するために顔を炭で黒くし、ヤクの毛で作ったお下げ髪をつけ、毛皮の帽子をかぶっていた。「私はこのラマ教徒の都を二カ月間思いのままに歩いた。史上初めて、外国人の女性が、誰にも疑われることなく、この禁断の都を見物したのである」[1]。やがて結局、現地の人々に疑いを持たれそうになったため、ラサを離れることになった。彼女はインドのシッキムを経由してヨーロッパに帰還した。

もしダヴィッド＝ネールが現在のラサを見ても、同じ都市だとはわからないかもしれない。荷を積んだ動物がのろのろ歩いていた泥だらけの小道は、今では舗装され最新の自動車が行き交っている。市場には移住した農家が温室で栽培した野菜が山のように積まれ、大麦と干し肉ばかりだった従来の食生活は改善されている。ガラスばりの喫茶店ではラテを飲みながらＷｉ－Ｆｉが使えるし、登山専門店にはオークリーのサングラスや高機能なリュックサックが並ぶ。遠くからラサを見れば、ポタラ宮の足元に広がる荘厳な都市というイメージは保たれている。しかし実際には、今日のラサは小ぎれいな町へと変貌し、一世紀前には想像もできなかった姿になっている。かつての外国人旅行者は、ほぼ例外なくラサの汚さにうんざりした。ピーター・ウィットフィールドの著書によれば、「この町は遠くから見ると大いに魅力的だったが、実際には信じられないほどむさ苦しくて不潔だった。道は汚い水たまりだらけで犬がごみ溜めをあさっていた。建物は暗くて悪臭がした。住民は陰気でぼろを着ていた。舗装道路もなく、下水設備もなく、電気も通っていない――まだ中世が続いているような町だった[2]」。だが、現在のラサからはラサらしさが失われつつある。通りを歩いてみるとチベット人が少数派であることがわかる。タクシーの運転手はほとんどが漢族の移住者で、大半の店の経営者は漢族か回族だ。チベット人が周辺へと追いやられている証拠である。ある統計によれば、ラサに一万三千軒ある店やレストランのうち、チベット人が経営しているのはわずか三百軒ほどだ[3]。看板には、チベット文字と同じ大きさ、あるいはもっと大きな字で中国語が併記されている。

私たちは四階建てのジョカン寺の正面にある大きな広場まで歩いた。ジョカン寺の建立は七世紀。チベットで最も神聖で歴史の古い寺院だ。まさに不滅のチベットの姿がそこにあった。巡礼者――多くは年配の女性――が五体投地をする音が聞こえる。ひざに革の当て布をし、手に木製の板を持って、石畳の上に体を投げ出すのだ。思わず目がくぎ付けになる光景だった。寺院の前には四つの大きな香炉が置かれ、もうもうと煙をあげている。祭壇をのぞくと、ヤクのバターで作られた何百本ものロウソクが、黄色みがかった炎を揺らめかせていた。それから、ジョカン寺を中心としてラサの旧市街をぐるりと囲む、巡礼者の回路のバルコル（八廓）を、信心深いチベット人たちにまじって歩いてみる。私たちはまさにチベットの魂のすぐ近くにいる。それをひしひしと感じることができた。

歪められる歴史、汚される文化

中国のチベット史観――もちろんチベットは同意していないが――によれば、チベットは十三世紀のフビライ・ハンの時代に中国に組み入れられた。当時はモンゴル帝国が中国、チベット、そしてアジアの大半を支配していた。征服者フビライ・ハンは元王朝を建国した皇帝だ。彼の時代にモンゴル族の上流階級は仏教に改宗し、チベットの神権政権から霊的な導きと道徳的な正当性を得ようとした。このようにして、元の政府がチベットを外国の侵略から保護し、その代わりに忠誠を獲得するという、いわゆる「チュ・ユン（寺と檀家）」の関係が始まった。支配・被支配ではなく相互の尊重と責任のうえに成り立つ関係である。だが十七世紀、満州族が興した清王朝はチベットの支配を目指して高官を送り込み、支配するための法律を制定した。清によるチベット支配は、一九一二年に清が倒れるまで二百年あまり続いた。

私たちはラサを二日ほど歩き回り、寺院を訪ねたり写真を撮ったりして過ごした。ツェリン・オーセルから聞いた話を思い出した。彼女は北京を拠点に活動する情熱にあふれたチベット人の作家・詩人で、私も親交があった。チベット問題を取り上げた彼女のブログは、そのカテゴリーでは最も閲覧数が多い。国家政策への批判も辞さないため、彼女のまわりには常に監視の目が光っていた。オーセルの出自はなかなか複雑だ。祖父は中国国民党軍の将校で、父は人民解放軍の軍人だった。民族的には漢族の血が四分の一、チベット族の血が四分の三。生まれ育ったラサから二〇〇三年に北京への移住を強いられ、以来ラサにはごく短期間しか戻っていない。

私が近年のラサの変遷について彼女に尋ねると、より中国化が進んだという答えが返ってきた。「私が生まれたのは一九六六年、文化大革命の時代です。まずはそのころのラサの様子をお話しします。ポタラ宮のてっぺんには五枚の巨大な板が掲げられ、一枚ごとに文字が書かれていました。『毛主席万歳』と書かれていたのです。当時のラサの状況がわかりますよね」。もっと最近になると、都市計画に携わる中国人や移住してきた中国人によって、ラサの通りやランドマークの名称が次々と書き変えられた。「中国のように、江蘇路、広州路、曲水県といった名前がついています。ラサには泰州広場という場所がありますが、泰州とは胡錦濤のふるさとです。ラサに行っても、ラサにいるという実感はありませんよ。江蘇路を歩いて、泰州広場に行って、福建路や広州路を見るのですから」。実際に彼女が見た光景を話してくれた。ラサに巡礼に来た遊牧民が、中国語の標識が読めず、新しくついた中国風の地名も知らなかったため道に迷っていたという。「レストランやホテルには、どこも中国の名前がついています。遊牧民たちはすっかりよそ者で、迷ってしまうのです」

　中央政府は一九九〇年代半ばにチベットへの移住条件を緩和した。それ以来ラサには大量の人々が流入し、人口構成や都市の表情ががらりと変わった。一九四九年の革命時点でラサの人口はわずか三万人ほどだった。その後ラサ市の範囲は二十倍以上に拡大し、最新の推定人口は二十五万七千四百人。しかもこの数字には、かなりの規模にのぼる駐留軍と、浮動人口――鉱山労働者、建設作業員、貿易商などの「一時的な」出稼ぎ労働者――は含まれていない。ラサからチベットの特徴が失われたという意見があるが、政府の役人は、ラサ城関区〔ラサ市内の区の一つ。主要市街地〕の人口は今も六三％がチベット族だとして一蹴する。しかし政府関係者のほかにこの数字を信じている人はいないようだ。現在ではラサの住民の三分の二が非チベット族――これが外国の研究者の見方である[4]。

　変貌するラサが、カラオケバー、マッサージパーラー、賭博場、売春宿にまみれた新たな暗部を抱えたことは明らかだ。住民の行楽の場として親しまれていた川沿いのグモランカ島は、今では中国風のカラオケやショッピングの複合施設になっている。郊外では自己完結型の都市開発が進み、どこへ行っても移住者らの需要を当てこんだ歓楽街がある。「北京などの都市では、売春宿が大っぴらに営業していることはありません。しかしラサでは、人目もはばからずに店を出しているだけでなく、昼間から営業しています」とオーセルは語る。「四川省や東北地方から暴力団がやってきます。公安部の役人が経営するナイトクラブもあり、そこには毎日五百人の売春婦がそろっています」

米国務省の人権レポートでは、ラサとシガツェ——チベット第二の都市——の二都市だけで一万人の風俗従事者がいると推計、「中国共産党、政府、軍の所有地でも売春行為が行われている」(5)と指摘している。また、ラサには売春宿が何百軒もあると報告している。チベット人は苦渋の表情で、かつての聖なる都ラサを「悪魔の国」と呼ぶ。売春の蔓延もその理由の一つだ。ラサはさながら中国人旅行者向けのテーマパークになってしまった。ラサでの結婚式まで売り込まれている。鉄道の完成によって変化は加速した。建設業者が受け皿を整えたところに旅行客が流れ込み、漢族の軍隊、役人、店舗経営者がどんどん増えて、チベットのうえに中国の印をしっかり刻み込んでいく。

このようなラサへの冒涜《ぼうとく》も一つの引き金となって、チベット亡命政府はチベット人に自民族の事項に関する「より大きな自治権」を与えるよう強く求めているのだ。ダライ・ラマはチベット統治のあり方をめぐる対話を求めてきたが、中国政府は長年これを無視してきた。一九九二年半ばのダライ・ラマの兄との会談を最後に、共産党は約十年にわたりダライ・ラマ事務所との公式対話を打ち切り、一時は非公式なやりとりさえ途絶した。しかし二十一世紀に入るころ、中国の態度が軟化する。国際社会での立ち位置や、外交方針・貿易目標の観点から、チベット問題などデリケートな案件について、外国の批判をかわす必要が出てきたのだ。中国は当時、十五年にわたる交渉の末に世界貿易機関（WTO）に加盟したところだった。また二〇〇一年半ばに二〇〇八年夏季五輪の開催権を獲得し、大会を円滑に運営して国力を世界に示すことが重要課題になっていた。

中国がこうした進歩を遂げていたころ、ダライ・ラマの兄のギャロ・トゥンドゥップ——香港暮らしが長く、標準中国語を話す——が北京を訪れ、非公式な対話を再開した。ギャロ・トゥンドゥップは後年、外国人ジャーナリストに対し、この会談で彼が共産党幹部に伝えた内容を明かした。「もしチベット人を中国の一部にしたいのなら、彼らを対等に扱うべきです。……中国人のチベット人に対する扱いは、まるで征服地の征服民に対する扱いのようです[6]」。中国にとっては、亡命チベット人たちと会談したというだけでも危機の緩和につながる。党は公式対話に応じた。対話は二〇〇二年九月に再開され、二〇一〇年初めまでに数回実施された。中国側からすれば、この対話をだらだら続けて時間かせぎすることが目的であった。対話の詳細内容を公開しないことにチベット側も同意していたため、批判は出なかった。対話はほぼ年一回のペースで開催されたが、中国側は対話を再開しただけでも十分な譲歩だという態度をくずさず、信頼構築を目指すそぶりはまったく見せなかった。チベット代表団の二人の特使の一人だったケルサン・ギャルツェンは振り返る。「『あなたたちの北京訪問を許可するとは、中国政府はなんと慈悲深いことか』。中国側の代表者ははっきりとそう言いました[7]」。中国側が譲歩して国外での対話が実現したのはわずかに一度、二〇〇五年のスイスでの対話だけだ。それ以外はダライ・ラマの特使は対話のたびに中国本土に出向かなければならなかった。ときには、ほかの少数民族の暮らしぶりの視察だといって遠くまで連れていかれた。

対話はかなり具体的な領域にまで踏み込むこともあった。二〇〇八年、中国はチベット亡命政府に、ダライ・ラマがいうチベット人の「より大きな自治」の意味を説明する書類を提出するよう求めた。後日チベット側は十ページの報告書を提出し、彼らの要求のほとんどは中国の憲法で定められた自治の主旨と一致すると説明した。要求は次のとおりだ。チベット人の居住エリア全域でチベット語を「話し言葉・書き言葉の公用語」として尊重し、学校教育をチベット語で行うこと。宗教の実践——転生ラマの認定など——に国家が干渉しないこと。寺院が僧侶や尼僧を望みどおりに何人でも入門させられるようにすること。天然資源の開発にあたってチベット人指導者に発言権を与え、環境を保護する権利を与えること。治安維持の権限を現地のチベット人に戻すこと。そしてデリケートな問題では、チベットへの漢族の流入をチベット人が管理することを求めた。「われわれは、チベット人以外でチベットに定住している者、チベットで長く暮らしてそこで成長した者を排除しようとは考えていない。われわれの懸念は、チベットのさまざまな地域に漢族をはじめとする他民族の大量移住を促すことによって、既存の社会が動揺し、チベット人が周辺に追いやられ、壊れやすい自然環境が危機にさらされることである(8)」。報告書は最後に「大チベット」をめぐる議論にも言及し、現状ではチベット自治区と周辺の省——青海省、甘粛省、四川省、雲南省——のチベット自治州に分断されているチベット人の居住エリアを、単一の自治機関のもとに統一すべきだと主張した。

報告書提出のわずか数日後、党幹部はこれを厳しく批判した。報告書にはチベットに「独立国家としての権利」があるとこじつけるための「曖昧な言葉」や恣意的な憲法解釈が含まれているとし、チベット人が求める高度の自治は『半独立』や『形を変えた独立』とまったく同義」だとはねつけた(9)。報告書はそのままごみ箱行きになったようだ。そのころ中国は世界的な景気後退を乗り越え、外国からの批判に配慮する必要性も薄らいでいた。そして中国の態度は硬化した。チベット側の特使に対し、彼らに議論する権限があるのはダライ・ラマが存命中に中国に帰還するかどうかという点だけであり、チベット人コミュニティの拡大について議論する権限はないと断じた。少数民族の問題を扱う統一戦線部は、二〇一〇年初めの九回目の対話の終了後に出した声明でこう述べた。「いわゆる『チベット亡命政府』は完全に非合法である。チベット自治区の代表でもなければ、チベットの人民の代表でもない」。統一戦線部の交渉責任者を務めた杜青林《ト・チンリン》部長は、新華社通信の取材に対して、ダライ・ラマは中国に何か要求できるような立場ではないと明言し、チベットの法王は「歴史を尊重し、時代に順応し、現実を理解し、幻想を捨てるべきだ」と語った(10)。

標高五千メートルの世界へ

エベレストに向けてラサを発つ日がやってきた。張り切って四輪駆動車に荷物を積み込む。世界最高峰はまさに登山シーズンまっさかりで、麓《ふもと》まで二日以内に到着できる予定だった。車はラサを出てからノンストップで走り続けた。一度だけ給油所に停まり、密輸品のガソリンを補給した。五五ガロンのドラム缶の表示を見ると、どうやら軍から流れてきたものらしかった。シガツェに向かう高速道路をひた走る。西に約三百五十キロメートルのところにある一つ目の目的地だ。二車線の高速道路は川沿いに伸びている。この川は下流でほかの川と合流し、アジアでも指折りの大河ブラマプトラ川になる。あたりを見わたすと、ラサ周辺では川沿いに点在していたポプラがまったく見られず、荒涼として壮大な風景に変わっていた。空は青く、猛禽類が上昇気流にのって頭上を悠々と旋回している。その眺めを心ゆくまで楽しんだ。道の両側には険しい山々の尾根がすぐそばに迫り、その合間から、太陽に照らされ純白に輝くヒマラヤの山々が見えた。ちらりと姿をのぞかせたと思うと、車が進んですぐ隠れてしまう。標高が上がるにつれて徐々に肌寒くなり、集落の標識も少なくなってきた。狭いカーブの地点では、道路の何十メートルも下に岩場を流れ落ちる川が見えた。三時間走ったところで、私たちは見晴らしのよい場所に車を止めて体を伸ばすことにした。思い思いに石をひろい、石ころだらけの斜面の向こうの川をめがけて遠投競争をする。

そのとき、ビュイックの黒のセダンが猛スピードで近づいてきた。オフロード仕様の私たちの車を見つけると車体を傾けるようにして横につけ、私服姿の二人の男が降りてきた。一人が早口の標準中国語でまくし立てる。彼らはシガツェの観光警察で、後についてラサまで来いと言う。いやな予感がした。せっかくのエベレスト行きの努力が台なしになるのではないか――。しかし選択の余地はなかった。私たちは重苦しい気分で車に戻った。運転手が、ラサのコーヒーショップまで行って私たちを降ろすと言う。そこが尋問場所というわけだ。

ラサに着いた。私たちがコーヒーショップに入ると、運転手は隣のビルに連れていかれた。いよいよ雲行きが怪しい。やがて旅行代理店の支配人がやってきた。私たちがサービスを断った店だ。支配人は私たちに書類を見せろと要求し、ジャーナリスト用のビザを精査した。それから一、二時間、彼は私たちに中国の法律について講義し、チベットに入るときは許可を得よという規則をなぜ破ったのかと問いただした。その態度は店の支配人というよりまるで治安当局者だった。ドイツ人の仲間が車に忘れ物があるといって席をはずした。彼が駐車場に出ると、そこには面倒に巻き込まれたチベット人の運転手がいた。彼も治安当局者の取り調べを受けて、私たちがラサに着いてからの行動を詳しく教えられたらしい。私たちは何日も前から監視されていたのだ。タクシーに乗ったこと、そのときタクシー運転手と話したこと、目的地――それらが残らず記録されていた。

鏡の中の自分たちを見ているような妙な感覚を味わった。なぜその旅行代理店のサービスを利用しなかったのか――当局者と話しながら、自分たちの行動を追体験した。計画はぶちこわしだ。私たちは国家安全保障と商業的思惑が混ざり合う奇妙な落とし穴に陥った。まずいことになってしまった。

だが、その旅行代理店に便宜をはかってやれば突破口が開けるかもしれない。私は支配人に申し出た。ラサの近くで氷河を見物する日帰りツアーをお願いしたい、エベレストのベースキャンプに行こうとしたのもそれが目的で、そちらの希望する金額を用意できるだろう――。支配人は満足げな表情を浮かべたが、問題が長引く可能性をにおわせて、ツアーができるかどうかは明言しない。そして翌日にもう一度会おうということになった。私たちはバルコルに戻って夕食をとった。それにしても細かく監視されていたものだ。そう思い返しながらあたりを見回すと、かなりの数の監視カメラが見つかった。

私は当初の算段よりも高い金を払ってエベレストのベースキャンプに向かうことに決め、その許可を取った。二人の仲間はそれぞれの仕事があり、ここからは別行動だ。二日間車に揺られ、ようやくエベレストの麓のロンブク寺に近いキャンプに到着した。固定されたキャンバス地のテントが張られ、「スノーランド・ゲストハウス」、「ホテル・ド・カリフォルニア」、「エベレスト・ティーハウス」などと書いたちゃちな看板が出ている。テントの中はヤクの糞のストーブがあって暖かく、煙が空へと立ち上っていた。同行したチベット人のガイドが宿泊所のテントを見つけてきた。高地病になって予定が狂わないように、私はゆっくりと体を動かした。翌日は夜明けとともに出発し、目的地のベースキャンプ――世界中から集まった登山家が、登頂に適した天候になるまで待機する場所――まで行く予定だった。高山病予防薬の副作用で頬や指先にちくちくと痛みを感じながらも、私は気持ちよく眠った。安眠を妨げるのは、ときおり岩盤が崩れ落ちて周囲の斜面でくだける音だけだった。

翌朝起きると、旅行代理店の二人のスタッフが青い顔でぐったりとしていて、思わずにやりとしてしまった。二人とも高地病にやられて、ひどい二日酔いのような有様だ。私と一緒にもっと標高の高いベースキャンプまで行くことはできそうにない。チベット人のガイドは、私をベースキャンプに送り届けたらすぐに下のキャンプに戻ると言う。ついに一人きりで仕事をするチャンスがめぐってきた。私は道具一式を馬車の荷台に積み込んだ。ベースキャンプのある氷河の平原までの移動手段は、通常こうした馬車である。冷たい風が吹きつけて寒さが身にしみたが、そそり立つエベレストを目の前にし、山肌で雪が風に巻き上げられているのを見ると、寒さも忘れて胸が高鳴った。

大小の岩がごろごろ転がる氷河の平原に設けられたベースキャンプは四つのエリアに分かれていた。一つは中国軍の登山者専用で、ほかの三つは外国人登山者が使用できた。ガイドの手を借りてトイレ（二つしかない固定構造物の一つ）の陰になった場所にテントを張る。ここは低予算の登山者や貧乏旅行の人たちのためのエリアのようだ。ガイドは一日以内に様子を見にくると約束して帰っていった。頭がずきずき痛み、息が切れる。しかし一人きりになれたことがうれしかった。

標高五千メートルの酸素濃度に順応するため、しばらくテントで横になった。私にとっては未知の高さだ。この高さになると植物はまったくといっていいほど生えず、キャンプでぶらぶらしている登山者と鳥を除けば、岩の上で動く生き物もほとんどいない。ときおり鐘をガラガラ鳴らしながら登山用具を運ぶヤクのキャラバンが静けさをやぶった。毛むくじゃらのヤクは標高七千メートルまで荷物を運べる。資金力のある登山隊はヤクを使ってより高いベースキャンプまで荷物を運ぶ。ふつうのウシと比べるとヤクは赤血球の数が三倍で、体の大きさは半分だが肺が大きい。高地に完璧に適応した動物なのだ。びっしり生えた体毛のおかげでマイナス四〇度（カ氏とセ氏の値がちょうど一致する温度）の低温にも耐えられる。気のいいガイドがヤクの毛の毛布を何枚か調達してきてくれた。それを寝袋と外側のビバーク・シェルに巻きつけて極限の寒さに備える。向こう数日間の食料はイワシ缶、クラッカー、グラノーラバー、インスタント麺、ドライフルーツだ。

休憩を終え、私は探検に出かけた。道の反対側にウィム・ホフの登山隊のテントを見つけた。「アイスマン」の異名をとる愉快なひげのオランダ人だ。超低温に耐える特殊な体質の持ち主で、これまでにもはだしにショートパンツ姿で北極圏でハーフマラソンをしたり、北極の氷の下を八十メートル泳いでギネス・ワールド・レコードに認定されたり、氷詰めの大きな容器の中に一時間以上入って生還したりしている。次の挑戦はショートパンツでのエベレスト登頂らしい。正気の沙汰とは思えない。本人がいて、快くインタビューに応じてくれた。ほかのテントには、カリフォルニアから来たウルトラマラソンのランナーやら、装備も登山経験もない無鉄砲なフランス人の二人組やら、いろいろな冒険家がいた。彼らは天気予報と大人数の登山隊が開拓したルートを頼りに山を登る。もし彼らが標高八千メートル以上の通称「デス・ゾーン」――遭難した登山家の凍りついた遺体が放置されているエリア――でトラブルに見舞われたら、ほかの登山家の善意に頼って助けを待つしかない。まったく無謀としか言いようがない。私は彼らが一九九六年に遭難したインド人登山家のような末路をたどらないことを祈った。この登山家の遺体は、標高八千五百メートル地点にある小さなくぼ地に胎児のように体をまるめた格好で横たわっている。凍った足が登山ルートの方に突き出ていて、登山家たちはこの遺体を「グリーンブーツ」と呼ぶ。エベレスト登山のベテラン米国人ガイド、ダニエル・マズールは、「いろいろな経験をしてきたが、あそこでの経験は最も恐ろしくて無力感に襲われるものの一つだ。遺体の間を歩き、何度となく遺体の手足をまたいで進まなければならない」と述べている。[11]

ベースキャンプでは省エネに努めた。大人数の登山隊とは違い、私の装備は最低限で発電機も持っていない。カメラやパソコンの充電が切れないよう、写真撮影は控えめに、パソコンの電源を入れるのも写真や映像を取り込むときだけにした。携帯電話がつながったことには驚いた。中国最大手の通信業者が別の場所に仮設基地トレーラーを設置したのだ。登山家たちの話ではエベレストの山頂でも電波が届くらしい。

二日目になると標高に体が慣れてきた。私は尾根を越えて別のキャンプ――規模の大きな登山隊が宿営するエリア――に行ってみた。そこには、登山隊の一つヒマラヤン・エクスペディションズが建てた大きな二重断熱の白いドーム、通称「タイガードーム」があった。登山家たちが薪ストーブで暖をとり、カクテルを飲み、透明なパネル越しに美しいエベレストの姿を楽しむ場所だ。ニュージーランド人ガイドのマーク・ウッドワードが内部を見せてくれた。椅子やカウチが置かれ、ワイドスクリーンのプラズマテレビもある。ウッドワードは、「昨夜は『クラッシュ』を観た。『グッド・シェパード』の日もあったかな」と話した[12]。

ベースキャンプ三日目、私は取材を終えて荷物をまとめ、山を下って旅行代理店の監視役二人と合流した。取材は完了したのでラサ空港で下ろしてもらって結構――そう伝えるとほっとした様子を見せた。空港まではたっぷり一日の車の旅だ。移動中、チベット人のガイドは、中国人の監視役たちが聞いてもわからないよう英語で話しかけてきた。公安は彼がガイドとして働くことを許可しているが、その条件として外国人との接触をすべて記録して月に一度報告させているという。旅行代理店の二人のスタッフは、私自身の監視役であると同時に、ガイドの言動にも目を光らせていた。

チベットではどこへ行っても、巨大なブルドーザーが土地をならして道路や橋やダムを作っている現場に遭遇した。チベット経済を発展させて生活水準を向上させてやれば、チベット人の心はなびく――中国政府はそう確信している。それでチベットの開発に巨費をつぎ込み、主要資源の開発を進めているのだ。胡錦濤国家主席はこの取り組みを「中国の特色とチベットの特長を併せ持った開発の道を進む」と表現している。貴重な鉱石を採掘するために、中国は近代的な高速道路や水力発電ダム、そのほか巨大なインフラ建設プロジェクトを遂行している。しかし、それらのプロジェクトに地元のチベット人の声が反映されることはほとんどない。中国にとってチベットは、隣接する潜在的ライバルであるインドとの緩衝地帯であり、核兵器を備蓄する重要地域でもある。チベット亡命政府の主張によれば、中国はラサ付近、ナクチュ、インドの国境に接するニンティに核ミサイル基地を保有している。私はチベット社会が負担を強いられる状況を目の当たりにしていた。たとえば、立ち退き政策のもとで毎年何十万人もの遊牧民が先祖代々の牧草地を追われて特別な居住区に移住させられている。そして中国語を話す移住者たちが大量に流入し、昔からチベット社会で最高の知識層として尊敬されてきた僧侶たちが絶え間ない誹謗中傷を受けている。ラサなどの都市では不満が目に見えて蓄積していた。近い将来にこれが爆発するかもしれない——それは決して突飛な想像ではなかった。

侵略と弾圧の歴史——経済成長の裏で

ラサから北京に戻って六週間ほど経ったころ、外交部の緊急会議にお越しいただきたいという丁重な電話があった。外交部は第二環状線沿いでひときわ目を引く近代的な建物だ。私はそこで北米・大洋州情報局のトップと会うことになった。かなりの高官だ。いつも私の窓口になっている山東省出身の若い外交官に案内されて、外交部のロビーから少し離れたところにある小さな会議室に入った。座り心地のよいひじかけ椅子が置かれ、テーブルには花が飾られている。お茶が運ばれてきた。私は室内を見まわした。こういう部屋で中国と外国の外交官の駆け引きが幾度となく行われてきたのだろう。

私はおとがめを受けるものと覚悟していた。高官がやってきた。彼はまずていねいに自分の所属を説明し、それからメモ帳に目を落とした。

あなたは最近チベットに行かれましたね――そう言うと、彼は私の書いた記事の抜粋を読みあげた。そして私がジャーナリストとしてチベットを旅行する許可を得ず、規則を犯してチベット入りしたと指摘した。私が記事のなかで、外国人記者は綿密に旅行日程を組んだうえで年に一度だけチベット入りを許されると書いたこと、また中国の政策がチベットに対し抑圧的であると書いたことも問題視された。彼は言った。あなたの記事は事実と異なり、政府としては「容認できない」ものです。これは貴社の中国での地位を危うくするのみならず、中国と米国の間に築かれている良好な関係をも脅かします――。険悪なムードになりかけた。しかし最終的に、この会議に穏やかな警告以上の意味はないことがわかった。私たちはあいさつをして別れた。オフィスに戻り、さっそく外交部に怒られたことをブログに書いた。すると毎度おなじみのパターンで、すぐさま愛国主義者から反応があった。ある中国人読者が寄せたコメントにはこう書かれていた。「欧米のジャーナリストは公平な記事を書いたためしがない。彼らは自分たちを良く見せたいがために中国をバッシングするのだ」

外交部からクレームを受けたことで、ますますチベットに対する興味が深まった。私の記事は「事実と異なる」と断言された。チベット問題について、漢族の中国人、チベット人、関心を寄せる外国人が共通の理解を持とうにも、こんな状況では明らかに無理がある。中国政府とダライ・ラマの間では、そもそも「チベット」という言葉の意味について合意が形成されていない。中国政府にとって、それは一九六五年に中国共産党が設置したチベット自治区を意味し、チベット人の居住エリアの約半分に相当する地域である。ダライ・ラマにとって、それはチベット人の居住エリア全体を意味し、周辺四省の一部も含むより大きな地域である。また、「自治」という言葉の意味についても両者の見解は一致しない。中国共産党にとってチベットの自治とは、党のやり方を批判すれば必ず処罰の対象になることを前提に、党の手続きにのっとって少数民族が発言権を持つということである。チベット人にとって真の自治とは、チベット高原に生きるチベット人の繁栄と保護のために、彼ら自身が教育、文化、宗教、社会の発展、人口構成に関する政策決定権を持つことである。

現在進行形の事柄さえ定義できない有様なのだ。チベットの歴史の分析をしようとすれば、問題はさらにややこしくなる。両陣営とも自分たちに都合のよいチベット史を書きあげようと、自分たちに有利になるように事実を加工して提示してきた。チベット史で最も重要な時期はおよそ百年前から始まる。清が倒れて二千年続いた中国の王朝の歴史が途切れた約百年前。その時期こそ、チベットは独立国家だというチベット側の主張を理解するうえできわめて重要な時期である。

現在の中国政府側の見解はこうだ。一九一二年の清の崩壊後、列強の侵略を受けて中国が一時的に弱体化した際にチベットが優位に立ったことがあるが、それはあくまで例外的な状況である——。部族軍の長たちが中国をうろつき回るなか、ダライ・ラマ十三世は混乱に乗じて中国の役人や軍隊をすべてチベットから追い出し、当時中華民国の臨時大総統に就任した袁世凱《えんせいがい》あてに文書を送った。事実上の独立宣言だ。中国側はそれを承認せず、ほかの国々の正式な支持があったわけでもないが、その後四十年近くにわたりチベットは事実上の独立国家だった。しかし一九四九年に毛沢東のゲリラ軍が勝利したことで事態は一変する。毛沢東は北京・故宮前の天安門のバルコニーで中華人民共和国の建国を宣言し、まもなく中国政府はチベットの領有権を宣言した。翌年には人民解放軍が本格的なチベット侵攻を開始し、東チベットへと進軍してラサの寸前で止まった。チベットは国際社会に支援を求めたが、当時世界の関心はもっぱら朝鮮半島の戦争に向いていたため、チベットの訴えに耳を傾けるものはなかった。

失意のまま北京におもむいたチベットの代表団は、十七条の協定に無理やり調印させられた。チベットは中国の統治権を認めて独立の主張を放棄する、その代わりに中国はチベットの地域的な自治権と宗教の自由を認めるという内容である。当初ダライ・ラマ十四世はこの協定を支持して毛沢東に祝電を打ったが、後にこれがチベット人の居住エリア全体を含むものではないことが明らかになると、一転してこれを否認した。一九五〇年代は緊張をはらんだ併存関係が続いた。中国軍はカムとアムド——従来ダライ・ラマの勢力が及んでいなかったチベット人居住エリア——で土地の再配分と社会改革を遂行した。一九五五年後半にカムで反乱が発生すると、中国は寺院や町への激しい砲撃でそれに応じた。それ以来、カムパと呼ばれるカムのチベット人たちは武装した抵抗運動を組織するようになった。一九五八年には米国のＣＩＡ（中央情報局）がゲリラ隊に対し最初の武器投下を実施したが、大きく流れを変えることはなかった。

ラサにはカムを逃れた難民たちがやってきた。ラサの人々は、中国がカムの人々に押しつけた社会的・政治的大変革の実態を聞いて衝撃を受けた。一九五九年初めにはラサの怒りは極限まで高まっていた。そしてある噂が広まった。観劇への招待を口実に、中国軍がダライ・ラマの誘拐をたくらんでいるというのだ。一九五九年三月十日、数千人のチベット人がダライ・ラマの夏の離宮であるノルブリンカ宮殿を埋め尽くした。当時ラサには宗教行事のために多くの巡礼者が集まっており、彼らも抗議運動に参加した。三月十七日、人民解放軍がノルブリンカ宮殿を含む市街地の複数箇所を砲撃した。その夜、当時二十三歳のダライ・ラマは宮殿を脱出し、亡命の旅に出たのである。それから一週間もしないうちに中国軍はラサの支配権を掌握し、ポタラ宮のてっぺんに中国の国旗がひるがえった。

ダライ・ラマ不在となったチベットで、党幹部は強制的な土地共有化を始めた。続く十年ほどは、チベットもほかの地域と同じように毛沢東の方針に従って変化を遂げた。しかし文化大革命（一九六六〜一九七六年）でそれも中断する。この間、毛沢東は紅衛兵と呼ばれる若者たちに命じ、自らの権力を除くすべての権力主義を攻撃させた。中国はスターリンの恐怖政治時代のソビエト連邦にも匹敵する大混乱に陥った。紅衛兵の若者には漢族もチベット族も含まれていた。彼らは何千もの寺院を破壊し、何百人もの僧侶を還俗《げんぞく》させた。一九七六年に毛沢東が死去すると、中国のチベット政策は軟化した。当時の最高指導者の鄧小平は、ダライ・ラマの兄のギャロ・トゥンドゥップに対し、チベット独立以外のテーマならば何でも話し合う用意があるとまで表明したのだ[13]。中国政府はチベットの文化や言語の復興にかじを切り、チベット高原の経済状況の改善を目指した。希望の風はラサにも届いたが、チベット政策の緩和はかえって僧侶たちを増長させ――おそらくもっと外国から支援が集まると踏んだのだろう――抵抗運動の活発化を招いた。その後、抵抗の歴史は繰り返すことになる。ラサでは、一九八七年の十月、一九八八年の三月と十二月、一九八九年の三月と大規模な暴動が四度発生した。三月に二度の暴動が起きているが、これはどちらも三月のダライ・ラマの亡命記念行事の時期――毎年緊張が高まるデリケートな期間――に符合する。これらの暴動の後、ラサには戒厳令が敷かれた。

それに続く数年間、中国は驚異的な経済成長に支えられて次から次へと大きな目標をクリアしていった。二〇〇三年には宇宙飛行士を初めて宇宙に送り出した。そして二〇〇八年の夏季五輪の開催に向けて準備を進めた。五輪の開催によって国民に大きな自信を与え、大国中国の復活を世界に知らしめる――これが中国政府の思惑だったが、チベット人の中には違う考えを持つ者もいた。ダライ・

ラマの亡命生活が長引いていることに業を煮やした彼らが目をつけたのは、五輪の聖火リレーだった。世界が注目する聖火リレーは、彼らの信念をアピールして中国の面目をつぶす絶好のチャンスだった。利害の対立は深刻化し、ついに爆発した。ラサの三つの大寺院の僧侶たちが相次いで抗議行動に出たのである。彼らは煮えたぎるような怒りを抱えていた。怒りの矛先の一つは、党が強制する「愛国教育」だった。二〇〇七年十月に米議会からダライ・ラマに「議会名誉黄金勲章」が授与されたが、それを祝福した僧侶を処罰するために愛国教育が強化されたのである。二〇〇八年三月十日、ラサのゲルク派三大寺院の一つデプン寺の僧侶たちが街頭でデモ行進し、数十人の逮捕者が出た。それからの三日間でガンデン寺とセラ寺の僧侶もデモを行った。ただし、これらはあくまで平和的なデモ行進だった。

しかし三月十四日、ついに暴動が発生する。その日の夕方にはラサの市街は煙がくすぶる惨状になっていた。政府の集計によれば、暴徒による放火は約三百件。そして九百八軒の店舗、七つの学校、百二十の住宅が被害を受けた。そのほか五つの病院と十の銀行が荒らされたり破壊されたりした。ひっくり返されたり放火されたりした車両は八十四台。中国政府によれば、少なくとも漢族の一般市民が十八人、警察官が一人、チベット人の暴徒が三人死亡した。しかし亡命チベット人団体は、この暴動とそれに続く混乱で二百人が死亡したとしている。暴動発生のきっかけは同日昼近くに起こった警察とラモチェ寺僧侶の衝突だ。両者がもみ合いになった際に、居合わせたチベット人が警察官に投石した。火の手があがり、さらに多くのチベット人が加わった。後日中国の国営テレビで放送された映像には、チベット人が中国人をバイクから引きずり下ろしてこん棒で殴り、店のウィンドウを粉々に割り、店で略奪する姿が映されていた。当時チベット自治区主席だったジャムパ・プンツォクは北京でこう説明した。「これらの無法者たちはラサの大通り沿いの店舗や小中学校、病院、銀行を襲撃した。電力施設や通信施設、通信社も襲われた。さらに車両に火をつけ、通りすがりの一般人を追いかけて攻撃し、百貨店、電話会社の店舗、政府のオフィスを攻撃した(14)」

暴動の発生から警察による鎮圧までの詳しい経緯が完全に解明されることはなかった。そしてヒステリックなまでの検閲が実施された。当時ラサにいた外国人記者はたった一人――英紙『エコノミスト』のジェームズ・マイルズだけだった。彼はほとんどの時間をホテルに監禁され、その後北京に戻ることを命じられた。当局はそれ以外の外国人もチベットから退去させ、数カ月にわたってチベットを封鎖した。国営テレビのニュースでは暴徒の映像を繰り返し放送し、無辜《むこ》の人々の命が失われたことをしきりに強調した。犠牲者には衣料品店で働いていた十八歳から二十四歳の女性店員五人も含まれた。暴徒が店に放火したために焼死したのである。暴動による負傷者は三百八十二人だった。ある漢族の男性は暴徒に襲われて左の耳を切り落とされた。負傷したある警察官は、尻から「こぶし大の肉片」を切り取られた(15)。ラサの暴動から数週間、チベット高原全体に不安が広がっていた。中国共産党がこれほど大規模かつ広範囲に及ぶ少数民族の抵抗運動に直面したのは、権力の座についてから初めてのことだった。もっとも、この一年ほど後に起こるウイグル人の暴動は、これをさらに上回る規模に発展するのだが。外国の監視機関によれば、三月半ばから六月初めまでに百二十五件の抵抗運動が確認された。その大半はチベット自治区――中国政府がチベット人固有の地域として指定した地区――以外のチベット人居住エリアで発生していた(16)。

中国全土で暴徒らに対する激しい怒りの声が上がった。中国政府はそれに応え、暴動の責任者には見せしめになるような処罰を与えると約束した。怒り心頭に発した政府は、国外にいるダライ・ラマとその一派が暴動の黒幕だと非難し、世界の関心をひくために五輪間近の時期を利用したと糾弾した。国家宗教事務局の葉小文《イエ・シャオウェン》局長は、「ダライ集団は五輪が『チベット人の最後のチャンス』だと騒いできた。最近ラサやその他の地域で起こった暴動は、彼らが周到に組織し、糸を引き、扇動したものである」と述べた(17)。暴動を受けて、当時のチベット党委書記の張慶黎が『チベット・デイリー』に発した言葉は印象的だった。「ダライ・ラマは僧衣を着たオオカミである。人面獣心の怪物である」

各地で抗議運動が発生してからの数カ月間、国営メディアや党の役人、外交部報道官は次のように繰り返した。大半のチベット人は暮らしに満足しているにもかかわらず、ダライ・ラマと彼を取り巻く犯罪組織は秘密裏にラサの暴動を計画し、チベット人を扇動してそれを実行に移した——。突然の暴力の爆発に多くの漢族は面くらい、憤慨した。過去十年間、政府から約四百五十億ドルもの開発費用をつぎ込んでもらっておきながら、チベットに感謝の気持ちはないのか? インターネットのフォーラムに質問が投稿された。漢族とチベット人の双方で、民族的な差別意識が膨れあがった。政府は安定の回復を目指し、混乱の芽を完全に叩きつぶそうとした。政府の意向を受けた暴動後の取り締まりで、チベット人居住エリアでは四千四百人を超える逮捕者が出た。ラサの暴動での犯罪行為を理由に、一年ほどのうちに八十四人のチベット人に有罪判決が出たという報告もある。国外の亡命チベット人団体は、そのうち少なくとも六人に死刑判決が下ったとしている。

「対話は何の解決にもならない」

北京で仕事をしていた私は、ある日の午後、チベット人の著名な作家・詩人のツェリン・オーセルに会いに行った。彼女の夫は漢族知識人の王力雄《ワン・リーション》で、夫妻は北京東部の通州《トンチョウ》にある小ぢんまりしたマンションに住んでいた。中に入ると壁にはチベットの絵画や掛け軸、タペストリー、写真がたくさん飾られていた。部屋の一角にはダライ・ラマの写真が置かれ、その上に糸でつながったカラフルな祈祷旗がかかっている。オーセルは四十代半ばの小柄な女性で、洗練されたスカーフと大ぶりなアクセサリーを好んで身につける。私が訪ねた日はぴったりした黒いパンツに黄色のコットンセーターを着ていた。大きなシルバーのイヤリングをつけ、ピンクの口紅が顔立ちを引き立てていた。私たちはスツールに腰掛けて熱いお茶を飲んだ。ラサの暴動からかなりの月日が流れたが、彼女はチベットの将来についてどう考えているのだろうか。

「私は悲観的ですよ」。彼女はまずそう言った。「チベットは中国政府の完全な支配下にあります。こんな状況でチベット人がチベットの運命を変えることなど不可能です。チベットは中国に歩調を合わせて変わることしかできません。とはいえ、中国政府は独裁的な権力をふるっているので、チベットで何かが変わる可能性はかなり小さいでしょう。……すぐに変化が訪れないとすれば、チベット人の将来は明るくありません。チベットに行けばわかることですが、チベット人の伝統、文化、環境はすでに深刻なダメージを受けていて、そのスピードは加速しているのです。チベット人のふるさとの土地なのに、彼らはどんどん周辺に追いやられています[18]」

オーセルにとって、チベットの状況は決して人ごとではない。ラサの軍隊の副司令官だった彼女の父親は一九九一年に他界しているが、母親や兄弟は今もラサに住んでいる。しかし彼女自身がラサを訪ねることはあまりない。彼女はチベットの反体制派の主要人物として治安当局に目をつけられ、厳しく監視されているからである。ラサの家族をトラブルに巻き込まないために電話でのやりとり――しかもなるべく短時間の――しかしていない。それでも警察から「おとなしくしていなければ、最後には牢獄行きだ」と通告されたという。[19]

彼女に言わせれば、彼女は北京に亡命中の身だ。チベット人の友人とは距離を置かなければならない。彼らに治安当局の関心が向く恐れがあるからだ。彼女は主に自宅マンションにいて、チベット問題のブログを更新したり詩やエッセイを書いたりしながら変化の時が来るのを待っている。中国から出国することはできない。二〇〇七年、彼女はノルウェーのある文学賞を獲得し、授賞式出席のためにパスポートを取ろうとしたが、申請は受理されなかった。夫が代理で授賞式に出席した。彼女は申請却下の判断を覆すために訴訟を起こしたが無駄だった。「今でもパスポートは発行してもらえません」[20]

私たちは、中国政府とダライ・ラマの使節との間で続けられている対話についても話し合った。たとえ目に見える成果が上がらなくても、対話を続けることが大切だと彼女は言う。「まったく接点がないよりは、少しでもあったほうがましです。見方を変えれば歴史的な価値を持つかもしれません。過去を振り返れば、チベットの人々が状況を変えようとたゆまぬ努力を重ねてきたことがわかります」。彼女によれば、中国国内のチベット人は、対話をしても何の解決にもならないことをよくわかっている。しかし亡命したチベット人たちは幻想を抱いている。「対話によって実現できることは何もないということを理解すべきです。いまだに勘違いして幻想を抱く人がいますが、あれは単なるショーですから。中国政府が国際社会に向けてポーズをとっているだけです」[21]

私がオーセルを訪ねる数カ月前に、チベットに関するプロパガンダの大合唱に珍しく不協和音が混じり、そのことが彼女を元気づけていた。不協和音の出所は小規模な学者団体の公盟法律研究センターだ。メンバーには中国随一の名門である北京大学法学院の卒業生も含まれる。彼らはチベットで一カ月の現地調査を実施し、チベット人が抗議行動で訴えている要求は妥当なものだと結論づけた。彼らがまとめた二十八ページの研究報告は、経済的チャンスが得られない若いチベット人たちが強烈な疎外感を感じていると指摘した。[22]また、チベット語による教育があまりにお粗末であることを含め、チベットに学校が不足していることにも言及した。さらに亡命チベット人の訴え――就職活動では漢族や回族が優遇され、チベット人の経営者は銀行から融資を断られる――を裏づける証拠も提示した。

小規模事業、飲食サービス、観光業の分野に漢族や回族が大量に流入している。成功して大きな利益を上げているのは非チベット人の移住者たちだ。それに対しチベット人には資本もスキルも欠けており、ますます周辺に追いやられている。ラサではいたるところに四川省出身者が経営する四川料理レストランがある。タクシーの運転手は多くが河南省、四川省、湖南省、陝西省など外からやってきた非チベット人だ。旅行代理店の経営者は、ほぼすべて移住者で占められている。バルコル周辺にある旅行者向けの土産物や工芸品の店は、ほとんどが甘粛省甘南《ガンナン》や青海省出身の回族がオーナーで、チベット人ではない。チベット風の工芸品の多くは、雲南省や浙江省、そしてネパールで作られている。[23]

この報告によれば、暴動によって、チベット人を含む西方の少数民族に対する漢族の偏見――「辺境にいる進歩の後れた野蛮人」――がますます強化された。国営メディアはラサの暴動の映像を何度も集中的に放送した。一部の中国人には、「その結果としてチベット人に対する民族差別的な感情が形成された」という。一方チベット人は、五輪開催前後の治安対策のターゲットにされて空港で執拗《しつよう》な検査を受けるなどし、多数派の漢族との間にますます溝を感じるようになった。一人の若いチベット人女性が調査チームに語った。「私はラサのある企業の代表として、共産主義青年団の研修に参加するために北京に行きました。しかし、どこのホテルも私がチベット人だからといって泊めてくれないのです。私は頭にきて、あなたたちのやっていることは民族差別だ！　と文句を言ってやりました」

報告書は、チベット人の居住エリアに地元の共産党幹部からなる新たな貴族階級が形成されたと指摘している。彼らはネットワークを築き、補助金を吸い上げて私腹を肥やし、地元の問題には手を打たない。ひとたび社会対立が起こると、こうしたチベット人の党幹部らは自分たちの無能は棚に上げて、何でも「外国勢力」のせいにする。この報告書では、チベット人の問題をすべて分離主義者（中国語で言う「分裂主義者」）のせいにする地元のチベット人共産党幹部の無能さを示すものとして、筋金入りのチベット人共産党員のババ・プンツォク・ワンギェルが彼らを酷評した言葉を引用している。「彼らはことあるごとに分裂主義カードを出す。表向きは分裂主義反対を叫んでいるが、実際には彼らの私利私欲がからんでいる。彼らは自分の非を認めるということができず、その代わりに『敵意のある外国勢力』への責任転嫁に全力を傾けている」

オーセルと話し込むうちに夜が近づいてきた。私はもう少しだけ質問を続けた。もしダライ・ラマが二度と祖国に戻れず亡命先で死去したら、チベット人はどう反応するだろうか。「過去五十年間、中国国内のチベット人はダライ・ラマ法王の姿を目にしたことがありません」と彼女は話し始めた。「彼らにとって、生きているうちにダライ・ラマ法王に会うことが大きな夢の一つなのです。多くのチベット人が（二〇〇八年三月の）暴動に参加したのも、中国政府に対しダライ・ラマ法王のチベット帰還を許すよう訴えたかったからです」。しかしダライ・ラマが帰還する可能性はどんどん小さくなっているように思われる。ダライ・ラマが亡くなったとき、絶望したチベット人がどのような反応を示すのか。中国にとっては、対処法を試される重要な局面になるだろう。「深い悲しみに襲われた彼らが、より大規模な抗議行動を起こすこともあり得ます。中国政府が処置に窮する状況になるかもしれません」。私がダライ・ラマに面会したとき、彼は自分のほうが共産党政権よりも長生きするかもしれないと言った。オーセルにその話をしてみたが、軽く受け流されてしまった。彼女が連絡を取り合っている専門家たちの中では、中国共産党は今後ますます強力になると信じている人、内部の腐敗ですぐに崩壊するかもしれないと言う人など、意見が割れているようだ。「中国共産党が十年以内に崩壊すると予測する人がいるかと思えば、五十年続くと言う人もいます」[24]

私はオーセルのマンションを辞した。また会える日があるだろうか――そんな思いが頭をよぎった。私が知り合った反体制派の人たちの中には、すでに投獄されてしまった人もいる。オーセルの場合、外国での名声が少しは盾になるかもしれないが、ずっと安泰というわけにはいかない。まして一般のチベット人たちに彼女のような武器はない。チベット人の中には、ダライ・ラマ法王を一目見るために中国を脱出し、ヒマラヤ越えという想像を絶する苦難を乗り越えてネパールやインドを目指す人たちもいる。エベレストのベースキャンプで過ごした寒い春の夜の思い出がよみがえる。しかし、テニスシューズだけをはいて真冬の氷原を歩いたチベット人の旅に比べれば、私の苦労など取るに足りないものだ。

第5章　ヒマラヤを越えて

撃ってやがる、イヌでも撃つみたいに！

――ルーマニア人登山者、セルジュ・マテイ

（中国の国境警備隊がネパールに脱出しようとするチベット人を狙撃する現場を目撃して）

過酷な「地下鉄道」

ネパールのヒマラヤの高地にあるゲストハウスの窓はびっしりと氷で覆われて、外で雪が降っているのかどうかもよくわからない。プラスチックのコップに入れてベッドサイドに置いておいた水には氷が張っていた。ペンで突いて氷を割り、乾燥した山地の空気でカラカラに渇いたのどを潤す。ゲストハウスの経営者はシェルパ族の夫婦だった。敬虔《けいけん》な仏教徒で、ネパールの首都カトマンズに向かうために五千五百メートルの山を越えてやってくるチベット人の一行に、しばしば一時的な避難所を提供していた。このゲストハウスはチベットとネパールを分ける峠から一生懸命歩いて三日ほどの場所にある。その日も、あるチベット人グループが「地下鉄道」を通ってこちらに向かっているはずだった。私はすでに一週間近く滞在して、深夜にノックの音が聞こえるのを――彼らの到着の合図である

ことを期待して――待ち構えていた。

ゲストハウスの主人が最後に得た情報では、一行はすでにラサを出発していた。計画どおりなら、彼らはまずバスかトラックに乗り、ネパール国境まで約五十キロメートルの地点にあるチベット高原南部の寒村ティンリへ行く。そして、そこから命がけの徒歩の旅に入る。中国の国境警備隊や、密告者の遊牧民や農民に発見されないように、移動は夜間に限られる。見つかれば、捕まって刑務所行きだ。あるいは撃ち殺されるかもしれない。チベット人の一行は高山に必要な防寒服を着ることはできない。分厚い服を着込んでいると、ラサを出る時点で密告者に目をつけられてしまう。彼らは酷寒のヒマラヤを不十分な防備で乗り越えなければならない。凍傷や雪盲〔積雪の反射光線、特に強烈な紫外線による眼の角膜・結膜の炎症〕が現実の脅威として彼らの前に立ちはだかる。

ほとんどのチベット難民は最も気候が厳しい冬場に越境する。かえってそのほうが安全なのだ。標高の高いヒマラヤの山道では、足もとを確かめずにうっかりクレバスに落ちれば命にかかわる。しかし気温の低い冬場は地面の氷や雪が安定するためクレバスを回避しやすい。それに冬には中国の国境警備隊のパトロールの頻度も少なくなる――隊員が暖房の効いた山小屋から出たくなくなるからだ。国境を越えてネパールに入ると、そこには新たな危険が待ち受けている。彼らが肩掛け鞄に入れたなけなしの金を、ネパールの警察や兵士が巻き上げるのは日常茶飯事だ。そのため彼らは最初の数日間は警察署がある村を避けて野宿する。いろいろな要因を考え合わせると、ティンリを出てからカトマンズの難民収容センターで安全を確保するまでには約二週間かかる。

ヒマラヤ越えの山道はすでによく踏みならされている。何世紀にもわたり、ヤクを連れた貿易商がさまざまなルートで山に入り、そして越えていった。チベット人とネパールのシェルパ族の言語はルーツが同じで、だいたい理解し合える。ここ数十年はヤクの隊商は少なくなったが、山を越えて往来する人間の数は急増した。毎年数百人から三、四千人のチベット人が徒歩で祖国を脱出し、一時的または永続的な亡命を目指す。脱出者の数は流動的で、チベットの緊張が緩和すると増え、国境警備が厳しくなると減る。ほとんどのチベット人にとって、祖国脱出の唯一の手段は徒歩での山越えだ。パスポートを持たずに中国を出るのは違法行為だが、一般のチベット人がパスポートを取得するのは簡単ではない。そのため何日もかけて、地上で最も険しい山々を越えるのだ。少人数のグループを作り、適当な金額でガイドを雇って越境できるラッキーな人たちもいれば、人づてに聞いたルートの情報だけを頼りに進む人たちもいる。欧米ではこうしたチベット人の脱出についてあまり知られていないが、これは中国の主張――「チベットでは何もかもが順調だ」――の矛盾を突く証拠である。雪深く寒風が吹きすさぶ標高五千七百十五メートルのナンパ峠を越えるなど、中国を脱出して南アジアに逃れるという命がけの覚悟を決めた者でなければ到底できることではない。

脱出するチベット人についてもっと知りたいと考えた私は、カトマンズからルクラに飛んだ。ネパール東部にあるルクラ空港は、トレッカーやヒマラヤ登山者の利用が多い。世界で最も危ない空港の一つと言われていて、六百メートルの滑走路には一二％の傾斜があり、滑走路の端に立てられたフェンスの先は六百メートルの渓谷だ。双発エンジン・高翼タイプの飛行機でなければ着陸はきわめて難しい。私たちの便は霧のために一日遅れたが、運よく天候は回復した。デ・ハビランド・エアクラフト社製の飛行機が滑走路に突っ込むように着陸し、私たちが地上に降りるときには、まわりを取り囲むヒマラヤの山々の岩肌がはっきりと確認できた。まだ朝の早い時間だった。私たちはナムチェ・バザールを目指して九時間の山歩きに出発した。ナムチェは山々の鞍部にある馬蹄《ばてい》型をしたにぎやかな村だ。エベレストのネパール側ベースキャンプに向かう主要ルートにあり、高地順応のためにここで一、二泊していくトレッカーや登山者が多い。インターネットカフェやパン屋も並んでいる。ここから先は険しく酸素の薄いヒマラヤ登山が始まり、食べ物といえば味気ないフリーズドライ食品かグラノーラバーだ。ミルクを泡立てたコーヒーやピザが楽しみたければ、ナムチェが最後のチャンスである。

一九九〇年代、この村を訪れるトレッカーの数はもっと多かった。ゲストハウスを経営するシェルパ族たちは、簡素な木造の建物を壊して頑丈な石造りの宿に建てかえた。やがてパン屋やピザ屋、衛星通信ができるインターネットカフェができ始めた。カフェのオーナーたちは、刻一刻と表情を変える山々の風景を楽しめるように屋外のテラス席を作った。見ごろは春で、シャクナゲやモクレンが一斉に花開くころは息をのむほどの美しさだ。また、ナムチェではシェルパ族の文化に触れられるとバックパッカーたちの間で評判になった。シェルパ族はたくましい山岳民族で、しばしばポーター（荷物の運搬人）やヒマラヤ登山のガイドとして登山者の手助けをする。ナムチェまで登ってくる道はないため、ここには車両が一台もなく、あるのは石畳の歩道ばかりだ。ナムチェで生活するための物資はほとんどすべて、ポーターが背負ってくるか、ロシア製のＭｉ17輸送ヘリコプターで運んでこなければならない。木材や大型の電化製品などの重い物資の輸送にはＭｉ17が使われるが、ポーターたちの輸送能力も半端ではない。山道で私をすたすたと追い抜いていったポーターは、ビール五ケースと、米や麺などが詰め込まれた重そうな袋をかついでいた。だが彼らの一日の稼ぎはわずか三・五ドルにすぎない。老舗のクンブ・ロッジの支配人、ペンバ・ギャルツェン・シェルパは「彼らはまるで小型トラックですよ。百二十キログラムを運ぶ人もいます」と教えてくれた。

石造りの快適なロッジで高地順応をしている外国人トレッカーたちにはあまり知られていないことだが、ナムチェはチベット難民たちが命からがら逃げてくる「地下鉄道」のルート上にある。いくつかのロッジには夜陰にまぎれてチベット難民たちがたどり着き、人目につかないよう部屋にこもって一日かそこら休息し、夜が明ける前にまた出ていく。チベット人の脱出口は、チベットの内側からの圧力と、外側からの引力の両方で開く。ダライ・ラマに会って修行を極めたいとヒマラヤを越える者がいる。わが子にはチベット亡命政府の学校でチベット語と英語の教育を受けさせたいと、十代の子供をインドに送り出す親がいる。故郷で味わう苦難から逃れようとする人がいる。チベット経済の序列が変化して漢族の移住者に地位を奪われ、外国にチャンスを求める人がいる。外国に住みつくつもりがない脱出者も多い。よりよい教育や修行の場を求めているが、何年かしたら——再びヒマラヤを越えることになろうとも——チベットに戻りたいと考えている者もいる。彼らはインドの自由に感化され、組織化された亡命者コミュニティで祖国の伝統に対する誇りを胸に刻んで帰ってくる。

チベットと亡命者コミュニティの間では、「地下鉄道」が情報のやりとりの維持に役立っている。新たにやってきた難民はカトマンズとダラムサラにある難民センターで正式な事情聴取を受け、故郷の現状についてチベット亡命政府に多くの情報を提供する。こうしたチベット人のネットワークは、まさに「地下鉄道」そのものだ——日が経つにつれ、私はその思いを強くしていた。十九世紀の米国では、奴隷制廃止論者が秘密の逃亡ルートや隠れ家——いわゆる「地下鉄道」——を提供し、何千人もの黒人奴隷を米国南部から北部の自由州へと逃がした。チベット人の場合もこれとそっくりで、彼らの窮状に同情する仏教徒たちが手を貸している。私が滞在したゲストハウスは、表向きは欧米のトレッカーを相手に商売をするほかの宿と変わらなかった。だが主人は暗号をまぜた電話のやりとりで新たな難民の到着予定日を把握していた。宿泊しているふつうの旅行者たちは、地下室や奥まった部屋でこんなドラマが繰り広げられていることには気づかない。もし難民を目にしても地元のシェルパ族だと勘違いし、困難な旅の末にたどりついたチベット人だとは思いもしないのだ。

そのまま数日が経過した。私たちはチベット人一行の安否について信頼できる情報を得ようと、より標高の高い渓谷に向かった。標高三千八百四十メートル地点にあるクンデ。岩場だらけの殺風景な寒村だ。この村で、エドモンド・ヒラリー卿――エベレスト登頂に初めて成功したニュージーランドの登山家――が創設した病院を訪ねた。辺境にあるこの病院は、これまでに何百人ものチベット難民を治療してきた。ここで何十年も働いている医師に話を聞く。天候の変わりやすい高山の旅は装備の不十分な難民たちにはきわめて過酷だという。「運が悪ければ猛烈な吹雪に見舞われるからね」。不運が重なった場合、難民がこの病院にたどり着いたときには手足の指がひどい凍傷になっていて、切断しなければならないケースもある。「凍傷の治療では、いきなり切断手術をするわけじゃない。壊死した組織と生きている組織の区別がつくまで待つ必要があって、二、三カ月かかることもある」[1]

この医師から凍傷を負ったチベット人の若者がいると聞き、さっそく会いに行く。ペマ・ツェリンという名のその若者は、クンデからさらに山を登ったところにあるツァムカン寺に滞在していた。彼は右足のキャンバス地のテニスシューズをゆっくりと脱いで、凍傷になった足の指を見せてくれた。ペストにかかったように黒く変色していた。あどけなさが残る表情は中学生のようにも見えたが、十八歳だという。チベット人が脱出する理由は、宗教の自由を求めてとか、政治的な弾圧を逃れてというのがふつうだが、彼の場合は違った。チベット中央部の村で暮らしていたが、両親の死後に兄と折り合いが悪くなり、十五歳の弟とともに脱出を決意したのだという。峠道で小川を渡るときには、定石どおり足にビニール袋をかぶせて防水した。しかしある小川で、彼は疲労のあまり袋をかぶせずに水に入り、右足が濡れて凍傷になってしまったのだという。ほとんどのチベット難民と同じく、道中の食料は干し肉やドライフルーツ、そして水や氷で練って食べるツァンパだけで、温かい食べ物はまったくなかった。休憩するときはビニールのごみ袋にもぐり込み、その中で眠った。

私は彼に、インドに行ってダライ・ラマに会いたいとは思わないかと訊いてみた。すると、きょとんとした顔でこちらを見る。質問を繰り返すと、きまり悪そうにこう言った。「ダライ・ラマなんて、聞いたことないです」。見ていたチベット人の尼僧が肩をすくめた。これまでに会ったチベット人は、みなダライ・ラマの名を口にするときは深い敬意を感じさせたものだが――ダライ・ラマを知らないというチベット人は初めてだった。中国人がチベットで運営する学校では、高位のラマを国の裏切り者であるとして教育する。そういう教育を受けた若者たちは、ラマについて話すことに慎重になる。比較的自由なネパールで発せられた彼の言葉には、それが端的に表れていた。

ヒマラヤを越えるチベット難民にとって、敵は過酷な気象条件だけではない。中国の「国境管理」政策のもとに配備された、強力なライフルを携えた狙撃手もいる。国境管理の実態は、二〇〇六年九月三十日に外国人登山者のビデオがとらえた劇的な事件によって世界の注目を集めることになった。事件の一部始終は、ナンパ峠に近いチョ・オユー峰のベースキャンプにいたおよそ六十人の登山者やポーターから丸見えだった。中国の国境警備隊がライフルを構え、ナンパ峠に向かって雪原を歩む無防備なチベット人の一行に照準を合わせる。銃声が響き、十七歳の尼僧が致命傷を受けて雪の中に崩れ落ちた。ほかにも二人のチベット人が負傷したように見えたが、彼らは前進を続けた。後日登山者の一人がこの様子を映した動画をヒマラヤ登山専門サイトの mounteverest.com に投稿した。「撃ってやがる、イヌでも撃つみたいに！」 動画にはルーマニア人登山者のセルジュ・マテイの声が入っている。銃撃後の混乱のなか、標的にされた一行の一人がベースキャンプにたどり着き、トイレで恐怖に震えているところを発見された。私が滞在中のネパールのゲストハウスでも、ある晩その銃撃事件が話題になった。主人の話では、「ひどくおびえた」その生還者は、まさにこのゲストハウスにやってきたという。「彼はグループのリーダーで、ズボンには銃弾の穴が開いていました」

ゲストハウスに到着するはずだったチベット人グループは、何らかの事情で現れなかった。後に明らかになったことだが、二〇〇八年初めに中国でチベット人の大規模な暴動が起きたころ、ヒマラヤを越えるチベット難民の数は大幅に減少していた。二〇〇八年にネパールに逃れたチベット人はわずか六百二十七人。二〇〇九年も六百九十一人だった。その背景には、中国の国境警備が強化されたこと、またネパールと中国との間で、ダライ・ラマに会いに行こうとするチベット人の移動を阻止するための「チベット安定のための万里の長城」構築に向けた協力が強化されたことがあった。(2)

一人で中国政府を手玉にとる

私はカトマンズに戻った。世界中にはおよそ十四万五千人の亡命チベット人がいるが、カトマンズは彼らの拠点の一つである。亡命チベット人の大部分（十万一千人）はインドで暮らし、ネパールにいるのは一万六千人ほどだ。残りは世界中に散らばっている。私はネパールやインドで生まれた亡命チベット人の二世たちが大きな不満を抱いていることに気づいた。彼らには市民権を獲得できる可能性がほとんど、あるいはまったくなく、仕事や旅行の面で多くの制約に直面するからだ。一部には成功している者もいて、大学で学位をとり、支援団体や大使館、トレッカーのための旅行代理店で仕事を見つけ、同じ都市に暮らす非チベット人より稼いでいる場合も多い。それでもやはり、どこかに居場所のなさを感じ、市民権を持てない状況に憤り、チベットに――二世のほとんどは一度も訪れたことがないのだが――変革をもたらす道を絶えず追い求めている。

カトマンズ滞在中のある晩、知り合いの亡命チベット人が十数人もの友人をつれてやってきた。中国に対するダライ・ラマの「中道」路線に納得がいかず、議論したいと言う。ダライ・ラマは一九八〇年代後半以降、完全な独立を求めるのではなく、真の自治の実現を追求する路線をとっている。レストランのテーブルに集結した一同はほとんどが三十歳未満で、大学教育を受けている。なかなかクールでおしゃれな若者たちで、流行のダウンジャケットに粋なシルクのスカーフ、ポケットにはサングラスという格好の者もいる。パタゴニア〔米国のアウトドア用品メーカー〕のカタログに出てくる精悍な冒険家たち――そんな雰囲気だ。ツアーガイドをしたり欧米に旅行したりして覚えたというネパール語訛りの英語をしゃべる者もいる。国際感覚が感じられるのは、亡命した親戚が英国やスイス、カナダ、米国にいるからだ。その日カトマンズは停電中で、レストランの店内はロウソクで照らされていた。会話は大いに盛りあがった。

チベットの薬草医のタシ・ドルジェが、私のほうに向き直って言った――亡命チベット人は資金を集めて土地を確保し、新しい国家作りを目指すべきではないか。「私たちで島を買うことはできるでしょう」。やる気満々だ。「そして自分たちのテレビ局を作り、パスポートを作る。そうすれば市民権を得られるし、自由を享受できますよ」。仲間たちから一斉に突っ込みが入る。もともとチベット人のものではない土地にどうして国が作れるんだ――。しばらくしてドルジェはあらためて私のほうを向き、今度は静かにささやいた。チベットの信念のためならいつでも銃をとると言う。「鉄道の線路を爆破なんてしたら、もう抵抗運動の域を越えますよね」

彼らのほとんどは、公的な証明書やパスポートを持っておらず、あるのは難民身分証明カードだけだ。行使できる権利は非常に限られていて、ネパールで抗議運動をする権利さえない。彼らは両親の話を通してしか知らないチベットに恋いこがれている。切ないあこがれだ。彼らはチベット語でジョークを飛ばし合い、チベット料理をもりもり食べ、亡命チベット人ばかりで仲間をつくる。彼らが望むのは自由で独立したチベットであり、中国の言いなりの一地方ではない。自由なチベットは単なる田舎の発展途上国ではない――。しかし、みな口々に希望を語るものの、中国の強力な後ろ盾なしでどうやって国を作るかという問いにはっきり答えられる者はいなかった。彼らはダライ・ラマを尊敬していたが、ダライ・ラマの対中交渉については手厳しかった。これまでは失敗で、今後も成功する見込みはないと断言した。独立こそが唯一の道――彼らの主張は変わらない。そして、独立を達成するためには抵抗運動、示威行為、あるいはもっと強硬な行動が必要だと考えている。やがて話題は、亡命チベット人の詩人・活動家として有名なテンジン・ツゥンドゥのことに移った。過激な戦略で名を馳せ、それが原因で投獄もされた人物だ。「若い世代にとって彼の影響力は絶大ですよ」。一同の中では最年長の、三十三歳のラジオジャーナリストが言った。「彼は自分の生活もキャリアもなげうってきた人物です」

数カ月後、私はインドのヒル・ステーションのダラムサラ――チベット亡命政府が置かれている場所(3)――でツゥンドゥに会う機会を得た。人混みの中でも、彼を見つけることはたやすかった。彼はどこに行くにも幅の広い赤いはちまきをしている。これは祖国の自由のために毎日働くという誓いの証で、チベットが独立国になるまで取らないのだという。ダラムサラのホテルのレストランで、チベット料理を食べながら彼と話した。「チベットが存続し続けるためには独立国チベットになるしかない。それ以外にはないのです」と言う。向かいに座った彼は落ち着きがなくて、ありあまるエネルギーを抑えきれないという雰囲気だった。大ぶりのべっこう眼鏡をかけていて勤勉な印象を受ける。幅の広い顔に、口ひげとあごひげをうっすらと生やしている。

彼はチベット問題について中国の面目をつぶすような大胆な行動――本人は「悪ふざけ」と呼ぶ――を取ることで有名だ。その名が知られるようになったのは、インド南部のマドラス〔現チェンナイ〕にあるロヨラ大学を卒業してまもない一九九七年のことだ。彼は果敢にも徒歩でチベットに向かった。「中国の当局に逮捕され、殴られ、尋問され、食事もろくに与えられませんでした。ラサとンガリの刑務所に三カ月間入れられた後、チベットから追い出されました」[4]。中国のなわばりに飛び込んでいき、当局と対決する――しかも拷問や投獄のリスクも恐れない。彼の勇気ある行動は、自由拡大を目指す取り組みの停滞に苛立ちを募らせていた亡命チベット人たちの注目を浴びた。チベット人の若者たちは、中国がチベットへの締めつけを緩めるのをただ待つ状況に焦りを感じていた。ツゥンドゥはそんな彼らの先頭に立ったのだ。

ツゥンドゥをはじめとする急進派の若者は、ときに反ダライ・ラマ派と見なされることがあるが、彼らはそれを否定する。彼らはダライ・ラマを仏として崇拝し、非暴力の原則を忠実に守っている。ただしツゥンドゥによれば、彼らの非暴力の解釈はもっと積極的なものだ。「われわれにとって、非暴力とは戦略ではなく人生そのものの原則です。ダライ・ラマ法王の非暴力は対話、対話の一辺倒ですが、われわれは違います。若い世代が考える非暴力は、対立も辞さない積極的な非暴力です。不正があればそこへ行って戦います。暴力をふるわれ、刑務所に送られ、法廷で戦うことになろうとも、覚悟はできています[5]」

二〇〇二年一月、ツゥンドゥがメディアに大きく取り上げられる出来事が発生する。彼は新聞報道で中国の朱鎔基《チュー・ロンチー》首相がインドのムンバイを訪問し、三十階建てのオベロイタワー――アラビア海を望むナリマン・ポイントの五つ星ホテル――に滞在することを知った。首相が到着する一週間ほど前に現地に出向いて下見をすると、ホテルの外壁の一部分に作業用の足場が組まれていた。朱首相の滞在中、ツゥンドゥは首相がホテルから出てくるのを外でじっと待った。首相が出かければ警備員の警戒が緩むだろうと考えたのだ。首相はある博物館で開催される会議に向かうはずだった――そして、ついにそのときが来た。彼は警備員の隙をついて足場をのぼり始めた。真っ先にそれに気づいたのは、警備員ではなく外壁掃除をしていた作業員たちだった。ツゥンドゥは振り返る。「どんどんのぼって五階くらいまで来たとき、彼らの声が聞こえました。『あんた、何をしてるんだ。降りろ！　なんて危ないことを！』……それでものぼり続けました[6]」。十階までのぼった。作業員たちは降りろと叫び続けていた。彼はさらにのぼり続けた。十九階に到達するころには、地上には彼を見ようと人だかりができていた。そのとき彼は知るよしもなかったが、この様子はインドのニュース専門局が生中継していた。近くのビルの屋上にも人が集まって、彼の行動を見守った。

ツゥンドゥは大きな赤い垂れ幕を広げた。そこには「フリー・チベット」の文字があった。足場にチベットの旗を垂らし、地上の人々に向けてチラシをばらまいた。「かなり長い時間そこにいて、スローガンを叫び、チラシを落としました。……のどがかれて、くたくたに疲れました[7]」。窓越しに建物の中をのぞくと、中国政府の高官たちが驚愕《きょうがく》の表情で彼を見つめていた。はめ殺しの窓だったため、窓枠を外すために誰かがねじ回しを取りに走った。そして警備員がツゥンドゥを捕まえ、人々の目の届かないところに引きずりこんだ。この件に関する裁判は二年間も続いた。ツゥンドゥによれば、最終的な法的処分が出るまでに二十回ほども出廷しなければならなかった。

この騒動はメディアで大々的に取り上げられた。これまで無力感を感じていたチベット人の活動家たちにとっては、胸のすくような快挙だった。二〇〇五年、ツゥンドゥは、今度は温家宝首相がバンガロール——インドのシリコンバレーと呼ばれるハイテク都市——を訪問することを知る。そして、エンジニア出身の温首相ならインド有数の科学研究機関であるインド理科大学院を訪問するだろうと予測した。このときは当局側も警戒して手を打った。チベット人がよく利用するユースホステルが封鎖され、付近のチベット人には外出禁止が言いわたされた。しかしツゥンドゥは、インド人向けのホステルに滞在して警戒の目をかいくぐった。そして温首相到着の前日に大学院の構内にもぐり込み、重厚な本館の建物の屋上に雨どいを伝ってよじのぼった。彼は屋上で一夜を過ごした。なんと温首相の訪問先は、まさに彼がのぼった建物だった。温首相が到着して、一階部分で演説が始まった。ツゥンドゥは屋上から突き出た塔の部分にのぼり、バルコニーに立った。そこで垂れ幕を広げ、チベットの旗を掲げ、チラシをばらまいた。「私はヒンディー語と英語で長広舌をふるいました。……本当に劇的な抗議運動になりました」。温首相の演説を取材するために集まっていた多くのジャーナリストの関心は、一転してこの果敢なチベット人の活動家に集まった。

二〇〇六年、今度は胡錦濤国家主席がインドを訪問することになった。またツゥンドゥが高い建物にのぼって攪乱《かくらん》するかもしれない——さすがに当局も学習した。彼には十四日間のダラムサラの外への移動禁止命令が下された。この期間中、彼がどこに行くにも車四台とバイク二台に分乗した私服警察官十五人が同行した。警察官はトイレの中までついてきた。胡主席の訪印が近づくと、地元警察の最高責任者がツゥンドゥを呼び出し、抗議運動をしないよう要請した。「警告されました。『もし移動禁止命令をやぶれば、国外追放もやむを得ない』。私は応えました。『移動禁止命令をやぶったときには、そうしてください。自分の国で面と向かって中国と対峙する——望むところです。どうぞ国外追放にしてください[8]』」。結局、行動を起こしたのは別の亡命者グループだった。彼らはツゥンドゥの意思をくみ、彼の代わりに何百人ものチベット人を動員してダラムサラからニューデリーに向かった。警察は彼らがニューデリーに到着するまでの安全の確保と、着いてからの保護を約束し、それと引き換えにツゥンドゥはダラムサラに残ることを決めたのである。

非暴力をめぐる葛藤

ダラムサラで、チベットの将来をテーマにした一週間の自由討論会が開催された。五百人ほどのチベット人が集まった会場で、私はツゥンドゥとならんで腰を下ろした。ヨーロッパ、カナダ、米国からやってきた参加者も多く、会場は熱気に包まれていた。亡命チベット人の重要な思想家たちが顔をそろえていた。討論会の門戸は万人にひらかれていて、ダライ・ラマが提唱する非暴力の原則に反対する人々も参加していた。参加者らは個別のテーマ——中国との対話路線を継続すべきか、など——が設定された小グループに分かれて議論した。期間中にダライ・ラマが姿を見せることはなかった。自由な議論の妨げにならないようにとの配慮である。

「本に出てくる人やインターネットで知った人——知っていても会ったことはない人たちがたくさん来ています。一緒に話したら楽しいと思いますよ。われわれにはパワーがある[9]」とツゥンドゥは言う。

しかし一方で、ダライ・ラマのゴーサインが出ない状態でチベット人が自由に発言できるかというと、それは難しいと認めた。ダライ・ラマは何十年にもわたり、チベットの人々が民主的な文化をつくりあげることを望んできた。宗教的権威に服従する習性を改め、自由に意見を口にできるようになってほしい――それがダライ・ラマの願いだった。とはいえ、染みついた習性は簡単に変わるものではない。発言せよ、自分の意見を持てといくら促されても、結局チベットの人々は法王に絶対的に服従してしまうのだ。「思考回路がとことん依存的で、ダライ・ラマ法王への畏敬の念があまりにも強いのです。指導者とそれに従う者、たとえばガンジーとインドの人々というような関係では説明できません。それをはるかに超越しています。チベット人は法王を仏として崇拝しています。法王は現実の世に現れた仏なのです。『あなたが死ねとおっしゃれば死にます。あなたのご意思にしたがいます』――そういう人々なのです」[10]

ツゥンドゥが単独で中国の外交政策をかき回したことに、若い亡命チベット人たちは大いに触発された。しかし中国が最もうとましく思っているのは、チベット人の若者が構成するもっと大きな組織だ。非政府組織「チベット青年会議（ＴＹＣ）」では、不満を持った亡命チベット人の若者たちが活発に発言しており、これを中国政府は目の敵にしている。ＴＹＣによれば会員は三万人を数え、独立系の亡命者団体のなかで圧倒的な規模だ。ＴＹＣは、若者たちに発言の場を与えることを目的に、ダライ・ラマが公認するかたちで一九七〇年に創設された。初期のリーダーたちは今では亡命チベット人の重鎮になっているが、年齢を重ねるにつれ、かつてほどの過激さはなくなっている。そのなかの一人、ロディ・ギャリは、米国ワシントンのオフィスを拠点にダライ・ラマの交渉担当者として中国との折衝にあたり、国際舞台での外交特使を務めている。二十年以上前から、ダライ・ラマはチベットが完全な自治を享受できることを前提に中国の統治を受け入れる姿勢を示している。しかしＴＹＣ

の方向性はそこから徐々に離れつつある。TYCはチベットの独立という発足当初の目標を今も堅持しているのだ。公式ウェブサイトにはTYCの目的に関する声明が掲載されていて、各会員に「チベットの完全な独立のために一命を賭してでも戦う」ことを求めている。[11]

中国政府はTYCについて、過激派の温床、さらにはテロ組織であると非難している。二〇〇八年の初めにチベット人居住エリアで一カ月にわたる暴動が発生したが、その後、「人民網」——中国共産党の見解を反映するニュースサイト——に掲載された論説は、TYCは「本質的にアルカーイダやチェチェンのテロリストとほとんど同じ」だと断言した。[12] この論説によれば、TYCのリーダーは三月十四日のラサの暴力行為の組織化に手を貸し、ゲリラ隊の結成を画策した。「彼らはチベット人の若者を扇動して地下活動に送り込んだ。チベットの鉄道網や水・電力の供給プロジェクト、そして軍の地域部隊の多数の兵舎を偵察した」と論説は指摘し、スパイ行為の裏にテロ計画があることをにおわせた。さらに、TYCがチベットの不安定化と中国の支配力の弱体化を目論んで、ほかの四つの亡命者団体と共同で「チベット人民大蜂起運動」を組織したとも書いている。

この論説が発表されたころ、私は北京のオフィスからダラムサラのTYC本部のツェワン・リグジン議長に電話をかけた。そして、ひどい雑音の向こうに問いかけた。中国のチベット支配との戦いで、TYCは暴力の使用を支持しますか——。少しためらう気配があった。「それはわかりません」。数秒の沈黙があった。「今のところ、われわれの戦いは非暴力です」[13]

後日私がダラムサラを訪ねたとき、現地にいたリグジンと面会できた。会ってみると、なるほど爆弾を投げるより銀行員のほうが似合いそうな人物だ。理想主義的な考え方はカリフォルニアのカフェバーで始めた市民活動でつちかったものだろう。武装ゲリラの急進的な闘争心に支えられたものではない。黄褐色のジャケットに開襟シャツを着て、髪の生え際はかなり後退している。米国生活が長く、こなれた英語を話す。三年間のＴＹＣ議長の任期を務めるために、夫人と子供を米国ワシントン州バンクーバーに残して一時的にダラムサラに滞在している。彼の生まれはインド北東部のシッキム。両親はチベット人で、インドの公共事業局に雇われてつるはしやシャベルを持って山岳道路の建設現場で働き、道路脇のキャンプで生活していた。新参の難民によくあるパターンだ。

リグジンが四歳のとき、一家はインド南部のカルナタカ州に移った。そこで彼は亡命チベット人の学校に入学する。インド軍に入隊した兄の援助を受けてマイソール大学に進学し、英文学、政治学、社会学を勉強した(14)。だが卒業はしていない。二年生のとき、米国への再定住プログラムに応募することを父親に勧められたのだ。一九八〇年代後半、米議会では千人の亡命チベット人の米国移住の支援計画が承認されていた。当初リグジンは父親の勧めに二の足を踏んだ。「父には『すべてのチベット人のうちの千人だけなんて、選ばれるわけないよ』と言いました(15)」

しかし、選ばれたのである。当時二十二歳のリグジンは、米国移住が認められたチベット人一行の一員として飛行機に乗った。ロサンゼルスに着くとサンタ・モニカのアパートメントがあてがわれた。彼のほか三人のチベット人との同居生活で、各自に週五十ドルが支給された。「ものすごい変化、ものすごい衝撃でした。それまで外国に出たことはなかったので……。到着したときには複雑な気分で、『たぶんここは自分の居場所じゃない』と感じました」。失業率は高く、ようやく見つけられたのはショッピングモールでエスプレッソを作る仕事だった。しばらくして、バーバンクの宝石工場で在庫管理の仕事に就いた。一九九四年、ノースリッジ地震がロサンゼルス地域を襲う。仕事の安定性に不安を感じたリグジンは、より規模の大きいチベット人コミュニティがあるミネアポリスに移った。ミネアポリスでは地元の銀行で書類整理のアルバイトをした。その銀行は後にウェルズ・ファーゴと合併し、彼は徹底的な研修を受け、フルタイム勤務で法人信託とインターネットバンキングを担当するようになった。大学の学位を持たない彼が、いつのまにか一人前の銀行員になっていた。

ミネアポリスで十年ほど暮らした彼は、妻と二人の子供とともに親戚の住むオレゴン州ポートランドに移った。そこでも銀行員として働いたが、自由時間はすべてチベットのための活動につぎ込んだ。「祖国のために自分がしていることについて、満足したことはありません。仕事もあるし、家族と過ごす時間もある。一年の休暇をすべて活動に費やしていた時期もありました[16]」

両親の故郷のためにもっと役に立ちたい、そして「チベットの国とチベットの人々を抹殺しようとする中国の邪悪な政策」と戦いたい——そんな思いが「心の中で燃え上がった[17]」。リグジンはTYCの仲間の支持を集めて議長職に立候補し、そして選出された。中国はTYCが積極的に反乱分子を育てていると非難したが、彼はそれを一笑に付した。私は彼に、ある最新報道を聞かせた。「いくつかのチベット仏教の寺院から大量の攻撃兵器が押収された。これはTYCが暴力的な性質を持つことの明白な証拠である」という政府の発表である。新華社通信が伝えた公安部報道官の発表内容によれば、当局は拳銃またはライフル百七十八丁、銃弾一万三千十三発、刃物三百五十九本、ダイナマイト三千五百四キログラム、雷管一万九千三百六十本、手りゅう弾二個を発見し、どれもチベット人の部隊がすぐに使える状態だったという。報道官は「われわれの捜査によれば、彼らは決死隊を組織して暴力的攻撃を開始することを計画している」と述べている[18]。

リグジンに言わせれば、これはまったくの作り話で、チベット人がそんな武器を使ったことはない。彼はTYCの声明を引き合いに出して説明した。この声明では、「創設から三十九年間、TYCがテロ行為の発生に関与したことはただの一度もない」、また「過去のTYCのキャンペーンはすべて平和的なものだった」としている。[19] だが、私の質問に答えてもらえないことも多々あった。TYCにはチベット内部に協力者がいるのか、いるならばどんな役割を担っているのかと尋ねると、「ノーコメント」――まるで政治家のような答えが返ってきた。彼はあくまでチベットは独立すべきだと主張する。「中国は国際社会に向けて、チベット人は中国統治のもとで幸せに暮らしていると説明してきました。しかし現実はまったく逆です。それは最近の暴動にも表れています。われわれは中国支配の下では生きていけません。中国の隣で生きていくことはできても、下ではできないのです」[20]

勝ち目はあるのか？

中国に対し、亡命チベット人がゲリラ作戦をとる可能性はあるのだろうか。リグジンはなかなか率直に話してくれなかったが、TYC議長経験者の一人、ラサン・ツェリンは、暴力的な作戦が展開される可能性について見解を明らかにした。私はツェリンが経営するダラムサラのムーンビーム書店を訪ねた。詩人で作家のツェリンは、対話中心の対中政策に苛立ちを隠さない。「私たちは中国政府が対話に応じるのを三十年も待ち続けている。このまま中国に『話しても無駄』と言われ続けながら三百年、三千年と待つつもりか？」ツェリンは冷ややかに言った。「このまま三十年も経てば、われわれは絶滅してしまう。やるなら今だ。さもなくば死だ」。近くにいたチベット人がしきりにうなずいて同意を示した。ツェリンは、新たなゲリラ作戦はチベット内部にいる中国人を標的にして始めるべきだという。「中国経済はどんどん市場志向型になっている。戦術的な細かいところは別として、中国経済の急所を突く唯一の効果的な方法は、中国国内の工業、電力、通信の分野を標的にしたサボタージュだ。殺すことが目的ではないが、敵と味方の双方に犠牲者が出るだろう」

草の根レベルの反乱作戦で強大な中国に立ち向かっても、成功の見込みがあるとは思えなかった。私はラサの徹底的な監視体制を目の当たりにしていた。そして中国政府がチベットの社会的安定を最重要課題にすえていることも知っていた。最近では「平和を愛するチベット人」というイメージに隠れがちだが、彼らの歴史は素手の殴り合いのように壮絶だ。彼らのきわめて好戦的な一面を伝えるエピソードも多い。一九四九年の革命以前、大きな寺院では無法者の一団を配下に置くことが一般的だった。一九四〇年代にラサで五年間過ごしたオーストリアの登山家、ハインリッヒ・ハラーは、著書で寺院を守る「寺の悪党ども」について書いている。「寺が独自に囲い込むドブドブと呼ばれる僧兵組織には、手のつけられない悪党どもが含まれていた。赤い腕章を巻き、顔をすすで黒くしていた」。僧兵は「中国共産党との戦闘時には大軍となって戦い、その勇猛さは世に聞こえた。そのありあまるエネルギーは平時にも発散された。ほかの寺院のドブドブと絶えず戦っていたのである」[21]

その後の歴史を見ると、たとえ外国政府がチベット人の後ろ盾についても、反乱が失敗する可能性があることがわかる。ほとんど知られていないが、米国のCIAは冷戦期に十年にわたってチベットのゲリラに武器や資金を提供し、彼らの訓練に協力していた。この関係は、米国がより大局的な国益を考えて一九六九年に撤退するまで続いた。チベット側で米国との交渉にあたり、支援や訓練への協力を取りつけたのは、ほかならぬダライ・ラマの二人の兄、ギャロ・トゥンドゥップとトゥブテン・ジグメ・ノルブだ。カム地域では、米国の支援を受ける前から、武装した戦士たちがチュシ・ガンドゥク（四江六山）――カム地域の地理的特徴を表す――と呼ばれる奇襲攻撃隊を組織していた。

一九五七年三月、チベットの戦士候補たちが南太平洋のサイパン島にある米軍の秘密基地に送られた。

そこで彼らは地図の見方や武器の扱い方などの訓練を受け、ゲリラ戦の戦術や手動発電式のRS－1無線送受信機を使った交信方法を学んだ。ときには英語の訓練の時間もあった。まもなく覆面のB－17爆撃機が月夜を選んでチベット上空からゲリラ戦士、物資、小型兵器の投下を始めた。[22]その後、CIAの教官はチベット人の戦士たちをコロラド州のキャンプ・ヘイルに連れていった。ロッキー山脈の中にあるこのキャンプは、地形的特徴が東チベットとよく似ていたからだ。一九六四年までにこのキャンプで二百五十人以上のチベット人が訓練を受けた。[23]教官たちは担当する訓練生を、呼びにくいチベット名の代わりに米国風のニックネームで呼んだ。[24]そして闘争心を強化するために戦争映画――『革命児サパタ』や『北西への道』、『陽動作戦』――を鑑賞させ、パラシュートの降下訓練では「ジェロニモ！」と叫んで飛び出すよう教えた。[25]

一九六〇年までにチベットに投下された戦士は五十人未満で、そのうち生き延びた者はわずか三分の一だった。より大規模で装備の充実した中国の軍隊に、ゲリラ隊はひねりつぶされた。彼らは度胸にすぐれ中国の軍隊に対しても正面攻撃を選んだが、戦術面が弱かった。そこでCIAは、チベットの抵抗部隊を中国軍から離し、比較的安全なネパールのムスタン――ダウラギリとアンナプルナの二峰に挟まれ、チベット側に突きだした荒涼とした土地――に移動させた。CIAのチベット作戦は暗号名STサーカスと呼ばれ、外国政府に対するCIAの秘密工作の中でも最も長期にわたる作戦になった。当時米国は、世界中の共産主義政権を動揺させ打倒することを目標としていた。最小限の支援でその効果が見込めるチベットは、米国政府の思惑にぴったりと合致したのである。

チベット人の抵抗部隊がムスタンで過ごした初めての冬はきわめて過酷だった。凍死した者もいた。生き延びるために靴まで食べた者もいた。抵抗運動への参加を志願する者が続々とムスタンにやってきたため、食糧不足はさらに深刻化した。しかし抵抗部隊は徐々に戦果をあげるようになっていた。米国からはさらに物資や兵器が投下された。一九六一年十月、ラサ‐新疆間の主要道路を進む中国軍のジープとトラックの列を、四十人のチベット人の騎馬部隊が奇襲攻撃し、大勝利を収めた。中国軍の兵士を殺害し、車両から回収した青い鞄を調べると、そこには銃弾を浴び血まみれになった千五百ページの書類が入っていた。まさに機密情報のかたまりだった。そこには人民解放軍の極秘文書「工作通訊（活動報告書）」が二十通以上含まれていた。そのほかの文書には、中国軍内部の不満についての深い洞察や、北京とモスクワの間の不協和音についての率直な議論が記されていた。大躍進政策——毛沢東の無謀な工業化政策で、何千万人もの人民が飢餓で死亡した——について、政府が失敗を認める記述もあった。当時チベット戦士を訓練した教官の一人はこう評した。「CIAの歴史の中で、最もすばらしい秘密情報の収穫の一つである[26]」

抵抗部隊はその後もいくつかの成果を挙げた。たとえば、米国政府が新疆のロプノールで実施された核実験を察知できたのは、抵抗部隊が地中に埋めたセンサーのおかげである。しかし一九六〇年代半ばになると、中国政府は人民解放軍を大量にチベットに投入し、道路を建設して軍の迅速な動員体制を整えた。CIAから抵抗部隊への空中投下は一九六五年が最後だった。一九六九年、リチャード・ニクソン大統領は中国との和解に動いた。チベットの抵抗部隊にとって、これは終わりを告げる鐘だった。CIA本部はSTサーカス作戦の中止を命じた。チベット人は、再び自分たちの力に頼るしかなくなった。

それから数十年が経ち、中国は目覚ましい復活を遂げ、チベット人の抵抗運動は追い詰められている。ダライ・ラマは急進派にブレーキをかけている。彼らが暴力事件を起こせば、チベット人への国際社会の支持が失われかねないからだ。その一方で、亡命チベット人の中からより強力な政治的指導者が出てきてほしいとも述べている。すでに老境を迎えたダライ・ラマの耳には苛立つ若者たちの不満の声が届いているが、彼は非暴力の態度を貫いている。中国の指導部に対して憤りやもどかしさを表明することはあっても、敵意を見せることはない。それどころか、共産党の指導者たちへの思いやりを感じさせることもある。ダライ・ラマは因果応報を説く。つまり現世で残酷な行いをした者は来世で報いを受けるのだから、現世で彼らに許しが与えられてもよい。そしてチベット人は漢族の中国人に対して否定的な感情を持つのではなく、手を差し伸べなければならないのだ、と。

しかし、ダライ・ラマのスタンスに、ときに曖昧さが感じられるのも事実だ。彼は四十年ほど前にCIAがチベットの抵抗部隊を支援したことを知っていたが、それについて公に疑問を呈することはなかった。チベット人の訓練を担当し、一九六〇年代初めにチベット・タスクフォースの責任者を務めた元CIA作戦部長のジョン・ケネス・クナウスは、著書でダライ・ラマとの二度の会談の様子について詳しく語っている。一度目は一九六四年で、このときは冷ややかな会談だった。二度目はその三十年後だった。彼は著書で、「私は会話の糸口として、一度目の会談の思い出話から始めた。それから、私は個人的に武器を好まないのに、当時はチベットの人々にそれを供給していたという皮肉についても話した」と書いた。「それは、当時彼が抱えていた道徳的なジレンマ、そして今もなお彼を悩ませ続ける問題を具体的に表すものだったに違いない」(27)。さらに、期間は不明だが、ダライ・ラマの慈善信託基金はCIAから年間十八万ドルの寄付を受けていて、ニューヨークとジュネーブにあるチベットハウスにも運営資金として毎年七万五千ドルがわたっている(28)。

二〇〇九年五月、ダライ・ラマはボストンで演説をした。許しについて語っていたかと思うと——

仰天発言が飛び出した。「ほんとうに復讐をしたければ、冷静さを保ってよく考えることです。どんな反撃方法がベストだろうか、と」(29)

それはインドのダラムサラ——チベット亡命政府の中枢がある興味深い町——の周辺で、問われ続けている問題の一つである。中国が自分たちの文化の火をもみ消そうとしている——そう恐れるチベットの人々の夢と希望をつぶさないよう、小さな亡命政府は努力している。ほとんどのチベット人は敬虔な仏教徒で、諸行無常を理解している。あらゆるものは移り変わる。この先チベットは中国の支配下にどっぷりはまり込んでいくかもしれない。あるいは、思いもよらぬ方向に転がるかもしれない。確かなことは誰にもわからない。ネチュンと呼ばれる有名な神託僧でも、お告げを示すことはできないのである。

第6章　ダラムサラ

亡命生活は想像以上に長びくでしょう。
身体だけではなく、精神も安住させなければなりません。
――ダライ・ラマ十四世（亡命者たちに向けて、インド北部、一九五九年）

「リトル・ラサ」

ヒマラヤ山中のヒル・ステーション、ダラムサラに到着すると、ちょうどモンスーン期の激しい雨が去った後だった。標高の高い山間部の道路は、土砂降りの雨でひどい有様になっていた。ところどころアスファルトが流されてできた穴には轍《わだち》が刻まれている。私はマルチ・スズキの小さな白いタクシーに乗り、地元の人々に「リトル・ラサ」と呼ばれる地区へと向かった。世界中の旅行者の発着点であるダラムサラからマツに覆われた山の尾根をのぼると、ほどなく目当ての町が見えてくる。町に着くと、道にはカフェバー、イタリア料理やメキシコ料理のレストラン、ヨガスタジオ、本屋が並んでいる。欧米のバックパッカーが、神聖な呪文「オーム」を表すヒンディー語の文字が書かれたオレンジ色のショールをまとって道をそぞろ歩いている。インドの町という感じはしないが、チベットという感じでもない。ここで一番有名な住民、つまりダライ・ラマの姿をちらりとでも見る――それがほとんどの旅行者の目的だ。ダライ・ラマは、カングラ谷を一望できる森に覆われた丘で寝起きし、執務している。彼が外出するときは、必ずインドの警備車両に厳重に守られた車で出かける。

この地区の正式名称はマクロード・ガンジといい、チベット亡命政府はここから一・五キロメートルほど山をくだった場所にある。マクロードという地名は、英国統治時代に隣のパンジャブ州の副知事を務めたドナルド・フリエル・マクロード卿にちなんでいる。英国は軍隊の駐屯地としてダラムサラを開発し、見晴らしのよい山の尾根に野営地を置いた。一八五〇年代にはマクロード・ガンジとフォーサイス・ガンジの両地区が形成され、駐屯する英国軍のニーズを満たす料理人や掃除夫、仕立屋、商人が多く住んだ。この両地区に挟まれたヒマラヤスギの林には、今も荒野の洗礼者聖ヨハネ教会――どこか懐かしさを感じさせるネオゴシック建築の石造りの教会――が残っている。崩れかけた墓碑のなかにはインド総督のエルギン伯爵の記念碑もある。ダラムサラをこよなく愛した伯爵は、ダラムサラをインドの夏の首都にすることを提案していた。しかしこの夢は、一八六三年に彼が死去したことで消えてしまった。一九〇五年、ダラムサラ付近を襲った大地震で一万九千八百人が犠牲になったが、そのころにはすでに町は衰退し始めていた。聖ヨハネ教会は、この地震で崩壊をまぬかれた数少ない建物の一つだ。

その後、マクロード・ガンジとフォーサイス・ガンジの涼しい森の中――標高二千メートルのヒマラヤの山中――に再びバンガローや別荘が建ち始めた。しかし一九四七年に独立国インドが誕生し、パキスタンとの血みどろの戦争が勃発すると、ダラムサラは活気を失った。別荘のオーナーたちはパキスタン北部のラホールやインドのニューデリーに撤退し、ダラムサラの冬眠の時代が始まった。

しかしダラムサラはやがて目を覚ました。そして世界中の求道者のあこがれの地――まるで精神世界のラスベガス――になったのである。

ダライ・ラマがチベットから亡命してきた一九五九年、インド政府は当初彼とその随行者を、別のヒル・ステーションであるムスーリーに向かわせた。ダラムサラのマクロード・ガンジとその周辺を彼らの聖域として提供したのは、その後のことだ。インドのジャワハルラル・ネール首相は、インドの親中政策に水を差されることを警戒し、ダライ・ラマ一行をなるべく首都から――外国の要人たちと容易に接触できる場所から――遠ざけようとした。しかしインドとチベットには宗教的な共通点があることから、多くのインド人はチベットからの亡命者に同情的だった。インド政府は世論をくんで、亡命チベット人のためにヒマラヤの山すそに農業用地と居留地を確保した。そしてダライ・ラマ亡命の年にチベットを脱出した八万人ほどのチベット人には、インド南部の土地を提供した。一九六〇年にダライ・ラマと従者たちがマクロード・ガンジに到着したことで、町は目覚めた。若きダライ・ラマはスワーグ僧院として知られる場所に落ち着いた。亡命といっても一時的なもの――。最初の数年間、チベット人たちはそう考えていた。しかしそのまま十年が過ぎた。彼らは故郷に残してきたものを新たな地に再建し始め、ダラムサラに祭壇や寺院、学校が建てられるようになった。

タクシーがマクロード・ガンジに着いた。六本の道路が奇妙な角度で中央の広場に集まっている。バスや小型バスが停まっていて、露天商、見物人、イヌがうろついている。道の片側は山の急斜面で、その端にぼろぼろの木造の店がある。エルギン伯爵がインド北部の平野部の酷暑を逃れてこの町を訪れていた時代に、パルシー族の商人が作った店だ。看板が残っている。「ノウロジー&サン、一八六〇年創業」――この地区で最も古い店だ。看板からはこの店が「ワイン&よろず屋」だったことがわかるが、「ワイン＆」の部分が雑に塗りつぶされている。窓台に、ソフトドリンクが五本とキャンディーが詰まった瓶が二つ並べられている。店内のカウンターにはその日のインドの新聞が積み重ねられている。ここは町で唯一のニューススタンドだ。

新聞売り場を通過した先に、大きな空間があった。空中に浮かぶほこりが、差し込む光に照らされている。かつてここはメインの売り場だったが、今では骨董品の博物館だ。棚にはほこりまみれのキャンディーの瓶が並び、壁にはずっとむかしのブリキの宣伝看板が打ちつけられたままだ。「グラクソ・ビスケット」の宣伝看板がある。こちらの看板は「ステートエクスプレス・シガレット――世界一の高級シガレット」。こちらの箱の中身は「茶の名産地ダージリンの山頂から届いたランガルーン紅茶」だったらしい。店主のパルベズ・N・ノウロジー――さっぱりした身なりの五十代の男性――に話を聞いた。この地区、そして彼自身の家族には、波瀾万丈の歴史があった。パキスタンのカラチからダラムサラに移住した彼の高祖父は、毎年夏の暑い時期にやってくる英国の役人や軍人を相手に店を始めた。植民地時代、この店はワインやガソリン、野生動物から身を守るための銃器、自家製のクリームソーダやジンジャーエールなどを売ったほか、資産の競売まで手がけていた。この店が町のすべての活動の中心だったのである。

「私が小さかったころは、人家もまばらな町だった」とノウロジーは振り返る。「人が集まるようになったのは、基本的に法王が来てからのことだよ」。ダライ・ラマの亡命後、その後を追ってチベット人が次々とダラムサラにやってきて定住した。地元の人々はチベット人の流入で潤いはしたものの、彼らに圧倒されてしまったのも事実である。マクロード・ガンジには現在およそ八千人のチベット人が住んでいる。「かつて彼らはここを『リトル・ラサ』と呼んだが、われわれインド人は、それをいさめたんだ。『そんな呼び名をつけるんじゃない、こっちはラサ一色にするつもりはないんだ。ここはわれわれの土地だ！』と言ってね」[1]。彼の話では、最近ではチベット亡命政府も対策を取っていて、比較的インドに来て日が浅いチベット人たちを、インド中に点在するほかの亡命チベット人コミュニティへと分散させているそうだ。

ダライ・ラマの到着から十、二十年は、ダラムサラは眠たげな町のままだった。「観光業はそれほどでもなかった。カシミールのほうが盛んだったからね」。インド北部ののどかなカシミール谷は、さまざまな外国人を引きつけた。最も有名なのはビートルズのジョージ・ハリスンだ。静謐《せいひつ》なスリナガルのダル湖では、「ミスター・ワンダフル」などの名前の花売りが、花を積んだ「シカラ」を漕いで行き交い、旅行者たちが集まっていた。しかしカシミール地方への観光客は一九九〇年代にすっかり途絶える。分離主義者の過激派とインドの治安部隊が衝突し、危険地域と化したからだ。一方、そのころになるとダライ・ラマの名声は世に広まっていて、ダラムサラは旅行者や仏教の探求者たちの注目を集めるようになった。彼らはいたるところからやってきた――ある者は仏教を修めるために、ある者は山でトレッキングをするために、またある者はチベット人コミュニティの独特の雰囲気を満喫するために。「ここの地名は世界地図にものっているよ」とノウロジーは言う。毎年イスラエルの若者が訪問者の大半を占める時期がある。そのほとんどが、兵役が終わってストレスを発散しにやってくる若者たちだ。「彼らは仏教を学ぼうなんて気はなくて、ただ安息の場所を求めてやってくる。実際、町ではこんなジョークを言い合っている。『彼らもそろそろラビ〔ユダヤ教の宗教的指導者〕を見つけてもいいころじゃないか、せっかくまわりに大勢いるのに』って」[2]

マクロード・ガンジにはゲストハウスがたくさんある。そのうちの一つ、広場から丘を上がったところにあるペマ・タン・ゲストハウスに到着した。荷物を二階にはこび、木製のバルコニーに出て外を眺める。あちこちでチベットの祈祷旗が屋上にはためき、チベット風の建物もまじっていた。室内に戻ると、ナイトテーブルに置かれた注意書きが目にとまった。「外出時にはドアと窓をお閉めください。サルが入り込む恐れがあります」。あらためてバルコニーに出て、サルの気配を探してみる。どこかで木の枝が揺れていたりしないだろうか――近くに小さなアカゲザルや、大きめのハヌマンラングールが潜んでいるかもしれない。本当にサルが部屋に入り込むことがあるのか、一階に下りて支配人のソナム・ドルジェに訊いてみた。ソナムはくすくす笑いながら答えた。「ええ、もちろん。入れるようにしておいたら、入ってきますよ！　何でもかんでもひっくり返していきますよ」。それ以来、網戸や窓の掛け金は忘れずにかけるようにした。私は外に出た。まずはあたりをぶらぶらして国際的な町の雰囲気を味わいながら、この地に詳しいお年寄りでも探してみよう。

　町にはさまざまなポスターが貼られている。旅行者たちに向けたチベット討論会、映画鑑賞の夜、ヨガ体験レッスン、マッサージやレイキ〔ハンドヒーリングの一種〕のコース、瞑想トレーニングなどのサービスが盛りだくさんだ。「ピアス&ボディーピアス」の宣伝もある。「ヴェーダ占星術師　インド占いやってます　習得コースあります」というのもある。町には六本の道路が通っていて、伝統的なチベット人の工芸品や旗、お香などを売る店がひしめいている。書店にはチベットの仏教、瞑想法、歴史、文化に関する希少な本や売れ筋の本が積まれている。多くの建物のてっぺんにはチベット人のシンボルである雪山獅子旗が掲げられ、数ある小さな食堂からはチベット音楽が聞こえてくる。「テイスト・オブ・インディア」という食堂の前を通りかかった。窓には韓国語、ドイツ語、中国語、ヘブライ語、ヒンディー語、そして英語で創業年が手書きされている。マクロード・ガンジにそれだけ多くの言語を話す人々が集まってくるという証拠だ。店内に経営者の女性、ニシャ・サリンがいて、カルダモンのお茶をふるまってくれた。「マッサージやヨガの店がどんどん増えています。……昔は十軒から十五軒くらいの食堂があるだけでしたが、今ではマクロード・ガンジ全体で少なくとも百五十軒の食堂があります[3]」

ニューデリーからダラムサラに観光客を運ぶバスは、一九八〇年代初めには一日に二本しかなかった。しかし今では一日に八本に増えている。夏季にはパンジャブ州の裕福なインド人たち――大抵シーク教徒の一家――がダラムサラまで車で避暑にやってきて、外国人たちがごちゃ混ぜになったマクロード・ガンジの光景――欧米人がチベット僧や尼僧の格好をして歩いていたりする――に目を丸くする。ダラムサラの空港は数年前に拡張され、今では座席数五十席のターボプロップ航空機が、天候が許すかぎり毎日ニューデリーから飛んでくる。

ニシャ・サリンの店でお茶をすすりながら話していると、彼女は世界地図の写真を見せてくれた。たくさんの押しピンが刺してある。彼女の料理教室に参加した人たちが、各自の出身国に印をつけていくのだ。「今では二百カ国を超えているんじゃないかしら」。私の妻も数日前にサリンの料理教室に参加していて、サリンがヘブライ語を話すことにびっくりしていた。「たしかに、ヘブライ語は少し話せます」と彼女は言う。イスラエルの旅行者にスパイスの説明をするときに必要らしい[4]。この町には、イスラエルの影響を感じさせるものがほかにもある。カシミールの張り子の工芸品を売る店では、展示品のなかにメズーザー〔旧約聖書の申命記の聖句と神の名が記された羊皮紙。伝統的にユダヤの家庭の戸枠に取りつける〕があった。

みんな何かを探しているが……

ゲストハウスのインターネット接続はとぎれがちで、町に何十とあるインターネットカフェに行く必要があった。電子メールを確認していると、近くにいた外国人女性の声がいやでも耳に入ってきた。ヘッドセットをつけ、無料通話サービスを使っておしゃべりに興じている。グアテマラにいる親戚とスペイン語で楽しそうに話している。彼女は仏教寺院の十日間の瞑想合宿から帰ってきたばかりで、その期間中は誰とも一言も口をきかなかったそうだ。せきを切ったように話し続けている。話題が尽きてくると、誰か電話を代われる人がいないかと問いかける。心から会話に飢えているらしい。

インターネットカフェにはさまざまな利用者がいた。剃髪した僧侶、オーストラリアから来たバックパッカー、ヨーロッパから来たヒッピー、インドの知識人、そして隣席をのぞくと、チベット人の若いハンサムな色男が電子メールのラブレターに返事を書いている。相手は外国人の女性で、すっかり彼に夢中らしい。マクロード・ガンジは、世界最速のインターネット接続環境とは言わないまでも、かなりデジタル化が進んでいた。デジタルの世界で、亡命者の若者たちは見知らぬ中国人を相手にチベットの状況について議論を戦わせている。私もユーチューブなどのサイトで、親チベット派と親中国派による、いたちごっこのようなコメントの応酬を目にしたことがあった。

ユーチューブに投稿されたチベット独立を訴えるミュージックビデオで、典型的なコメントの応酬が見られた(5)。中国人と思われる視聴者が、HisPhoniness——いんちき法王、His Holiness（法王）のもじり——というユーザー名で次のようなコメントを投稿した。「いんちき法王のダライアー・ラマ——ライアー（うそつき）のもじり——は強欲な金の亡者だ。独裁的な世襲主義でインドのチベット人を七十年も支配してきた政治坊主だ。ダライアー・ラマと取り巻きの貴族的なエリート集団を打倒せよ。そうすればチベット人は本当の自由が得られるだろう」

これと前後して、チベット人ユーザーのDorje168もコメントを投稿している。

中国は以下の点で世界一である——
一、うそ
二、拷問
三、人種差別
四、残忍さ
五、死刑
六、弾圧
七、強制収容所
八、インターネットの検閲
九、人権侵害
十、粗野で下品な言葉使い
「うそも百回繰り返せば真実になる」——毛主席

こうした応酬はチベット語や中国語ではなく英語で行われる。これで誰かの心が動くという可能性は低いが、両者の不満のはけ口となり、なかなかひねりの利いた応酬が見られる。

私はカフェを出てロブサン・ワンギェルに会いに行くことにした。三十代のハンサムなチベット人で、黒髪のポニーテールとイヤリングが目を引いた。彼は娯楽イベントの興行主として手腕を発揮しているほか、フォトジャーナリスト、アーティスト、そしてチベット関連のニュースを集めたインターネットサイトの管理人の顔も持つ。建物の屋根裏にある彼のオフィスは見晴らしがよく、雪をかぶったダウラダール山系のパノラマが見えた。オフィスの壁はオレンジ色と薄紫色に塗られていて、床から天井まで届く窓には色鮮やかなカーテンがかかっている。ここ数年、彼は年に一度のミス・チベットコンテストのプロデュースをしていて、五千人を集客していた。オフィスの壁にコンテストのポスターが貼られている。その中の一枚には、スタイルのよい若いチベット人女性が描かれ、「祝五十周年――チベットが世界の舞台に立ってから」と書かれている。なぜ美人コンテストを主催しようと思ったのか訊いてみる。ワンギェルはにやりと笑った。「かわいい娘が好きだからさ」。彼は何とも大っぴらな好色家だ。オフィスの壁の釘には青いブラジャーがかかっている。しかしその日彼が話したがったのはコンテストのことではなく、チベット文化の衰退についてだった。「チベット語で会話していても、そこにまざるヒンディー語や英語の単語が日を追うごとに増えている」。彼の兄は米国のバーモント州に移住していて、姪《めい》はアメリカナイズされつつあるという。「姪は十二歳。兄はチベット語で話しかけるが、英語で返してくるそうだ」。また、外国の要人がダライ・ラマとの情報交換のために定期的にダラムサラにやってくることについて、彼は得意げに話した。「米国のナンバースリーのナンシー・ペロシ〔当時の下院議長〕がここに来るなんて、十五年前に誰が考えただろう」[6]

　しかし、亡命者の町ダラムサラにやってくる観光客も、バックパッカーたちに逆ナンパされるのを待つチベット人の若者たちも、どちらもチベット人の社会に根を下ろしてはいない。それがワンギェルを不安にさせていた。外国人たちについて、彼はこんな印象を持っていた。「みんな何かを探しているが、いったい何を探しているんだろうね。彼らは道を見失って混乱している。仏教の道に近道はないから、もっと混乱するだろうね」。若いチベット人の中には、夜中のレイブ〔音楽イベント〕に行って、旅行者たちとチャラス（大麻樹脂）を吸って遊ぶ者もいる。「こういうチベット人は、町をぶらついて欧米から来た女性に声をかけられるのを待っているんだ」。多くのチベット人の事業と同じく、ワンギェルのミス・チベットコンテストも自分だけの資金で運営しているわけではない。バーモント州にいる兄から、たまに米ドルで送金してもらっている。

若いチベット人にとって、欧米の持つ魅力は大きい。ヨーロッパ、カナダ、米国に移住したチベット人は、成功物語をひっさげて戻ってくることも多い。ダラムサラに滞在中、私は偶然にもネパールでの難民調査を手伝ってくれたチベット人ジャーナリストの近況を知ることができた。ネパールの取材から一年が経ち、今は一時的に妻子をカトマンズに残してニューヨークシティに住んでいるらしい。ドキュメンタリー映画の制作を夢みていた彼は、ネパールではどこに行くにもビデオカメラを持ち歩いて撮影のチャンスに備えていた。愛国心に満ちあふれ、チベットのためにもっと尽くしたいと考えている男だった。戦うためには喜んでライフルを取ると言ったことさえある。米国に行ったとは意外だった。メールを送るとすぐに返事が来た。

ニューヨークに住みニュージャージーで働くようになって、ちょうど一年になります。長いことメディアに触れていないので、とても懐かしく思います。私の人生、何だか自分でもよくわからない方向に転がり始めて、ようやく少しずつ先が見えてきたところです。
ドキュメンタリーのほうは、まだ肝心な部分が欠けていて完成していません。装備がなかったり、資金がなかったりで――。目下の悩みは十分に時間がとれないことです。でも、いつか完成させたいと思っています。ニューヨークにお立ち寄りの際はお知らせください。近況などお話しできればと思います。

マクロード・ガンジに住む外国人はそれほど多くない。一年中住んでいる者もいれば、ダライ・ラマの法話（パブリック・ティーチング）を聞くために毎年訪れる者もいる。後者の一人がフィル・ボイドだ。きらきら輝く目に堂々とした腹回り、白髪まじりの立派なあごひげに後ろで束ねた長髪。町のどこにいても異彩を放つ存在だ。三十年以上も前、ボイドはコロンビア大学の博士課程でサンスクリット語とチベット語を学んでいた。そのころ彼はある悩みを抱えていた。ロックンロールと仏教、どちらも愛しているが、どちらの道に進めばいいだろうか――。そして、ダラムサラに住む賢者に相談することにした。自身で作曲したロック調のチベット独立賛歌をダライ・ラマに聞かせ、アドバイスを求めたのである。「法王はいたずらっぽい笑顔を浮かべて私をまじまじと見つめ、『あなたにはこういう歌に特別な才能がありますよ』とおっしゃった[7]」

それで心が決まった。ボイドはすでに生まれたときの名前のフィリップ・ヘムリーを捨て、仏教徒風のフィル・ボイドという名を名乗っていた。そして学問上の野望も捨て、仏教徒ミュージシャンの仲間とバンドを組んでツアーに出た。バンド名は「ダルマ・バムズ」――ジャック・ケルアックの小説タイトルからとった。ボイドはホテル・チベットのバーでビールを飲みながら、昔の話を聞かせてくれた。このバーの近くには、かつてのバンドメンバーのモーラ・モイニハンが住んでいた。彼女は活動家のシンガーソングライターで、米国の二つの政権で駐インド大使を務めたダニエル・パトリック・モイニハン上院議員の娘だ。ボイドによれば、一九七五年に彼が初めてマクロード・ガンジを訪れたとき、旅行者を迎え入れるバンガローは一軒しかなかったという。十年経ってもそれほど発展しなかった。「そのころタクシーはなくて、寺から図書館に行く道はヤギの通り道だったよ」

山々の自然の美しさは今もほとんど変わらず残っている。山肌はヒマラヤマツやヒマラヤカシ、シャクナゲ、ヒマラヤスギで覆われている。はるか下の渓谷には、田んぼ、麦畑、茶畑の色合いの異なる緑色がパッチワークのように広がっている。マクロード・ガンジのどこを歩いても、東には標高五千メートルほどにも達するダウラダール山系がそびえている。ぎざぎざの稜線から紺碧の青空が広がる日もあれば、気まぐれな雲が山頂を隠す日もある。マクロード・ガンジはチベットの鼓動を感じる町だ。

非力な政府、ガンデンポタン

ある日の明け方、ゲストハウスから歩いて五分の山の尾根にあるツクラカン寺院——ダライ・ラマの住まいの正面にあるダラムサラの中心的な寺院——から僧侶たちの読経が聞こえてきた。寺院の入口では、信徒が法王の王座——ダライ・ラマだけが座ることを許された椅子——に向かってひれ伏している。女性たちのなかには、木製の板を持ってひざまずき、全身を地面に投げ出して五体投地をしている者もいる。寺院の中には何枚もの巨大なタンカがあって、荒ぶる神々や安らかな曼荼羅《まんだら》が表現されている。寺院の奥にある台所では僧侶が直径二メートル近くある大釜で茶を準備している。これがダライ・ラマの法話に訪れる何千人もの僧侶や尼僧にふるまわれるのだ。

ツクラカン寺院の入口近くにはチベット博物館があり、一九五〇年代の出来事を年代順に紹介している。展示によれば、一九一二年の清朝の崩壊から一九五〇年の中国共産党軍のチベット高原到着まで、チベットは独立を謳歌していた。壁面には引き延ばした写真が飾られ、ケース内にはチベットの紙幣、切手、パスポートが展示されている。ある展示ケースには折りたたまれた手製の書類が展示されている。当時の財務大臣ツェポン・シャカパのパスポートとして使われたものだ。説明書きによると、「多くの国々のスタンプが押してあり、シャカパに査証や通行許可証が発行されたことがわかる。インド、英国、米国、イタリア、スイス、フランスなどの査証がある」。もちろん中国は、手製の紙など何の意味も持たないと主張している。

別の展示ケースには郵便切手が収められている。後から考えると大したことはなかったかもしれないが、最初に見たときには説得力があった。ラサのチベット政府は一九一二年、一九一四年、一九三三年に切手を発行していて、一九五〇年代まで有効だった。しかし、当時チベットは郵便切手を承認する国際機関に加盟していなかった。チベットから外の世界に手紙を送ろうとした外国人も少しはいたが、その場合は封筒を二重にして、チベットの切手を外側の封筒に貼らなければならなかった。封筒は国境まで届けられた時点で開封される。内側の封筒には国際郵便協会で承認されたインドやネパールの切手が貼られていて、引き続き目的地まで配達された。こんなまどろっこしい方法をとらなければならなかったことにも、外の世界との関わりに対してチベットが抱いていたためらいが表れている。

独立していた数十年間、チベットは鎖国状態を維持していて、外の世界との接触を望んだチベット人は少数だった。チベットが外務省を設置したのは第二次世界大戦が始まってからのことだ。米空軍の「フライング・ザ・ハンプ」――日本軍と戦うためにインドからヒマラヤを越えて中国南西部の基地に向かう飛行機――に対処する必要が出てきたのがその理由の一つだった。戦争が終結すると、毛沢東主義者の軍隊が強さを増してきた。そこでようやく、チベットは危機に気づいた。チベットの独立に国際的な支持を集めようとしたものの、独立間もないインド、英国、ロシア、米国の態度は冷淡だった。

チベットは国際社会に独立運動を認知してもらいたいと願いながら、タイミングよく手を打てなかった。要領の悪さはこのときに限ったことではなく、その背後にはチベット人の抱えるジレンマがある。見た目には、亡命者たちはまったく無力だ。かつてダライ・ラマはラサの立派なポタラ宮で政務をとり、クッションで飾られた王座から麦畑を耕す人民を見おろしていた。しかし今では平屋建てのオフィスで執務し、彼が設置した亡命政府からは一歩引いている。相談役を務めるが、日常業務には手を出さないというスタンスだ。

亡命チベット人の問題を日々管理しているのは、丘をくだったところにある中央チベット行政府、ガンデンポタンである。しょぼしょぼした目のラマが主席大臣を務めている〔ロブサン・テンジン、二〇一一年八月に退任。後任はロブサン・センゲ〕。黄色い木造の建物とれんが造りの建物からなる施設は、政府のものとしてはきわめて小規模で、独特の趣がある――私が訪ねたことがある国でいうと、たとえばベリーズのベルモパンや、太平洋、カリブ海の多くの島国のような感じだ。ガンデンポタンに置かれている省は内務省、文部省、公安省、財務省、厚生省、情報・国際関係省、宗教・文化省の七つ。そのほか最高司法委員会、会計監査委員会、公共サービス委員会、亡命チベット代表者議会の建物がある。敷地の端から端までわずか徒歩四分の距離だ。注意していなければ、財務省を見落としたり文部省に続く階段を通り過ぎたりするだろう。ひたすらのどかな雰囲気で、ある日などは二人の若者がほこりっぽい駐車場でクリケットをしていた。クリケットはチベット人にとっては異国のスポーツだが、インドの大学に通った人々にはおなじみだ。

亡命政府の権力は限られていて、治安部隊に逮捕権はない。税務署が強制的に税を徴収することもできない。国際関係省と正式な外交関係を持つ国は一つもない。モンスーンの大雨で道が通れなくなっても、自力で修復する権限はない。亡命政府の役目は、主に亡命者たちの社会的な利益に配慮し、チベット人を今までの神政主義から徐々に民主主義のルールへと導くことである。

これほど非力な亡命政府だが、国際舞台では並外れた役割を果たしている。ダライ・ラマがダラムサラに滞在するのは一年の半分ほどだが、その期間は外国の政治家、芸能人、著名な科学者、宗教指導者がひっきりなしにやってくる。私がマクロード・ガンジに到着して一週間も経たないころ、ゲストハウスの主人に新しい滞在場所を探してくれと告げられた。まもなくオーストラリアの六人の議員団が到着する予定で、私の泊まっていた部屋を予約済みだという。ダライ・ラマがいなければ、このように外国の要人がやってくることはあり得ない。しかし、中国が執拗に悪者扱いするからこそ、チベット亡命政府が世界から一目を置かれているという見方もできる。中国政府は、ダラムサラの役人やラマたちが、暴動を扇動してチベットの分離を画策していると批判し、このヒマラヤの僻地ダラムサラで数々の陰謀が企てられていると非難する。中国がここまで激烈に反応するからには、祖国解放を求めるダラムサラの熱気はそれだけ強烈なのだろう――。そう思う人もいるかもしれないが、実際のところ、ここでは大した熱意は感じられない。パレスチナ・ヨルダン川西岸のラマラのような革命的情熱があるわけでもなければ、マイアミのキューバ系アメリカ人を苛立たせるカストロ政権打倒計画のような陰謀を実行しようとしているわけでもないのだ。ダラムサラで起きていることといえば、マニ車がごろごろ回る音にもかき消されそうなほどのわずかな動きでしかない。

亡命チベット代表者議会の受付には誰もいなかった。議長との面会の約束でここまで来たのはいいが、どうしたものか。しばらく思案していると、ようやくペンパ・ツェリン議長が姿を見せ、議長の執務室へと案内された。議長はがっしりした四十代半ばの男性で、もともとはレストランの経営者だ。半袖の綿シャツにカーキ色のパンツ、スポーツサンダルを履いている。ハイバックの回転椅子の背には青いブレザーが掛けてあり、黄色いソファの座面には分厚いチベットのラグが敷かれている。デスクは少々散らかっていて、書類の上にマイクつきの大型ヘッドフォンが置かれている。議長は短く刈った髪に幅の広い顔をしていて、マクロード・ガンジ周辺で彼がバイクに乗っている姿を見かけたことがあった。彼の愛車はロイヤルエンフィールド・ビュレットだ。製造元はもともと英国の武器メーカーだったが、今ではインドの会社に継承されている。かつての社のモットーは「銃のような作り、弾丸のような速さ」である。

まったくつつましい政府ですよ――。会話はそんな話題で始まったが、突然議長が立ち上がった。「少し歩きましょうか」。にこやかにそう言い、私を執務室から連れ出す。招き入れられた部屋には、これまで議員選挙後に撮影されてきた歴代議会のモノクロ写真が十枚以上飾られていた。第一回議会のメンバーは十三人で、宣誓日は一九六〇年九月二日。このときの議員はチベットの伝統的な三つの地域――ウー・ツァン、カム、アムド――から一人ずつ選ばれたほか、チベット仏教の四つの宗派を代表して一人ずつ選ばれた。その後、ダライ・ラマからもっと民主主義的な政府にふさわしい制度にせよとの指示が出た。そこで一九九一年、四十三議席を五年ごとの選挙で選ぶ仕組みが整えられた。ダライ・ラマが指名する三人の代表者を加えて総勢四十六人の議会だ。それから十年後、亡命政府の主席大臣には、ダライ・ラマの最小限の助言のもとで閣僚を指名する権限が与えられた。

さらに別の部屋に案内された。「ここが議事堂です」と議長が言う。中くらいの広さの部屋で、高くなった議長席を囲むように机が配置されている。議長席の後ろには一段と高くなった席がある。「ここに法王様がお座りになります」。議会は年に二度開催される。通常は三月と九月で、会期は「仕事の量に応じて」十日から十五日間。議長は議会の発展にいくらかの誇りを持って、こう付け加えた。「私たちはウェストミンスター（英国の国会）を祖父、インドの民主主義を父と考えています。私たちはその子供です」

ただし議員らの生活に余裕はない。亡命政府の高官の毎月の収入は一万五千インドルピー（約三百ドル）だ。本人と家族の医療費や子供の学校教育費は無料で、質素ながら住宅が用意される。しかしそれ以外の恩恵は最低限だ。「私は議会の議長ですが、それでも昼食代として支給されるのは十五ルピーですよ。ドルでいくらになりますかね。三十セントですか？」

亡命チベット人のジレンマ

指導者が全権力を握るような国家では、ふつう民主化の動きは草の根レベルから始まる。しかしチベット人の場合はまったく逆だ。民主化の指示を出しているのは最高指導者であるダライ・ラマで、草の根レベルの人民は抵抗しているのである。議長にこの点を尋ねてみた。彼は答えた。「私たちにとって、ダライ・ラマ法王はふつうの人間ではありません。観音様の生まれ変わりだと考えています。だから一般の人々は、法王様の力を誰かに移譲するなどということは望んでいないのです。私たちの場合、民主化を進めようとしているのは法王様で、一般の人々は必ずしもそれを望んではいません」。ダライ・ラマはチベットの人々に、自分たちの運命は自分たちで動かせ、ダライ・ラマに重大な決定を任せきりにするなと熱心に働きかけている。それに対し、人々はダライ・ラマに絶対的存在であり続けてくれと懇願しているのだ。ダライ・ラマは、憲法に民主的な権力のあり方を明記するために憲法改正案の審議委員会を設けたが、二〇〇三年、この委員会はダライ・ラマに対し、任務の打ち切りを求める嘆願書を送付した。嘆願書の一部には、以下のように記されていた。

猊下はチベットの人々の目であり、心でいらっしゃいます。猊下はチベットという国の核であり、宗教的にも世俗的にもチベットの政治体制の核でいらっしゃいます。チベットの人々は、チベットの内外を問わず、絶対的な敬意と希望をもって猊下をお慕い申し上げております。猊下ほどの信頼を集める民主主義の指導者はどこにもおられません。この観点からも、既存の体制は真の民主主義を反映しているのです。つきましては、私どもにこの委員会の打ち切りをご指示ください。どうか引き続き私どもの指導者として、すべての決定権を掌握してください。

ある意味、ここに亡命チベット人の抱えるジレンマが端的に表れている。ダライ・ラマはメガワット級に輝く世界的な有名人で、チベット人の信念を国際舞台で披露し、何千万もの人々を感化してきた。しかし彼を除けば、チベット人には自ら光を放つような真の政治的指導者はほとんど生まれていないのだ。高度な教育を受けた一部の人たちが政治的意思をもって頑張ってみても、なかなか人々は動かない。まつりごとは聖なる法王様の御業《みわざ》であって、ふつうの人間の分際でできるものか、という意識がある。ダライ・ラマは自身をただの僧侶と形容するが、信奉者たちにとっては完全無欠の存在だ。自分のことには自分で責任を持てとダライ・ラマがいくら命じたところで、彼らが信仰心からダライ・ラマを崇拝している部分はどうしようもない。

二〇〇八年十一月、ダライ・ラマは世界中から指導的地位にある五百人ほどの亡命チベット人をダラムサラに集め、一週間の日程でチベットの窮地について討論させた。その間、彼自身は自宅に閉じこもっていた。彼の見解が議論の流れを左右することを避けるためだ。最終的に、参加者たちはダライ・ラマのアプローチ――非暴力を貫き、チベットの完全な独立ではなく自治を目指す――を大筋で支持した。ダライ・ラマはその段階で登場し、議論にまったく参加しなかったことを表明し、「私は直接的な関与はまったくしていない」と述べた。

自分の意見を表明することに一番ためらいを感じているのは、僧や尼僧などの聖職者ではなく一般の人々だ。私が訪ねたとき、四十三人の議員のうち九人が僧侶・尼僧だった。ペンパ・ツェリン議長によれば、最も活発に発言するのは大抵彼らだという。しかし高位ラマでさえ気兼ねなく発言しているわけではない。主席大臣のサムドン・リンポチェ五世は、これまでに二度、辞職を申し出ている。ダライ・ラマと切り離した自主的な政権運営の方法について、意見がまとまらなかったからだ。サムドン・リンポチェ五世は高名な仏教学者であり、また「リンポチェ」――身分の高い転生ラマに与えられる尊称で、文字どおりの意味は「尊い人」――の一人として人々に尊敬されている。しかし彼は、自身の職務を「ダライ・ラマが口に出さない思考を予測し、彼の努力を実現の方向に導くこと」と説明する。亡命チベット人の民主主義の脆弱さは、こうした発言からも明らかだ。亡命政府の批評家の一人、作家のジャムヤン・ノルブは痛烈にこう評した。「東洋の腐りかけた宮廷にいる宦官《かんがん》のおべっかのようだ。民主的に選ばれた指導者の自由で率直な発言とは思えない」(8)

つまり議会は、ダライ・ラマからのゴーサインを待ちつつ、各省の機能、寄付金の計上方法、政府の運営方法などを規制する法律を可決している。実際のところ、こうした法律は、内部的に民主主義を実現している自治団体の内規のようなものだ。亡命政府の全体の運営予算は四百万ドル。これで六百五十人ほどの職員――ダラムサラのほか、インド、ネパール、ブータンにある五十三カ所のチベット人居留地、またニューヨークやロンドンなど各国の首都に置かれた十一のチベット事務所で働いている者――の給料をまかなう。議長によれば、政府の資金源は三つ。一つ目は亡命チベット人からの寄付だ。インドにいるチベット人は一年に一ドル相当の寄付を求められている。欧米に住むチベット人は年間四十八ドルだ。亡命政府の公務員もささやかな給料の一部を差し出す。二つ目はダライ・ラマの個人事務所で、年間運営予算の約三分の一を供出している。ダライ・ラマの名を冠した書籍は世界中で何十冊も販売されていて、その印税収入を出しているのだ。三つ目の資金源は、そのほかの寄付と、亡命チベット人に割り当てられる社会福祉助成金の運営コストから徴収する四％の税である。総予算の額は小さいが、チベット亡命政府は居候先のインドの政府よりもしっかり仕事をしているようだ。議長の後について執務室まで戻ろうとしたところ、赤ん坊を抱いたインド人の物乞いが私たちに手を差し伸べて近づいてきた。議長は無視して通り過ぎた。ここの敷地に住み着いている物乞いだという。亡命政府ではインド人も雇用している。大抵サリーを身につけた女性で、施設内の肉体労働に従事している。亡命チベット人はそういう低賃金労働にはつかないのだ。

　ダライ・ラマやチベット亡命政府をめぐる批判でしばしば聞かれる議論がある。外国の情報機関、特に米国のＣＩＡが、亡命政府を中国共産党に対する重要な抵抗勢力と見なし、それを強化するため資金調達に協力しているのではないか、というものだ(9)。米国務省の一九六〇年代半ばの文書には、当時ＣＩＡがダライ・ラマに毎月一万五千ドルを提供していたと記されている。しかし、こうした資金提供が終了しているのかどうか、終了しているならばいつまで継続されたのかを示す文書は残っていない。ペンパ・ツェリン議長によれば、CIAの資金提供は一九六八年に終わったらしい。リチャード・ニクソンが、米国の対中外交政策の転換について、毛沢東との予備交渉を模索し始めた時期である。米国政府は今でも亡命チベット人に多額の資金を提供しているが、その大部分は独立機関の支援に使われている。たとえばチベット青年会議、ボイス・オブ・チベット・ラジオ放送局、チベット人権民主主センターといった団体だ。しかし私が調べたところ、こうした団体に合計百万ドル以上の資金が提供された年はない。米国がもっと金をかけているのは、ネパールのカトマンズ、インドのニューデリーとダラムサラにある難民収容センターだ。年間二百万ドルが提供されている。ただ、ヒマラヤを越えた亡命チベット人は必ずこれらのセンターを通過するため、みな恩恵にはあずかっているわけだ。

それ以外にも、医療、教育、福祉関連の開発プロジェクトを通して、亡命チベット人にはかなりの金額がわたっている。私は亡命政府の資金源を詳しく知るため、ツェリン・ドントップ財務大臣の執務室を訪ねた。米国モンタナ州ミズーラの大学を出た、きまじめな人物だ。やはりダライ・ラマの集金力がきわめて大きいらしい。「われわれは常にかなりの金額を猊下のポケットマネーからいただいている。人々は猊下にたくさんのお金を差し出し、猊下はそれを中央チベット行政府にくださる」。大臣によれば、直近の一年で千二百四十万ドルをかけた開発プロジェクト——居留地の住宅の建て替えや新築、医療制度の維持など——を遂行したとのことだ。

亡命政府のあまりの小ささを目の当たりにして、私は考えた。もしも中国が突然チベットに自治権を与えたとして、亡命チベット人にはチベットを統治するだけのノウハウがあるのだろうか？　財務大臣にこの疑問をぶつけてみたが、返ってきた答えは満足のいくものではなかった。財務大臣の説明はこうだ。中国はチベットに何十億ドルも投資しているが、チベット人はその恩恵にあずかっていない。中国は、資源開発の促進や政治的支配の強化、そのほかの目的のために投資している。チベットの真の自治が実現して開発を進める際には、中国以外の国々から大きな支援を受けることになるだろう。「もし中国がチベットに真の自治を認めたとしても、多国籍企業がチベットから撤退することはないだろう。むしろどんどん集まってくると思う」と彼は言った。統治範囲が広がった場合のチベット人の自治能力についても尋ねたのだが、三つの理由を挙げて、心配ないと流されてしまった。「まず、われわれにはほかの国の指導者とは比較にならないほどのリーダーシップがある」。彼はさらりと言ってのけた。「二つ目に、チベット人は献身的である。三つ目に、われわれは非暴力を約束している。もしチベット人がパレスチナ人のようなことを始めたら、行き詰まってしまうだろう」

ダライ・ラマの金庫にはうなるほどの金があるらしい――そんなニュースをたまに見かける。彼は受け取った印税、寄付、遺産のかなりの部分を中央チベット行政府に与えるだけでなく、世界中の貧しい人々にも気前よく金を出している。ダライ・ラマの甥で側近を務めるテンジン・タクラは、「法王は手に入れたものをすべて分け与えます」と言う。ダライ・ラマに近い人々の中には、援助を求める声にやすやすと金を出してしまうダライ・ラマに内心苛立っている者さえいるのだ。ダライ・ラマの気前のよさを表すエピソードはいくつもある。二〇〇九年のことだが、フロリダ国際大学の理事会が宗教学部の廃止を決定した。その際、同大学教授のネイサン・カッツ博士は、個人的に親交があるダライ・ラマに宗教学部の存続を願って一筆書いてもらおうとした。彼は一九七〇年代にチベット語を学んでいた関係で、ダライ・ラマと親しくなったという。だがダライ・ラマの対応は依頼主の想像をはるかに超えていた。ダライ・ラマの助手からモデスト・A・マイディケ学長に送られた手紙には、学部存続を支援するためにダライ・ラマが自身の基金から十万ドルを用意してもよいと書かれていた。カッツ博士はある取材で、「びっくりして椅子から転げ落ちそうになった」と話している[10]。

二〇一〇年のハイチの大地震――約二十万人が死亡し、百万人ほどが家を失った――では各国が緊急支援に乗り出し、中国も地球の裏側から六十人の捜索・救助隊を派遣した。現地で行方不明になった中国人――ハイチ駐在の国連平和維持警察部隊の八人――の捜索も目的の一つだった。中国と中国赤十字社はハイチ政府に五百四十万ドルの支援金を送った。一方ダライ・ラマは、ハイチの救援活動に十万スイスフラン（約九万三千二百ドル）を提供した。このとき、中国の支援金が相対的に少ないことが話題になった。米国のあるコメンテーターは、「中南米では多くの国が、中国の支援金の額について――もちろん称賛すべき額だとしながらも――成長著しい超大国というよりは、積極性に欠けた小国が出す額のようだと指摘している。最終的には、中国の救助隊よりもベルギー、アイスランド、ポーランド、トルコから派遣された救助隊によって瓦礫から救出されるハイチ人のほうが多くなるだろう」と述べた[11]。

ヒマラヤを越える子供たち

さんざんダライ・ラマにせき立てられた亡命チベット人たちは、自分たちの力で政治を動かすべく、道を模索し始めた。これはかなりの進歩だ。数ある世界の小国のなかでも、官僚機構が整っているという点でチベット亡命政府はどこにも引けをとらない。亡命政府のすごいところはほかにもある。ダライ・ラマが立ち上げて彼の妹が長年運営してきた、独立した教育・児童保育システムだ。これは亡命者らが打ち立てた金字塔といってもよい。マクロード・ガンジから緑豊かな丘をのぼったところにあるチベット子供村（ＴＣＶ）本部。ここで何千人ものチベット人の子供の学びを見守っているのだ。その評判はチベットにも広まっていて、わが子も何年かここで過ごさせたいと願う多くの親たちが、子供を危険なヒマラヤ越えの旅に送り出している。

ＴＣＶという組織の存在はよく知られているが、具体的にはインド各地にある十八の学校と職業訓練校で構成されている。ＴＣＶはチベット人が持つ最も強力な武器の一つだろう。ＴＣＶで教育を受けた膨大な数の生徒たちは、ゆくゆくは密かに中国に戻っていく。彼らは自由の何たるかを理解し、チベット文化を吸収し、チベット語とともに英語力も身につけている。中国は国内のチベット人と亡命チベット人との情報伝達を妨害しようと、インターネットのフィルタリング、電話の盗聴、国境地帯への狙撃隊の配備などの対策を打っている。しかしヒマラヤを挟んだチベット人の細々とした行き来が途絶えることはない。こうしてヒマラヤを挟んだ両方のチベット人コミュニティに、直接体験に基づいた信頼性の高い情報がもたらされるのだ。

ＴＣＶ理事長のツェワン・イェシは、卒業生たちがチベットに戻るのを支援していることを認めた。「チベットには困難や障害、過酷な状況が待ち受けているが、それでも家族の事情やホームシックのために戻りたいという者がいる。彼らが戻る決心を固めたなら、私たちはそれを大いに支援する。戻るのは悪いことではない。誰も戻らなければチベットにチベット人がいなくなり、勝ち目がなくなってしまう」。理事長によれば、ＴＣＶには過去五十年間で約四万人の子供が入学し、現在一万六千人が在籍している。生徒の六五％は、七、八年以内に――多くの場合は親と離れて――インドにやってきた比較的新しい生徒だ。では、ＴＣＶで教育を受けてからチベットに戻った生徒はこれまでにどのくらいいるのか。理事長は答えた。「それははっきりわかっている。三千人だ」[12]

ふと四川省のチベット人居住地で過ごした寒い晩のことを思い出した。二〇〇八年春、チベット高原のあちこちで抵抗運動が頻発していたころのことだ。私は二日をかけて理塘《リタン》県に到着した。標高四千キロメートルという鼻血が出そうなほどの高地にあり、反体制派の僧侶がいることで知られる町だ。偶然チベット人が経営するホステルを見つけ、そこに泊まることにした。荷物をおろして廊下に出ると、若いチベット人の女性に声をかけられた。「ハロー、どこから来たんですか?」彼女の英語のインド風のアクセントに気づき、すかさず訊いてみた。「TCVの学校に通っていたのかな?」彼女の話によれば、TCVの学校に十年近く通っていたが、故郷に帰りたくなったそうだ。理塘県の交通封鎖のことに話が及ぶと、彼女は口をつぐんでしまった。デリケートな話題には触れないほうがよさそうだ。後になって、チベットには彼女のような若者がたくさんいることがわかった。つまり小さいころに中国共産党の教育――党いわく、封建的なチベット社会の近代化を進めて「農奴の所有者」からチベットを解放したもの――を受け、その後ダライ・ラマの肖像画が各教室に掲げられたチベット人の学校に通った若者たちだ。

TCVの子供たちの大半は親元を離れている。親がインドにいない場合も多く、彼らは里親の元で共同生活をしている。一組の里親夫婦につき、だいたい三十五人の子供たちという生活だ。学校の運営はもっぱら慈善募金に頼っているが、ダライ・ラマの妹の積極的な資金集めが功を奏していることもあり、日本やドイツなどではかなりの額が集まっている。個人的にスポンサーがついている子供も多い。子供たちは初等部ではチベット語で教育を受け、英語を使うのは学年が上がってからだ。高等部の卒業生が大学に進む機会は十分とは言えず、四〇%程度にとどまっている。

進学しない子供たちのその後について話を聞くと、驚くべき情報が得られた。大学入学試験で合格点に届かなかった者は、インド軍に入隊することが多いのだという。インド軍にはチベット人の兵士からなる特別部隊がいくつかある。最も古いのは、山間部に配備される特殊部隊の特殊国境部隊（SFF）だ。一九六二年に起きた中印国境紛争――短期間ながら激しい戦闘が繰り広げられた――でインドが敗北した後に創設された部隊である。彼らは陸軍の管轄下というよりは、情報機関の研究・分析局の下で活躍した。そのほか、インド・チベット国境警察隊という組織もある。こちらも同時期に創設され、隊員の果敢な冒険心を誇りにしていた。

TCVの理事長によれば、これまでに三、四千人の生徒がこの二部隊のどちらかに入隊したという。多くの生徒たちが、卒業してTCVの学校の門を出たところであっという間に採用されていくそうだ。ただし理事長自身は、入隊という選択肢が生徒にとって最善ではないと考えていた。「多くの生徒が、愛国心からではなく、ほかに仕事の機会がないという理由で入隊している可能性がある」。私にとって驚きだったのは、ダライ・ラマが非暴力と平和的な問題解決を提唱している一方で、何千人もの若いチベット人が最新の軍事訓練を受けているという事実である。この点を理事長にただすと、彼はやや語気を強めて言った。「われわれの戦いは戦争ではない。戦争は非現実的で、自滅的で、人命を無駄にする行為だ」

ダラムサラでは生活全般にダライ・ラマの影響が感じられる。ダライ・ラマのおかげで学校には世界中からの寄付が集まる。法王を一目見ようと、または御利益のあるオーラを浴びようと、大勢の旅行客が押し寄せる。そのおかげでゲストハウスは満室だし、本屋や専門店、インターネットカフェ、軽食堂も大いに潤っている。なかなか恵まれた状況といえるが、一部の商人たちは不安を感じていた。ダライ・ラマが亡くなれば、ダラムサラの繁栄の日々も終わりを告げるのではないか――。彼らはこのヒマラヤのヒル・ステーションが忘れ去られることを恐れていた。

カングラ谷をくだったところに仏教寺院があり、背が高くてハンサムな二十代のチベット僧がいる。そこで瞑想したり、自らの信奉者に説法したりしている。自由時間には英語を勉強し、アイポッドでヒップホップを聴き、テレビゲームもする。一九九九年後半に勇敢にもヒマラヤを越えてやってきた彼を、ダライ・ラマは息子のようにかわいがっている。この若い僧はカルマパ十七世。チベット仏教界のナンバースリーである。チベット仏教の中でも最も古くから転生を繰り返しているのがカルマパで、この若者が現在の転生者なのだ。彼こそダライ・ラマの次の時代を担うリーダーだと考えるチベット人もいる。カルマパに向けられる視線にはチベット人の強い希望が込められている——あるいは、それは幻想かもしれないが。

第7章　カルマパ

中国はすでに私を認定したんです。前言を取り消すことは不可能ですよ。
――カルマパ十七世（中国の転生者審査について）

「幸せな、幸せな弟」

ダライ・ラマの住まいから車で三十分ほど山をくだると、広い平地にシッドバリという農村があり、そこにギュト密教寺院がある。本堂の上階には、ここを訪ねるラマたちが宿泊できる部屋がいくつかある。部屋のまわりにめぐらされた屋外通路からは広大な景色が見える。平原の向こうの山の麓までエメラルドグリーンの水田が広がり、遠くからしきりにカラスの声が聞こえてくる。寺院の施設を一望すると、建物の黄色と白の明るい色彩が目に飛び込んでくる。あざやかなチベットの旗がはためき、屋上の洗濯ロープには橙と深紅の僧衣が干してある。ギュト寺院の最上階には、亡命中のチベット僧の中で二番目に尊敬される僧が住んでいる。カルマパ十七世だ。

彼の本名はウゲン・ティンレ・ドルジェ。ハンサムな若者で、スポーツ選手のようなたくましい体をしている。身のこなしもはつらつとしていて、活力がにじみ出るようだ。よく聴く音楽はヒップホップ、好きなものはパソコン、X－メンのコミック本、そしてテレビゲーム。左手首に数珠を巻いていることもあるが、その下にはゴールドの腕時計をつけている。彼の年代らしいカジュアルなデザインの時計だ。頭髪は無精ひげのように短く刈り、ふちなし眼鏡をかけている。丸く均整のとれた顔立ちで、銅の仏像を思わせるきれいなアーモンド型の目をしている。カルマパが米国を訪れたときには、容姿端麗な彼に夢中になった米国の女性ファンが、彼を「ヒズ・ホットネス（すてきな猊下）」と呼んだというエピソードもある[1]。

亡命チベット人たちは、カリスマ性のあるこの若いラマを、ダライ・ラマの次の時代への懸け橋――信頼を集め、人々を一つにできる人物――にふさわしいと考えている。彼に対しては中国政府の態度も特別だ。ダライ・ラマとその周辺を犯罪的陰謀団とみなして「ダライ集団」と蔑むのとは対照的に、カルマパには辛辣な言葉を使わないどころか、その宗教的地位を認めているのである。一方ダライ・ラマは、カルマパを自分の後継者と明言こそしないものの、しっかりと自分の保護のもとに置いている。外国の要人と面会する際に、カルマパとも会っていくよう勧めることも多い。多くの亡命チベット人は、ダライ・ラマ亡き後に彼らを導く存在として、カルマパが重要な――決定的に重要とは言えないまでも――役割を果たすと考えている。ダラムサラ界隈《かいわい》で見かけるポスターでは、カルマパを「チベットの昇る太陽《ライジング・サン》」と称えている。

カルマパの歩んできた人生は、ダライ・ラマのそれと重なる部分がある。もちろん時代は何十年もくだるが、彼もまた中国共産党の圧力でやむなくチベットを逃れ、ヒマラヤを越えてインドに入った。そして亡命先で国際的な支持者の数を増やした点も似ている。だが、カルマパの半生はもう少し複雑で、権謀術数が渦巻く政治的駆け引きのにおいがする。もしかしたらそれが、ダライ・ラマ亡き後のチベット人――チベットの内外を問わず――に困難をもたらす要素になるかもしれない。カルマパにはインド政府から疑いの目が向けられている。さらに、所属するカルマ・カギュ派の内輪の問題も抱えている。現在、われこそは正当なカルマパ十七世だと主張する僧侶が、彼のほかに二人もいるのだ。また、彼はインド北部シッキムにあるルムテク寺に足を踏み入れることもできない。この寺にはカルマ・カギュ派の最も価値ある遺産――主要儀式に欠かせない象徴的な黒帽を含む――があると言われているが、法的措置により立ち入りを禁じられているのだ。

チベット仏教には四つの主要な宗派がある。現在の最大宗派はダライ・ラマが属するゲルク派だ。高僧が特徴的な黄色い帽子をかぶることから「黄帽」派とも呼ばれる。一方、カルマパはカルマ・カギュ派の最高位だ。四世紀前まではカルマ・カギュ派が最大勢力だったが、その後ゲルク派が優勢となった。そのほかニンマ派とサキャ派があり、それぞれ独特の伝承、実践、哲学体系を持つ。チベット以外では、ゲルク派以外の三つの宗派をまとめて「赤帽」派と呼ぶことがある。

カルマパは十二世紀から途切れることなく転生を繰り返していて、その歴史はチベット仏教の中で最も古い。歴代のカルマパはモンゴルの王や中国の皇帝に宗教的な助言を与えてきた。ダライ・ラマの転生が始まったのは、初代カルマパ誕生の二世紀以上も後のことだ。

カルマパの現代史を語る際に、一つの起点となる場所がある。時は一九八一年初め、インドのカルカッタ（現コルカタ）にあるオベロイ・グランドホテル。当時そのホテルのスイートルームに、先代のカルマパ十六世が滞在していた。彼は数十年前に――ダライ・ラマよりも先に――インドに亡命していて、当時は胃がんで余命数カ月と言われていた。ある晩、彼はオレンジジュースを飲むと、信頼する弟子のタイ・シトゥ――四人の「心の子」の一人――に向き直り、黄色い錦織に包まれた護符を手渡した。チベット人はこういうお守りを首にかけることが多い。「これはとても大切なお守りだ」とカルマパ十六世は告げた。「いつかきっと役に立つだろう」。それ以上の説明はなかった。九カ月後、カルマパ十六世はシカゴ近郊の病院で息を引き取った。

カルマパ十六世の死後、タイ・シトゥを含む四人の「心の子」が集まった。彼らはみなカルマ・カギュ派の高位の転生ラマ、いわゆる「リンポチェ」である。四人は摂政委員会を立ち上げて、カルマパの後継者問題の管理と転生者の組織的な捜索を進めようとした。しかしこの体制は三年後に崩壊する。一九八〇年代の終わりになると、信者たちは転生者が見つからないことに苛立ち始めた。そして一九九〇年代初め、タイ・シトゥが、カルマパ十六世から伝授されたお守りのことを思い出したと言い始めた。なぜ十年以上も中身を確認しなかったのか？　その点については、ほとんど説明されていない。お守りの中には短い予言書が入っていた。重要な部分を引用すると――

ここより北の雪の地の東方
神の雷が炎をもたらす地
牛の飾りがある美しき牧区
方法はドンルブ、智恵はロラガ
地上を表す年に［生まれた］
白き者の希有で遠大なる音とともに
彼こそカルマパとして知られる者(2)

一九九二年、四人のリンポチェが集まってこの予言書の解釈を協議し、カルマパの転生者はチベット東部の谷で誕生するはずだという意見でまとまった。転生者の少年が見つかる場所には手がかりがあった。チベットには予言書に書かれた「神の雷」という意味を持つ、ラトックという地名があったのだ。予言書には少年がチベット暦の木牛年の生まれであるというヒントも隠されていた。そして、捜索に出てからわかったことだが、予言書には次代、つまり現在のカルマパの両親の名前も暗示されていた。彼の母親の名はロガ（チベット語のニックネームはロラガ）、父親の名はカルマ・ドンルブなのである。

その年の春、チベット僧で結成された捜索隊がチベット東部に向かい、猛吹雪のなか馬を進め、ある遊牧民の集落に入った。九人の子供がいるヤクの農家を訪ねると、そこに愛情を込めてアポ・ガガ――チベット語で「幸せな、幸せな弟」――と呼ばれている七歳の少年がいた。

家の者が捜索隊に語ったところによれば、この少年が生まれたときに空に虹がかかり、ほら貝を吹き鳴らすような音が一時間以上も響きわたったという。どれもチベット仏教で転生の前兆と見なされる現象だ。少年の姉は、弟が生まれたときの奇妙な音を覚えていた。「はじめは魔法瓶の音かと思いました。たまに内側から圧力がかかって、振動したり音がしたりするので。それで私たちは家の中を探したのです。でも外から聞こえてくるような気がしたので、外を見に行きました。すると今度は中から聞こえる気がして、原因がわかりませんでした。次に母の寝台のほうから聞こえてきたので、マルハナバチでもいるのかと思いましたが、何もいません。音はどんどん大きくなって、家族全員がはっきり聞いたのです(3)」

やがて赤ん坊は少年に成長した。そしてこの年、捜索隊が近くに来ているという噂が流れたのだ。

すると少年は、自分の衣服をまとめてお気に入りのヤギの背に乗せた。自分が捜索隊の僧侶たちと一緒に寺に行くと信じて疑わないようだった。そして、捜索隊がまだ姿を見せていないにもかかわらず、一行の様子を細かいところまで正確に言い当てたのである。僧侶たちはこの少年がカルマパの転生者であると判断し、すぐにラサの西六〇キロにあるツルプ寺に連れていった。標高四千三百メートルにあるこのカルマ・カギュ派の本山で即位式を行い、宗教教育を施すためだ。

十四歳の劇的な脱出

一九九二年九月、盛大な即位式が行われた。僧侶たちは大勢の巡礼者たちにもまれながら、お茶やサフランライスをふるまった。中国の高官は若きカルマパに、赤い錦織に包まれた正式な文書をわたした。そこには彼が「活仏」――中国語で転生ラマの意味――であると宣言されていた。史上初めて中国共産党が転生ラマを認定した瞬間である。だが、その背後には抜け目のない政治的思惑が動いていた。当時、何十年にもわたる中国の抑圧のためにチベットには「活仏」が少なくなっていた。亡命したダライ・ラマに続いて何千人もの僧侶がチベットを去っていたし、パンチェン・ラマも数年前に亡くなっていた。つまり、カルマパに即位したこの丸顔の少年は、チベットに残る僧侶のなかで圧倒的な最高位についたわけだ。中国はチベットの宗教的な事項を合法的にコントロールするために、彼を親中国派の人物に仕立て上げようとした。

ほかの何千もの寺院と同じく、彼が本拠とするツルプ寺も文化大革命の時代に過激な紅衛兵に破壊し尽くされていた。紅衛兵はチベット仏教を根絶やしにするために何百もの寺院を破壊し、きわめて貴重な仏教遺産を川に投げ込んだ。八世紀から続くツルプ寺も人が住めない状態にまで破壊されたが、徐々に復興が進みつつあった。インドに亡命中だった先代のカルマパも、遠く離れたツルプ寺に復興資金を送っていた。ツルプ寺は道路事情の悪さのために孤立していて、政治委員や党の高官からもなおざりにされていた。そういう状況で即位できたのは、新しいカルマパにとっては幸運だった。

しかし一九九〇年代半ばになると、若いカルマパに対する政治的圧力が増し始めた。一九九四年、彼は公式に北京を訪問する。国営メディアは彼を取材攻めにし、彼が発した言葉――私は中国共産党と江沢民国家主席を支持する――を切り取って報道した。一九九五年、ダライ・ラマがパンチェン・ラマ十一世を認定すると、党はこれを却下し、独自に選出した別の少年をパンチェン・ラマ十一世に即位させた。そしてカルマパに対しても、中国が即位させた若いほうのパンチェン・ラマの正当性を認めるよう迫った。そればかりか、パンチェン・ラマの地位が上であることを認めてその前で平伏するよう要求したのである。

中国政府はさらに追い打ちをかけた。カルマパにとって大切な宗教上の師である亡命中のタイ・シトゥとギャルツァプ・リンポチェの入国を拒否し、カルマパがインドにおもむいて彼らに教えを請うことも禁じたのである。チベット仏教では師弟関係は極めて重要だ。経典は口頭伝承されることが多く、仏法、経典の知識、真言《マントラ》の暗唱法を一対一で伝授されることで悟りがひらかれるからだ。カルマパが師に会えるようになることを願って二百ほどのチベット仏教寺院が中国政府あての嘆願書に署名したが、政府はこれを黙殺した。カルマパとその助言者たちは、さらに悪い事態を憂慮していた。ダライ・ラマを公の場で批判させられることである。これは何としても避けたいことだった。

当時まだ十四歳だったカルマパは、主な側近とともにひそかに脱出計画を練った。寺の電話には盗聴器が仕掛けられていたため、不審を抱かれないように暗号を考えた。カルマパの両親にさえ計画は知らされなかった。一九九九年も終わりに近づいたある日、カルマパは部屋にこもって二十一日間の瞑想に入ると表明した。付き人が寺の資金を使って脱出用のジープを買った。表向きの理由はネパール国境付近の事業を監督するため、またヒマラヤの高地に住んでいると言われるトゥルクの捜索隊を派遣するためと説明されたが、実際は山岳地帯の脱出ルートを調査するためだった。

十二月二十七日の夜、カルマパは自室で一通の手紙を書いた。師に会うためにチベットを出る。これは中国の国家や人民に対する反逆ではなく、いつかチベットに戻る。手紙にはそう書かれていた。冷え込む夜だった。脱出計画に協力していた料理人が、階下のテレビのそばにカンフー映画のビデオを置き、温かいスープを用意して監視役たちを引きつけた。階上ではカルマパの個人教師たちが読経し、鐘を鳴らし、瞑想がとどこおりなく続いているように装った。その間にカルマパは深紅の僧衣をぬぎ、変装用のダウンジャケット、ブルージーンズ、キャップ帽、眼鏡を身につけた。窓から出てこっそりと屋根をつたい、ジープが待機する場所にたどり着いた。こうしてカルマパと数人の個人教師、信頼された側近たちの八日間の逃避行が始まった。

先代のカルマパ十六世が、チベットの動乱を予期して側近とともにヒマラヤを越え、シッキムに逃れてからちょうど四十年が経過していた。カルマパ十七世と従者は先代の足跡をたどった。軍の検問所が近づくと、カルマパは車を降り、徒歩で検問所を回避してから再び車に追いついた。中国の監視役はすぐに彼らの脱出に気づき、国境の検問所のチェックを強化したが、一行はすでに風の吹き荒れるムスタン——チベット側に突き出たネパールの一地域——への道を見つけていた。しかしそこで車が氷にはまって立ち往生してしまう。彼らは徒歩と馬で旅を続けた。雪に覆われた四千八百メートルの峠を越え、やっとのことで小さなヘリポートにたどり着いた。千ドルを支払ってネパールのポカラまでの一時間のフライトを確保し、カトマンズを経てインドのダラムサラに入った。

カルマパ一行の到着はダラムサラのチベット僧たちを感動させ、世界中でトップニュースとして報じられた。一方、中国当局はカルマパの脱走を重大事とはみなさず、彼が師と会えないことに不満を抱いていた点には一切触れなかった。中国側は、カルマパの置き手紙の内容を説明した。「仏教行事に必要な楽器を回収するためにインドに行く」[4]と書かれていて、先代のカルマパがシッキムのルムテク寺に持ち込んだ黒帽を取り戻すことも目的の一つである——。中国側の説明は周到に考えられたものだった。カギュ派の信仰の重要アイテムである黒帽を持ちだして、カルマパが中国を出た理由をもっともらしく説明したのである。

仏教徒でない者から見ると、黒帽はその外観とも相まって、いかにも幻想的な信仰を具現化したものという印象を受ける。チベット仏教カギュ派では、黒帽にはそれを見たものの潜在意識をひらく力があると信じられている。つまり帽子を目にしただけで悟りがひらけるというのである。黒帽の歴史は六百年ほど前の明の永楽帝の時代にまでさかのぼる。永楽帝がカルマパ五世の姿を目にしたとき、その頭上に黒い帽子が浮かんでいる幻を見た。これは「黒宝冠」だ——永楽帝はそう確信した。黒宝冠とは智恵のオーラで、悟りをひらいた者の目にしか見えない。永楽帝は幻想で見たその黒い帽子を実際に作り、サファイヤや希少な大粒ルビーをちりばめてカルマパに贈った。すべての人民の目に見えるように、そして悟りの力をいただくことができるようにと願ったのである。

敬虔な信者たちは、この崇高なる帽子は一万の女性天使の髪で編まれていると信じている。世にもまれな黒帽の儀式では、カルマパは瞑想状態になり、観音菩薩とその慈愛に自らの精神を一体化させる。角笛が朗々と吹き鳴らされると、カルマパは高さ二十センチの黒帽を絹織物で作られた円筒状の入れ物から取り出し、頭に載せて片手で安定させる。そして「オム・マニ・ペメ・フム」（「宝石は蓮の中心にある」の意）の真言を唱え、無限の慈悲の心で参列者たちの苦しみを理解し祝福を与える。そして参列者らは、それぞれ分相応の祝福を受け取るのである。

黒帽の謎はカルマパの亡命先でも問題になった。亡命チベット人たちがカルマパの到着を喜ぶ一方で、インド政府は大きな疑念を抱いていた。カルマパが中国のスパイとして意図的にインドに送り込まれたという憶測が飛び交っていたし、中国の厳重な警備のすぐそばを突破できたという点がいかにも不自然だったのだ。インド政府はカルマパに警備員をつけて行動を監視した。十三カ月にわたり、彼はギュト密教寺院の最上階の居住スペースから階下に降りることすら許されなかった。後に国際メディアと接触することが許された彼は、彼の残した手紙にヒマラヤ越えの理由が記されていたとする中国の説明を一笑に付した。「これまで外国旅行の許可を繰り返し要求してきたが、それが認められなかったので、脱出することにした。私が手紙に書いたのはそういうことです。黒帽のことなど書いていません。そもそも、私がインドから黒帽を取り戻して中国に持って帰る理由がありますか？　何かできるとすれば――江沢民の頭に載せることくらいでしょう(5)」

カルマパが亡命してから最初の十年間、インド政府は彼が外国に行くことも禁じた。中国の機嫌を損ねるのは本意ではなく、彼が中国のトロイの木馬でないという確信も持てなかったからだ。しかしようやくインドも態度を軟化させる。二〇〇八年の晩春、カルマパは初めての海外旅行に出かけた。ニューヨーク周辺、シアトル、カリフォルニア、コロラド州のボールダーを訪問する三週間ほどの旅だった。私がカルマパに会ったのは、彼がインドに戻った直後のことだ。私は大勢の外国人報道陣の中の一人だった。カルマパに質問が飛んだ。ご旅行をお楽しみになりましたか？　彼はにっこり笑うと、いつものチベット語ではなく英語で答えた。「すばらしい旅でした！ 自由を感じることができました」[6]

次代のリーダー？

カルマパの訪問は、米国ではかなり大きなニュースになった。公共報道サービス（ＰＢＳ）の番組ではこんなエピソードが紹介された。シアトルを訪ねたとき、カルマパは信奉者たちにＸ－メンのコミック本が好きだと話した[7]。するとその後、付き人にＸ－メンを読ませてもらえなくなったそうだ。Ｘ－メン以外にも、アイポッドでヒップホップ音楽を聞いたり、ソニーのプレイステーションでゲームをしたりすることが好きだと知られている。

会見では、ギュト密教寺院での彼の隔離された生活の話題も出た。中国にも支持者はたくさんいるが、彼らともっと接触したいですか？ そう訊かれたカルマパは、「チャンスがあればそうしたいです。でもチャンスがあるかどうか。ご存じのように、外界と接触することが難しいのです」と述べた。彼にとっては両親と会うことさえ難しい。カルマパがインドに亡命した後、両親はチベットで一時拘留され、それ以降も厳しい監視下に置かれている。彼はごくたまに電話をかけ、主に姉を通じてメッセージを伝えている。一時的にでもチベットに戻りたいかと質問されると、彼は切なげな表情を浮かべた。「もちろんです。両親に会いたいです」[8]

短い会見ではあったが、カルマパの温厚で自信にあふれた人柄が感じとれた。沈思黙考型で、あまり笑わない人物のようだ。そして何より力強さと活力に満ちていて、そのあたりが熱狂的な支持者を集めているようだ。ダライ・ラマが老境にさしかかった今、将来のチベット人を率いるリーダーとして、カルマパへの注目は高まっている。チベット人はダライ・ラマの長寿を願いながらも、将来に焦りを感じている。ダライ・ラマ亡き後について考えることは長らくタブーとされてきたが、最近ではダライ・ラマにもいくらかの健康不安――数カ月のうちに二度入院するなど――が出てきている。チベット人も、さすがに彼が不死身ではないということを意識せざるを得ない。

二〇〇八年十月、ダライ・ラマはニューデリーの病院に短期入院し、胆嚢《たんのう》を摘出する三時間の手術を受けた。手術後の回復はいたって順調で、後にダライ・ラマは、執刀医に七十代なのに六十代並みの体だと言われたと述べている。実際、外から見ると体の不調などどこにもなさそうだ。歩き方はしっかりしているし、夜明け前のエクササイズも毎日続けている。そして、間違いなく穏やかで前向きな人生観を持っている。ダライ・ラマの上腕にはコーヒー色のしみがある。眼鏡をかけていて、しょっちゅう外しては磨く。年に十回以上も外国を訪問し、長期にわたることもある。時差ぼけで悩むことはほとんどない。風邪をひいたダライ・ラマを見たことがあるが、一日ほどで元気になっていた。とはいえ、入院もしているし年齢も年齢である。ダライ・ラマ自身が自らの死後について公の場で語ることも増えてきたため、この問題をタブー視する雰囲気はやや薄れてきたようだ。

ダライ・ラマが高齢になるにつれてカルマパにスポットライトが当たるようになってきたが、亡命チベット人がどんなにカルマパに期待を寄せたところで、彼はダライ・ラマの代わりにはなれない。彼はすでにトゥルク（化身ラマ）であり、ダライ・ラマの転生者を兼ねるわけにはいかない。また、ダライ・ラマがチベット仏教のゲルク派に属するのに対し、カルマパはカギュ派の最高位である。両派は一部では対立関係にあると見なされてきた。これまでゲルク派がチベット仏教の主導権を握ってきたが、もしそれがカルマパに移るとすれば、これまでの作法や慣習が大幅に変わるかもしれない。

ただ、チベット人の福祉の向上やアイデンティティの維持を目指すダライ・ラマのもとで、旧来の作法や慣習にはすでに変化が見え始めている。チベット人たちに意見を聞いてみても、当面は若きカルマパにチベット人をまとめるリーダーになってもらいたいとか、ダライ・ラマの転生者が見つかって成人するまでの十五〜二十年は摂政を務めてほしいという声がだんだん大きくなっている。この問題は、もはや亡命チベット人のリーダーたちが単なる世間話で話すレベルを超えているのだ。

二〇〇八年十一月、チベット人のリーダーたちがダラムサラに集結した。将来的な対中戦略とチベット人の活動について討論させるために、ダライ・ラマが緊急召集したのである。そのころ、北京五輪前のチベット人の大規模な抵抗運動で面目をつぶされた中国は、チベット人に対し怒り心頭であった。中国とチベットの対話は中断され、完全な決裂も目の前に迫っていた。ダライ・ラマは失望を隠そうとしなかった。「私の中国政府への信頼は小さくなってしまいました。どんどん小さく……。状況はよくありませんね。うまくいっているふりはできません。失敗を認めなければいけません[2]」。現実を直視した発言だった。彼は亡命チベット人たちに呼びかけた。中国に対する中道路線の是非とチベット人の将来について、今こそみなで考えるべき時だ――。そして、歴史に残る公開討論会が招集された。六日間にわたって開催された討論会には、実際のところ、ダライ・ラマが一線を退いた後の方向性を見出そうという意図があった。ダライ・ラマの世界的な知名度と話題作りの才能がなくなってしまったら――。多くの亡命チベット人が、ダライ・ラマがいなくなる日を恐れていた。

討論会は閉じた会場で行われたが、終了後の発言は自由だった。参加者の一人、南カリフォルニアからきたテンジン・チョンデンに話を聞いた。彼は電気技師として働くかたわら、亡命チベット代表者議会の代表者も務めていた。もしダライ・ラマが亡くなった場合に不安に思うことは何か？　そう問うと、この年季の入った活動家は単刀直入に答えた。「ダライ・ラマ法王がいなくなる。それはすなわち、チベット人を導く道徳的権威がいなくなるということです。おそらく人々は自暴自棄になるでしょうね」。討論会は十五の小グループに分かれて進められたが、どのグループもチベット人の将来のリーダーについて議論していた。多くの参加者がカルマパ十七世の名前を口にした。少なくとも五つのグループが彼をリーダー候補のリストに挙げ、それ以上の支持を集めた人物はいなかった。(10) 私がカルマパについて話を聞こうとすると、誰もがぱっと明るい表情になった。

　討論会の日程も終わりに近づいたころ、ハーバード大学法科大学院のフェローを務めるロブサン・センゲ〔二〇一一年八月亡命政府の主席大臣に就任〕に話を聞いた。「カルマパは若いし、カリスマ性があるし、頭もいい。若い世代にはものすごい人気がありますよ」。彼によると、このままではダライ・ラマの死後に混乱が生じることはまぬかれない。だが前もってカルマパを暫定指導者、つまり摂政の座につけておけば、混乱は回避できるという。宗派の対立を超越したカルマパを全体のリーダーという地位に彼を置くわけだ。

さらに、カルマパの両親はまだチベットで暮らしているため、チベットとも深いつながりを維持している。参加者の一人は、「彼はたぐいまれな経歴の持ち主だ。チベットで生まれ育ち、中国政府の認定を受けている。そしてチベットに多くの支持者がいる。彼のようにチベット内部のチベット人と直接的なつながりを持つラマは少ない。そこが彼の魅力だ」と話してくれた。

カルマパを「きわめて重要」な聖職者だと断言するダライ・ラマは、親身になって彼に助言を与えている。その一方で、ダライ・ラマはほかにも数人の優秀な僧侶——自身のかつての師の転生者、リン・リンポチェなど——の名を後継者候補に挙げていて、特定の人物に心を決めている様子は見せない。そしてチベット人に向かっては、慣習にとらわれずに後継者問題を議論し、抜本的な変化も受け入れるべきだと呼びかけている。彼は何通りものシナリオを示してきた。中国に明らかな政治的・社会的影響を与えるものもある。ダライ・ラマは、自身の死後の新たな宗教指導者が民主的な投票によって――ローマ教皇のような枢機卿会議ではなく――選ばれる可能性も示唆している。あるいは純粋に年功序列で決めるやり方もあり得るという。もしチベット人たちがあくまで伝統を守りたいと考え、ダライ・ラマの転生を望む場合には、転生者は中国支配の及ばない宗教的に自由な地で生まれるだろうという見方も示してきた。二〇〇七年後半にはインドのアムリッツァルで、「私が亡命中に亡くなったら、転生者は必然的にチベットの外で生まれることになる」と述べている[12]。

すでにこの時点で、高位ラマたちは通常の候補者選びの儀式にこだわっている場合ではなくなったのだが、二〇〇八年後半のダラムサラでの記者会見で、ダライ・ラマからさらに大胆な発言が飛び出した。「よいチャンスが来ました。世界の平和のために、そして慈悲の心を広めるために、女性がもっと積極的に役割を果たすべきです。ダライ・ラマの転生者は女性かもしれません」。ダライ・ラマはさらに突っ込んだ宗教上の可能性――存命中に転生者を決める「マデイ・トゥルク」と呼ばれる神秘的な方法――にも言及した。高僧の場合、霊魂《マインドストリーム》が二人の人間に分岐することもあり得るのである。「よくある方法ですよ。最近のチベットでは、私が知っているだけでも二人のラマが亡くなる前に転生者を選びました[13]」。この方法をとった場合、ダライ・ラマ十四世は転生者の選定や教育の面で大きな役割を果たすことができるし、転生者が成人してチベット人のリーダーになるまでの期間を短縮することもできる。同時に、後継者選びを牛耳ろうとする中国の思惑をくじくこともできる。

一方、中国によれば、ダライ・ラマを含むすべてのチベット僧の転生について、中国政府には拒否権があるという。二〇〇七年半ば、中国の国家宗教事務局は、転生者認定の一切の権限は同局が持つという条例を発表した。[14] 条例の宗教的な根拠はまったく説明されず、代わりに「国外のあらゆる団体、個人からの影響を排除して選定プロセスを進めるため」という国家主義的な理由が示された。党がこうした権限を公式に主張したのは初めてだった。ダライ・ラマが死去すれば、おそらく宗教的な対立が火を噴くだろう。そしてこの条例こそ、その最初の一発だった。ダライ・ラマは中国から独立した後継者を選ぼうとしているが、中国はきっと正当性がないと言ってはねつける。そしてチベットにいるラマたちに、中国の意に沿う候補者を支持するよう迫るだろう。中国政府はダライ・ラマの「転生者」を独自に担ぎ出し、強力な管理の下で少年期を過ごさせ、中国の忠実な家来として育てるだろう。つまり、亡命チベット人とチベット高原のチベット人の大部分——すべてとは言わないまでも——が本物だと認めるダライ・ラマと、そうではないダライ・ラマが並び立つというシナリオが考えられる。歴史を振り返れば、ダライ・ラマの転生者を名乗る人物が何人も現れた例はある。ダライ・ラマに限らずほかの転生ラマでもそうだ。有名なところではカルマパ十七世がこの問題に直面している。われこそはカルマ・カギュ派の正当な指導者だと主張する者が、彼のほかに二人いるのだ。

ダライ・ラマの後継者が誰であろうと、その人物が果たすべき役割は大きい。彼（または彼女）の目の前には、気の遠くなるような難題が待ち構えているだろう。中国のチベット統治権を容認するダライ・ラマの姿勢について、チベット人の多く（ともすれば過半数）は賛成していない。しかし彼らはダライ・ラマを崇拝してその意思に服従するという点で一つにまとまり、ダライ・ラマの非暴力の原則を受け入れてきた。この一体感が、チベット人の欲求不満——非暴力で成果が出ないことへの苛立ち——を覆い隠してきたのだ。次の指導者が誰であれ、ダライ・ラマに匹敵する尊敬を集めることができなければ、チベット人のまとまりを維持することは難しいだろう。

チベット人の将来に影響を与える要素はほかにもいろいろある。中国社会の安定は続くのだろうか。二〇一二年か二〇一三年に中国共産党の主席が交代する見通しだが、政治方針は変化するのだろうか。中国ではしばしば、国際社会の非難を浴びている政策（たとえばダライ・ラマへの中傷攻撃）に何か劇的な展開（たとえばダライ・ラマの死）があった場合、その政策を見直すことがある。その結果、政策が激変することもあり得る。時代が変われば、カルマパが——もし指導者の座についていればの話だが——ダライ・ラマのなし得なかったことを実現するかもしれない。たとえ暫定的な指導者だとしても、彼がチベット問題に新たな可能性をひらくかもしれない。

カルマパ自身はこうした問題をどう見ているのだろうか。彼の人物像をもっと掘り下げたい——。そう考えた私は、彼にもう一度インタビューすることにした。

カルマパとの再会

ギュト寺院の周囲は、以前と比べると緊張感がやわらいでいるような印象を受けた。エントランスを守るインドの警備員はライフルを携えていなかった。だが面会までの手続きはあいかわらず面倒だった。面会希望者は、ギュト寺院にあるカルマパの事務所で招待状を発行してもらい、それをダラムサラの警察局長に提出して許可を得なければならない。ダライ・ラマとの面会よりも厳重な手続きである。つまり、インド政府は今もこの若い僧侶への疑いを解いていないということだ。私は招待状を求めて寺を訪れた。控えの間に入る前に、すべての訪問者は警備員の徹底的なボディーチェックを受ける。控えの間は巡礼者でいっぱいだった。敬虔な信者もいれば、単なるにぎやかしもいる。一つのベンチに物静かな日本人の尼僧とドイツ人の旅行者が座っている。別のベンチでは、髪を後ろで結んだ背の高いヨーロッパ人男性が、端然と座って瞑想している。私の隣に座ったカナダ人の女性は、かつてラマナ・マハリシ――今は亡き南インドの賢者――のヨガ道場に五年間通ったそうだ。その後カルマパに出会い、チベット仏教にのめり込んだという。彼女はカルマパへの宗教的な思いを熱く語ってくれた。あまりの熱心さに少々辟易《へきえき》し、私は適当なところで会話を切り上げた。

やたらと社交的なシーク教徒が目にとまった。あざやかなターコイズブルーのターバンを巻き、同じ色のドレスシャツを着て、誰かを呼び止めては詩を朗唱して聞かせている。私と目が合うと、早速こちらにやってきた。「H・S・ニルマンです。お見知りおきを」。そう言って名刺をくれた。すでにカルマパの祝福を受けたといい、得意げである。私と妻があいさつして立ち去ろうとすると、いきなり手を伸ばして手を握ってきた。妻に向かって、エキゾチックな方だ、どこから来たのかとしきりに話しかける。ニカラグアの生まれだと答えると、さらにあれこれ質問を投げかけてくる。そして鞄から詩集を取り出し、あたりに響きわたるような大声で朗読した。われらがここで出会った常ならぬ偶然――見よ、この驚異を！――彼の詩集の無料版を一冊手渡して、上機嫌で去っていった。

彼が扉の向こうに消えると、瞑想していた背の高いヨーロッパ人がこの世に戻ってきた。リング状のイヤリングに、ヤギのようなあごひげを生やしている。何だかおもしろそうな人だね――私と妻はささやき合った。妻が声をかけた。

「どちらからいらしたんですか？」

彼は私たちをじっと見つめて答えた。「どういう意味です？」

「どこの国から来られましたか？」

何をつまらん質問を――そんな表情で妻をじろりと見る。「この肉体がどこで生まれたかということですか？　前世にどこにいたかということですか？　どこで生まれたかなど、たいして意味はない」

おやまあ——私たちは目を丸くして顔を見合わせ、同じ言葉を口にした。お茶をふるまっていたチベット人の案内係が、くすくす笑いながら説明した。「彼はお坊さまです。一度目では答えてくれませんよ。自分で学び取らせようとするんです」。妻はもう一度彼に立ち向かい、情報を引き出した。彼はスイス生まれで両親はベルギー人。かれこれ三十年近くチベットやヒマラヤ山脈のあたりを放浪しているらしい。チベット名はラマ・ノルブ・レパ。一九九二年に当時七歳のカルマパが即位したとき、彼も即位式に参列したそうだ。その後はチベットで十二世紀に建立されたぼろぼろの寺院の修復工事の監督者として二年を過ごし、最終的にヨーロッパに戻ってフランスに仏法センターを建てたという。

ノルブ・レパと話していると、会話が思わぬ方向に展開する。カルマパはたくさんの言葉が話せるという話題になったときだ（彼の母語はチベット語で、標準中国語も流暢に話し、英語と韓国語も上級レベルである）。妻が、カルマパはまだ若いから言語を覚えるのも早いのでしょうねと言った。すると彼はまた、何をばかなことをと言わんばかりの表情を見せた。「あなたは彼が若いというが」、と一呼吸おき、「私には彼が若いとは思えませんね」。しかるべき目を持つ人ならば、カルマパの瞳の奥に悠久の叡智をたたえた古き魂を見出すであろう——。信奉者たちの表現を借りれば、カルマパは啓《ひら》かれた一方の目で外界を見て、もう一方の目で内側——自身の意識の極限の深み——を見ている。

無事、数日後にインタビューをする許可を得ることができた。その日を待つ間にちょうどカルマパの二十四歳の誕生日があった。ギュト寺院に五百人ほどが集まった。約半数が僧や尼僧で、欧米から駆けつけた者もいた。カルマパは深紅と金色の僧衣をまとい、高くなった場所で群衆に相対して胡座《あぐら》を組んだ。その背後には一段と高い王座があり、厚紙を切り抜いて作った半蓮華《れんげ》坐〔一方の足をももの上に乗せ、もう一方の足はももに引き寄せて組む座法〕のダライ・ラマ像が置かれていた。僧侶たちが声をそろえて読経を始めた。低音と倍音を同時に発声する特徴的なのどの使い方で、幽霊でも出そうな不気味な雰囲気を醸しだす。六月の暑い日で、あおいで熱気を払う信奉者の姿も見られた。カルマパから列席者への言葉はなかった。

数日後、山の上のチベット子供村にカルマパが現れた。子供たちの前で、環境保護の必要性についてチベット語で三十分ばかり話した。カルマパは基本的に政治への関与を避けているが、環境保護に関しては公の場でも熱心なところを見せている。「私たちはみな、持ちつ持たれつの関係です」。落ち着いた声で語りかける。「どんな動物も食物連鎖の一部で、自然の中で果たすべき役割があります。鎖の一つを壊してしまったら、全体に影響が出てしまいます。……自然を大切にすることは、結局はみなさんのためになるんですよ[15]」

面会のアポイントメントをとった土曜日の朝がきた。十一時の謁見に間に合うように寺院に到着した。待合室は人でいっぱいだった。見たところ外国人の信奉者が多いようだ。香港や台湾から来た人もいた。インドの警備員が体を叩いてチェックしていく。今回はデジタルレコーダーの持ち込みが許可された。そして妻にもデジタルカメラの持ち込みと写真撮影が認められた。ほかの人々と一緒に待っていると、黒々と髪を染めた年配のインド人警備員がやってきて声をかけた。「ご質問事項の写しをいただけますか」。私は、事前に電子メールで送付したと説明した。するとチベット人の案内係がそっと耳打ちした。「政治的でない質問にしてほしい、ということですよ」

延々と待ってようやく順番がきた。私たちは四つの階段をのぼって最上階のカルマパの住まいにたどり着いた。靴を脱ぎ、廊下に置かれたプラスチックのデッキチェアに腰掛けた。僧侶の読経の声がかすかに聞こえてきた。案内係が廊下とレセプションルームをせわしなく行き来して、巡礼者たちに入室の合図を出している。私の後ろには台湾人の女性が座っていたが、待っている間中、何度もすすり泣きをもらしていた。カルマパに拝謁できる瞬間を目前にして、感極まった様子だった。彼女とその友人は、祝福してもらう品物を入れた大きなかばんを持っていた。友人のほうに話を聞くと、二人はインドに到着したばかりで、これから一年をかけて心の充電旅行をするという。吹き抜け階段が騒がしくなった。オーストラリアの議員団がかなりの人数で到着したのだ。ここ数日、ちょくちょくダラムサラで目にした一行だ。靴を脱いだりハタを首にかけたりする作法を確認しあっている。誰かが教えていた。「単に『ホリネス』と呼べばいいんですよ、『ヒズ・ホリネス』ではなくて。それはダライ・ラマだけに使う尊称だから」——何か誤解をしているようだ。

さらに一時間が過ぎ、私たちはようやく日の光が差し込むレセプションルームに通された。壁に大きなタンカがかけられている。床には緑色の屋外用カーペットが敷きつめられ、その上に青色と橙色の伝統的なチベット絨毯が敷かれている。カルマパは立って出迎えてくれた。少し歩み寄って私の手をしっかりと握り、金属フレームの眼鏡の奥からじっと観察した。以前会ったときのことを思い出そうとしているようだ。少し離れたところに側近が一人座っていて、たまにカルマパが英語に困ると通訳をした。カルマパは上座にある縞模様のソファの上で正座した。私も席に着いた。カルマパの前には黄色いファイルが置かれている。おそらく私の前に面会した人の資料だろう。彼の左側のテーブルには、品のよい小さな盆栽が飾られている。右側のテーブルには、オウムガイの貝殻などちょっとした飾り物が置かれている。電子メールで送付された質問リストに沿って進めればよいか——カルマパが確認した。それ以外にもお聞きしたいことがあると答えると、彼はちょっと肩をすくめて了承してくれた。

私は、少し前に北京の大規模な展覧会に行ったことを話した。ダライ・ラマ追放五十周年を祝う主旨の展覧会だ。これはダライ・ラマを追い出してチベットを農奴制度から解放したという中国政府の見解に基づくわけだが、実際のところ、一九五〇年代に中国軍が進駐してくる前のチベットは封建社会だったのだろうか。カルマパは答えた。「外から見れば、当時のチベットはきわめて封建主義的な国に見えたかもしれません。でも、考えてほしいことが二つあります。チベット人の心はどうだったのでしょう？　幸せだったのかどうか。これが一つ目。そして二つ目は、チベットの近代的な発展がチベット人に恩恵をもたらしたのかどうかという点です」。彼は開通したばかりの青海チベット鉄道を例に挙げ、環境への影響に懸念を示した。「チベットの環境をもてあそんで、本当によい結果を出せているか？　私たちは胸に手を当てて考えてみなければなりません」。カルマパは話し続けた。チベット高原を揺るがした前年の暴動についても触れた。多くのチベット人が、命の危険を冒して現在の中国の政策への不満を表したと彼は言う。「今、彼らが幸せでないことは明らかです[16]」

カルマパは体をほんのわずか前後に揺らした。ときおり、おどけた調子で目玉をぐるりと回したりした。彼の話を聞いて、私は数カ月前の取材を思い返した。そのとき彼は中国のチベット抑圧を批判し、それが暴動の根本的な原因だと言った。「中国の支配下では人権が無視されているため、一部の人々が立ち上がったのです。春に起きた暴動の原因はそこにあります」。ただしカルマパは、怒りの矛先が向いているのは支配者の抑圧政策であって、良識のある一般の漢族の人々ではないという点を強調する。この点はダライ・ラマとも共通している。「私はチベット人ですから、チベットの人々と社会について本当に気にかけています。それと同時に、中国人のことも大切に思っています。私の中でチベット人と中国人の分け隔てはありません[17]」。と言いつつ、彼はすかさず言い添えた。中国はチベットよりはるかに強大ですから、中国の指導者は人々の幸せのためにより大きな責任を果たすべきです。

私は次の質問をした。一般の中国人の宗教への興味が徐々に高まっているように見えるが、それはなぜか。カルマパは答えた。

「おそらく、もっと幸せな人生を求めていて、精神的な生き方とか慣習がほしいのでしょう」。中国は驚異的な経済発展を遂げているけれども――とカルマパは続けた。「一部の人々は、むなしさというか、何かが足りないという気持ちを抱いています」。中国は途方もない勢いで変化し続けているが、経済が発展するだけでは人間の心は満たされない、と言う。「それは外側の進歩や発展です。太ったブタと同じこと。外側ばかりぶくぶく大きくなって、内側は何の成長もしていません」

彼がかなり堂々と中国批判をするようになっていることに驚いた。もし中国に転生者の認定を撤回されてしまったら、とは考えないのだろうか？　そう問うと、すぐさま言い返された。

「中国はすでに私を認定したんです。前言を取り消すことは不可能ですよ[18]」

チベット仏教界での確執

私とのインタビューの間――いや、私以外のジャーナリストでもそうだが――カルマパは、ダライ・ラマ亡き後に彼が政治的な役割を果たすという見方をはぐらかそうとした。「法王様のビジョンを広め、それを実現するためにすばらしい仕事をしているチベット人はたくさんいます。私も最善を尽くすつもりですが、将来的な役割という意味では、私はすでにカルマパですから。それが私の役目であり、それだけでもかなりの大役だと感じています」。しかし、もしチベット人の支持が彼に集まり、将来のチベット人の活動のリーダーシップを取ってもらいたいという声が高まったらどうするか？　そう尋ねてみたが、彼は答えようとはしなかった。「非常に奥の深い問題なのです。チベット人のリーダーの役割について考えるときは、歴史的な文脈に合致すること、あるいは少なくとも歴史的な文脈を検討することが重要です。ここ八百年から九百年の間、カルマパは政治とはまったく無縁の存在でした。純粋に宗教的なリーダーであって、政治のリーダーシップに関わったことはありません。この歴史的な流れをいきなり変えて、カルマパに宗教指導者以上の役割を与えようとしても、難しいのではないでしょうか[19]」

私たちは彼の日常生活についても話した。午前五時頃に起床して朝の勤行をし、経典や書物の勉強をする。そして午前中は客と面会する。英語の教師はほぼ毎日、韓国語の教師も定期的にやってくる。カルマパの信奉者は韓国にもたくさんいるが、彼らとは直接話ができるのだ。音楽では、クラシックやニューエイジ系のアイルランド人歌手のエンヤが好きだという。テレビはあまり見ず、インターネットを好む。「ＢＢＣのウェブサイトはよく見ますよ」。しかし電子メールは使わない。ギュト寺院にはカルマパの姉のンゴドゥプ・ペルソムも住んでおり、彼はこの姉を通してほかの家族と連絡を取っている。彼と対面していると、じっとしていることを好まない性格が伝わってくる。

どこかのインタビューで、カルマパはストレス発散のためにテレビゲームをすると答えていた。「私にとってテレビゲームは感情を癒してくれるものです。癒しと言っても日常レベルの癒しですが。仏教の教えを実践する者もそうでない者も、私たちには感情があります。……感情的になりそうなときは、それをどうにかすることが必要です。私の場合、ちょっとテレビゲームをすると気晴らしになって、溜まっているものを発散できます。考え方や気持ちがネガティブになったときの一つの対処法として、架空の世界に負のエネルギーを放出するのです。そうすると気分がすっきりしますね[20]」

カルマパは今も向学心にあふれていて、思い切り勉強するチャンスがほしいと考えている。あるインド人ジャーナリストの取材には、心理学と科学が学びたいと答えている。「そういう分野をちゃんと勉強する機会がありませんでした。近いうちに現代科学を学びたいと思っています。大学に入って正規の教育を受けられたらうれしいですね。現代科学と仏教哲学は補完的な位置にあるので、両方のプラスになります[21]」

チベット人の文化は存亡の危機にあり、一刻の猶予もない。この点について、カルマパはダライ・ラマと同じスタンスで警鐘を鳴らしてきた。あるジャーナリストが、亡命チベット人は亡命先のインドに同化しつつあるのではないかと指摘したところ、カルマパは力強く反論した。

「私はチベットの状況は切迫していると感じ、世界の人々にはもっと関心を向けてもらいたいと思っています。悠長に構えて、新たな出来事や状況の変化を十年、二十年、三十年と見守っている場合ではありません。チベットの文化のほとんどが失われ、復興のチャンスもなくなるかもしれないという大変な危機なのです。実際、私たちの手に負えないほどの厄介な問題ですが、早急に何らかの手を打つ必要があります。あなたが質問したようにこのまま五十年も待っていたら、チベット文化の大部分が失われて二度と復活できなくなるという危機に陥るでしょう[22]。

私はカルマパに、寺から自由に外出できるのかと訊いてみた。敷地内を歩くことはあっても外に出ることは少ないという答えだった。屋上のテラスを歩くだけのことも多いという。「そこに見えるテラスですよ」と窓の外を示す。ずっとインド政府に監視され、檻《おり》に入れられた気分ではないか？　そう問うと、カルマパは答えた。「なかなか説明しにくいのですが。チベットよりはましです」

カルマパがインドに亡命して何年も経つのに、なぜインド政府は彼の行動を束縛する必要があると考えているのか。私には納得できなかった。二〇一〇年の春にも、カルマパがインド政府に一カ月間のヨーロッパ旅行と米国への説法旅行——米国旅行は二度目——の許可を求め、政府が却下するという一幕があった。[23]こうして拒絶する理由がはっきりしない。ただし、カルマパの地位をめぐる対立と、それに付随する法的・メディア的な争いが重要な要因の一つであることは確実だ。

われこそは正当なカルマパ十七世だと主張する人物が、彼のほかに二人いる。一人はヨーロッパ、米国、東アジアを歴訪して何万人もの信奉者に説法をほどこし、ウェブサイト karmapa.com を開設している。ダライ・ラマが認定したカルマパ十七世——圧倒的に認知度が高い——とはかなり外見も違うが、彼には元ボクサーのデンマーク人仏教指導者を含む強力なパトロンがついている。もう一人はシッキム出身のダワ・サンポ・ドルジェ[24]だ。候補者としてはそれほど有力視されていない。彼はメディアに対し、三人の候補者の宗教的熟達度をテストすべきだと主張している。「私の能力を証明する準備はできていますが、すべての候補者が聖なるルムテク寺に集まらなければなりません」と彼は言う。こういう確執は昔から繰り返されていて、何百年にもわたってチベット仏教の分裂の原因になっていた。ライバルに毒を盛るとか、最悪の場合は殺人が行われることもあった。

今回の場合は、カルマパ十六世が死去した後の、四人の「心の子」の対立が原因の一つになっている。最年長のシャマル・リンポチェ——通常シャマルパと呼ばれる——は、後になって予言書はタイ・シトゥによる捏造だと批判し始めた。そして、予言書が本当にカルマパ十六世の直筆によるものかどうか、法医学の専門家による鑑定をするべきだと訴えた。一方タイ・シトゥはきっぱりと疑惑を否定し、転生者特定の手続きにおいて、筆跡鑑定は伝統的な手法ではないと主張した。だがシャルマパは、陰謀が進行中なのではないかという疑念をぬぐい去ることができなかった。シャルマパに協力的なリンポチェから、ある情報がもたらされた。ラサにカルマパの転生者を名乗る少年がいるらしい——。シャルマパは、信頼できるラマを送り込んで調査させた。やがてラマが帰国し、その少年に関する報告を受けたシャルマパは、ティンレー・タイェ・ドルジェという名のこの少年こそ真のカルマパの転生者だという確信を強めた。一九九四年、少年と家族はチベットを逃れてニューデリーに移住し、シャルマパはその地で少年をカルマパ十七世に即位させたのである。しかし今のところ、この少年への支持が優勢になったことはない。

こんなものは単なるチベット仏教界の内輪もめで、関係があるとすれば信者だけではないか——そう思われるかもしれない。しかし膨大な資産、そして黒帽の運命が左右されかねないのだ。この問題で訴訟が発生すれば、百二十億ドルのカギュ派の資産が脅かされる。カギュ派の資産には、亡命チベット人の総本山であるルムテク寺や、そこに保管されている貴重な宝物、遺品、書物などが含まれる。[25] 黒帽はルムテク寺の宝物庫にあるとも言われる。シャルマパは、ルムテク寺にある黒帽はレプリカで本物はタイ・シトゥが盗み去ったと主張し、タイ・シトゥはそれを否定している。

複雑で頭がくらくらしてきそうだ。真実を見つけ出すために、私はカルマパの欧米の協力者の一人に話を聞いた。彼は、もっと広く歴史的な視野を持てとアドバイスしてくれた。歴史上、こういう対立は枚挙にいとまがない。彼の話では、昔は転生者の認定をめぐる争いが持ち上がると、まもなくどちらかの候補が急死するということがあった。実際、過去のダライ・ラマやパンチェン・ラマの中には、食事に毒を盛られたり若くして不審な死を遂げたりした者がたくさんいる。ときには摂政に疑いがかかることもある。彼らが、その役得を失いたくないためにラマの早世を目論むというのだ。

一八〇五年から一八七四年まで、ダライ・ラマは四代続いて成人前に死去している[26]。一八一〇年、愛らしいダライ・ラマ九世が即位した。一八一一年にラサに入った英国の冒険家のトーマス・マニングは、当時七歳のダライ・ラマ九世に謁見したときのことを書き残している。「美しく独特なラマの顔つきに興味をひかれた。彼の立ち居振る舞いはシンプルで気取りがなく、立派な教育を受けた王子にふさわしい少年だった。彼の顔は詩的で感動的な美しさをたたえていた」。一八一五年、ダライ・ラマ九世は風邪から肺炎を発症して亡くなった。九歳の誕生日のわずか二カ月後のことである[27]。そして一八二二年にダライ・ラマ十世が即位したが、彼も二十歳か二十一歳で亡くなった。彼の場合は摂政に少しずつ毒を飲まされたという疑いがある[28]。ダライ・ラマ十一世は一八五一年に十七歳で亡くなった。ダライ・ラマ十二世も十八歳で亡くなっている。そして早世した四代のダライ・ラマの在位期間には、さまざまな摂政、そしてパンチェン・ラマが巨大な権力を握ったのである。

羊飼いの家に生まれ、現在最も広く認知されているカルマパ十七世。しかし、この先ダライ・ラマという先導役がいなくなれば、自ら困難を克服する道を探すために高度な能力が求められるだろう。チベット人たちはカルマパが政治的な役割を果たすことを望み、彼の意思などお構いなしにリーダーに担ごうとするかもしれない。彼はかつて、自由のためにヒマラヤ越えという大変な苦難を乗り越えたわけだが、チベット問題の解決を目指す人々にもまれながら政界の暴風のなかを突き進むことを考えれば、大した苦難ではなかったと思う日が来るかもしれない。

はるか遠く、黄土高原の向こうにある北京の故宮の東に、カルマパと同い年のチベット人の女性が住んでいる。彼女も仏教徒で、まれに見る血筋の持ち主だ。父親はチベット仏教の最高位の僧侶の一人で、中国共産党に投獄されて十年間も獄中生活を送った。父親は自由を取り戻すために僧衣を脱ぎ、結婚し、そして彼女が誕生した。時を経て、歴史は彼女に特別な役割を果たすことを求めている。そして彼女は、遠回りをしながらもその方向へと歩んでいる。彼女はまず南カルフォルニアの上流階級の私立学校で教育を受け、週末にはハリウッドの俳優らとも交流を持った。中国に戻った彼女は胡錦濤国家主席のじきじきの推薦で北京にある彼の母校に入学し、最近博士号を取得した。チベット人の同胞と、教育を施してくれた中国共産党。彼女の忠誠心はどちらに傾いていくのだろうか——それは今後を見守る必要がある。

いずれにせよ、共産党が中国の支配権を握り続けるかぎり、彼女はチベットの安定のために協力を求められ、国内で重要な役割を果たすことになるだろう。カルマパが国外で希望の星になっているのと同じように、彼女は「チベットのプリンセス」として特別な役割を果たす運命にある。

第8章　チベットのプリンセス

真実は永遠に不変である。私の嘆願書にいくつかの間違いがあったことは疑う余地がない。しかし私が声を上げたことは、決して間違いではなかった。

——パンチェン・ラマ十世（中国共産党指導者への申し立て、一九八七年〈死の二年前〉、チベット）

中国人にもチベット人にも信奉される

チベット仏教ゲルク派の最高位に君臨する二人の転生ラマ——ダライ・ラマとパンチェン・ラマ。転生の歴史の中で、両者は互いに導き導かれる関係を保ってきた。たとえば、両者のうち年長で経験豊かなラマが、もう片方を弟子のようにして面倒を見る。どちらかが死ぬと、もう片方がその転生者選びに重要な役割を果たすといった具合だ。また、両者は勢力範囲が異なる。ダライ・ラマの拠点はラサのポタラ宮だ。一方パンチェン・ラマはラサの西のシガツェの寺院を拠点とし、独自に支配層のエリートがいる。両者の関係はときおり悪化した。ラサのダライ・ラマがシガツェの支配権を主張したり、中国が両者のライバル関係を利用したりすることが対立の原因になることが多かった。かつてパンチェン・ラマ九世は、常備軍強化のための税制をめぐってダライ・ラマ十三世と対立し、敗れてモンゴルに逃れた。そのほかパンチェン・ラマが中国政府の側に接近しようとした時代もある。

一九五〇年代、中国軍がチベットに進駐して支配の強化を進めたころ、ダライ・ラマと、三歳年下のパンチェン・ラマはともに二十代の若者だった。やがて成熟した彼らは、別々の戦略をとった。ダライ・ラマは中国共産党との衝突をかわすことを選び、パンチェン・ラマはいわゆる「親中国」路線を選んだ。ダライ・ラマは一九五九年に亡命したが、パンチェン・ラマは共産党の理想を称賛してチベットにとどまったのだ。ラサ政府が共産党を宗教の敵と見なしたのに対し、パンチェン・ラマはそこまでの脅威ではないという見解を示した。共産党は、すぐさま彼を全国人民代表大会常務委員会の副委員長に指名した。便利なあやつり人形として使えると判断したのだ。しかし、やがて彼は毛沢東にとって靴に入った小石のように邪魔な存在になってゆく。

一九六二年、パンチェン・ラマは信奉者たちにとって勇敢な悲劇のヒーローになった。当時まだ二十四歳だったパンチェン・ラマは、共産党のチベット政策の問題点に関する長い意見書を発表したのである。毛沢東はこれを「党に放たれた毒矢」と呼んだ。

パンチェン・ラマの意見書は、党に受理されるようにマルクス主義的な言葉を使って書かれていたが、その内容はチベット政策の見直しを求めるものだった。一万人ものチベット人を投獄したことを厳しく批判し、各地の共産党幹部がチベット自治区の仏教寺院の数を減らして仏教を根絶しようとしていることを批判した。意見書によれば、一九五九年に二千五百あった寺院が、わずか三年のうちに約七十まで減ったという。パンチェン・ラマは、仏教に対する締めつけは「私と九〇%以上のチベット人にとって耐えがたいこと」だと訴えた。また飢えに苦しむ人が増えつつあり、党は暗黒の封建主義からチベットを解放できていないと糾弾した。

パンチェン・ラマは激しく非難された。一九六四年、彼は「反党、反革命、反社会主義」の汚名を着せられ、五十日間にわたり批判と屈辱にさらされた。四年後に投獄され、約十年を獄中で過ごすことになる。釈放されたときには気力も尽きかけていた。彼は僧衣を脱ぎ、独身を通すチベット僧の慣例に反して漢族の女性と結婚し、一女をもうけた。パンチェン・ラマの六百年あまりの歴史の中で、妻帯して父親になったのは彼が初めてである。

北京に赴任してから何年も経って初めて知ったのだが、パンチェン・ラマの娘は私たちのアパートのわずか五、六ブロック先に住んでいた。故宮の東側、幹線道路の建国門内大街から少し入った場所である。彼女の住まいは長安大戯院――座席数八百席の京劇鑑賞のベストスポット――の裏手にあった。胡同《フートン》と呼ばれる中国の典型的な路地が残り、雑多な店舗や公衆便所が並んでいるような場所である。夏場には、男たちが歩道でダイヤモンドゲームや麻雀に興じる姿が見られる。彼女の住まいは四《し》合院《ごういん》と呼ばれる伝統的な造りで、灰色の高い壁に特別な目印はない。唯一の出入り口には巨大な金属の扉があり、警備員が訪問者を確認するためののぞき穴が開いている。こうした住居ではよくあることだが、壁の外からは中がどうなっているのかまったくわからない。中に入ってみると、十車線もある幹線道路がすぐそばを通っているにもかかわらず、そこは静謐《せいひつ》な場所だった。

由緒あるこの住宅には、かつてパンチェン・ラマ十世自身が住んでいた。今は彼のごく身近な家族が住んでいる。娘の名はアブシ・パン・リンジンワンモ――「賢き聖なる女性」という意味だ。だが、ほとんどの人は彼女をレンジと呼んでいる。中国では革命によって身分の差がなくなったはずだが、敬意を込めて「チベットのプリンセス」と呼ぶ人も多い。数年前に私が初めて会ったとき、彼女は二十代の半ばだった。十年間の米国留学から帰国して北京に住んでいた。彼女はカリフォルニア訛りの英語で出迎えてくれた。話してみると、彼女が三つの世界につながっていることがすぐにわかった。チベット、中国、そして欧米だ。民族的には、チベット族と漢族の血が半分ずつ流れている。母親は漢族の医学生だったが、レンジはチベット僧に囲まれた家庭環境で育ち、母語はチベット語だ。きちんとした宗教教育を受けたわけではないが、多くのチベット人は、彼女をパンチェン・ラマ——彼女が五歳半の時に亡くなった父親——の生まれ変わりのように崇《あが》めている。

漢族の中国人もレンジを信奉している。レンジの母方の曾祖父は国民党の将軍で、共産党と戦って敗北した。その後、彼は共産党に転じ、一家は党の信任を得た。歴史の奇妙な巡り合わせで、レンジの母親は胡錦濤総書記と直接知り合う機会を得る。あなたの娘は将来政界で大いに活躍するでしょう——胡錦濤は母親に言った。胡錦濤をはじめとする共産党の指導部は、レンジが深い溝で隔てられた北京とラサとを結ぶ懸け橋になると考えていた。欧米の外交官や学者も、多くが彼女に好意的であった。彼女は欧米の教育を受けて欧米の価値観を身につけていたし、複雑なチベット問題について、ゆくゆくは自分が人々を一つにまとめる役割を担うのだという自覚を持っていたからだ。

私はレンジへの取材を申し込んだが、彼女の了解を得るためには側近との交渉をクリアしなければならなかった。そのころ彼女は金融学の博士号取得を目指して勉強しており、取材に時間を取られることに難色を示したのである。私は彼女の側近にしつこく電子メールを送り、彼が出かけるときを見計らって面会を手配してくれるように何度も頼みこんだ。そして、ようやく面会の約束を取り付けた。取材当日、私は歩いて彼女の住まいに向かった。警備員の許可を得て敷地に入ると、そこには広々とした駐車場、小さな庭、三階建ての母屋といくつかの離れがあった。まず案内されたのは、母屋の三階にある故パンチェン・ラマ十世の祭壇だった。ろうそくに灯がともり、その上にパンチェン・ラマの大きな肖像画が掲げられている。円筒形の多彩色の祈祷旗が天井からつり下げられていて、壁には写真が飾られている。まもなく大きな部屋に通された。壁にはエベレストの巨大な絵画が飾られている。かなり改まった感じの典型的な中国風の応接室で、壁際に張りぐるみの椅子とお茶を出すサイドテーブルが置かれている。上座のソファの前にローテーブルが置かれ、バラの花束が飾られている。付き人の女性がしずしずと入ってきて、熱いバター茶と小さな皿に盛ったフルーツとチョコレートを出した。彼女は十五分おきにお茶をつぎ足してくれた。

レンジが部屋に入ってくると、付き人の女性たちが立ち上がった。レンジはほほ笑んで私に手を差し出した。チベット人らしい健康的な小麦色の肌をしていた。髪はハシバミ色で肩より少し長く、一筋の乱れもなかった。紫色のアイシャドウが顔を引き立てていた。客を迎えるとき、彼女は大抵チベットの高貴な伝統衣装――ブラウスにフォーマルなロングドレス――を身につける。彼女はソファに座ると手を合わせた。この先、何回か取材を受けてもらえないか――私はレンジに申し入れた。彼女は興味を示したものの、政治色があることにためらいを感じているようだった。その先の取材の準備が整ったのは、初回の訪問から一年以上も後のことだった。しかも彼女自身とチベットの将来について質問しないという条件つきだった。現在のチベットというデリケートな問題は、政治の世界の地雷原だ。彼女はそこに近づきたいとは思っていない――。側近らにしっかり釘を刺されてしまった。

父の「転生」にまつわる闇

レンジはさまざまな問題に巻き込まれうる立場にいる。その一つが彼女の父親の転生にかかわるものだ。つまり、現時点で誰がパンチェン・ラマの意識と数百年の叡智を受け継いでいるのかという問題である。ダラムサラ界隈を歩いていると、あざやかな緑色の看板をたくさん目にする。かわいらしい顔をした六歳のチベット人の少年を「世界で最も幼い政治犯」と呼び、その窮状を嘆くものだ。この少年はダライ・ラマが認めた「魂の子」であり、もし自由の身ならばパンチェン・ラマ十一世に認定されているはずの人物である。この少年の発見、そして一九九五年の失踪——これはチベット人にとって治らない傷口のようにうずき続ける出来事だ。カルマパの転生者争いと同じように、パンチェン・ラマの転生にも対立の火種があり、これもダライ・ラマ十四世の死後に影響を与える可能性がある。中国政府は党にとって都合のよい人物が選ばれるように転生者候補を吟味し、捜索をコントロールし、最終的に転生者を決定するだろう。亡命したチベット僧たちの支持を受けた候補者は、地球上から姿を消すことになるかもしれない。

ダラムサラで見かける巨大な看板に描かれた、純真で疑うことを知らないつぶらな目をしたチベット人の少年。名はゲンドゥン・チョーキ・ニマという。彼の物語は一九八九年のパンチェン・ラマ十世——レンジの父親——の死から説き起こさなければならない。パンチェン・ラマの死から半年ほどして、彼の転生者——新たな命として彼の意識を引き継ぐ者——の捜索が始まった。チベット仏教では、高位のラマが死去すると、その神聖な霊魂《マインドストリーム》が新たな命としてこの世に再来すると信じられていて、その人物は先代の叡智と洞察力のすべてを受け継ぎ、同じ意識を宿すとされている。つまり、まだ正式な宗教教育を受けていなくても、「魂の子」はきわめて神聖であり、過去に地上に現れたすべての転生者の叡智の光を一身に負う存在として尊敬されるのだ。中でもダライ・ラマやパンチェン・ラマの転生者に認定された者は、仏陀の永遠の悟りを体現する存在として、特別な尊敬を受ける。

パンチェン・ラマの転生者探しは出だしからつまずいた。中国共産党は、亡命したダライ・ラマの影響力を転生者特定のプロセスから一切排除することを基本原則とした。党はパンチェン・ラマの拠点であるタシルンポ寺の高位ラマにシガツェを出て捜索することを許可する一方で、最終候補者の三人から新しいパンチェン・ラマを選出するのは北京の中央政府であると言いわたしたのだ。捜索の責任者に任命されたタシルンポ寺の僧院長は、北京で教育を受けて党からも一定の信頼を得た人物だった。しかしこの僧院長は、捜索の進め方について秘密裏にダライ・ラマと書簡をやりとりし始める。政府はこれを察知できなかった。秘密の書簡を携えた巡礼者や僧がヒマラヤを行き来し、中国の内と外で捜索の最新状況が共有されたのである。

困難な捜索の過程で、僧院長と彼のチームは聖なるラモラツォ湖にも何度か足を運んだ。彼らはそこで真言《マントラ》を唱え、双眼鏡で湖面の変化を観察し、正しい転生者の少年へと導く兆しを占った。捜索の途中で、僧侶たちは体に黒あざと二つのチベット文字の輪郭を持つ少年の幻を見た。それを手がかりに、捜索隊は三つに分かれて捜索した。中央チベットのナクチュで、ある高位ラマが一軒の民家にたどり着いた。そこには体に奇妙なあざを持つ幼い少年がいた。手首にもあざがあった。先代のパンチェン・ラマが、長期にわたる獄中生活の一時期に手錠をかけられていた場所である。その少年は初対面のラマに対し、両親や家族を残してタシルンポ寺に戻りたいと訴えた。昔から転生者の証とされる言動だ。さらに調べた結果、ラマたちは彼が「魂の子」だという確信を得た。報告を受けたダライ・ラマは、すぐさまそれを承認した。

一九九五年五月十四日、ダライ・ラマはダラムサラの高位のラマたちを集め、パンチェン・ラマの「真の転生者」がナクチュで見つかったと宣言した。これに対し中国は怒りをあらわにした。三日後、中国政府の工作員によって少年と両親は拘留され、それ以来行方不明となった。タシルンポ寺の僧院長も逮捕され、ダライ・ラマと共謀した罪で懲役六年を言いわたされた。すでに刑期は終わっているが、今も軍施設のそばで軟禁状態に置かれている。ナクチュで転生者が見つかってから数カ月後、中国政府は同じナクチュで見つかった別のチベット人の少年——両親は共産党員——が真の転生者であると宣言し、パンチェン・ラマが二人存在する事態になった。公式に無神論を掲げる共産党にとって、魂の転生者の決定とはあまりにも対極的な世界である。この分野で党が影響力を確立するためには、二人の転生者の並立という方法が常套手段になるのかもしれない。

同年十一月二十九日の深夜、共産党の幹部がジョカン寺に集まり、あっという間にこの少年の即位式を済ませた。今では二十代半ばに成長しているが、チベット人のほとんどは一貫して彼を偽のパンチェン・ラマと見なしている。チベット高原の寺院では、熱心な信者らが今でも故パンチェン・ラマ十世の写真を掲げて礼拝している。そして中国当局の命令を受けたときにだけ、政府が認定した後継者の写真を出してくるのだ。政府は行方不明の「魂の子」が政府の監視下にあることを認めている。政府の説明によれば、その子供は「どこから見てもふつうのチベット人の子供で、健康状態はきわめて良好。標準的で幸せな生活を送り、よい教育としつけを受けて育っている[1]」という。少年と家族は監禁されている疑いがあるが、政府は彼らの安全を理由に所在の公表を拒んでいる。

共産党が認定したパンチェン・ラマは、彼の民族的ルーツから切り離されて北京郊外の懐柔《ファイロウ》区の施設で育てられた。寺院の慣例として高僧に施されるべき宗教的教育も、当初は与えられなかった。後にクンブン寺で教育を受けるが、その際にも厳しい監視がつけられた。やがて党幹部は彼を国内の仏教徒の集まりに出席させたり、大規模な車列を組んでチベット人の居住エリアに連れていったりするようになった。成長した彼は、パンチェン・ラマの役割をきちんと果たしているように見えた。だがその胸中では、ある人物の存在を脅威に感じていたに違いない。彼の瞳をのぞき込んで彼が偽者かどうかを判断できる唯一の人物——そう、レンジである。

パンチェン・ラマ十世の娘であるレンジは、父親が読経したり真言を唱えたりするのをひざの上で聞いていた。彼女は父親の精神、神性の輝き、娘に対する無限の愛情を知っている。彼女が中国の認定した転生者の目をのぞき込み、そこに父親の精神の痕跡があると認めれば、彼が本物の転生者だというまぎれもない証拠になるだろう。本物の転生者ならば、身体という器が違うだけで、中身の意識は彼女の父親と同一のはずである。彼女がそう判断すれば、中国のチベット統治に関する懸念も和らぐだろう。しかし、もしも彼女が、彼からは父親の意識が感じられない、したがって父親の転生者とは思えないと判断したらどうなるか。チベットに充満している怒り、不満、恨みにさらに拍車をかけることになりかねない。

今後、彼女が判断をくだす日は来るのだろうか。もしそれが許されたとして、真実を話すことができるのだろうか。私はこの点も彼女に尋ねたが、彼女はいつも護衛をそばにつけ、彼の目をじっくり見たことはないと言うばかりだった。しかし彼女は、たとえ彼の目を見ていなくても——今後見ることがあるかわからないが——、現時点でパンチェン・ラマの黄帽をかぶっているこの若者をめぐる騒動で、自らが持つ戦略的価値をよく理解していた。

「私が彼を必要とするよりも、彼は私を必要としています(2)」

二つの世界の間で

レンジとの正式な取材の初日、彼女はこれまでの人生についてアルバムをめくりながら話すことに同意してくれた。彼の父親は十年近く獄中で過ごした後で母親と結婚した。一九八三年にレンジが生まれたとき、父親はまだ名誉を回復していなかった。だが、中国政府はまもなく彼を政治の要職に復帰させた。付き人もつけ、党の上層部との友好関係を復活させるチャンスも与えた。レンジは特別待遇を受けて育った。彼女が生まれると、三人の僧侶と二人の女性が世話係になった。「私には専属の運転手がいて、シェフがいて、『遊び係』もいました」と振り返る。「外に出るときは、私専用の銀の食器を持った者が同行したものです」。そのほかにも、彼女が尿意をもよおしたときのために、おまるを持って同行する係もいたという。

誕生から百日目を祝うパーティーで、彼女にはもう一つの愛称がつけられた。党の高官の中には、今でもその名で呼ぶ者がいる。毛沢東に次ぐナンバーツーだった周恩来《チョウ・オンライ》の未亡人の鄧穎超《ドン・インチャオ》が、丸々としたレンジを見て「団団《トゥアントゥアン》」と呼んだのだ。中国語で「団」には二つの意味がある。一つは「まるい」という意味――レンジのまん丸な顔にぴったりだった。そしてもう一つは「団結する」という意味だ。各民族が漢族との団結を感じてほしいと願う党の指導者たちにとって、団団という愛称は希望のシンボルとなった。小さいころからレンジを知る年配の党員たちは、今もこの愛称で彼女を呼んでいる。

彼女が小さいころ、パンチェン・ラマの住まいには五、六十人もの人々がいた。訪ねてきた高位のラマ、ほかの宗教の指導者、親戚、そのほかにも大勢の人がいた。レンジが父親と一緒に過ごせる時間は夜明けとともにやってきた。「父は毎朝、四時半か遅くとも五時には起きて朝の読経をしていました」。まもなく付き人がレンジを起こし、祭壇の部屋まで連れていった。そこで彼女は父親の読経を聞くのだった。パンチェン・ラマは土曜日に一般向けの説法をし、多くの聴衆が集まった。胡同の外まで混み合って、公衆トイレがあふれるほどだった。気候がよい時期には家族を連れて北京郊外のウエスタンヒルズに行った。そこには党が彼にあてがった別荘があり、ウマやシカ、ウシ、サル、イヌなどの動物が飼われていた。ウエスタンヒルズには党の上級幹部の習仲勲《シー・チョンシュン》の一家も住んでいた。彼の息子の習近平《チンピン》は、現在党のトップを狙う位置につけている。周恩来の未亡人の鄧夫人も頻繁に訪れていた。鄧夫人は自身も大きな権力を持ち、パンチェン・ラマ一家とはきわめて深い縁がある。

　レンジはアルバムをめくりながら説明を続けた。彼女の英語には、十代のころに南カリフォルニアで身につけた口語的な表現がよくまじった。ピクニックの写真を見て言った。「これは、みんなでのんびりしている《ジャスト・チリング》ときですね」。別の写真には、共産党初期のころの広々とした紅旗《ホンチー》の高級セダンが写っていた。彼女の父親は車の運転が好きだったが、運転は運転手に任せよという指示が出ていたという。「一度か二度、政府に断らずに父が自分でハンドルを握って外を走ったことがありました。母と一緒に、たかだか長安街までですけど」。彼女はほかにも幼い日の思い出を語ってくれた。父親の執務室のデスクには、書類がどっさり積まれていた。「私は紙の山と呼んでいました」。父親のデスクの隣には、秘書を務める母親の李潔《リー・チエ》のデスクがあった。レンジはときおり両親の執務室に入って、父親が母親にチベット語を教えるのを聞いた。パンチェン・ラマは十年間の服役期間に中国語を学び、かなり習熟していた。しかし李潔がチベット語をマスターすることはなかった。二人は娘を溺愛し、誕生日には巨大なケーキで祝った。レンジが近くの幼稚園に通う年齢になると、毎日十人ほどの人たちが彼女に付き添った。だが彼女が小学校に上がる年に父親が急死し、彼女の生活は一変する。

　レンジは、父親と母親がいかにかけ離れた世界に生まれ、そして出会ったかを説明した。二人が出会った舞台は北京、私にとっても自分の庭のように身近な場所だった。故宮の東西南北の主要地点にある四つの公園の一つに、日壇《リータン》公園がある。日壇とは中国語で「太陽の祭壇」という意味だ。残りの三つの公園は、それぞれ月壇《ユエタン》、地壇《ディータン》、天壇《ティエンタン》という名がついている。どの公園もかつては宮廷の祈祷所であり、日壇公園を訪れた歴代の中国皇帝は、中央の祭壇に生け贄《にえ》をささげて太陽神に祈ったという。現在、日壇公園のまわりには、騒々しく熱気にあふれたビジネス街、ロシアマーケット、北京に二カ所ある大使館集中エリアの一つがあり、それらに挟まれた小さな緑地になっている。私もよく娘たちを連れて遊びに行く場所だった。地元住民が集まって太極拳やたこあげをしたり、京劇の歌を歌ったり、屋外ダンス教室で踊ったりしていた。公園の一角では、体操選手志望の人たちが平行棒や段違い平行棒の練習をしていた。人工のロッククライミングの壁に登る人もいた――ある外国人が落下して死亡する事故が起こるまでは人気スポットだった。荒れ放題のミニゴルフコースにはかびが生え、小さな釣り堀には藻が浮かんでいたが、公園は活気にあふれていた。池には頤和園――これも北京の名所の一つ――の西太后の石船を模した石船があって、あるジャーナリストがそこにバーをオープンさせた。公園内にはヤナギ、マツ、カキなどの木々が植えられ、喧騒から離れた穏やかな憩いの場になっていた。春には黄色いレンギョウ、白いモクレン、ピンクの桜の花が咲き誇った。

　一九七八年七月の暑い夜、恰幅のよい身長一八〇センチの男が日壇公園のベンチに座っていた。白いランニングシャツにズボンという、ありふれた夏の格好だ。しかし公園にいるほかの人々とは違い、この男は漢族ではなくチベット人だった。尊敬を集めるパンチェン・ラマ十世だ。もちろん太陽神への生け贄を見にきたわけではない――というよりも、彼自身がすでに生け贄のようなものだった。転生ラマとしての継承権を失ったのである。彼は文化大革命の混乱の犠牲となって十年間も獄中生活を送った。毛沢東が死去してようやく釈放された彼は、ふつうの暮らしを希望した。家庭を持つことを願ったのだ。彼は日壇公園のベンチに座り、花嫁になるかもしれない女性を待っていた。それまでの数年間に彼が獄中で受けた苦しみを考えれば、当然の成り行きだったかもしれない。

時代はさかのぼって一九六六年、文化大革命が始まったときのことである。紅衛兵を自称する毛沢東の熱狂的支持者がパンチェン・ラマの北京の住まいに押し入り、ナイロンのひもで彼を縛り上げて屈辱を味わわせた。毛沢東を後ろ盾にした紅衛兵らは、情熱を失った革命家、中国の進路を狂わせ資本主義の道に進ませようとする偽の社会主義者、中国社会の「四旧」（旧風俗・旧文化・旧習慣・旧思想）を改めない者を打倒しようと目を光らせた。パンチェン・ラマは格好の標的になった。「パンチェン・ラマは束縛を解くよう繰り返し要求したが、紅衛兵は相手にしなかった。彼に唾を吐きかけ、耳を引っぱり、悪口雑言を浴びせかけた[3]」。そして、何千人もの人々の前に彼を連れ出してさらし者にした。「彼らは大衆の人気を得るためにパンチェン・ラマを引き回した。街宣車に乗った者たちがパンチェン・ラマの罪名を次々と大声で叫びたてた。『売国の頭目』、『最大の反動的農奴主』、『最大の反動的活仏』、『チベット最大の寄生虫・吸血鬼』といった具合である[4]」。親しい仲だった周恩来の介入がなければ、パンチェン・ラマの運命はもっと早く尽きていたかもしれない。周恩来は紅衛兵に対し、彼に暴力を振るわないよう命じた。とりわけ彼に両手を広げて腰をかがめる「飛行機」の姿勢を長時間とらせることを禁止し、言葉による批判のみ許可したのだった。

その後、数カ月続いた混乱のなか、彼は迫害を逃れるために北京の自宅にこもっていたが、結局は無駄だった。一九六八年二月二十二日、兵士らが自宅にやってきて、上官の命令だと言って彼を連れ去った。彼は九年八カ月にわたり獄中生活を送り、ほとんどの期間は独房に監禁されていた。ほかの囚人には面会が認められていたが、彼には一切認められず、看守が彼に話しかけることもほとんどなかった。しかしパンチェン・ラマは辞書を使い、毛沢東、マルクス、レーニンの書籍や彼の愛車と同じ名前の『紅旗』誌を読んで標準中国語を学んだ。そして同じ牢獄に囚われていた大物ともまじわった。北京の副市長だった万里《ワン・リー》、元帥だったが大躍進政策を批判して失脚した彭徳懐《ポン・トーファン》などである。

約十年後、一九七七年十月二十六日の午後三時にパンチェン・ラマは釈放された。そのころ中国では熾烈な権力闘争が繰り広げられていた。十年間続いた文化大革命の悪夢は終わり、毛沢東も前年に死去していたが、中国の進む道筋ははっきりしていなかった。文化大革命は中国全土——チベットとその文化を含む——に計り知れない打撃を与えた。紅衛兵の熱狂的な若者たちが大挙してチベットの何千もの寺院を破壊し、宗教はおとしめられた。出獄したパンチェン・ラマには、将来への見通しなどまるでなかった。党の上級幹部らは、釈放するが「罪は消えない」という姿勢で、そもそも彼が収監される原因になった罪状をすぐには取り除かなかった。[5] 一九七八年、政府は長期間服役した者のうち、比較的忠誠心のある同志たちの名誉を回復することにした。そしてパンチェン・ラマを含む釈放した三、四十人の党幹部を中国各地をめぐる長期旅行に連れていき、改革の栄光を見せた。この一行の副代表を務めたのは、元国民党軍の将軍で後に忠実な共産党員になった董其武《ドン・チーウー》である。一行のほとんどは六十代、七十代、八十代だったが、パンチェン・ラマはまだ四十代だった。彼は旅行中に話し相手にしていた護衛兵の一人に、妻を見つけて家庭を築きたいと打ち明けたのである。

この兵士は仏教のことなどまったく知らず、このチベット人が何者かも知らなかった。旅行の締めくくりは北京だった。この兵士は董将軍に、家庭を持ちたいというパンチェン・ラマの希望を伝えた。「このパンチェンと呼ばれている男と旅行中に知り合いました。釈放されたばかりだという四十歳くらいの男で、結婚したいと言っていました。できれば年下で軍隊に勤務している女性がいいということでした」[6]。その話を伝え聞いた李潔は興味を持った。自分が結婚相手になりたいと考えたわけではなく、たくさんの女友達がいたからだ。彼女は当時、西安にある第四軍医大学の医学生で、その友人も含めて兵士と見なされていた。李潔は親類に同行してもらい、パンチェン・ラマと直接会って話すことに決めた。その印象を踏まえて、友人たちに見合いを勧めるかどうか判断しようと思ったのだ。それで一九七八年七月二日、日壇公園で待ち合わせたのである。

「父は、母がその人だと思ったのです……護衛の兵士が花嫁候補だと紹介したので」とレンジは語った。「父は自分の過去について隠さず正直に話したそうです。ずっと投獄されていて、ほとんど無一文だと。父は当時まったくお金を持っていませんでした」。まだ名誉も回復しておらず、「反社会主義者」という烙印が押されたままだった。若い医学生だった母親は、ランニングシャツを着たこの僧侶に好意を持った。その後も何度か会い、ついに互いに結婚の意志を固めた。彼女は大学に戻ると、当局に結婚計画の報告書を出した。彼女の祖父——両親が不在のときは親代わりをしていた——は、パンチェン・ラマは結婚相手にふさわしくないと激怒し、一家の恥だとまで言った。しかし彼女の決意は固く、ハンガーストライキをすると言って祖父に抵抗した。そして党の上級幹部の仲介で、北京で最も由緒のある人民大会堂で結婚式が行われた。

パンチェン・ラマと花嫁の怒れる祖父との間には、毛沢東の未亡人の鄧夫人が座った。夫人は両者に言葉を交わすよう促し、乾杯の音頭をとった。名高い鄧夫人のとりなしを無碍《むげ》にするわけにもいかず、祖父も怒りを鎮めた。[7] この結婚式は文字どおり漢族とチベット族の縁を結び、共産党にとって政治的にプラスになった。パンチェン・ラマは結婚式で僧衣を身に着けなかった。以後、彼は新たな政治的ポストを得た。その一つが一九八〇年に就任した全国人民代表大会常務副委員長だ。

結婚後四年近く経って、ようやく夫妻に娘が生まれた。しかし両親がそろった彼女の幸せな子供時代は、一九八九年に突然終わりを告げる。チベットに向かったパンチェン・ラマが重い病気になったという知らせが届き、家族は動揺した。李潔は急いで幼稚園に娘を迎えに行き、北京の空港からプライベートジェットでチベットに向かった。ラサに到着し、党の優秀な若手幹部の温家宝――後の中国首相――の率いる政府高官の一団と合流した。一行は軍用のヘリコプターに分乗し、パンチェン・ラマが拠点とする寺があるシガツェに飛んだ。

レンジは母親と一緒に寺の個室に通されたときのことを説明した。声が少しかすれていた。その部屋で、二人は悲しみに打ちひしがれた人々を目にした。悲しみのあまり失神した者もいた。父親がすでに息を引き取ったと告げる者はなかった。その代わり、彼女は別の部屋に連れていかれた。そこには父親が座っていて、顔に黄色いスカーフがかけられていた。「父を見つけてうれしくなった私は、『お父さん!』と呼びかけて駆け寄りました。でも返事はありませんでした。何度か呼びかけました。そして、何かおかしいと思ったんです。父は幼い私をとてもかわいがっていて、呼べばいつでも返事をしてくれたのです」

ダライ・ラマは、パンチェン・ラマが毒殺された可能性があると言っていた――私はそうレンジに伝え、反応をうかがった。彼女は躊躇《ちゅうちょ》してから言った。「本当に悲しい出来事だったので、この話はしたくありません」。しかし、その口ぶりから察すると、もともと父親の健康状態がすぐれなかったことが死に結びついたと考えているようだった。彼女の父親は大柄な体格で、死亡時にはかなり体重が増えていた。しかも激務が続いていた。「父の睡眠時間は毎日長くても三時間くらいで、いつも飛び回っていました。父の姿を見て、私は一生懸命働くことのすばらしさを学びました。でも自分の健康は自分で気をつけなければいけませんよね」。父親の死に対する彼女の感情が少し透けて見えた。

もし殺人だったと証明された場合、彼女は自分の家族をばらばらにした共産党に忠義を尽くすというギリシャ悲劇のヒロインのような立場になる。しかし彼女は淡々と話を続けた。

ハリウッドスターの支援を得て

パンチェン・ラマ死去の衝撃は、一家の財産をめぐる争いに移行した。パンチェン・ラマの私物や財産は、転生者探しに使われるということもあって、本拠地の寺院に戻されることがふつうである。遺産をめぐって遺族と寺院が争うなど前代未聞だった。党がパンチェン・ラマにあてがった故宮の北西の敷地に残された遺産の価値はおよそ二千万ドル。パンチェン・ラマは、これを妻と娘に与えるという遺言を残していた。そのほか、資産の一部は遺族が相続するとも書かれていた。しかしパンチェン・ラマの住まいにやってきた寺院関係者らは、数えきれないほどの遺品――テーブル、皿、下着、玩具、人形など――に中国語で「封」、つまり触れてはいけないと書かれた印をつけていった。「針の一本、糸の一すじも残さずタシルンポ寺に持ち帰る」――これが彼らの作業方針だった。

李潔が遺産相続をめぐって争っていたときも、レンジは住まいから徒歩圏内の小学校に通い続けていた。まもなくテニスに興味を持ち始め、お抱え運転手の送迎で毎日什刹海《シーチャーハイ》体育学校に通うようになった。オリンピック選手も多く育成している名門スクールである。プロのテニスプレーヤーを夢見て何時間もボールを打ち続けたが、結局は一時の気まぐれだった。彼女の行く手には、北京で最もレベルの高い中学校に進学するレールが敷かれていた。だが、母親の李潔が考えていたのは別の進路だった。

当時、李潔は中国の国外に出ないよう党から忠告を受けていた。党の指導者らが懸念したのは、彼女が出国したまま帰国せず、最悪の場合、亡命中のダライ・ラマやその支持者らと結託して中国政府に遠隔攻撃をしかけることである。しかし、李潔は娘を外国で勉強させたいと考えていた。それで、数年前に中国からニューヨークのコニーアイランドの近くに移住していたおば（レンジの大おば）を頼ることにした。すべての手配が整った。レンジはノースウエスト航空でデトロイトに向かい、そこで乗り継いでニューヨークのラガーディア空港に到着した。李潔は同行しなかったが、党には報告して承認を得ていた。そしてパンチェン・ラマの娘が米国に向かったという情報を流した。そのためレンジが飛行機から降りるときにはすでに注目が集まっていて、ターミナルでは何百人ものチベット人が彼女を出迎えたのである。

だが、大おばの家での生活は快適とは言えなかった。移住したばかりの者にはありがちなことだが、大おばはニューヨークでの暮らしを実際よりも美化して語っていた。あまり柄のよい地域ではなかった。レンジは大おばの家で個室を与えてもらったが、七年生に編入したベンソンハースト第一二八校までは、歩いて通学しなければならなかった。学校にはさまざまな人種の生徒がいた。レンジはほとんど英語が話せず、たった四人のアジア系の生徒たちと仲間を作って一緒にいることが多かった。仲間たちはよくいじめられ、レンジは反撃することを決めた。取っ組み合いのけんかをしたことも少なくなく、授業の前後にけんかをして殴られたこともあったという。だが北京にいる母親と電話するときには、学校が荒れていることは一言も話さなかった。

まもなく李潔は中国国外に出る許可を得て、ジェット機でレンジのもとに飛んだ。当初は娘が学校でつらい目にあっていることには気づかなかった。しかしある日、マンハッタンで買ってやったばかりの革のジャケットに斜めに傷がついているのを見つけた。明らかにけんかをした跡だった。李潔はすぐに学校をやめさせ、娘を連れてソーホー・グランド・ホテルに移った。そして、授業料が高くて上流階級の子女が通う学校を調べ上げた。ニューイングランドの郊外にあるフィリップス・エクセター・アカデミーやフィリップス・アカデミー・アンドーバー校といった一流校も候補になったが、少し隔離され過ぎていると考えて却下した。李潔とレンジはボストン、サンフランシスコ、ロサンゼルスの私立校を実際に見学して回った。このとき、ある意外な人物が二人のために尽力した。ハリウッドのアクションスター、スティーブン・セガールである。

セガールは、長年にわたり武道とチベット仏教に興味を持っていた。実際、一九九七年に師匠である高位リンポチェ（転生ラマ）のペノル・リンポチェから、トゥルク（化身ラマ）の認定を受けている。この認定を疑問視する声も上がったが、後にペノル・リンポチェは、セガールに対する見方についてこう説明している。「スティーブン・セガールはいつも暴力映画に出ているような俳優で、真の仏教徒のはずがないと考える人もいる。だが、そういう映画は一時的な娯楽に過ぎず、本当に大切なものは別にある。大乗仏教では、観音菩薩は衆生を救うためにあらゆる階層に生まれ変わると説いている。どんな身分であっても人々の役に立つことはできる。この見地からすると、映画スターであり、同時にトゥルクであるということも可能だ。この可能性に矛盾はない(8)」

セガールはみずからレンジの保護者に名乗り出て、ロサンゼルスに近い高級住宅エリアのサンマリノにある私立校、サウスウエスタン・アカデミーへの入学を勧めた。寄宿制のこのアカデミーの生徒数はわずか百五十人ほどで、その多くは著名な企業家やアラブの王族、世界中のジェット族（自家用ジェット機を所有するような大金持ち）の令息令嬢であった。当時の年間授業料は三万二千ドルほどだった。生徒には制服の着用が義務づけられたが、彼らが身に着けるアクセサリーや学校の前に止まっているスポーツカーを見れば、生徒たちの社会的ステータスは一目瞭然だった。セガールはレンジを注意深く見守ることを約束し、李潔も同意した。そして一九九六年の春、レンジはサウスウエスタン・アカデミーに入学した。アジア系の生徒も多く、居心地のよい場所だった。友人たちは、彼女のバックにセガールがいることを知っていた。まだ彼の俳優としてのキャリアが順調で、劇場公開映画に次々と出演していたころの話である。

「スティーブンは毎週末リムジンで迎えに来てくれました」とレンジは語る。「映画のイメージでは冷酷な殺人鬼ですけど、実際はまったく違うんですよ」。サンタモニカ近郊の山すそにある高級住宅街のベル・エアにセガールの邸宅があり、レンジはそこで長い時間を過ごした。エレキギターの弾き方を教わり、本場のバレーガール言葉〔カリフォルニア郊外の高級住宅街の女の子たちの話し方。likeやyou know?を多用する〕を覚え、映画スターやその子供たちと出歩いたりした。「彼のおかげで米国でも故郷のように落ち着くことができました。彼なしではあり得なかったことです。本当に彼の家族の一員のように過ごせました」。車を運転できる年齢になると、レンジはスズキやBMWのオートバイで南カリフォルニアを走り回った。やがてオートバイを卒業し、高級スポーツカーを乗り回すようになった。

そのころ、共産党の中でレンジ一家の最も強力な支援者だった胡錦濤が中国のトップになった。今では国家主席だけでなく、共産党の中央委員会総書記、中央軍事委員会主席も務めている。胡が党内で台頭し始めた時期にあたる一九八四年、彼はパンチェン・ラマ十世のもとを表敬訪問し、妻の李潔にも面会した。数年後、パンチェン・ラマ夫妻が貴州省を訪れて、同省の党委員会書記だった胡と再会し、それ以来親交を深めた。一九八九年にパンチェン・ラマが死去したとき胡はチベット自治区の党委員会書記で、悲しみに暮れるレンジの家族と対面した。彼はこの家族の潜在的な使命——漢族とチベット族の間の架け橋としての役割――を明確に意識していた。そして李潔といっそう親しくするようになったのである。

胡との親交のおかげでレンジも党の資金の恩恵にあずかれたのではないか。そう推測するのは簡単だ。しかしレンジは、それは誤解だと主張する。後日側近が送ってきたメールにも、彼女の家族には「かなりの規模の独立した財産」があると書かれていた。(9) しかし金の出どころについて、私は最後まで納得できなかった。レンジは高校を卒業する前から高級住宅地のパサデナに家を借り、キャンパスを離れて住んでいた。大人になった彼女が生きている世界に、すでにこのころから足を踏み入れていたのである。

サウスウエスタン・アカデミーで彼女が好んだ科目は政治学だった。大学でも政治学を学ぼうと考え、米国の首都――政治活動の中心地――に絞って大学を探し、ワシントンDCの北西部にある緑豊かなアメリカン大学への進学を決めた。だが、レンジにとって大学生活は少々期待外れだった。ほとんどの学生は初めて親元から離れて暮らす自由を満喫していたが、レンジは一年生はキャンパス内に住まなければならないという規則にうんざりしていた。首都の快適な住まいではなく、寮の部屋に閉じ込められた。ほとんど毎月のように中国大使館の職員がやってきて彼女を寮から連れ出し、ワシントンの一流レストランに連れていった。週末にはニューヨークシティに遊びに行ったり、ジェット機でロサンゼルスに戻ったりした。ときにはヨーロッパなどで開催されるチベット問題関連の国際会議に出席することもあった。そして少なくとも年に二度は中国に帰国し、母親や親戚に会った。

最高学年も終わりに近づき、進路を決めるときがきた。レンジは選択肢の一つとして、政治学か国際関係学の分野で大学院に進学することを考えていた。すでに英国のオックスフォード大学、そしてニューヨークのコロンビア大学の国際公共政策大学院から入学許可を受けていた。大都市で就職することも考えたし、ロサンゼルスに戻って女優に挑戦する道も捨てきれなかった。「映画監督や映画スターなど、その業界の人たちはみんな知り合いでしたから」。しかし母からの連絡で、胡錦濤が彼女のために別のプランを考えていることがわかった。中国に戻って清華大学《チンファ》——中国最高の大学と言われ、胡の母校でもある——の博士課程に進むというプランだ。胡は、彼女に国際関係学ではなく金融学を学ばせようと考えていた。チベットには金融産業が存在せず、金融のような実務分野の専門家はほとんどいないため、今後はそうした知識を持つ政治家の需要が高まると考えたのだ。——そうやって説得されたんですと話しながら、レンジはぐるりと目玉を回してみせた。大学院レベルの金融学に相当苦戦しているようだ。微積分、統計、そのほか複雑な計算処理の能力を高めるべく、家庭教師がチームを組んで彼女の指導に当たっていた。

中国の「特権階級」

レンジは二〇〇五年に北京に戻り、清華大学の大学院に入学した。広大な大学のキャンパス内で、またしても寮生活が始まった。清華大学は北京市を四分割した北西のエリアにある。このエリアには北京にある六十あまりの大学の大半が集まっている。また、多くのハイテク企業がひしめきあい、中国版シリコンバレーと呼ばれる中関村《チョングアンツン》もこのエリアだ。学生が多いため、コーヒーショップや麺類を出す安食堂、本や雑誌を売るスタンドも数多い。道が渋滞すると、夜景の美しい北京の東エリアまでたどり着くのに一時間かかることもある。レンジはスポーツカーでドライブする代わりに、徒歩で歩き回ったりプロレタリア階級の人々にまじってオートバイに乗ったりした。初めのころはクラスになじめなかった。清華大学は工学系に強い大学ということもあり、まわりの学生はエンジニア志望のオタクばかりに見えた。モダンな校舎とは対照的に、学生の服装は地味であか抜けなかった。レンジは毎日化粧をし、髪型もきれいに整えて授業に出た。教室は学生でいっぱいだったが、みな遠慮して彼女に声をかけようとしなかった。

彼女のクラスメートの一人に、中国南部の江西省出身の李光永《リー・グアンヨン》という野心的な若者がいた。話を聞くと、レンジの第一印象は強烈だったらしい。「当時、彼女の中国語はそんなに流暢ではありませんでした」と言う。米国から戻ったばかりでしたから――と付け加える。「清華大の学生のほとんどは平均的な家庭の出身です。裕福な家庭の子供もいますが、レンジほどではありません。彼女はまさにリッチですよ」。彼はリッチという言葉をことさら強調した(10)。

レンジが中国に戻ったころ、彼女の家族の重要性が高まっていたことを反映して、彼女にはさらに多くの側近がつけられた。その中に、ワシントン時代にレンジと親しくなった、米国人の元銀行員のクリストファー・トーマスがいた。彼らは大学院の勉強がハードで彼女が根を詰めすぎていることを心配した。そして二〇〇七年、勉強の息抜きとしてミラノ、パリ、香港のファッションウィークに合わせた旅行を企画した。ファッションショーは楽しかったとレンジは言う。しかしすっかり大学の空気に浸っていたせいで、ぜひ最新トレンドをチェックしたいとは思わなくなっていたらしい。

私は何回もレンジと会って取材したが、なかなか彼女のプライベートな生活のイメージをつかむことができなかった。取材はいつも改まった感じになってしまい、彼女がどんなことをして過ごしているのか、あまり情報を得られなかった。フェイスブック上のページに彼女の記事や写真がたくさんある。そのことについて尋ねてみた。日本のサッカー界のスターと親しげに寄り添っている写真もある。

彼女は後日、そのページはファンが作成したものだと答えた[11]。しばらくして、一通のメールが届いた。レンジの二十六歳の誕生パーティーへの招待状だった。会場は北京第四環状線沿いにある洗練された会員制クラブだ。当日、私は屋外に設けられたレセプションテーブルに向かった。ちょうど小雨が降りだして、側近たちが贈り物をあわてて移動させていた。朱色のブラウスに金色の錦織のチベット風のラップドレスを着たレンジが温かく迎えてくれた。彼女の秘書として五年間働いているクリストファー・トーマスも歓迎してくれた。

パーティーにはジャーナリストも何人か参加していた。中国人も欧米人もいる。かつて米国の駐中大使付首席補佐官だった人物もいた。若くて羽振りのよい中国人や、華やかな身なりの外国人たちが大勢集まっていた。私に自己紹介をしてくれたある女性は、南太平洋の島国トンガの王室の一員だという。中国人の若いジェット族とも話した。ファッションイベントを主催していて、しょっちゅう国外に出かけているという。別の漢族の男性がくれた名刺には英語風の名前が書かれていた。名刺だけでは仕事の内容がわからなかったので、尋ねてみる。すると彼は少し眉をひそめて、今日の中国では金を稼ぐ手段はたくさんあると答えた。パーティーのショーが始まった。マスクを次々と早変わりさせるパフォーマンス〔変面（変臉）と呼ばれる四川省の伝統芸能〕などが披露された。招待客たちはレンジの椀に「長寿麺」を山盛りにした。それを見たレンジは苦笑いだ。主賓がそれを平らげるのが習わしなのだ。中国中央テレビのリポーターで中国の視聴者にはおなじみの陳雷《チェン・レイ》もマイクを握った。

豪華にデコレーションされた巨大バースデーケーキがカートで運ばれてきた。チベット風の邸宅を模した形で、スライスしたキウイなどの果物で建物の飾りが表現されている。上面には中国語と英語で「ハッピーバースデー・プリンセス」とアイシングが施されている。あちこちでカメラのフラッシュが光った。レンジがろうそくを吹き消そうとすると、何を願うんですか、と冷やかす声が飛んだ。よいご縁ですよ――レンジの母親が軽口を言った。レンジが標準中国語であいさつし、突然の招待に応じた参加者に感謝の言葉を述べた。そして同じ内容で英語でもあいさつした。ワインがどんどんふるまわれた。私は会場を見わたし、中国の社交界にしばし見とれた。

　これだけの人々が集まると、一代で地位を築いた叩き上げの人物もいれば、名家の出身でいわゆる関係《グアンシ》――社会的な結びつき――を持つ者もいる。中国で出世するには、影響力の大きい共産党の重鎮か退役軍人を親に持つことほど有利なことはない。こうした有力者の子弟は「太子党《タイツーダン》」と呼ばれる。王位の継承を待つ皇太子という、世襲制君主を連想させる言葉だ。ただ、一般庶民は権力と富への近道が保証されている彼らに不満を感じていて、そういう感情を反映し、少々軽蔑を込めて使われる言葉でもある。しかし実際には、有力者の子弟の出世街道がそんなにわかりやすく整えられているわけではない。彼らが持っているのは一流のコネであり、自らの事業のコネを作り、帝国を築き上げるうえでそれが役立つということだ。しかし太子党に関する報道は厳しい検閲を受けるため、なかなか実態が伝えられない。こういう話題は食事の席で声をひそめて話すのがせいぜいで、それ以外の場ではタブー視されている。

　大物指導者の子弟たちも、それぞれ努力して自分の活躍の場を作り出している。李《り》鵬《ほう》元首相の娘と息子は電力業界の重要人物になっている。胡錦濤の長男は複合企業の経営者で、中国国内の空港のX線スキャナーの契約を勝ち取っている。温家宝の息子は巨大なプライベート・エクイティ・ファンドを経営し、中国で投資活動をしている。そのほか政界に進出して大都市の市長などを務め、さらに上のポストを狙う者もいる。以前、中国の富豪の上位百人のうち九〇％が党の高官の子供であるというデータが広まり、太子党がコネを使って豊かになっているという認識が広く浸透した。[12] そこで「人民網」が、そのデータは誤りだと説明する記事を掲載した。この記事では数字が誇張されていると主張したものの、正しい数字は提示しなかった。太子党――話し言葉では自来紅（生まれながらの紅）〔紅は政治的な適性をもつことを意味する〕とか、守られた者と呼ばれる――は、受ける教育もトップレベルだ。政治的関心はそれぞれ異なるかもしれないが、みな同じようなアイデンティティを持ち、中国の歴史に関する認識も共通している。かつて中国共産主義青年団の委員を務め、現在は政治コメンテーターの張祖樺《チャン・ズーファ》は、「彼らは生まれながらの特権階級だが、親同士は政敵だったり違う派閥に属していたりするので、政治的な交流はほとんどしない」と語った。レンジの誕生パーティーで周囲を見回してみたが、誰が太子党なのかはわからなかった。しかしチベットのプリンセスである彼女が、そういう財産や地位の継承者たちと親交があるのは明らかだった。

裏切り者か、未来の変革者か

ある日レンジの取材に行くと、彼女は私に宣伝用ＤＶＤを渡し、見てみるようにと勧めた。パンチェン・ラマ十世の娘として彼女が受け継いだものを理解するのに役立つはずだという。ＤＶＤには、レンジがチベット人の居住地を旅行し、何千、何万人もの敬虔な仏教徒の出迎えを受けた様子が収録されていた。集まった人々は、彼女の愛する父親の面影や崇高な精神を、彼女の中に見つけようとしていた。私の感想はと言えば、単なる私利私欲のための――チベットの「プリンセス」としての不安定な地位を擁護するための――映像だというのが正直なところだった。音楽と雄大なチベット高原の風景が流れ、女性ナレーターの声が挿入される。芝居がかった言い回しで、レンジ自身の独白のような調子で彼女の半生が語られる。「私は生まれた瞬間から社会に責任と使命を与えられていました。私はそれを運命として、そしてこの世で私が生きる目的として、受け止めています」。亡き父親に語りかけるようにナレーションは続く。「お父様、人々はあなたを慕う気持ちを私に投影しています。私自身は何もできていないのに。彼らにハタを授けるとき、私の心は荒海のように乱れるのです。私はあなたに近づきつつあります。お父様――きっと聞こえていますよね！」彼女は、中国に戻ったのも運命の導きだと説明する。「お父様、知っていますか？　ある日お母様がおっしゃいました。国の指導者が私の帰国を望んでいるというのです。その夜、お父様は私の夢枕に出てほめてくださいましたね。お父様の目には喜びの涙が浮かんでいましたね」[13]

　後日レンジの秘書から連絡があった。彼女が三度にわたりチベット高原を旅行したときのビデオがあると言う。次に彼女の自宅を訪ねたとき、私たちはテレビの前に座って、二〇〇二年の旅行のビデオを見た。このとき彼女はチベット自治区に四十五日滞在し、タシルンポ寺のあるシガツェで教えを受けた。そして二〇〇六年、かつてはチベットで今は四川省の一部になっている地域を訪れた。二〇〇八年には、現在は青海省の一部である父親の故郷を訪れた。一連の映像を見ていると、チベット人がいかに彼女と父親との間につながりを見出したがっているかがわかる。年配の女性たちが身を投げ出すようにひれ伏すシーンがあった。「私に向かって叩頭《こうとう》しているのです」と彼女は説明する。「胸を打たれました。本当に。心から責任を感じます。年配の人たちの多くが『これで安らかに往生できる』と言うのです」

　中国当局は、チベット人の熱い思いがレンジに集まっていることに神経をとがらせ始めた。レンジが二〇〇六年に四川省を旅行したとき、当局は道路に通行止めのバリケードを立てたままにした。

旅行日程の五日目に、彼女はそれ以上先に進めなくなり、北京に引き返した。一、二カ月は旅行を続けたいと思っていたが、彼女が乗っている車を一目見ようと、あまりに多くの人々が村や道路にあふれた。行く先々の集落で、彼女は車から降りて巡礼者の首に純潔や友好をあらわすチベットの儀礼的なスカーフのハタをかけてやった。毎日それを繰り返したために、彼女の両腕は腫れて痛んだ。巡礼者のなかには、お返しにレンジの乗る四輪駆動車にハタをかける者もいた。車は白いスカーフにすっぽり覆われ、まるで雪で埋まったように見えた。

二〇〇八年の真冬、亡きパンチェン・ラマの生誕七十年を祝うために、レンジは父親の故郷である青海省の温都《ウェンドウ》を訪れた。青海省は零下二十度を下回るほどに冷え込んだ。しかし厳しい寒さにもかかわらず、彼女を一目見たいと願う大勢のチベット人が集まった。彼女が温都に到着すると、五百台ほどのオートバイが道に並んで彼女を出迎えた。そして彼女の父親に敬意を表して建立された寺で、チベット人たちが長い角笛を吹き鳴らし、レンジは儀式用の三段重ねの黄色い傘――通常はダライ・ラマとパンチェン・ラマのためだけに使うもの――の下を歩いた。ゲルク派特有のとさか形の黄色い帽子をかぶった大勢の高位ラマが彼女の到着を歓迎した。しかしこの短い旅行のわずか一カ月後、二〇〇八年三月の半ばに、チベット人はラサで前代未聞の大規模な抗議行動に出たのである。この騒動を受けて中国共産党は非常体制をとった。この抗議運動はチベット人の長年の不満が爆発したものだ――そんなことを言おうものなら、「ダライ集団」の手先の危険な分離主義者と見なされて糾弾された。私はぜひともこの動乱――現代チベットの最も重要な事件の一つ――に関するレンジの見解を聞きたいと思ったが、彼女は何も話そうとしなかった。しかし一カ月後の最後のインタビューのとき、彼女はこの件について、あたりさわりのない表現で話し始めた。香港旅行から帰ったばかりで、黒いズボンに紫のブラウスを着ていた。チベット人の衣装ではない彼女の姿を見たのは初めてだった。「私はどちらの民族も愛しています。私自身、漢族とチベット族のハーフです。どちらの敵ということはありません」と彼女は言った。「三月十四日の事件が起きたのは、多くの人々が感情的に抑圧を感じていたからです。何かきっかけがあれば爆発しそうな状態でした。それで、一気に爆発したのです」。暴力事件に発展して死者が出たことについて、彼女は「本当に不幸な出来事」だと述べたが、一方でポジティブな見方もしていた。この事件が起きたからこそ、北京の政治家たちは、チベット政策を見直す必要性があること、またチベットに金をつぎ込むだけでは募る不満は解消しないことに気がついたのである。「中国政府はチベットに多額のお金を使ってきました。それは私たちも認めます。中国政府は、それが最善の方法だと——つまり、経済発展こそチベット人のための最善の道だと考えています。しかしチベット人の場合、おそらくお金よりも宗教のほうが重要なのです」。彼女は、チベットの文化面や宗教面の締めつけを緩めるべきだということにも、北京の政治家たちは気づきつつあるはずだと述べた。また別の機会には、彼女が暴動発生時に何も声を上げなかったことについて、「私にとって適切なタイミングではなかったからです。いつか私が出て行って何かを言わなければならない日が来るでしょうが、まだそのタイミングではありません。私はタイミングが大切だと思っています」と述べている。

だが実際のところ、彼女の言う「適切なタイミング」は滅多にやってこない。そして、そういう彼女の口の重さに対し、中国内外のチベット人の知識人は苛立ちの声を上げているのだ。知識人たちに言わせれば、彼女は共産党に味方する裏切り者で、変革を起こす力はほとんどない。ハーバード大学法科大学院フェローのロブサン・センゲ——亡命チベット人の活動家の中で最も優秀な人物の一人

――と話したときにレンジの名前を出したところ、「せいぜい周辺的な役割を果たす程度だろう」という見方だった。ブログの執筆や解説で有名なチベット人のツェリン・オーセルも、チベット問題についてレンジの重要度は低いと言った。レンジは十年間の米国暮らしで何度もダライ・ラマと会い、多大な励ましの言葉をもらったと述べている。「私をとても気にかけてくれていました……彼は私に懸け橋となること望んでいました。私もそう考えています。彼は、私がチベット人のために大きな役割を果たせると考えていました。私が特別な立場にいると考えていました」。しかしレンジは、これまで中国共産党の一党独裁体制と運命を共にしてきたのである。父親と同じく、正式な共産党員になったことは一度もないにもかかわらずだ。レンジは、父親と同じく指導者的な地位――おそらくは全国人民代表大会のトップ――の役割を果たそうと懸命になっていた。

結局、彼女は父親と同じく誤解されているのかもしれない。パンチェン・ラマ十世は亡くなるまでの十年間、党の支配力を巧みに利用してチベットの人々に目に見える進歩をもたらした。だが、中には彼が共産党に協力することを快く思わないチベット人もいた。彼がシガツェに剛堅公司というベンチャー貿易企業を始めたことを指して「太ったビジネスマン」と揶揄する活動家もいた。しかし、亡命チベット人がなし得なかったことを彼が実現したのは事実である。実際、彼はかなり重要な変化をもたらしたのだ。コロンビア大学のロバート・バーネットによれば、「パンチェン・ラマは、チベット語をチベット自治区の公用語にすることと、小学校から大学までのチベット語の教育を導入する工程表を設定することを求め、一九八七年にその立法化を実現した」[14]。彼はラサに大学を設立することを支援し、北京にある転生ラマのための学校に資金を提供した。そして、非営利団体のチベット開発基金を設立し、海外からチベット高原への開発支援を呼び込んだ――これは前例のない取り組みである。党は、パンチェン・ラマの死を伝える公式通知では「偉大なる愛国者、優れた指導者、中国共産党の献身的な友、チベット仏教の傑出した指導者」[15]と彼を称賛したものの、やがて党内の強硬派によってチベットの進歩の一部は以前の状態に逆戻りしたのである。

パンチェン・ラマはチベットに目に見える進歩をもたらしはしたが、共産党のスローガンを叫び、党指導部への忠誠心を明らかにしていた[16]。公の場で共産党を称賛したために、チベット人にとって彼の功績はかすんでしまった。毛沢東時代の一九六二年に、彼が党の最高幹部に向けて「毒の矢」──チベット政策を批判する意見書──を放った勇気は忘れられがちだ。彼の勇気は一九八七年三月にも発揮された。合計十四年にも及ぶ収監・自宅監禁期間を終えた彼は、全国人民代表大会のチベット自治区常務委員会で、チベット政策が成功しない原因について意見を述べた。こうした大胆な発言は現代の中国ではまれである。ニューデリーのジャワハルラル・ネール大学のダワ・ノルブ教授によれば、「一九四九年の中華人民共和国成立以来、少数民族のリーダーが共産党の政策に真っ向から異議を唱えた例は、一九六二年と一九八七年のパンチェン・ラマ以外に一度もない[17]」

彼の娘にどんな気概があるのか──それはまだわからない。彼女の行く手には、おそらくつらい仕事が山ほど待ち構えているだろう。党が認定したパンチェン・ラマ十一世の正当性を認めよと強制されるかもしれない。党にしてみれば、レンジに何歳か年下のこの若者を抱きしめ、彼こそ父親の転生者だと宣言し、チベット人の間にくすぶる火種を取り除いてほしいのだ。パンチェン・ラマの信憑性を確保しておいて、最終的には、いつかダライ・ラマが亡くなったときに彼を前面に出して中国に忠実なダライ・ラマの「転生者」探しを進める必要がある。理屈のうえでは、もし中国政府の認定したパンチェン・ラマが先代のパンチェン・ラマの魂や叡智を受け継いでいれば、彼はパンチェン・ラマの実の娘であるレンジとも多くの共通点を有しているはずである。

二人は公式に二度会ったことがあるが、親しくなるところまでは行っていない。一度目は一九九〇年代、北京の人民大会堂で会った。当時は二人とも十代にもならない年齢だった。次に会ったのは二〇〇二年のラサで、もっと政治色の強い状況だった。レンジはすでに十九歳になっていて、父親の精神がこの少年に宿っているかどうか判断することが重大な意味を持つことを理解していた。二人の対面に先立ち、中国政府の役人はレンジに、少年に対して叩頭するよう求めた。彼女はそれを拒んだ。三十人ほどのカメラマンがスタンバイしていた。「彼と会うたびに叩頭していたら、いつまでも床に這いつくばっていなければいけません」と彼女は言い、父親からもしなくてよいと言われていたと付け加えた。そして、少年にもそう伝えるように政府の役人に要求した。「彼が私の父の転生者なら、わかってくれるはずです[18]」

しかしこの問題は解決したわけではない。レンジはこの若者に関する私の質問には答えず、これまでも彼の存在をどう思うかとさんざん訊かれてきたと言った。いつの日か格式張らない席で彼と長い時間を過ごす日が来たら、そのときには答えを出すという。それまでは一党独裁制度の範囲で実現できる段階的な変化の可能性を探しつつ、タイミングを待つそうだ。彼女は北京の自宅で変化を待つつもりだが、チベット高原の多くのチベット人は、事態が急激に悪い方向へと向かうことを恐れていた。

第9章　戸口のオオカミ

チベットの人民にとって共産党は父母のような存在であり、子供たちに必要なものをいつも気にかけている。チベットの人民にとって、党こそが実在の仏陀である。

——張慶黎、チベット自治区党委員会書記（チベット自治区）

野心と慨嘆

すっかり夜が更けたころ、戸外にするどい咆哮が響きわたった。

寝袋にくるまっていた私は目を覚ました。その日私は、泥れんが造りのチベット人の家に滞在していた。ゆうべはヤクのバター茶を飲みながら、遊牧生活の話を聞いた。山の鞍部にあるこの家のまわりにはひざ丈の草地が広がり、一家が飼育する何十頭ものヤクが、秋の夜の冷気のなか草の上にうずくまって眠っていた。一家は大きなマスチフを二匹飼っていた——声の主はこのイヌだ。聞こえてくる吠え声のとんでもない音量から判断すると、どちらか一匹のロープが外れ、ヤクを狙う侵入者——おそらく野生動物——の存在を警告しているようだ。吠え声は三十分ほど続いただろうか。私は寝袋にいっそう深くもぐり込んで考えた。マスチフが侵入者と直接やり合うことはあるのだろうか。

その家のマスチフは純血のチベタン・マスチフではなかったが、体格やどう猛な性質は純血種に引けを取らないだろう。遊牧民の住居では、どこでも大抵こういうイヌを飼っていた。マスチフはイヌ科の中でも最も古い種の一つだ。分厚い毛に覆われているため冬も屋外で飼うことができるが――何とも恐ろしげな外見だ。遊牧民がこういうイヌを飼っているのも、愛玩用というよりは番犬としてである。イヌたちは、ヤクやそのほかの家畜を外敵から――特にヒマラヤや中央アジアの草原に今も生息するオオカミから――しっかりと守ってくれる。

ここ数年は、裕福な中国人たちの間で希少な純血種のチベタン・マスチフを飼うことが一種のステータスになっている。少し前に、ある中国人女性が十八カ月のメスのチベタン・マスチフを五十八万ドルで買ったというニュースがあった。イヌの購入額としては過去最高額らしい。女性がこのイヌを買ったのは青海省の玉樹《ユーシュー》だ。私が寝袋にくるまっていた場所からも遠くない。イヌには揚子江二号という名前がつけられた。オーナーになった女性は中国のメディアに、「黄金には値段がつきますが、このチベタン・マスチフには値段がつけられません」と語ったという(1)。

私の想像に過ぎないかもしれないが、寝床の中で聞き耳を立てていると、二匹の番犬はどうやら一匹か二匹のオオカミが近寄っていることを察知して、激しく吠えたてていたようだ。

中国人にとってもチベット人にとっても、オオカミは一種の文化的な試金石だ。ただしその理由は大きく異なる。伝統的に、中国人の文化的シンボルといえば龍で、吉兆や支配力の象徴とされてきた。しかし、二〇〇四年に出版されたベストセラーの『ウルフ・トーテム』では、漢族を飼い慣らされたヒツジになぞらえ、農耕民族的な中国文明が、一世紀前にオオカミの血がまじった遊牧民族的な西洋文明のえじきになったと示唆している。そして漢族はオオカミを見習うべきだとして、勇敢なモンゴルの戦士や遊牧民を賛美している。モンゴル族のシンボルと言えばオオカミで、彼らはどう猛なオオカミをかたどってトーテムポールを作る。『ウルフ・トーテム』は何千万部もの売り上げを記録し、『毛沢東語録』（赤本）に次ぐ特大ヒットになった。この本のテーマは、中国人の痛いところを明確に突いている。中国人は一貫して国際社会に軽んじられることを嫌い、敏感に反応してきた。中国人も「内なるオオカミ」を呼び覚ますべきだと雄弁に語りかけるこの本は大きな反響を呼んだ。結局のところ中国人には、子供のころに学校で教わった「百年の屈辱」――第一次アヘン戦争（一八三九～四二年）から一九四九年まで続いた苦難の歴史――の意識がすり込まれてしまっているのだ。

屈辱の元凶は英国東インド会社だ。この会社は、本国の人々が求める絹や茶を中国から仕入れたが、引き替えに中国に売ったものはたった一つ――インド産のアヘンだった。アヘン中毒が蔓延した中国はあっという間に弱体化し、外国の列強と次々に不平等条約を結ぶ羽目になった。中国人は過去千年の栄光を誇りにしてきたかもしれない。絹織物、製紙、磁器、羅針盤、火薬、鋳鉄の技術を発明したのはすべて中国だ。しかしアヘンにとりつかれた中国は、列強を相手になすすべがなかった。現在の中国は国力も充実し、自信も回復してきたが、過去に受けた仕打ちの傷は今も消えていない。中国人は国際社会での地位の復活を強く望んでいる。それで、『ウルフ・トーテム』の提言――欧米の積極的な姿勢をまね、略奪するオオカミのような態度を身につけよ――を受け入れたのだ。

一方、チベット人にとってオオカミは、彼ら自身の無力さを知らしめる存在だ。チベットの現代の歌では、オオカミは、チベット人の文化を食い荒らし、長い歴史のある遊牧民の暮らしの息の根を止めようとする強欲な中国人の象徴だ。最近でも、チベット人をオオカミに容赦なく狩られるヒツジやシカになぞらえた曲がいくつか発表された。チベット人の歌手、ツェベは歌詞に書いている。「夜陰にまぎれ、オオカミはヒツジを襲う。でも悲しむことはない。夜はもうすぐ明けるから。冬が来て、木々は葉を落とす。でも悲しむことはない。春はもうすぐやってくるから」[2]。高地の草原に住む多くのチベット人遊牧民は、こうした歌詞に自らの苦境を重ねる。まさに中国政府は彼らを追い立て、大きな都市へと移動させようとしているのだ。彼らはこの歌を聴いて、すぐそこに来ているかもしれない夜明けへの希望をつないでいる。

私は前日に標高約三千六百メートルにある谷あいの草原に到着したばかりだった。翌日散歩に出かけると、ホストマザーがロープのような道具を右手で振り回しながらヤクの群れを草原に移動させている。彼女が持っていたのはチベットの投石具だった。袋状になった部分に石を入れ、手首のスナップをきかせて振ると石が飛んでいく。おそらく、はぐれそうなヤクの近くに飛ばしているのだろう。器用な技に感心していると、それに気づいた彼女はにっこり笑い、そばに来てその道具を見せてくれた。ヒツジとヤクの毛を編んで作られていた。私の手に握らせて、試してごらんという。私は尻込みした。石を放つタイミングが早すぎて、あらぬ方向に飛ばしてしまったら大変だ。ヤクの頑丈な胴体ではなく、彼女のおでこに命中するかもしれない。

ホストファミリーは数日前に冬営地に戻ってきたところだった。夏の間はもっと標高の高いところに羊毛でできた黒いテントを張って暮らし、秋にはテントをたたんでヤクの群れとともに戻ってくる。彼らの年中行事だ。遊牧民の住居は素朴ながら電気が通っている家が多く、私の滞在した家もそうだった。天井から伸びている針金に、裸の蛍光灯が一つぶら下がっていた。家の真ん中にはヤクのふんを燃料にした金属のストーブがあり、三つの火口があった。部屋の一角に旧式のテレビとＤＶＤプレーヤーがあり、息子の一人がＤＶＤをセットして、みなで鑑賞した。チベット人の歌手のＤＶＤ

だった。牧歌的な映像が延々と続く。雪に覆われた美しい山々、風になびくチベットの祈祷旗、霧に包まれて歩く遊牧民の歌手、ウマやヤクの世話をする集落の人々――。チベット語の歌詞がわからない私に、彼らは解説してくれた。ホストマザーと外国生まれの夫はかつて現代チベット音楽の比較研究をしたことがあり、音楽には同時代のチベット人の考え方が反映されているという。

チベットの歌手は自らの思いを堂々と歌にする。文学、エッセイ、インターネットの世界では厳しい検閲のためチベット人の表現活動が抑圧されるが、歌はそれをすり抜けることがある。二〇〇八年の暴動以降、逮捕されたり尋問を受けたりした歌手は多いが、それでも無事だった者たちがチベットの文化や教育、環境保護、そしてもちろん恋愛をテーマにした歌を書き続け、音楽ビデオを制作し続けた。政治をテーマにした歌は驚くほど多い。はっきりと名前が出なくても、明らかにダライ・ラマを称えてその帰還を願う歌。典型的な例が『あなたはいつ来るの？』という歌だ。チベット人が尊いラマの到着を待ちわびる歌で、ダンドロン・ツェランという歌手が歌っている。

そんなに遠くはない場所
私は行きたい
でもたどり着けない
あなたはいつ来るの？

チベット人が見ればこの歌詞の意味は明確だ。ダライ・ラマがいるのはインド。ヒマラヤを越えればすぐの場所だ。近いのに、遠い。歌詞に「兄さん」とか「雪の獅子」――勇敢かつ神聖なチベットの紋章を表す――が出てきたら疑う余地はない。伝説上の雪の獅子のたてがみは、通常ターコイズ色で表現される。この獅子が出てくる歌も、チベット人の心に共鳴する。歌手のソナム・ドンギャルとタシは、「雪の獅子が戻ってくるとき、霊山カイラスの壮大さはさらに増すだろう」と歌った。

ダライ・ラマへの賛歌はチベットの周辺地域――伝統的にはダライ・ラマの勢力範囲外の地域――の歌手が作ることが多いという。中国政府が弾圧したことで、かえってチベット人全体のリーダーとしてのダライ・ラマへの尊敬が強まり、その影響範囲も広がっているのだ。もしそうした地域の歌手が二十世紀前半――チベットがダライ・ラマの統治する独立国だったころ――に生まれていたとしたら、彼らの家はチベットの国境の外にあったはずだ。つまり、現在彼らはダライ・ラマを支持しているが、彼らの祖先はダライ・ラマ支持派ではなかった可能性が高い(3)。

チベット人の民族歌謡には世俗的な歌も多い。たとえば四千年も前からチベット高原で生きてきた遊牧民の生活を歌ったものなどだ。荒涼とした高地の過酷な環境を生き抜くために身につけた自立心と勇気。自然環境にぴったり即応した遊牧生活は、チベット人のアイデンティティの根幹だ。遊牧民が暮らすのは、標高が高くて農作物の栽培には適さないが、家畜を養えるだけの広大な草原がある場所である。高原の草原地帯や乾燥した低木地帯が当てはまる。チベット高原は世界でも有数の広さを誇る牧畜地帯であり、大海原のような草原が、ざっと東西二千四百キロ、南北千二百キロにわたって広がっている。千年以上前、チベット人の指導者たちは遊牧民を結集して騎馬隊を組織し、強力な部族連合を作りあげて勢力を伸ばした。遊牧民の騎馬隊は迅速かつ長距離の移動ができ、中央アジアの歴史に重要な足跡を残した。遊牧民は今も移住生活の文化を守っていて、標高三千六百メートルの居住区から夏でも吹雪が舞う標高四千八百メートルの永久凍土まで移動することもめずらしくない(4)。

チベット人の暮らしは、家畜、特にヤクと不可分の関係にある。ヤクからは乳、バター、チーズ、肉、そして毛が取れる。これらは順応性が肝心な遊牧生活で重要な役割を果たす。遊牧民たちはヤクの毛で作ったテントに住み、薪の取れない地域では乾燥させたヤクのふんを燃やして暖をとり、四六時中ヤクのバター茶を飲み、放牧地での荷物の運搬にヤクを使う。ヤクの革も日常生活に使われる。遊牧民たちは、家畜が草を食べ尽くさないように、頑丈なヤクの背にテントをくくりつけて定期的に移動する。ヤクはチベット人にとってきわめて価値のある動物なので、チベット語で「富」を意味する「ノア」と呼ばれる。聖なるヤクの踊りが受け継がれていることからは、遊牧民がこの動物に霊的な重要性を見出していることがわかる。実際、ヤクがいなければ、チベットの遊牧民たちが高地で生きていけるとは思えない。遊牧民の中には、食べる草の種類がヤクと重ならない家畜（ヒツジ、ヤギ、ウマなど）を飼育している者もいる。過放牧を抑えるには有効だが、ランダムな移動はできなくなり、降雨量や気象条件に基づいて新しい放牧地に移動することが必要だ。

遊牧民は自然に多大な感謝の念を持っている。自然のめぐみは最近も彼らに新たな収入源をもたらした。私が滞在した家族は、一年のうち六週間、薬になる冬虫夏草――ガの幼虫に寄生する希少な菌類――を探しに出かける。冬虫夏草を採取できる春の短い時期、土を掘りかえしてそれを集めるのだ。冬虫夏草は免疫力や体力の向上、性的能力の増強に効果があるといわれる。アスリートの記録更新を狙う中国のスポーツトレーナーたちが採用したこともあり、ここ二十年ほどで爆発的な人気が出た。今では一オンスあたり九百ドルという高値で取引されることもある。[5] 冬虫夏草は土の表面にわずかしか顔を出さないため、簡単には見つからない。遊牧民たちがその採取能力にすぐれていることからも、いかに彼らが自然に親しみ、自然のサイクルを熟知しているかがわかる。

生活様式を放棄させる政策

何世紀も過酷な自然に耐えてきた遊牧民だが、現在チベットに吹き荒れている猛烈な政治の嵐には太刀打ちできない。彼らの生活様式は制限され、消滅の危機にさらされている。中国政府に言わせれば、チベットに貧困がはびこって抜け出せないのは遊牧生活のせいであり、チベット高原の一部に過放牧の害が広がっているのも遊牧生活のせいである。政府は数十万人のチベット人遊牧民を定住用キャンプに移住させる政策を打ち出した。必要とあれば実力行使も辞さない構えで、それが環境悪化を食い止める唯一の手段だと主張している。政府によれば、この政策が完全に実施された場合、チベットの二百二十五万人の遊牧民の八〇%が「永続的な住居」に再定住することになる。チベット高原を縦横に伸びる道路を走っていると、型で抜いたように同じ形の簡素な連棟式・二連式の住居が道沿いに並ぶ光景を目にすることがある。それが定住用キャンプなのだが、なんだか軍事基地とか米国の先住民保留地などの公営施設という印象だ。

中国政府の政策はチベット人の伝統的な生活様式に終止符を打つだけでなく、彼らのアイデンティティの根幹をも打ち崩す。政府の主張では、貧しい遊牧民をより大きなコミュニティに移住させることで、彼らに医療や安全な飲料水、教育サービスを提供しやすくなる。たしかに遊牧民の多くは年収が五百ドル相当未満であり、中国人一人あたりの収入に遠く及ばない。定住用キャンプに移った遊牧民には毎年給付金が与えられ、その額は多くの場合、それまでの収入を上回る。また遊牧民を狭いコミュニティに集められれば、社会サービスのコストも安く済む。

再定住の理由として特に強調されるのは、草原の退化の阻止である。青海省南部の幹線道路を通ったことがある者ならこれに反対することはできないだろう。かつては広大な草原だった場所が——おそらく過放牧の結果として——中国語で「黒土」と呼ばれる砂漠化した不毛の土地に変わっている様子を私も目の当たりにした。丈の低い茂みのそばに、むきだしの砂地と黒っぽい菌類のようなものが生えた地面がまだらになって、あわれな有様になっていた。別の場所では、草原にはまだ緑が残っていたものの、過放牧によって地面から二、三センチのところまで草が食べられてしまっていた。こういう土地から移動を余儀なくされる遊牧民を「生態移民」という。一九八〇年代の経済改革で、保有できる家畜の規模の規制が緩和されたことから、チベット人遊牧民の中にはヤクやヒツジの数を増やす者が現れた。この流れは放牧地の私有化や囲い込みの強化ともあいまって、草原にダメージを与えた。また、地面に穴を掘る野生のナキウサギが急増するなど、自然のサイクルにも乱れが出てきた。本来はナキウサギの穴は小さな鳥やトカゲのすみかとなり、これらがさらに土壌を掘りかえすことによって、その土地にはより多様な植物が育つようになる。しかし中国の専門家の一部は、ナキウサギの穴掘りは家畜が草を食い尽くすのに匹敵する害悪だと主張している。政府は彼らの意見を踏まえて野生のナキウサギを薬で駆除する政策を進めている。

チベットの草原の五分の一が荒廃したのは遊牧民の過放牧が原因なのか。それとも別の要因があるのか。この問題は議論を呼び、亡命チベット人のグループは独立した科学的調査——できれば外国人の専門家による初めての調査——の実施を求めている。しかし中国当局は取り合わない。当局はこの件を環境問題ではなく政治的な尺度でとらえていて、遊牧は辺境の未開人の生活様式だと決めつけているからだ。一方チベット人の擁護者らは、遊牧民には厳しい自然環境を生き抜く豊かな知恵があったからこそ、何千年も放牧生活を維持してこられたと主張している。しかも複数の種類の家畜（ヤク、ヒツジ、ウマ、ヤギ）を放牧して頻繁に移動を繰り返している。擁護派に言わせれば、草原の退化の原因は遊牧生活ではなく、過去数十年の中国の経済政策の誤りにある。

ある年配のチベット人遊牧民が口にしたオオカミに関する格言に、彼らが身につけてきた厳しい環境で生き抜くための知恵が表れていた。「牧畜の民は、母オオカミのねぐらや子オオカミを攻撃してはいけない。たとえそれがヤクの囲いのすぐそばにあろうとも」。もし母オオカミや子オオカミに手を出せば、母オオカミは復讐として家畜を殺しまくるだろう。しかしそっとしておけば、近くにヒツジがいても襲う可能性は低い。オオカミもむやみにねぐらを危険にさらしたくないからだ。ヒマラヤのオオカミとチベット人の遊牧民は、共存するすべを身につけている。この格言も、初めて聞いた者にはにわかに納得しがたいものだが、彼らの長年の知恵が息づいているのである。『ウルフ・トーテム』でも、モンゴル族の放牧民の賢人が、漢族の中国人を相手に、遊牧生活はフェンスで囲われた牧場での放牧よりも生態系を深く理解した営みだと説いている。

各季節の放牧地には、それぞれ別の役割がある。家畜たちが出産する春の放牧地にはよい牧草が生えるが、草丈が低い。吹雪で草が埋もれれば家畜が死んでしまうので、定住はできない。冬の放牧地には丈の高い草が生えている。しかし春・夏・秋と家畜がとどまれば食い尽くされてしまう。夏の放牧地は近くに水場が不可欠だ。そうでなければ家畜は渇いて死んでしまうが、どの水場も山の中にあり、冬には家畜が凍え死んでしまう。秋の放牧地では草の種を探す。だが春や夏に家畜がとどまって草を食べてしまったら、種は残るだろうか？　どの放牧地にもメリットとデメリットがある。遊牧生活で肝心なのは、デメリットを避けてメリットを生かすことだ。もし一カ所に定住すれば、デメリットを全部受け入れなければならないし、メリットを増やすこともできない[6]。

草原地帯は環境問題をめぐる中国政府とダライ・ラマの攻防の場でもある。二〇〇六年初め、インドである仏教儀式が開催されたときのことだ。ダライ・ラマは集まったチベット人に向かってこう言った。衣装の裏地やすそにオオヤマネコ、ヒョウ、キツネなど野生動物の毛皮をあしらった伝統的風俗のチベット人の写真を見るのは「恥ずかしい」ことだ――。そして続けた。「地元に帰っても今私が言ったことを忘れないように。野生動物やその製品、そこから派生する製品を使ったり売買したりしないように[7]」。ダライ・ラマの言葉はチベットに伝えられた。チベット人はさっそく反応したが、中でも青海省のチベット人の行動は早く、数日のうちに毛皮のふち飾りのついた衣類を山のように積み上げて焼却処分した。ダライ・ラマに対する忠誠心があちこちで示されたことに、中国政府の高官は怒りを爆発させた。毛皮反対の動きに対抗するため、二人の党指導者が青海省の地方テレビ局を訪れて、チベット人のアナウンサーの衣装に毛皮のふち飾りをつけるよう命令した。ラジオ・フリー・アジアの従業員は「高官が二人テレビ局にやってきて、『衣装に毛皮の裏地をつけなさい。これは全員強制だ、わかったな』と命じた」と証言した[8]。だが、政府の対抗措置にもかかわらず、毛皮反対運動は一定の成果を上げたようだ。私は寒い時期に何度かチベット人の居住エリアを訪ねたが、チベット人たちの衣装の裏地に使われていたのはどれもフェイクファーだった。

中国政府の政策を見ていると、明らかに環境保護という理屈だけでは説明できない政治的側面がある。遊牧民は移動する。移動するから統治できない。だから彼らは忌み嫌われる。中国政府は、遊牧民の生活様式を排除することで、チベット人特有のアイデンティティを希薄化するだけでなく、チベット独立の芽も摘もうとしている。新華社通信によれば、すでに一九九八年の時点で当時の農業副大臣の斉景発《せいけいはつ》が、「今世紀末までにすべての遊牧民の遊牧生活を終了させる」(9)方針だと述べていた。だがこの計画は部分的にしか実現しなかった。最近では、強硬派として知られるチベット自治区党委員会書記の張慶黎が、チベット人の再定住政策にはダライ・ラマの影響力に対抗する目的もあると認めている。(10)さらに張は「中国西部の大規模開発の継続」が不可欠だと述べている。(11)

現在の遊牧民政策では、牧場をフェンスで囲み、自給自足的な最低限度の遊牧から、産業としての酪農に移行することを奨励している。何百年も前に西欧で起きたのと同様の、資本主義的な進歩である。遊牧民のなかには遊牧生活をあきらめて商店主になった者もいる。定住用キャンプに遊牧民を集められれば、中国政府に対する忠誠心のない彼らに監視や管理の目を行き届かせるという意味でも都合がよい。この政策を実施することで、非チベット人の役人は遠隔地の執務室に居ながらにして、家畜の数、給付金、税、土地の割り当て、そして家畜の飲み水の水源まで管理できるのだ。

再定住政策と言っても、年配のチベット人にとっては何度も人民を翻弄してきた大規模な社会政策の一つにすぎない。ある朝、ホストファミリーが近所に住む六十三歳の男性に会わせてくれた。濃い褐色の肌で、髪もまだ黒くてしっかり生えている。ラジャと呼ぶことにする。すねまである革のブーツ、ズボン、開襟の青いシャツにジャケットを身につけていた。座ってお茶を飲みながら、彼は昔の思い出を話してくれた。まずは大躍進政策として知られる一九五八年から六〇年の悲劇について。当時毛沢東は、十五年以内に英国の経済規模を追い抜くことを目標に掲げ、何億人もの農民を動員してダムを建設し、巨大建設現場で働かせ、重工業に必要な鉄を作るために「土法炉《トゥファアールー》」に包丁から自転車まであらゆる鉄を投げ込ませた。熱心な毛沢東信奉者たちは「より多く、より早く、よりよい成果を上げる」をスローガンに、一般の中国人たちを強制的に働かせた。

そして本来の農業が崩壊した結果、「地上最悪の人為的な飢饉」[12]が発生した。欧米の学者によれば、強制労働と飢餓が原因で大躍進政策の期間に三千万人以上の中国人が死亡したと考えられている。ラジャは、彼の住む谷に初めて軍の兵士がやってきたときのことを話した。「わしらは取りあえずヤクを置いて逃げた。中国人たちが『逃げるな！』と言ったが、それでも逃げたやつがいた。すると中国人たちは彼らを撃ったんだ」。ラジャは当時まだ十代前半だった。家族は警察に捕まり、キャンプに連れていかれた。毛沢東を賛美する歌を教え込まれ、軍隊式の訓練を受けさせられた。大躍進政策が進むにつれ、食料が不足してきた。「本当にひもじくて、このまま死ぬんだと思ったよ。雑草やきのこも食べた。来る日も来る日も、出されるのは少しのツァンパだけ……。一九六〇年が一番ひどくて、死んだ人も一番多かった。でも、みな衰弱していてちゃんと墓を掘ることさえできなかった。それで死体の手や足が地面から突き出たままのこともあったんだ」。私が滞在する一年ほど前に、青海省のゴロク（果洛）・チベット族自治州にあるベンマ（奔馬）で、道路建設をしていた作業員が地中から大量の頭蓋骨を掘り出したという。それもおそらく大躍進の犠牲者だろうと彼は語った。

しばらくすると今度は十年にわたる文化大革命が始まり、中国全土が大混乱に陥った。チベット人にとって、それは表立った宗教表現が一切できなくなることを意味した。あらゆる宗教行為が禁止されたため、ラジャをはじめとする遊牧民たちは、何百年も受け継がれてきた信仰に疑問を感じるようになったという。「仏教に関することは何もかもやめさせられた。お坊さんの存在も否定され、わしらは祈ることも許されなかった」。党の高官は反宗教の大演説をぶち、それを聞いて無神論に転向した人もいたという。地方に住むチベット人の多くが、自宅の仏間に仏像のかわりに毛沢東の写真を置くようになった。「宗教など幻想だと言われて――たまに、それも一理あるなと考えた。ちょっと信用していたよ。彼らはお坊さんを拷問して、わしらに『宗教は政治的の道具だ』とすり込んだ」。文化大革命が終わってから、年配のチベット人たちは再び若い世代に伝統や宗教を伝え始めたという。「年寄りたちがいなかったら、あのまま転向してしまっていたかもしれないね」

当時ラジャは小規模なヤクの群れを飼育していた。政府からヤクの数を減らして近くの定住用キャンプの簡易住宅に移るよう圧力をかけられたが、なんとかそれを逃れていた。昔に比べて地元の草原が衰えていたのは事実だった。しかし彼は、政府の再定住政策に裏があることを見抜いていた。「政府は土地がほしくてやっているんだ。わしらの土地が、今より少しでも広がることは決してないだろうよ」。この政策に関しては、私も何度も耳にすることになるのだが、彼の口ぶりには皮肉がたっぷり込められていた。

私が滞在した家のそばに、泥のれんがと木の梁《はり》で作った素朴な家があった。そこも遊牧民の家で、デンパという名の、薄く口ひげを生やした細身の三十歳の男が住んでいた。彼の一家はいったん移住の要請を受け入れて引っ越したが、うまく政府を欺いて元の家に戻ってきたという。彼はその経緯を話してくれた。政府が提示した移住案は、拒否するのはもったいないほど条件がよかった。定住用キャンプでは二間の住居が基本的に無償で提供され、現地政府から約八百八十ドルの給付金が毎年支給される。ただし、それと引き替えにヤクの飼育は断念しなければならない。そこで彼の家族はキャンプに移ったものの、やがて悲惨な状況に追い込まれた。給付金を喜んだのもつかの間で、ヤクがいなければストーブにくべるヤクのふんにも金がかかることに気がついたのだ。「いろんなものに金がかかる。つらい思いをしている人がたくさんいたよ。ヤクがいない生活は苦しいと感じていた」とデンパは言う。そして、ある別の家族から彼の住居を三千ドルで買うという申し出があったとき、それを受け入れたのだった。現地の役人には誰もこの件を報告せず、その住居には引き続きデンパの一家が住んでいることになっていた。幸い、一家は移住する際にヤクを手放してはいなかった。もっと標高の高い山の中で、彼のおばが人目につかないように世話をしていたのだ。そのおかげで、彼らが元の家に戻ったときもヤクはほとんど無事だった。デンパはつかまって処罰されることを恐れていた。しかし再定住はきわめて不人気だという。「チベット人たちはみんな言っているよ。彼ら（政府の役人）はチベットの遊牧生活をやめさせようとしてるんだ。すべてのチベット人を都市に住まわせて、ヤクを一頭も飼わせない。チベット人の生活はヤクなしでは成り立たないのに」

再定住政策は、チベット人の遊牧民二百二十五万人のうち、すでに百万人以上に大きな影響を与えている。二〇〇九年末の新華社通信の記事によれば、政府はチベット自治区内に二十二万六千三百二棟の「農民や牧畜民向けの手頃な価格の住宅」を建設するため、二十億ドル近くを費やしたという。また政府が助成して二〇〇六年に始まった「快適な住居計画」では、すでに百二十万人のチベット人が恩恵を受けたと報じている[13]。また、この政策はチベット自治区以外に住むチベット人の遊牧民にも影響を与える。ある政府系新聞は、四川省のチベット人遊牧民について、二〇〇九年から十二年までの四年間で四十七万人が「れんが造りの固定住居に移住する」という見通しを報じている。政府系の報道ではよくあることだが、この記事もチベット人の家族が強制的に再定住させられていることは伝えていない。甘粛省では二〇一〇年までに少なくとも七万三千人の遊牧民を移住させる方針が打ち出され、青海省でも同じ期間に約十万人の遊牧民を移住させることになっている。青海省のゴロク・

チベット族自治州達日《たつじつ》県のチベット人コミュニティの責任者は、新華社の取材に、「先祖代々暮らしてきた牧草地から牧畜民を引き離すのは簡単ではない」と答えながらもこう続けた。「しかし草原の退化と砂漠化が進んでいるため、再定住の恩恵を理解する人々も増えている。……どうしても移住したくないという人々に対して、政府はいろいろな手段で説得を試みている」[14]

遊牧民に伝統的な生活様式を放棄させるにあたり、当局者は「説得」が十分な効果を上げていると説明する。しかし国際的な人権団体は、強制的・強迫的な方法がとられることのほうが多いと指摘している。さらに、環境保護という大義名分を掲げることで、中国政府自身がチベットの天然資源を獲得するために自然を傷つけてきたことがうやむやにされているとも指摘している。ダライ・ラマのチベット亡命政府は、中国の統治が始まってからチベットの森林が急激に――一九五九年の二千五百二十万ヘクタールから一九八五年の千三百五十万ヘクタールまで――減少していると訴える[15]。だが、中国政府が目を向けるのはそこではない。政府が重視するのは、遊牧民を政治的に支配し、彼らをコンパクトで監視の行き届いたコミュニティに集めることである。彼らは各地に散らばって生活していて、しかも危機に陥ると団結して反抗するという何百年もの伝統を持っている。チベット自治区の農村人口は二百十万人で、それが数千の遊牧民グループ、そして数百の小さなコミュニティに分かれている。二〇〇〇年の国勢調査によれば、チベット自治区には八百九十の郷《シャン》〔行政区〕があり、平均人口は二千三百六十八人。そのほか、七千五百七十七の村《ツン》があり、平均人口は二百七十八人。共産党が発行するチベット関連の代表的な雑誌には、「一部のエコノミストらは『人口が千人、二千人程度の村を作るのは無駄だ』と指摘している」[16]という記事が載った。

「自分の国を愛するべきだ」

このようにチベット高原の遊牧民の暮らしは危機的状況に陥っているが、都市部に住むインテリのチベット人にも包囲網は迫っていた。私は青海省の省都西寧を訪ねたときにそれを実感した。そこは中国の主要都市が好景気に沸くなかで取り残された都市だった。中国に赴任して数年経っていたが、西寧といえば近くに塩湖があるとか、鳥インフルエンザが発生したという知識がある程度で、じっくり考えたことはなかった。西寧は数百万の人口を抱え、漢族、回族、チベット族の文化が混在する都市だ。何度か訪ねるうちに、私は西寧の持つ不思議な魅力に気づいた。訪問を重ねるたびに、この町のあちこちに精力的なチベット人の知識人がいるという情報がどんどん出てくるのだ。

直近の西寧旅行では、私は世界のバックパッカーに人気のユースホステルに滞在した。そこで働くチベット人の女性に話を聞くと、快くいろいろと教えてくれた。彼女の両親は作家で、母親は昔は有名な歌手だったという。その晩、私は名前も知らないまま彼女の母親を訪ねた。そして彼女とチベット人の音楽、ブログ、そして文化についてたっぷりと語り合った。名前もしっかり書き留めた。彼女は二〇〇八年の暴動発生の直後に二十一日間刑務所に入れられたと話してくれたが、私は細かいことまでは聞き出さなかった。ユースホステルに戻り、インターネットで彼女の経歴を調べた。ジャムヤン・チー――名前を入力して検索する。驚いたことに、膨大な件数がヒットした。彼女が拘留されていた時期には、外国のサイトでも彼女の釈放を求めていたようだ。私は知らなかったのだが、ジャムヤン・チーは歌手として、また社会問題や女性問題に関する作家として、チベット人の間で非常に高い人気を誇っていた。二〇〇六年には、ニューヨークシティのコロンビア大学で、客員講師として教壇に立ったこともあるらしい。

もう一度彼女に会って話を聞きたかったが、一週間ほどは叶わなかった。しかし、ばらばらだった情報はすでに一つにまとまっていた。中国の保安機構がいかに情報を封じ込め、チベット人からの異論を抑えつけているか——私は改めて考えていた。二〇〇八年三月十四日にラサで流血の暴動が発生してから数日後、ジャムヤン・チーは携帯電話で各地にいるチベット人の仲間にメールを送信した。青海省周辺でも暴動があって何人かのチベット人が死亡したということを伝える、ごくシンプルな内容だった。送信先に、北京でブログ執筆などの活動をしているツェリン・オーセルがいた。彼女のウェブサイトはチベットで起きている真実を伝える情報交換の場として機能していた。私も北京で面識があった。オーセルはすぐにジャムヤン・チーに電話をかけて、これ以上メールを送らないようにと忠告した。オーセルは治安当局の厳しい監視下にあったからだ。ジャムヤン・チーは少し不安を感じたものの、それから二週間は何も起こらなかった。

しかし四月一日、私服姿の西寧政府の役人が彼女の仕事場に現れ、彼女を連れ出した。彼女はまず公安部に連行され、数日後に別の場所に連れていかれた。拘束中は椅子にロープで縛りつけられ、長時間の尋問を受けた。二十一日の拘束期間中、食事を与えられたのは十四日だけで、体重が十二ポンド減ったという。後日の彼女のブログには、友人を裏切るように厳しく責められ、自殺することも考えたと書かれている。「あるとき尋問を受けながら思った。これに耐え続けるくらいなら、一発の銃弾で殺されたほうがましではないか。家族や親戚は悲しむだろう。でも、私の苦しみは一瞬で終わる。あるときトイレで気がついた。私は知らないうちに、自分で自分の命を終わらせる方法を考えていた」(17)

そのとき彼女はハンドバッグの中に小さなナイフを入れて持ち歩いていたことを思い出した。チベット人と漢族の感情的な対立に不安を感じ、用心していたのだ。

中国とチベットの対立が激化して以来、政府の周到なプロパガンダの効果もあって、中国人はチベット人を見かけると、バスの中でも、市場でも、路上でも、憎しみに満ちた視線を投げつけるようになった。あるとき私が娘と道を歩いていると……六、七歳くらいの中国人の子供が叫びながらやってきて、娘の目の前に立って道をふさいだ。私たちがたまたまそんな態度をとる中国人に出くわしたというわけではない。ほかのチベット人もよく同じような経験をしていた。[18]

幸いジャムヤン・チーはナイフを手に入れることができなかった。もしナイフを手にしていたら、「きっと手首を切っていた」と書いている。[19]

彼女が拘束されている間、自宅に家宅捜索が入り、パソコンが押収された。彼女の逮捕は外国でも関心を集め、アムネスティ・インターナショナルをはじめとする人権団体が釈放を求める緊急声明を発表した。何人かの米国上院議員は、この件について「平和的な活動家を脅すことを目的として拘束する中国のやり方の典型的な例[20]」だと批判し、公式な質問書を提出した。

私がもう一度ジャムヤン・チーと会ったとき、彼女は憔悴しきった様子だった。つけていた二本のネックレスのうち一本を強く握りしめ、今にも泣き出しそうだった。ウェーブのかかった髪を後ろにひっつめておだんごにし、深紅のウールのセーターとターコイズ色のペンダントのコントラストがあざやかだった。私たちは彼女のレストランの個室で話した。彼女をまじまじと見ていると、なぜ歌手として人気があったのかわかる気がした。表情豊かな大きな目をしていて、確固とした存在感がある。

私は、釈放されてからの当局の締めつけについて訊いた。彼女は西寧から出ることを禁じられ、電話やインターネットの通信はすべて盗聴されているという。また、彼女はかつて国営テレビ局の青海テレビで記者、ニュース編集者、チベット語番組のプロデューサーとして二十年ほど勤務していたが、今では同局のインターネットを使うことも禁じられている。拘留中、警察は彼女がインターネット上で使っているすべてのパスワードを教えるよう求め、彼女はそれに応じたという。「警察には、『おまえはメールを送っただけではない。禁止されたウェブサイトを閲覧し、ダライ集団を支持する外国のチベット人とも連絡を取っただろう』と言われました」[21]

私が彼女に出会う数カ月前に、彼女は拘留生活をテーマにした百ページほどの本を書きあげ、インターネットにアップしていた。そのことについて尋ねると、彼女は首を横にふり、逮捕に関する自分の気持ちを公表しようと決めたときは、本当につらかったと打ち明けた。「この本を書いたらトラブルになるかもしれないとわかっていました。それでも書いたのは——自分でもなぜだかわかりません。ただ、この状況がどうしても我慢できないと思うことがあったのです」。そう語る彼女は、何とも言えず悲しげだった。釈放される前に、一人の警察官が彼女にこう告げたという。「おまえの人生は丸めた紙くずほどの価値しかない」。さらに警告した。「自分の国を愛するべきだ」。国というのがチベットではなく中国を意味するということは、言われなくても明らかだった[22]。

ちょうどそのとき、彼女の六歳の娘が私たちの部屋に顔をのぞかせ、チベット語で母親に何かささやいた。こんな小さな娘がいるのに、再び刑務所行きになる危険をおかしたのだ。私は彼女の苦しみを思った。自分の二人の娘の姿が脳裏に浮かぶ。警察は彼女を釈放してからも定期的にレストランにやってきた。そして壁に貼られた仏教学者の写真を見つけて、これは誰かと問いただしたりした。警察は二度にわたって転生ラマのゲンドゥン・チョペルの写真を押収した。ゲンドゥン・チョペルは二十世紀前半に活躍した一流の知識人で、チベットの近代化を推進した人物の一人だ。警察は、彼女のレストランの従業員全員の名前と経歴の開示も求めたという。

私たちは、彼女の上の娘についても少し話した。二十歳になったばかりで、都会的な服装をし、民族の結びつきに対するこだわりはあまりないようだった。ジャムヤン・チーと夫――同じくチベット人――は、チベット人に文化の誇りを持つよう教え込む必要性を痛感しているという。「チベット人の中にもすっかり中国人になってしまった人はたくさんいます。中国語を話し、中国風の家に住むのです」と彼女は言った。[23]

「私たちチベット人はとてもか弱くて、中国人には太刀打ちできません」[24]。別れ際に彼女は言った。しかし中国政府は、チベット人をか弱い存在とは考えていない節がある。私は次の取材現場でその理由がわかった気がした。たしかにチベット人は武器を持っていない。しかし彼らは仏教徒の不屈の精神を発揮して、非暴力を武器にする才能を見せてきた。そうすることで国際社会の関心が集まり、彼らの窮状に光が当たることも自覚していた。実際、過去十年ほどを見てみると、ダラムサラという山奥の谷にチベット仏教の信奉者が集まり、武器を持たない僧侶や尼僧が集まり、結果として武装した軍隊をも威圧するほどの力を発揮してきたのだ。彼らがそんな大胆な作戦をとれたのは、ひとえに信仰の力があったからだ。中国では宗教熱が高まりつつあり、仏教からキリスト教の地下教会にいたるまで、さまざまな宗教が成長している。共産党指導者にとって、宗教は心の平安をもたらすどころではない。聖なる頭痛の種である。

GETTING RELIGION

第10章　宗教を求める

中国の宗教界の人々は、しばしば今が「黄金時代」だと言う。
憲法や関連する法律の保護の下で、信仰の自由が完全に実現しているからだ。

――葉小文、国家宗教事務局局長

仏教のゴールドラッシュ

中国南西部四川省色達《スーダー》県の木々も生えない高地の谷あいに、仏教学院ラルン・ガル・ゴンパ（喇栄《ラルン》寺五明《ウーミン》仏学院）がある。このあたりはチベット人が住民の大半を占める地域で、中国政府が定めるチベット自治区からは外れているが、チベット人が考える本来のチベットの範囲には含まれる。学院の設立は三十年ほど前。この人里離れた厳しく不毛な場所で、当初は百人ほどの僧侶が瞑想の修行をしていた。最寄りの町に出るには泥道を五百マイルも走らなければならない。しかしこれほど隔絶された環境にありながら、「活仏」として尊敬された創設者の名声にひかれ、近年では僧侶や尼僧が数百、数千という規模で集まっている。

初めてここを訪れたとき連想したのはゴールドラッシュ時のクロンダイクだ。学院のまわりの急斜面にへばりつくようにコミュニティが広がっていた。何千もの簡素な僧坊が山肌を埋め尽くしている。僧坊は濃い赤色――住人である僧侶や尼僧の僧衣と同じ色――で塗られ、一つ一つ積み重なるように建っていた。仏教ラッシュのコミュニティは活気に満ちていて、そこかしこで人が動き回っていた。まさにゴールドラッシュ時のデッドウッドやドーソン・シティを彷彿させる。もちろん、にぎやかに聞こえてくるのは酒盛りやばくちの音ではない。リズミカルな読経の声や、新しい僧坊を作る工事の音である。僧坊のまわりには石と泥で作った通路、斜面には階段がつくられていて、そこを僧侶や尼僧が行き来していた。プラスチックのガソリン缶に水を入れて自分の僧坊に運んだり、工事中の僧坊まで小ぶりの丸太を運んだり――日常の雑務に精を出している者もいれば、学院に授業を受けに行く者、戻ってくる者もいる。

私は斜面の中ほどの小高い場所に腰を下ろして観察した。工事現場で電動のこぎりやチェーンソーがうなりを上げている。金づちの音、金属と金属がぶつかる音、そしてクラクションの音も聞こえてくる。谷の反対側の斜面にのびた一本道を、トラックやトラクターがじりじりと進むのが見えた。目の前では二基のクレーンが建設現場の上に首を伸ばしている。僧侶たちが現場監督をしているようだ。数分後、谷の下のほうにある木造の学院施設から、授業を終えた数千人の尼僧がぞろぞろと出てきた。次から次へと何かが起こった。一人のチベット人が私に同行していた。彼の妹は尼僧だという。最近の豪雨で妹の僧坊は流されてしまったそうで、二人の作業員がかんなとのこぎりを使って丸太から板を切り出し、新しいワンルームの僧坊を作ったという。柱は貧弱な木の板だ。しばらく見物してから、私たちは迷路のような通路を歩いてコミュニティを探検してみることにした。

歩き回って道に迷いかけていたら、一人の尼僧が英語で話しかけてきた。かなりの英語力だ。驚いてそう伝えると、もっと話しましょうと言い、僧坊に案内してくれた。窓際の床にマットレスが敷かれ、窓からは山々のパノラマが一望できた。壁には小さな仏壇がある。彼女は三十三歳で、台湾からここにやってきて二年になる。学院で学ぶ僧侶や尼僧の中には、中国語を話す者が千人以上いるらしい。質問したいことが次々とわいてきた。これまでにもチベット仏教の学院を訪ねたことはあるが、漢族の学僧がこんなに多い場所は初めてだ。ほかの学院とはどこが違うのだろうか。中には台湾、シンガポール、マレーシアから来ている漢族もいたが、多くは中国本土の出身だった。

二〇〇八年に各地で暴動が起きたときにここ色達県の名前をまったく聞かなかったのも、考えてみれば不思議だった。当時はチベット人の僧侶がもっと少ない寺院も混乱に巻き込まれたのだ。学院から二百キロメートルほど東にあるアバ県のキルティ寺(格爾登寺《ガルダン》)は抵抗運動の温床になった。報道によれば、多数の放火事件が発生し、警察官に殺された僧侶もいたという(1)。二〇〇九年二月にもアバ県で事件があった。一人の僧侶がダライ・ラマの写真を掲げながら外に出て焼身自殺を図ったのだ。当局が火を消し止め、僧侶はひどいやけどを負いながらも一命を取り留めた(2)。四川省全体の寺院に緊張が満ちていた。軍によって封鎖されたままの寺院も多かった。二〇〇八年の暴動から一年半が経っても、中央政府はアバ県への外国人の立ち入りを禁止し続けている。私はアバ県入りを検討したが、危険が大きすぎると考え断念したのだった。

学院の尼僧たちはみな髪を頭皮のぎりぎりまで短く剃《そ》っていた。台湾出身のこの尼僧もそうだ。メタルフレームの眼鏡をかけ、誠実そうな人柄が見た目にも表れている。私の矢継ぎ早の質問に、一つ一つよく考えて答えてくれた。彼女は地質学者としての教育を受けたが、キャリアに嫌気がさして、モンゴル、東南アジア、インドの仏跡をめぐる長い旅に出たという。インド北部ビハール州にある仏陀の悟りの地、ブッダガヤも訪ねた。ブッダガヤはダライ・ラマも説法を施す場所だが、修行には向かないと思ったという。彼女が求めていたのは実践的な瞑想修行の場だった。二人のシンガポール人と一緒にダラムサラに行き、瞑想の集中プログラムに参加した。このとき出家を決意した。そして師匠のはからいで二〇〇七年四月に色達にたどり着き、住みついたという。

ここではインターネットを使わないことが奨励されていて、彼女は外の世界の出来事に疎かった。しかし四川省、そして中国全体の出来事はこの学院にも影響を与えていた。チベット人の暴動が頻発した時期には不安が高まったという。色達の仏教徒コミュニティは警察に封鎖され、人の出入りが禁じられた。電話回線も遮断された。「ある日の午後、ヘリコプターが何機も飛んできて、みな恐怖を感じました。緊迫していましたよ。警察が色達にやってきて、何人か殺されたという話も聞きました」。二〇〇八年の北京五輪の時期にも緊張が高まった。そのときもコミュニティは封鎖され、国際電話が遮断された(3)。

後になって知ったのだが、色達の学院とそのまわりの仏教徒コミュニティは、これまでも断続的ながら長期にわたって当局の厳しい圧力を受けてきた。中国ではキリスト教の地下教会やイスラム寺院、その他の宗教団体で信仰が復活しつつあり、無神論が基本の中国共産党にとって頭の痛い問題になっている。色達の状況も大差ないようだ。大ざっぱに言うと、宗教は党の利益の対極にある。航海にたとえれば共産党という船の進路に潜む危険な浅瀬のようなもので、慎重なかじ取りが必要だ。とはいえ、がむしゃらに資本主義的成長の道を突き進んできた——そして環境汚染や汚職などの多大な代償をはらってきた——中国人たちが、道徳的なよりどころを求めているのも事実である。

心の支えを求める中国人

共産党のイデオロギーが薄まるにつれ、一部の中国人は心の支えを失っている。そういう人々が宗教に出会えばどうなるか。一党独裁の原則とは相容れない概念を身につけ、党の支配に対抗する強力な社会的ネットワークを作り出すかもしれない。強い結束と効果的な組織体制をそなえた宗教団体は、政党と同じような役割を果たしうる。ここで人々の共産党に対する忠誠心が試されるわけだ(4)。

宗教問題に対し、共産党は許容と抑圧を使い分けて対応している。基本的には抑圧だ。宗教指導者らの素性を調べ、礼拝の内容や信者からの献金に厳しく目を光らせている。また一部の例外を除いて外国人の牧師、神父、礼拝指導者《イマーム》、ラマが宗教施設に出入りすることを禁止している。党公認のキリスト教団体である中国天主教には、カトリック教会におけるローマ教皇の権威を認めさせていない。チベット仏教に対してはさらに厳しく、ダライ・ラマを悪魔呼ばわりしている。

中国国内でも、一部の地域では信仰が深く根づいていて、宗教行為が容認されている。しかしそれ以外の地域で信仰心を表に出せば、治安当局者が現れて刑務所に放り込まれるのが目に見えている。ただし宗教をめぐる状況は現在も少しずつ変化を続けている。私の印象では、中国人の多くは急速な生活水準の向上を喜んでいて、心からの愛国心を抱き、場合によっては熱烈な国粋主義にもつながっている。しかしそれとは裏腹に、国家が豊かさだけを追い求め、それ以外の社会的価値観——毛沢東時代に礼賛された「平等」も含めて——を放棄してきたために、心のよりどころを失った人たちも出てきている。そこに宗教が浸透する余地ができたのだ。そして、信者たちが党の支配に反抗しないという信頼関係ができた地域では、厳しい統制のもとでの宗教活動の活発化が容認されている。

しかし宗教に民族のアイデンティティがからむと、問題はややこしくなる。チベット人の仏教徒とウイグル人のイスラム教徒は、両者とも信仰こそアイデンティティの根幹だと考えている。党はこの二つの民族を非常に警戒していて、表向きは民族の調和と団結を標榜しながらも、彼らの宗教行為を厳しく抑圧している。両民族は、抑圧されるのは「二流市民」と見なされている証拠だと訴えている。国家はチベットの僧侶たちに「愛国教育」を受講するよう強制し、チベット仏教の寺院に監視カメラを設置しているが、漢族の仏教徒には比較的自由な宗教活動が認められているのだ。またウイグル人のイスラム教徒も、回族のイスラム教徒——中国最大のイスラム教徒集団で、その数およそ八六〇万人——と比べて厳しい制約を課されている。回族はすっかり中国化していて、固有の言語はなく、大多数は中国語の方言を話す。民族のルーツには中央アジア、ペルシャ、モンゴル、中国の血が混じっているが、見た目は漢族の中国人にかなり近く、漢族の文化を取り入れている。

中国の宗教問題を複雑にしているのは少数民族の存在だけではない。高度な教育を受けた漢族の中にも、宗教に傾倒する者がぽつぽつと現れている。私は北京で、キリスト教に改宗した弁護士や大学教授の何人かと知り合った。彼らが口にするのは、知的な観点からのキリスト教の魅力だ。一九八九年六月四日に天安門で民主化を求めるデモが弾圧された後、政治改革が行われる見込みがないことに幻滅してキリスト教に入信したという。そのほか、チベット仏教の師を求める漢族の増加という問題もある。(5)『ワシントン・ポスト』の記事では、漢族が多数を占める中国東部の豊かな都市で、チベット仏教のラマたちが秘密裏にかなりの信奉者を集めていると示唆している。記事に登場する四川省出身のチベット僧は、さまざまな都市、主に北京、江蘇省の無錫《ウーシー》、山東省を中心に、一万人の信奉者がいると述べている。(6)

となると、色達にいる千人もの漢族の僧侶・尼僧もがぜん興味深い存在になってくる。もし色達の寺院で何らかの問題が起き、そこにチベット人に同調する漢族がいたとしたら。もはや、面倒なチベット人――ダライ・ラマの影響を受け、外国勢力に扇動されやすい集団――のせいだと単純に片づけることはできない。なぜ裕福な都市部出身の漢族が人里離れたチベット仏教の聖地に魅力を感じるのか、当局には説明が求められるだろう。

色達を訪ねた日の午後、例の台湾出身の尼僧に同行してフォトショップの使い方の授業を見学した。平信徒の女性が講師を務め、中国語を話す漢族の尼僧たちが熱心に耳を傾けていた。彼女たちの訛りから、中国東部のあらゆる地方の出身者が集まっていることがわかった。台湾出身の尼僧によれば、中国語を話す尼僧たちの中には博士号など上級の学位を持った人がたくさんいるという。また、チベット仏教に対する一般の中国人の興味がどんどん高まっていて、この学院からも標準中国語を話すラマが二人、定期的に中国東部の大都市を回っているそうだ。「政府がコントロールしなければ、この動きはどんどん大きくなりますよ」。そして、国がどんどん繁栄しても人々はむなしさを感じていると言い添えた。「普通の人々はもう気づいています。そして自問自答しています。私の目標は何だろう、私の人生の目的はなんだろうと。――そこに、仏教があるのです(7)」

ゼロから大僧院を築いたリーダー

色達が人々を引きつけるのは、一九八〇年にラルン・ガル・ゴンパを創設したカリスマ的指導者、ジグメ・プンツォクの存在が大きい。彼はダライ・ラマの師匠の転生者だと言われる。学院創設までの二十年間、彼はほとんどの時期を山奥で過ごし、瞑想し、少数の弟子を教え、十年間にわたる文化大革命の魔の手から逃れていた。やがて先代のリンポチェが予言した学院の設立を果たすため、色達の近くの荒涼とした谷にやってきた。彼の説法は評判を呼び、学僧の数はうなぎのぼりに増えていった。

この学院はいかなるチベット人の派閥ともしがらみがなく、主要学派すべての教義を教え、僧侶、尼僧、学者、信徒に門戸をひらいている。一九八七年、ジグメ・プンツォクと数百人の弟子たちは、中国仏教の四大聖地の中で最も神聖な五台山への巡礼に出かけた。北京の西にある山西省の峰々や渓谷の奥深くにある五台山は、文殊菩薩が住む場所と信じられている。そして千年以上も昔から、中国人、チベット人、モンゴル族、満州族が巡礼に訪れていた。ジグメ・プンツォクの一行は、旅の途中でパンチェン・ラマ十世とも面会する。パンチェン・ラマこそラルン・ガル・ゴンパの設立を認可した人物であり、そのことがいっそう多くの学僧を同学院に引きつける要因になっている。

ジグメ・プンツォクは何度か外国も訪問している。一九九〇年にインドでダライ・ラマと面会したのが始まりで、一九九三年には東南アジア、インド、日本、フランス、北米を歴訪して説法を施した。色達の山奥にある彼の学院には国際的な関心が集まった。党幹部はこれを快く思わず、彼がダライ・ラマと面会したことを理由に外国旅行を禁止した。しかしもはや手遅れだった。彼の信奉者たちが色達に殺到し、各国から寄付金が流れ込んだ。一九九八年には、学院のまわりの谷は八千人もの僧侶や尼僧が暮らす小屋で埋め尽くされた。ジグメ・プンツォクは現代チベット史で初めて、新たな大僧院を基礎から作り上げたのだ。

激怒した中国当局は、百五十人を除くすべての僧侶を退去させるよう命じた。しかし彼は、「強制退去は宗教の自由を保証する法律を踏みにじる行為に等しい(8)」と言って応じなかった。四川省統一戦線部と中央の国家宗教事務局の上級幹部が何度も学院を訪れ、急成長した学院の処遇に関するやりとりが活発化した。やがて当局は、僧侶千人と尼僧四百人がとどまることを許可すると述べ、当初の命令から若干の譲歩を見せた。しかし一方で、学院運営は管理下に置くことを言明した。すなわち、すべての宗教行為を監視し、学院長を任命し、説法の内容を審査し、「愛国教育」を実施し、漢族の入学を阻止するということだ。二〇〇一年の五月から六月にかけて、緊張はピークに達した。警察が数千人の尼僧を、ダライ・ラマを批判する文書に署名させたうえで強制退去させたのだ。僧坊の解体が始まり、少なくとも一八七五戸が破壊された。一九七六年に文化大革命が終わって以来、最大規模の宗教施設の破壊だった。そしてこの行為は、二〇〇〇年に成立した「反邪教」法――党が重大な脅威と見なすあらゆる集団の取り締まりを可能にする――を根拠に正当化されたのである。

　ただし、破壊の効果は長くは続かなかった。二〇〇一年に何千人もの僧侶や尼僧が色達を退去させられたが、彼らの多くは再び山をのぼって学院に帰ってきた。今では学僧の数は膨れあがり、強制退去前よりも多くなっている。定住に向けた動きも出てきている。私が訪ねたときには、谷の中心部に中国移動通信《チャイナ・モバイル》と中国聯合通信《チャイナ・ユニコム》の営業所があったほか、衣料品の店や、宗教道具、書籍、生鮮品を置いた売店がたくさん見られた。何年か前に、当局は谷に広がる僧坊の周囲にれんがのフェンスをめぐらし、フェンスの外には一戸の僧坊も建ててはならないと宣言した。コミュニティの拡大に歯止めをかけようとしたのだ。その結果、フェンスの内側にさらにびっしりと僧坊が並んだ。コミュニティの中心にある寺院や教育施設群は拡張工事でさらに階数が増え、新施設の建設も進んでいた。新たに住みつく人の多くは漢族だった。

　ある漢族の尼僧と僧坊の中で話した。イーポンと呼んでくれと彼女は言った。しばらく話すうち、中国語を話す尼僧のための特別施設に誘ってくれた。だが外に出ると彼女はそわそわしはじめた。目立たないようにしてくださいとしきりに警戒を促す。ガラス張りの自習室が設けられた建物の四階に上がった。屋根までガラス張りで、まるで巨大な温室だ。床には室内外兼用のカーペットが敷かれ、壁際にローテーブルとクッションが置かれていた。一部の窓には日よけが下ろされていた。尼僧は近くの大きなピンク色の建物をそれとなく示した。国家に反逆する動きを監視するために漢族の治安当局者が配属されている建物だという。平服姿の彼らは、何かトラブルがあれば現場にすっ飛んでいく。そして、宗教的なものであれ民族的なものであれ、あらゆる不満をもみつぶす。もしも火種が谷の外まで飛び火すれば、チベット人の居住エリアでもっと大きな爆発を引き起こす可能性があるからだ。私は数階建てのその建物に目をこらしてみたが、窓の中までは見えなかった。学院の関係者の中にも政府への情報提供者がいることは容易に想像できた。

さらに何人かの僧侶や尼僧の話を聞いて回った。ほかのチベット人エリアは混乱に巻き込まれているのに、中国で最もチベット仏教の僧侶が集中していると思われるこのコミュニティでなぜ大きな暴動が起きていないのか。そのあたりの細かい背景が見えてきた。ある尼僧が話してくれた。色達の高位のラマたちは、ほかの地域で抗議運動が発生したといううわさを聞くと、すぐさまデモ回避に向けて動き出したという。「高位ラマはすべての僧侶や尼僧に、反乱を起こすなと命じました。もし反乱を起こせば学院は焼き払われてラマは全員投獄されるだろう、学院が焼かれれば二度と再開できないだろうと言われました」。色達の正門にはたくさんのチョルテン（仏塔）が並び、チベットの祈祷旗がはためいている。この門の中に兵士が入ることを回避するため、学院長は交渉を開始した。三百人ほどの人々が正門に集結し、車の進入を阻止した。ラマたちは怒れる僧侶たちに冷静に告げた。意見を主張したい者は、一時的にコミュニティを離れて二十キロメートルほど離れた色達の町で主張しなさい――」。数百人の僧侶がそれに従い、多くが逮捕された。

ある若い僧侶に出会って、さらに全体的な状況を理解することができた。ダワと呼ぶことにする。二十代半ばで、薄いもみあげを頬からとがった鼻のほうに向けて伸ばしている。私たちは乗り合いのミニバン――四川省北部の山奥にある学院周辺では唯一の移動手段――の中で話し始めた。肌寒い秋の日で、標高の低い谷あいではホワイトポプラの葉が黄色に染まっていた。車は深い渓谷の急流を見下ろしながら、曲がりくねった道を進んでいく。運転手と助手は四川省出身の漢族だ。この地方では当たり前の光景だが、漢族の中国人とチベット人は互いにおざなりなあいさつしか交わさない。いくつかの検問所を通過した。どの検問所でも警察官が車内をのぞき込んでくる。チベット僧がいるとわかると身分証の提示を求め、その詳細をクリップボードに書き留める。僧衣を着たダワを見ると、彼らの警報装置は確実に作動した。

やがてダワは話し始めた。二〇〇八年の動乱の時期、個人的な用事で色達のコミュニティから町に出かけたときの話だ。彼がほかの僧侶たちと一緒にミニバンに乗っていると、警察が銃を突きつけて車を止めさせた。彼らの自動小銃にはクリップ（装弾子）が装填されていた。警察官の一人が車のドアを開けて僧侶たちを全員引きずり出し、別の警察官が出てくる僧侶の顔に一人ずつ照準を合わせた。中国語を話せる僧侶たちがこの対応に抗議し、一触即発の雰囲気になったという。こうした侮辱を受けることはしょっちゅうだったが――言ってしまえば些細な問題だった。ダワが言うには、ラルン・ガル・ゴンパの指導部と四川省の党や軍部の間には、もっと深刻な対立が生まれようとしていたのだ。

四川省当局者は、学院の正門に集結した兵士たちがコミュニティに入って中国の国旗をあちこちに掲げることは告知済みだったと主張した。それに対し「リンポチェは彼らに、もし兵士たちが入ってきて中国の国旗を掲げれば、九〇％の僧侶が自殺するだろうと返しました」とダワは言う。学院長は中国の軍隊の進入を防ごうとする一方で、僧侶や尼僧たちには感情を抑えよと命じた。「リンポチェは僧侶や尼僧たちに、『悪事をはたらいてはならない。あなたたちは僧侶、尼僧である。慈悲の心を持ち、我慢強くなりなさい。怒ってはならない』と毎日おっしゃいました」(9)

それを聞いて、私は数時間前に話したガルモという名の尼僧の言葉を思い出した。彼女も同じことを——つまり、色達の信仰のあつい人々は信仰のために死ぬ覚悟ができていると言っていた。そのときはその意味を深く考えなかったが、ようやく理解できた。色達は二〇〇八年の新聞のヘッドラインを飾らずに済んだとはいえ、ぎりぎりのところまで行っていたのだ。不幸な出来事が起こる可能性は十分にあった。武器を持たない僧侶や尼僧が軍の占拠に抵抗して一斉に命を絶つようなことがあれば、最悪の事態はまぬかれなかっただろう。別の僧侶たちは、集団自殺のリスクもなかったとは言えないと振り返った。伝統的に仏教では命は尊いものと考えられ、自殺は避けられる。自殺すれば現世で積んだ功徳が無駄になると考えられ、来世は人間界より下の世界に生まれ変わることになるかもしれない。そうすれば苦しみがさらに引き延ばされ、解脱《げだつ》から遠ざかるだけなのだ。一方で、自殺が一種の政治行為になることもある。昨今では仏教の僧侶がそういう目的であえて自殺を選ぶこともある。二〇〇八年三月、アバ県のキルティ寺の僧侶がメモを残して自殺した。メモにはこう書かれていた。「中国の抑圧の下ではこれ以上生きていたくない。一日と言わず、一分たりとも」(10)

この自殺ともう一件の僧侶の自殺について、亡命チベット人支持派の通信社 Phayul.com では、「彼らの自殺からは、チベットに対する中国当局の抑圧と弾圧にさらされたチベット僧たちが、忍耐力と無力感の限界まで追い詰められていることがうかがわれる」と報じている。またチベット人権民主化センターは、二〇〇八年の暴動から一年あまりのうちに起こった僧侶・尼僧の自殺十七件と自殺未遂二件を取り上げて、チベット僧の自殺が増加傾向にあるというリポートをまとめた。その中で、「中国の要求は常軌を逸しているため、僧侶と尼僧には自ら命を絶つ以外の選択肢が残されていない」と指摘し、彼らが自殺にいたる本質な理由を三つ挙げている。一つは党幹部がチベット仏教を取り締まるために実施した「愛国教育」の心理的なトラウマだ。あとの二つは、寺院への厳しい弾圧と、彼らに強制的にダライ・ラマを非難させ冒瀆させる政府のキャンペーンである。(11)

ダライ・ラマの非難を拒んだ僧侶や尼僧は、「分離主義を扇動した」罪に問われうる。有罪になれば少なくとも五年——大抵はもっと長期間——の刑が科される。中国にはチベット仏教の僧侶や尼僧が約十二万人いるが、いつの時代もそのうち数百人が政治犯として獄中生活を余儀なくされている。米国議会の中国問題特別委員会のデータを見ると、二〇〇九年初秋の時点で四百四十五人の僧侶や尼僧が政治犯として服役している。(12)このデータによれば、過去二十年間で政治的な罪で服役した、または服役中の僧侶や尼僧は千八百十四人だ。そして各寺院では強制的な「政治的再教育」が実施され、僧侶たちはチベットが中国の不可分の一部であると認めさせられる。ダライ・ラマを非難する文書への署名や母印を強制されることも多い。年によって程度の差こそあれ、僧侶たちは絶えず差別的な扱いを受けている。彼らは自由な活動を禁止され、しょっちゅう任意捜査や検問の対象にされ、パスポートの取得も難しい。一般の中国人とは違い、チベット自治区の僧侶たちは、修行や説法で自治区内を移動するときでさえ、県の宗教局で許可を得なければならない。チベット仏教では、僧侶は別の寺院を訪ねて宗教上の伝統が異なる師の下で専門的な修行をしなければならない。つまり自由な移動を妨げることは、彼らにとって宗教的弾圧に等しいのである。

信仰は途絶えない

歴史を振り返れば、宗教問題が中国の指導者を悩ませてきた例はいくらでも見つかる。ここ数十年、中国では「東方閃電《トンファンシャンディエン》」や「三班僕人《サンバンプーレン》」などの非公認キリスト教団体が勢力を伸ばしている。だが、問題はこうした終末論的宗教の周期的な台頭だけでは済まない。中国では宗教を発端にして政治的混乱が発生することも珍しくない。その最たるものが十九世紀半ばに起こった太平天国の乱だ。キリスト教に改宗したカリスマ的指導者が、自らイエス・キリストの弟を名乗り、満州族が興した清朝――当時は第一次アヘン戦争に敗北して弱体化していた――の打倒を目指して反乱を起こした。反乱の勃発に飢饉も重なり、反乱が軍に鎮圧されるまでに約二千万人が命を落としたと言われている。

もっと新しいところでは、一九九〇年代に爆発的に拡大した法輪功――気功法と瞑想を学習する集団――が党上層部を震撼させた。党は容赦なく彼らを取り締まった。一九九九年四月、法輪功が全国的に禁止される数カ月前のある朝のことである。先に拘束された法輪功学習者の釈放を求め、一万人を超える学習者らが故宮にほど近い中南海《ちゅうなんかい》周辺の街路で静かに列を作った。党指導部のオフィスや官邸が集まる地区で、堂々と抵抗の意思を表したのだ。これほど大規模なデモが起こったのは約十年ぶりだった。十年前の一九八九年六月、理想主義的な民主化支持者らが北京の天安門広場周辺に多数集結し、未明に戦車や兵士が出動してそれを駆逐するという事件が起こった。軍と自国民の衝突で何百人もの死者を出したこの天安門事件は、共産党支配の歴史の大きな汚点になっている。法輪功に脅威を感じた党指導部は弾圧を始め、彼らを根絶するために立て続けにキャンペーンを打ち出した。法輪功の学習者はピーク時には数千万人いたというが、二〇〇〇年代初めには非合法の地下組織になってしまった。

法輪功の騒動から見えてくるのは、毛沢東が宗教を否定しようとしたにもかかわらず、中国全土に存在する宗教や信仰は途絶えず、新たな宗教が生まれる余地も残っていたということだ。毛沢東時代に宗教施設はほとんど閉鎖・破壊され、党は無神論を唱道した。しかし毛沢東が死ぬと、党は限定的な宗教表現の復活を認めた。現実問題として宗教の存在は容認するが、党の権威に従うべしという方針をとったのだ。国家宗教事務局が宗教の監督に関する広範な権限を持ち、ほとんどの宗教行為に党の許可が必要になった。現在、中国政府は五つの宗教――仏教、道教、イスラム教、そしてキリスト教のプロテスタントとカトリック――を認めている。ただし、各宗教の上位にはレーニン主義の大衆組織を手本にした愛国団体――たとえばプロテスタント教会を監督する「三自愛国運動」――が置かれ、その指示のもとで礼拝の内容、聖職者の採用、宗教施設の整備、収入・支出などが決定される。外国の宗教との結びつきは全面的に禁止され、外国の宗教家の中国訪問はごくわずかな例外を除いて歓迎されない。一九八二年、宗教問題の管理に自信を持った党指導部は、憲法を修正して信教の自由を保障した。しかし、すでに自由が侵害されている人々への救済はなかったのである。

それから何十年も経ったが、宗教行為の保護について党が抜本的な改革を行う気配はまったくない。というよりも、宗教を信じていると公言する人の数さえ把握できていないのが現状だ。国営メディアが報じる宗教信者の数はいつも決まって一億人で、全人口に占める割合は八%に満たない。もちろん、これでも莫大な数であることは間違いない。政府の発表によれば、中国のイスラム教徒の数は千八百万人で、マレーシアやシリアのイスラム教徒よりも多い(13)。実際、中国には大抵の中東の国々よりも多くのイスラム教徒がいる。キリスト教のプロテスタント教会について言えば、一九四九年の革命以降で信者は約二十倍に増えている。その数は四千万人とも七千万人とも言われ、中国共産党の党員数にも匹敵する規模である。ある学者の研究によると、おそらくどの日曜日をとってみても、ヨーロッパ中の教会で礼拝する信者を合わせた数より中国の教会で礼拝する信者の数のほうが多いという(14)。またカトリック教会の信者は中国全体に千万〜千二百万人ほどいて、アイルランドの信者数よりはるかに多い。一方、仏教徒の数は推計が難しい。仏教寺院にはキリスト教の会衆名簿《かいしゅう》のようなものが存在しないからだ。しかし毎年何らかの方法で――ときに道教と融合したかたちで――祈りをささげる人々は何千万人もいるだろう。さらに、不安定な少数民族からたくさんの宗教信者が出ていることに党は危機感をつのらせている。その筆頭はウイグル人やチベット人だ。彼らは外国の支援ネットワークと結びついていて、国際的な注目度も高い。

私が中国の宗教問題に特別な関心を持つのには、生まれ育った家庭環境が大きく影響している。母方の祖父母は、一九二〇年代にメソジスト教会の宣教師として中国で五年間過ごした。祖父母が赴任地で経験したこと、そして同じ町の最近の状況を調べてみると、宗教に対して許容と抑圧を使い分ける党の手法が浮かび上がってくる。私は中国に赴任するときに祖父母の昔の手紙や写真が入った箱を持ち込んでいた。それを開けて、わくわくしながら中を調べた。祖父母が住んだのは、中国南東部の海沿いにある福建省の延平《イエンピン》――「永く続く平和」を意味する名の町だ。彼らが着任し、活動を始めたころに書かれた手紙が出てきた。鳥肌ものの感動だった。

「到着しました！　よかった！」――閩江《ミンチャン》の川岸にある目的地に到着したときに、祖父が書いた手紙である。二人は急流を乗り越え、激流に洗われた渓谷を過ぎ、ジャングルに覆われた崖のそばを通って、ようやく川沿いの新天地にたどり着いた。「ぼくたちの家からは、仏塔が立ち並ぶ丘の間を閩江が流れる様子が見下ろせます」[15]。若き日の祖父母――オハイオ州出身のカール・シューフラーと妻のエーダ――は、中国のかつての首都である南京で一年間中国語を学んだ。しかし延平に着いてみると、現地の訛りが強くてほとんど理解できなかった。二人にとって幸運だったのは、その町は半世紀ほど前からすでにメソジスト教会の宣教師の赴任先になっていて、病院やミッションスクールがしっかり整備されていたことだ。だが疫病が蔓延し、町の発展ははなはだしく遅れていた。「延平には車が一台も走っていません」と祖父は書いた。そして苦力《クーリー》や運搬人が荷物を背負って泥道を歩く様子が記されていた。ともあれ、祖父母は任務に喜びを見出していたようだ。

祖父の手紙を読んでいると、私自身の中国での体験が遠い過去と共鳴し合うような感覚を覚えた。中国名を付けてみました――などと貴重な文化体験についても書かれている。私の祖父は現地ではシエ・フーフイという名で呼ばれていた。この名前にもエピソードがあった。「延平に来て中国名を変えなければならなくなったこと、先週の日曜日の手紙で書きましたっけ？　もう変えましたよ！　今までの中国名は福州の方言だと『怠ける、無精』という意味になってしまいます。今度の名前は『謝《シエ》』。感謝という意味です」と曾祖父あての手紙に書いている。祖父は現地の方言で福音を説くことができるようになり、祖母は学校の女子生徒たちに教えるようになったが、あまりの文化の違い――個人的なことを遠慮なく詮索してくることなど――に驚いた。それについては、ほぼ一世紀後に中国に来た私もまったく同じ印象だ。

「中国での買い物は面白いですよ。（時間に余裕があれば）なかなか楽しめます」と一九二一年の手紙に書いてある。「何か荷物を持って店に入ったとすると、店の主人は、何を持っているんですか、いくらで買ったんですかと当然のあいさつのように尋ねてきます。家はどこか、生まれはどこか、中国に来てどのくらいか、子供はいるか、仕事は何か——何でも知りたいのです」。祖父母にとって延平での暮らしは戸惑うこともあれば楽しいこともあり、一言ではとても説明できなかったようだ。隣同士の谷でも風習が違うことがあった。「ローリンソン先生は、中国について質問をしても『どちらとも言えない』という答えが返ってくるのが落ちだとおっしゃいます。同じタイミングで同じ質問をしたとしても、ある場所では答えが『イエス』で、別の場所では『ノー』だということがあるそうです」——と祖母は家族に書き送っている。

時代は不穏な空気に包まれていた。各地で部族軍が恐怖をまき散らし、山賊が旅人を脅かしていた。祖父のような宣教師たちにとって、閩江の急流をさかのぼる以外に安全なルートはなかった。このルートでさえ、彼らが乗ったサンパン〔木造の小型平底船〕をかすめて銃弾が飛んでくることがあった。メソジスト教会が年に一度発行する海外伝道活動報告からは、無法地帯と化した当時の中国の雰囲気が伝わってくる。一九二二年版では、「地方には敵対し合う軍勢が割拠し、必要な物資を略奪している」と概説している。翌年の報告書には状況が「かなり悪化している」とあり、「兵士や山賊は通りすがりの村々でほしいものを好き勝手に盗み、火を放っていくことも多い」と書かれている。そして延平にも近い永安の惨状が挙げられていた。「住民らは二週間で八回も兵士たちに多額の金を巻き上げられた。彼らの苦しみは深刻だ。金を工面するために妻子を売ることを強制された者、また自殺する者もいた(16)」

一九二六年になると戦乱の足音はますます大きくなり、福建省の米国総領事は省内の米国人に避難命令を出した。私の祖父母はそれに従い、延平で生まれた娘、つまり私の母を連れて中国を離れた。再び中国に戻ることを望んでいた祖父母はニューヨークで渡航可能の知らせを待っていたが、結局中国には戻らなかった。一つには、伝道のための資金が不足していたからである。祖父母は中国の秩序が回復して人々が平穏に生活できることを心から願い、改宗者が増えて社会サービスが継続することを願った。それからまもなく中国では毛沢東が台頭して秩序が回復する。しかしそれは激しい抑圧の上に成り立つ秩序だった。

毛沢東が権力を握ってからの数十年間、中国では宗教は風前のともしびだった。特にキリスト教の宣教師たちの活動は、歴史のかなたに忘れ去られたような状態だった。毛沢東は「百年の屈辱」の時代を教訓にして、外国人の商人やアヘンの貿易業者、宣教師などを国内にのさばらせないよう、完全に排除することを決意した。そして中華人民共和国が正式に成立する数日前、彼は「人類の四分の一を占める中国人は立ち上がった！」と述べたのだ[17]。それからの三十年で、すべての宗教施設が閉鎖または破壊された。しかし毛沢東の死後、改革開放政策のもとで宗教は息を吹き返す。

私は、メソジスト教会の宣教師たちが半世紀にわたる延平――現在は南平《ナンピン》市が管轄する区――の活動で遺したものを、自分の目で確かめたくなった。私の祖父は中国にキリスト教を伝える最先端にいたと自負し、二十一世紀になるころには中国はキリスト教国家になると確信していた。そんな話を昔から何度も聞かされていた。残念ながら祖父の予想は大外れ――私はそう思っていた。

中国人自身による宗教の復興

飛行機に飛び乗って、福建省最大の都市、福州に降り立った。街路にはガジュマルが植えられている。閩江沿いにのびる鉄道に乗り換えて、ごつごつした山々を貫くトンネルをいくつも通過して内陸へと進む。まず驚いたのは沿線の人口密度の低さだ。中国東部ではどこに行っても人家がひしめいている。人口過密の東部に住み、取材して回っていた私にとって、人家もまばらな集落やうっそうとした竹やぶが広がる景色は新鮮で気持ちがよかった。閩江の川幅は四百メートルほどあっただろうか。ゆったりと流れる川のそばに、二階建ての住居が点在していた。多くの家では庭にバナナの木が生えている。川に浮かぶ船はサンパンのように見えたが、実は動力つきのはしけで、穀物や砂利を運搬中のものもあった。南平に近づくにつれて徐々に集落が増えてきて、棚田や養魚用の池なども見えた。

　南平の市街地は十階建て以上のビルが建ち並び、車のクラクションがひっきりなしに鳴り響いていた。上流にダムがあるため閩江の流れはゆるやかだ。しぶきを上げて滝状に流れ落ちているような場所はなく、濁った水がゆっくり流れている。南平は閩江と建渓《ジェンシー》という二つの河川の合流点に位置する町で、川には高く堤防が築かれている。背後の山のほうを見ると、険しい斜面の数ブロック手前の、開発できるぎりぎりのところまで市街地が広がっている。通りには緑色と黄色に塗られたタクシーが走っている。ひどく蒸し暑く、三十分も歩くとシャツもズボンも汗だくだ。ファストフード店に避難して、エアコンの効いた涼しい店内で一息入れる。宿泊場所は地元の製紙工場が運営する川沿いのホテルだ。チェックインして四階の部屋に荷物を置くと、いよいよ祖父母の時代の面影を求めて彼らが過ごしたプロテスタント教会に向かう。教会が今もこの町にあることは確認済みだった。タクシーをひろって教会を目指す。料金は五元――一ドルよりもずっと安かった。

　車窓から見た南平はきわめて現代的なミドルクラスの町だった。ナイキやナインウエストなどの最新アイテムを扱う店がたくさんある。マクドナルドやケンタッキーフライドチキンもある。歩道には大きな街路樹が日陰を作り、車道には格好いいスクーターや最新モデルの車が颯爽《さっそう》と走っていた。道ゆく人のファッションは男女を問わずあか抜けている。日傘をさして歩いている女性もいる。急な坂道をのぼったところに、南平梅山《メイシャン》福音堂が建っていた。畏敬の念で胸がいっぱいになった。壮大な教会だった。後日調べたところ、この教会の尖塔は高さ四十メートルもあり、人口五十万人の延平区のあちこちに建つ高層ビルにも匹敵する高さだった。階段をのぼっていくと楽しげな笑い声が聞こえてきた。最下階に幼稚園があって、二百人以上の子供たちが通っている。

そうこうするうち、この教会の孫仁富《ソン・レンフー》牧師を見つけた。物腰のやわらかい人物で、英語名のトーマス・ソンという名でも通っている。シエ・フーフイの孫ですと自己紹介すると、彼は私の手をしっかり握りしめた。彼は四十代半ばで祖父母を直接知る世代ではなかったが、ここに赴任した数十人の外国人宣教師の中国名をよく知っていた。今は打ち合わせで時間がないからと、二時間後の夕べの礼拝のときにまた来るよう言われた。教会のまわりの道を散策して戻ると、すでに礼拝が始まっていた。中に入り、何百人もの参列者にまぎれてそっと着席した。孫牧師はそれに気づいて私を呼び、前に出てくるよう促した。彼は私の祖父が宣教師だったことを紹介し、それでは信徒のみなさんに何か一言――とマイクを向けてきた。突然のことに私はうろたえた。人前で中国語で話すのには慣れていない。どうにか家族について話し、すがる思いで孫牧師にマイクを返した。ともあれ、参列者たちが感心した様子で耳を傾けてくれたことがうれしかった。

のちほど、孫牧師の執務室に通された。孫牧師は自ら緑茶をいれ、教会の歴史について詳しく話してくれた。一九四九年の革命でメソジスト教会の外国人宣教師たちは南平を去ってしまったが、宣教師たちが活動を初めてからすでに百年近くが経っていて、地元の教会は外国人の支援なしでも運営できるところまで発展していた。しかし中国人のキリスト教徒は嫌がらせを受けるようになり、さらに文化大革命で大打撃を受けた。「南平の教会活動は一九六六年に完全に終わりました」と孫牧師は言う。「聖書を燃やし、教会を閉鎖したのです。牧師たちは牛小屋に拘留されました。そして三角帽子をかぶせられ、首に『牛鬼蛇神』(文化大革命で粛正対象者をののしるために使われた言葉)と書いた札をかけられ、道を掃除させられました」[18]

それでも宗教が死に絶えることはなかった。一九八〇年代に入ると、キリスト教は中国のさまざまな地域――特に河北省、河南省、山東省、福建省など――で息を吹き返した。今では地方政府がキリスト教に対する締めつけを緩めている地域もある。南平では一九八〇年に当局が教会の資産の一部――ただし教会系の病院や学校は除く――を返還し、宗教活動の再開を許可した。キリスト教に対する人々の興味も復活した。今やプロテスタント教会は宗派ごとに連携して信者の獲得を競い、社会サービスの分野に再進出している。また、国家公認のカトリック教会が新たな信者を増やす一方で、ローマ教皇に忠誠を示す地下教会も勢力を伸ばしている。今こうして宗教が復興しているのは、これまで社会の脱宗教化を目指してきた反動という面があるかもしれない。教会が政府に不満を持つ人々の慰めになっているのは明らかだ。だがほとんどの場合、宗教の復興はそれを求める人々の純粋な信仰心に支えられているような印象を受けた。福建省の信者たちは、どちらかといえば信仰の自由を感じると話してくれた。最近では、外国人が中国に来て福音を伝える例はほとんどない。

孫牧師によれば、約百四十年前に閩江をさかのぼって南平に到着した宣教師たち――ひげの立派なネイサン・サイツ牧師と、彼の率いた初期の宣教師たち――が、同地にキリスト教繁栄の礎を築いた。「彼らは南平にすばらしい基盤を残しました」と孫牧師は言う。「近代的な教育、近代的な医療をもたらしてくれました。そして旧来の習慣――たとえばアヘンを吸ったり、纏足《てんそく》をしたり、生まれた女児を殺したりという行為を次々に改めていきました。望まれずに生まれた女の赤ちゃんを、養子として引き取ることも始めました。……何より、彼らは福音を伝えました。もちろん中国にも伝統的な文化がありますが、無償の愛とか許しという概念はなかった。敵を愛するという考え方もなかった。敵に復讐するのに遅すぎることはない、たとえ十年後であろうとも——というのが中国的な考え方なのです[19]」

南平の若い世代には珍しくないことだが、孫牧師はかつて製紙工場で働いていた。安定した仕事で給料もよかった。孫牧師が聖書に強い興味を持ったのは高校生のころだ。ビクトル・ユゴーの小説を読んで、あちこちに聖書の引用が出てきたのがきっかけだという。しかし聖書の実物を手に入れる機会はなかった。やがて姉がキリスト教徒と結婚し、その姑が彼に聖書を貸してくれた。半年かけてそれを勉強し、最終的に地元の梅山福音堂に通うことにした。一九八三年、彼は家族の反対を押しきって仕事を辞め、福州の神学校に入学した。さらに国内有数の神学校である南京の金陵協和神学院で二年間学んだ。彼が学校を卒業したころ、梅山福音堂は大変な状況になっていた。牧師が精神異常者に殺害されてしまったのだ。地元に帰った彼に、教え導いてくれる先輩牧師はいなかった。

とはいえ、南平にはすでにキリスト教の土壌ができあがっていた。孫牧師が担当する教会は当初は二カ所だったが、今では二人の牧師と三人の副牧師とともに南平全体で二十六カ所の教会を監督している。現在の信者数は五千人。梅山福音堂が外国の教会と提携することは法律で禁止されているが、孫牧師は自らをメソジスト教徒だと明言し、初期の宣教師たちに心から感謝していると述べた。外国に住む中国人キリスト教徒とも緊密に連絡を取っていて、そういう人々がたまに中国にやってきて説教をしたり、逆に孫牧師を外国に招いたりするそうだ。「われわれは政府の信頼を得ています。私が説教しているときに邪魔が入ったことはありません」。実際、孫牧師は政府と良好な関係を維持し、

「三自愛国運動」の地方代表のような役割を果たしている。三自愛国運動とはプロテスタント教会を監視する政府公認の団体で、中国のプロテスタント教会の「自治、自養、自伝」——中国人自身の力で教会を運営し、支持し、福音を伝道すること——を目標にしている。

孫牧師のはからいで、スー・バイシンの自宅を訪問することになった。スーは九十代の元気な女性で、南平で最初の中国人キリスト教徒の娘だという。教会スタッフの女性に案内されて、高層ビルの間の路地を抜け、手入れの行き届いた平屋建ての家に到着した。スタッフが扉をノックしたが応答がない。さらに強く叩くと、奥からお入りと叫ぶ声がかすかに聞こえた。いきなり外国人がやってきて困惑した様子のスーだったが、祖父の残した古びた白黒写真を見せると、すぐに心をひらいてくれた。「これ、父かもしれないわね！」——小さな絹の帽子をかぶった中国人男性が宣教師の隣に立っている写真を見て、彼女は楽しそうに笑った。

スーは子供のころの話をしてくれた。南平には電気も道路もなかった。ハンセン病の患者がたくさんいた。銃を持った無法者がしょっちゅう襲ってきて、金品を巻き上げていった。南平は軍隊が南北に移動する主要ルート沿いにあったため、兵士たちも頻繁にやってきて、何かと便宜はかるよう強要された。外国人宣教師はいろいろな意味で異質な存在だった。彼らは集落から離れたところに住み、食べる物も違った。こんなエピソードも話してくれた。南平には七つの丘があり、その一つのてっぺんにメソジスト教徒の医師が住んでいた。職場があるのは山の下の市街地だ。「毎日、椅子かごをかつがせて病院に通勤していましたよ」。スーに言わせれば、南平の教会を建てたのは外国人だが、繁栄させたのは地元の中国人である。「私たち中国人が教会の主になりました。今では教会は繁栄していて、自前の資金をたくわえています。政府にも外国人にも頼っていませんよ。ここのキリスト教徒はお互いに助け合っています」[20]――これを祖父が聞いたらどんなに喜ぶだろう。長年にわたり外国人が中国にキリスト教を植えつけようと頑張ってきたが、中国の宗教の復興を押し進めたのは、私の祖父のような外国人の力ではなく、孫牧師のような中国人の力だった。

モラルなき社会の片隅で

私は二度にわたって南平を訪問し、教会と党の関係について徐々に理解を深めていった。孫牧師の教会は党の規則をすり抜けてかなり自由に運営していたが、それは彼が地元の役人との間に築いてきた信頼関係のたまものだった。彼はかつての宣教師たちと同じようにさまざまな社会サービスを提供したり、若者たちに説教したりしているが、本来こうした行為はことごとく制限されて当然なのだ。国家宗教事務局は、プロテスタント教会の活動内容を厳しく管理している。聖職者が管轄区域以外で説教することは許されない。外国から資金を集めることも許されない。そして教会が社会サービスを宣伝することは許されない。要は、社会福祉を受けられるのはすべて国家のおかげだという認識が揺らいではまずいのだ。私は梅山福音堂のリーダーの一人と一緒に丘をのぼり、高い木々が陰を落とす七階建てのビルに到着した。そこは私の祖父と同時代に延平で活動したメソジスト教会の宣教師、フレデリック・バンクハルトの住まいがあった場所で、今は南平市仁愛老人院になっている。ウェイピン・ショウ牧師が案内してくれた。

ショウ牧師によれば、養老院などの社会サービスは、教会にとって「静かに福音を伝道する場」になっている。「より多くの人にキリスト教に親近感を持ってもらえます。愛の教会だということをわかってもらえます」。廊下を歩きながら、各個室をのぞいてお年寄りにあいさつする。院内はきれいに掃除され、スタッフの手厚いケアが行き届いていた。ちょっとした衝撃だった。私が十代のころにアルバイトしたフロリダの老人ホームよりも快適かもしれない。福建省がこの養老院を「試験的慈善プロジェクト」に指定しているのもうなずける。やがて大きな部屋に案内された。何の部屋かと尋ねると、礼拝堂として使いたいが、その用途での使用はまだ許可されていないと言う。「養老院で福音を教えることはできません」。ショウ牧師によれば、福建省の役所がこの養老院の運営許可を出したのは二〇〇一年で、工事が完了したのは二〇〇二年。私が訪ねたときには五十七人の老人が生活していたが、目標は百五十人だという。「孫牧師はかつて宣教師たちが病院や学校、診療所を運営していたことをご存じで、私たちも同じことをしようと考えています。昔のように社会サービスを提供したいと思っているのです(21)」

梅山福音堂には幼稚園があったが、そこも規則を曲げて運営しているようだ。政府の方針では学校での宗教教育、また十八歳以下の若者に対する宗教教育を全面的に禁止している。しかし梅山福音堂の幼稚園では子供たちを宗教に触れさせていた。園長の鄭建萍《チャン・ジャンピン》は、「クリスマスには子供たちに宗教的なテーマの切り絵を作らせます。政府は特に何も言ってきません。聖書の教えにまつわる劇を演じたりもします」と言う。「子供たちの親の多くは政府の役人で、共産党員です(22)」。親たちは共産党員であるにもかかわらず、幼稚園の取り組みに満足し、教会を法律に従わせようとはしないのだ。もっと正確に言えば、地方の共産党員が無神論者だというのは建前にすぎず、今でも旧来の民俗宗教を信仰している。そう話してくれたのは元中学校教師のシュ・チアシャンだ。「偶像を崇拝して、寺に通う人も多いですよ(23)」

北京で外国紙を読むと、トップに中国企業が輸出する模倣品や粗悪品を糾弾する記事が並ぶことが多い。たとえば玩具に鉛を含む塗料が使われていた問題。ペットフードに有害物質が含まれていた問題。汚染された粉ミルクで何万人もの乳児が病院に運ばれる事件も発生した。容赦のない資本主義のもとでモラルが低下していることを痛感させられるニュースだ。中国人にも変化があったようだ。富を目指して競争するあまり、血も涙もない社会に——企業経営者が消費者の命を危険にさらすほど非道な社会に——なったことに対し、憤りが生まれている。

私は共産党のイデオロギーが薄れつつあることにも気づいていた。私は自分のオフィスで調査員を採用するとき、応募者に共産党員かどうか尋ねている。質問の答えがイエスだとしても、話を聞くと単に就職に有利だから入党したという者もいる。党の結束が緩み始めているのかもしれない。しかし上層部の生存本能は衰えていない。中国には四億人のインターネットユーザーがいるが、彼らが不満の声を上げ始めると、党の指導者たちは即座に対応する。そのために党幹部が犠牲になることもいとわない。危険な医薬品が大問題になったときには、国家食品薬品監督管理局の前局長が収賄罪で死刑になった。汚染粉ミルク問題でも二人に死刑判決が言いわたされた。

そのころ、私は現代宗教問題に詳しい中国人民大学教授の何光滬《ヘ・グアンフー》教授に会いに行った。やせぎすで穏やかな物腰の人物だ。彼は北京の人民大学の門のところで出迎えてくれた。キャンパスが広大なので、そうでもしなければ彼の研究室にはたどり着けなかっただろう。何教授は宗教擁護派だ。地位を危険にさらすほどの過激な論者ではなかったが、政府の政治改革の欠如を批判する思想家や学者のグループに参加している。二〇〇八年末には、「０８憲章」の当初の署名者に名を連ねた。０８憲章には普遍的価値の尊重、独立した司法の確立、一党独裁体制の終了、表現の自由の尊重などの要求が盛り込まれている。三十年ほど前にチェコスロバキアの反体制派が発表した「７７憲章」がモデルで、世界人権宣言採択から六十周年というタイミングで発表された。何教授を含む三百三人が、逮捕・投獄のリスクを冒して当初の署名者となった。この憲章の起草者の一人、思慮深い劉暁波《リュウ・シャオボ》は、この憲章がインターネット上で公開されてから数時間のうちに逮捕され、後に政府転覆扇動の罪で十一年の懲役を言いわたされた。

何教授の研究室に向かいながら、私は会話を宗教問題の方に持っていこうとした。しかし当人は公権力の腐敗と権力乱用について話したいようだった。「中国人のモラルが崩壊したと言う人はたくさんいます。まるで山崩れのようだと。言い得て妙ですね」。一九七〇年代末に始まった市場経済への移行がモラル低下の原因だと考える中国人もいるが、彼の意見は違った。市場改革をきっかけとして、平等や人権、法の支配、プライバシー、個人の尊厳、自由で公平な競争などの概念をめぐる議論が活発になったという。「今の中国に汚職をはびこらせている要因は二つに大別できるでしょう――盗む、うそをつく、この二つです。すべての現象はこの二語で説明がつきますよ。……汚職は市場経済のせいではありません。法の支配が欠けているからです。社会のモラルが失われた本当の原因は、そこにあると思います(24)」

中国が毛沢東主義直伝の政治体制から乖離《かいり》して道徳観が失われたところに、宗教をはぐくむ豊かな土壌が生まれたと何教授は言う。国の推計では一億人の中国人が宗教を信じているらしいが、細かい数字はよくわからない。「キリスト教や仏教の信者は急速に増えています。一九八〇年代以降、役人たちは、宗教、とりわけ仏教と道教は国家に害を及ぼさないと考えるようになりました。逆に、仏教や一部の宗教の教義が、社会的倫理や安定の維持に役立つ可能性もあるのです(25)」

二十一世紀になってまもなく、中国では大規模な社会的対立が増え、物質的な豊かさの追求が過熱して制御不能になっていた。中国政府の指導者らは「以人為本（人を中心にする）」という政策を掲げた。これは後に「和諧社会（調和した社会）」という目標に発展する。二〇〇六年、党は宗教的理念を基盤とした社会の調和を目指すと正式に表明した。この年に中国で開催された世界仏教フォーラムでは、国家宗教事務局局長の葉小文が「『調和した社会』の概念を促進するために、仏教哲学が大いに参考になる」と述べている。[26]ただ疑問が残るのは、どんな意図でこういう発言をしているのかという点だ。党が宗教に理解を示すのは、中国の台頭を警戒する人々の不安をしずめるためだろうか。社会の不満を和らげるための方便なのだろうか。葉局長は、「国際社会には中国の持続的な発展を疑問視する声がある。しかし『調和した世界』の論理は……そうした懸念を払拭する力になるだろう。また『中国脅威論』への反証にもなるだろう」と述べている。[27]

中国の仏教徒の数を把握することは困難だ。キリスト教では洗礼の記録に基づく正確なデータがあるが、仏教では信徒の統計を取らない。「ある人が仏教徒かそうでないかを判断するのは非常に難しい。ワンさんは年に一回、ニーさんは年に二回、リーさんは年に三回、寺でお参りをします」と何教授は言う。「寺の参拝者にはただの観光客もたくさんまじっています」。正確な数はともかく、信者の増加が最も顕著なのは仏教とキリスト教で、「寺の数はどんどん増え続けています」と彼は言った。[28]中国政府によれば、今や中国には一万三千以上の仏教寺院があり、約二十万人の僧侶や尼僧がいる。そして仏教徒のうち約七百万人は、チベット人以外の少数民族の出身だ。

最も有名な仏教徒と言えば、もちろんダライ・ラマである。ダライ・ラマを中国人としてカウントするならば――中国政府はそうしているが――、彼は今を生きる最も有名な中国人だ。ダライ・ラマの名前は世界中に知られていて、顔の見えない政治局のお偉方などとは比較にならない。ＮＢＡの姚明《ヤオ・ミン》選手〔二〇一一年七月に引退を表明〕や、ハリウッドスターのジャッキー・チェンよりも有名だ。多くの国々の指導者が、個人的な友人として彼と親交を深めている。彼は世界中を飛び回り、姿を見せればどのアリーナもスタジアムもたちまち満員になり、何千もの人々がその説法に耳を傾ける。彼は自分自身を「ただの僧侶」と呼ぶ——実際そうなのかもしれない。いつも代わり映えのしない僧衣姿で、小さなかばんを肩にかけている。だが、ダライ・ラマただひとりのために、中国の指導者はきわめて不愉快な日々を過ごしている。彼らはダライ・ラマの死を待ち望み、彼の死でチベットをめぐる問題が一掃されることを願っている。しかし彼はまだ健在だ。それどころか、彼が国際社会に与える影響力はかつてなく強まっているように思われる。

第11章 「ただの僧侶」

中国に戻れば、きっと空港に着いたとたんに手錠をかけられてしまいますよ。
――ダライ・ラマ十四世（中国少数民族グループの会合での発言、ニューヨークのウォルドルフ・アストリア・ホテル、二〇〇九年五月四日）

「私に角が見えますか？」

ダライ・ラマの講演会場で見られる光景は、どこも大抵同じだ。会場がどこであれ、ダライ・ラマの到着が伝えられると、聴衆はしんと静まり返る。ただいま法王が舞台裏にいらっしゃいました――。そうアナウンスが聞こえると、聴衆にさざ波のように緊張感が広がり、各自ばらばらと座席から立ち上がる。そしてまた静寂に包まれる。

ダライ・ラマが登場すると会場はさらに静かになり、みなが固唾《かたず》を飲んでその姿に注目する。チベット人がダライ・ラマのことをクンドゥン、つまり「存在」と呼ぶ理由がよくわかる。彼は触れられるほどそばにいて、注目を集めてやまない存在だ。壇上で待つチベット僧らがお辞儀をして敬意を表す。ダライ・ラマは、顔見知りの僧侶がいると近寄って温かく手を握ったり、体をかがめて額と額を合わせたり、小声で話しかけたりする。それからステージの中央まで歩み、合掌する。その瞬間、ステージ手前に陣取った報道カメラマンが一斉にシャッターをきり、静寂がやぶられる。ダライ・ラマは辛抱強く一つ一つのカメラに目線を合わせ、まっすぐ見つめて写真を撮らせる。彼が見つめているのは、ここにはいない——しかし写真を目にするはずの——大勢の人々だ。

やがて彼はオーケストラの指揮者のような手ぶりをして叫ぶ。「座りましょう!」よほど自分の大声がおかしかったのか、くすくす笑いながら用意された席に向かう。そして仏像の前にひざまずいて三度礼拝する。ダライ・ラマは仏陀のことを冗談めかして「私の上司《ボス》」と呼ぶ。靴を脱いで靴下になり、クッションが置かれた椅子に腰を下ろすと、両足を組み、深紅の僧衣で手足をゆったりと覆って居住まいを整える。マイクのヘッドセットをつけることもある。一人で黙々と準備するのだが、あるとき準備に少し時間がかかったことがある。観客がじっと待っていることに気づき、法王は顔を上げた。「だいぶ快適になってきました、これでよし。ああ、心配しないでください、このまま黙って瞑想しようっていうんじゃありませんよ」。そう言って屈託なく笑った。

当然ながら、人々は黙って座るダライ・ラマを見物しに来るわけではない。彼の言葉が聞きたくてたまらないのだ。激動する現代、もはや富に比例して幸福になれるとは限らない。そんな時代に調和を保って生きるための賢者の知恵を求めて、さまざまな信仰を持つ者、そして信仰を持たない者たちが集まってくる。ダライ・ラマが彼らに授けるのは道徳的な原則だ。その多くはどんな宗教でも通用する普遍的な内容で、毎日の生活に密着したものである。

ダライ・ラマが説く「世俗的倫理観」は、その基本原理として、人々に思いやり、慈悲、忍耐、自制の心を強く持つことを求める。彼いわく、人類と地球が健やかであるためには慈悲の心と愛情がきわめて重要だ。生まれながらの悪人はいない。生まれたときから母親の思いやりに接して育った子供は、より深い思いやりを持ち、利他の心――知性と同じくらい重要な性質――も身につけた大人になるだろう。世界はつながり合っている。本当の幸せを見つけるためには、自分の家族の幸せから一歩踏み出して、みなで幸せの輪を広げていかなければいけない。ダライ・ラマは聴衆に語りかける。地球も自分の一部だと思って扱いなさい。なぜなら、あなたの将来はまわりの世界に依存しているのだから――。こうしたメッセージは先進国でも発展途上国でも共感を呼ぶ。

ダライ・ラマは毎月のように世界のあちこちを訪れ、彼の話を聞こうと何千人もの人々が劇場やアリーナ、ときにはスポーツスタジアムに詰めかける。彼が伝えるメッセージの核心部分には、彼自身の信仰や祖国チベットの話はほとんど含まれない。ここ数年間の彼の人道問題に対する視野、そしてその世界的な名声は、もはや宗教やチベット問題という次元を超越しているのだ。

中国共産党にとっては耳をふさぎたい話だろうが、今やダライ・ラマは現代中国で生まれた人物で最も有名だといっても過言ではない。しかも彼に圧力をかけて亡命を強いた中国こそがその立役者なわけで、皮肉な話だ。もしダライ・ラマが亡命していなければ、外国でチベット支援を訴えることもなかっただろう。しかし今や彼はヨーロッパや北米、オーストラリア、日本をそれぞれ年に一度か二度――あるいはもっと頻繁に訪れる。最近はさらに範囲を広げ、ニカラグア、ヨルダン、スロベニア、チリ、ペルーなども訪問している。ダライ・ラマの個人事務所が運営するウェブサイトで彼が面会した要人のリストを閲覧できるが、二〇〇五年から二〇一〇年の面会者だけでもものすごい人数だ。各国の大統領、首相、国王や王妃、ベテラン国会議員、引退した政治家、ローマ法王、ラビ、イマーム。さらに一流の科学者、ノーベル賞受賞者、映画スター、著名なエンターテイナーなど、二百人近くが名を連ねている[1]。高齢にもかかわらず、面会のペースに目立った衰えは見られない。

亡命後のダライ・ラマは否応なく現代社会にさらされた。その結果、宗教的伝統で形づくられた彼の視野はぐっと広がり、彼の存在感は宗教界を超えたものになった。北米やヨーロッパでダライ・ラマの講演があれば、とてつもない数の聴衆が押し寄せる。二〇〇三年、ニューヨーク・セントラルパーク内のイーストメドーで開催された無料イベントでは、およそ六万五千人がダライ・ラマの話に耳を傾けた。また、南アフリカの平和活動家のデズモンド・ツツ――彼もノーベル平和賞受賞者である――と同席した二〇〇八年のシアトルでのイベントにも、同程度の人数が集まった。ツツは後日、ダライ・ラマの人を引きつける力についてこう述べている。「英語も満足に話せない人の講演を聞きに七万人も集まるなんて、想像できますか?[2]」

ダライ・ラマ十四世の支持者たちは、世界的な道徳的シンボルとして――たとえば非暴力の抵抗運動によってインドを英国からの独立に導いたマハトマ・ガンジーや、アパルトヘイト(人種隔離)を克服してすべての人種の本質的な尊厳を具現化した南アフリカのネルソン・マンデラと肩を並べる存在として――彼を称える。米国のマーティン・ルーサー・キング・ジュニアも同じような存在と言えるだろう。ダライ・ラマは、同じくノーベル平和賞受賞者のマンデラやキングと同様、変革のツールとして非暴力を貫くとともに、真の社会調和と平和の実現に向けたステップとして社会的平等の達成を掲げている。

中国の支配下にあるチベットの自由を拡大する――その戦いを通して、ダライ・ラマが政治的役割を果たすようになったことは疑いようがない。一党独裁政権を強烈に批判する姿勢は、往年の宗教指導者、前ローマ教皇ヨハネ・パウロ二世――東欧の共産主義の幕引きに大きな役割を果たし、二〇〇五年に亡くなったポーランド出身の聖職者――にも通じるところがある。中国の指導者らはダライ・ラマを、祖国の分裂をたくらむ「悪魔」だ「獣」だとおとしめるが、本人は意にも介さない。「私に角が見えますか?」剃《そ》り上げた頭に両手の人さし指で角を作って、笑いながら聴衆に問いかけたりする。

漫画ではあるまいし、ダライ・ラマは悪魔の権化だなどと言われても苦笑するしかない。実際のダライ・ラマは気品と謙虚さにあふれた人物だ。自らの言動がもたらす政治的結末を抜け目なく見通してはいるが、裏表のない人物だという印象を受ける。頭の回転が速く、いたずらっ子のようなキャラクターを彼自身も楽しんでいるようだった。東京で行われた記者会見での出来事だ。ある英国人記者が、ダライ・ラマ十四世の死後の転生について質問した。「あなたは戻ってこない可能性があるとおっしゃいましたが、それではどこにいらっしゃるのでしょうか?」ダライ・ラマは、「地獄ですよ!」――さらりと答えて、日課の礼拝について説明した。彼は毎日の祈りで、苦しむ者すべての力になることを誓うという。もし地獄で苦しむ者がいれば――彼は冗談まじりに言った。「そこへ行く準備はできていますよ。あまり仕事がなさそうなら、その後で天国に行きますがね(3)」

中国の歓心を買いたい大企業の経営者らが、ダライ・ラマを酷評することがある。最も有名なのはオーストラリア生まれの米国の実業家、ルパート・マードックの例だ。メディア王として巨万の富を築いた彼は、一九九九年、『バニティ・フェア』誌のインタビュー記事で、ダライ・ラマのことを「きわめて政治的で、グッチの靴を履いてよろよろ歩く年老いた僧」とこきおろした。当時マードックは衛星テレビ事業に関する中国のゴーサインを求めていた。中国政府の高官にこびを売り、その子息らに目を付けてビジネスチャンスを開拓しようと努力したが、彼の一攫千金の野望は叶わなかった(4)。

ダライ・ラマに対するジャブも空振りに終わったようだ。特にグッチの靴のくだりはお粗末だった。後にダライ・ラマにインタビューしたとき、私は目の前に座った彼の靴を観察した。何の変哲もない歩きやすそうなひも靴で、ファッショナブルでも珍しくもなかった。二〇一〇年二月、彼が大統領官邸でバラク・オバマ大統領と会談したときに履いていたのは、靴ではなくビーチサンダルだった。外には雪が積もっていたにもかかわらずである。マードックへの小気味よい反証にも見える。英国のBBCはこれを「ダライ・ラマのビーチサンダル外交」という見出しで伝えた。

ダライ・ラマは、その名声にもかかわらず、いつも質素で謙虚だ。そして思いやりと優しさを忘れない。私自身は仏教徒でもダライ・ラマの信奉者でもないが、明らかにその魅力に感化された。インタビューで対面したとき、私は彼が悟りの境地にある人物なのかどうか感じ取ろうとした。チベット人が観音菩薩の化身と信じるダライ・ラマ。私が感じ取ったのは、一人の人間としての彼の強烈な温かさだった。彼は私の質問に注意深く耳を傾け、予定の時間を大幅に超えて答えてくれた。最も印象に残ったのは、インタビュー後に形式的に準備された記念撮影での出来事だ。ダライ・ラマは私の手を取って近寄らせると、もう一方の手で私の前腕を抱きかかえた――まるで大切な宝物でも扱うように。こういう写真撮影がこれまでに何万回も行われてきたのだろう。親愛の情があふれ、心のふれあいが感じられた瞬間だった。

何十年もダライ・ラマを観察している人々によれば、彼はほとんどすべての人に対して分け隔てなく接するという。「たとえばホワイトハウスを訪問したとすると、彼は大統領はもちろんのこと、すべての給仕係、すべての警備員とも握手するでしょう」――作家のピコ・アイヤーは、ダライ・ラマと同席したタウンミーティングでこう述べた。[5] 取材しながら私も気づいていたが、ダライ・ラマは米国の国務省外交保安局がつけた護衛たちと親しげに接していた。中にはダライ・ラマ警護のベテランといった風情の者もいた。フランス人の僧侶でダライ・ラマの通訳を務めるマチュー・リカールも、ダライ・ラマは人目につかないような人々にもあいさつを欠かさないと話した。「大統領や首相と別れのあいさつをし、その足で詰め所にいるドアマンや窓の向こうの電話交換手のところまで行って握手をする。そんな彼の姿を何度となく目にしてきました[6]」

与えることの喜び

ダライ・ラマの事務所には会合や慈善行事、大学での講演、その他もろもろのイベントへの招待が引きも切らない。スケジュールは少なくとも一年先まで詰まっていて、ほとんどの招待は辞退せざるを得ない。二〇〇九年の晩春、彼が米国に二週間滞在したときのことだ。このときは私も後を追って取材したのだが、彼は数百人の支持者を集めた非公式の会合、そして数千人もの聴衆が集まる大規模なアリーナや劇場での講演を次から次へとこなしていった。巨大なサッカースタジアムでの講演もあり、このときの入場チケットは一枚百十七ドル五十セントだった。びっしり詰まったスケジュールの合間を縫って、ミネソタ州ロチェスターのメイヨー・クリニックで健康診断も受けた。自由時間があったのはその数日間だけである。

彼の講演では、仏教の実践者に向けた深遠な仏教の教えを語ることもあれば、仏教以外の信者、あるいは無信仰の人々に向けた話をすることもある。講演テーマは「慈悲による平和」、「現代の倫理」、「心を育てる」、「平和と幸福への道」、「倫理と優れたリーダーシップ」などさまざまだ。米国の講演旅行では、初日からダライ・ラマの巧みな語り手としての才能が遺憾なく発揮された。彼はメモを見て話すことはほとんどなく、その時々で臨機応変に話を展開させてゆく。披露するエピソードは幼少期や亡命生活など個人的な経験に基づいたものが多い。

ときには、感情に流されることなどなさそうな聖人のイメージを覆す話が飛び出すこともある。典型的な例が、若いころに飼っていた小さなオウムの話だ。付き人がオウムに餌のナッツをやるのだが、その足音が聞こえるとオウムは元気になり、餌をもらうとうれしそうなしぐさを見せたという。ダライ・ラマはそれに焼き餅を焼いた。本来の主人は私なのだから、私にもなついてほしい――。身勝手にそう思い、彼も餌をやり始めた。しかしオウムはつつき返すばかりでなつかない。頭に来たダライ・ラマは、とうとう棒を持ってきてオウムをぶったという。オウムにはさらに嫌われて、仲直りの望みは絶たれてしまった。彼は、この経験から怒りは自滅を招くということを学んだと話す。動物でも心からの愛情は理解できるし、下心かあれば察知できる。「動物でもわかるんですよ」

カリフォルニア州サンタバーバラでは、ダライ・ラマに悩みを解決してもらいたい聴衆たちが彼を待ち構えていた。生きる意味とは何か――そんな大きな問いもあれば、人間生活にかかわるもっと小さな悩みもあった。人々は、ダライ・ラマは何でも答えてくれるヒマラヤの賢人だと考えている。彼らにとってダライ・ラマは、本人が思っているよりもはるかに偉大な存在だ。講演は午前と午後の二度行われ、それぞれ五千人ほどの聴衆が詰めかけた。午後の講演で、ダライ・ラマは聴衆にこう忠告した。「私は何も特別ではありませんよ。あなたがたと同じ、ただの一人の人間です。私の話を聞くときも、ただの一人の人間の話として聞いてください。……もしみなさんがダライ・ラマは特別だと思っていたら、私の話は役に立ちませんからね[7]」

質問に立った人たちの多くは切実な悩みをぶつけたが、場所柄や年齢層を反映した質問もあった。

午前の部の終了間際、学生が質問に立った。意識を拡大させるためにＬＳＤなどの幻覚剤を使うことをどう思いますか？　これに対しダライ・ラマは、「もちろん個人的にそういう経験はありませんが――」と前置きし、新たな経験を得るためにドラッグを使うことは勧められないと答えた。「なぜ無理やり幻覚を体験する必要があるのです？　外の物質に頼るべきではありません。自分の意識の本来の性質に集中してごらんなさい。そのほうがずっといいですよ[8]」

それから数日後、今度はカリフォルニア大学バークリー校に近い丘陵地帯にあるグリークシアターで、大勢の人々がお祭り気分で行列を作っていた。入場チケットを持った人々に、警備員や案内係がやたら愛想よく対応している。「こんにちは、調子はいかがですか？」　黒いスーツのがっしりした警備員に声をかけられ、金属探知棒でボディーチェックをされた。集まった聴衆は、学生よりもカリフォルニアの有閑階級の人々のほうが多いようだった。あごひげをきれいに整え、髪を後ろで結んでアロハシャツを着たような人たちがたくさんいた。女性たちはターコイズやビーズのアクセサリーをつけたり、シルクのスカーフをゆったりと巻いたり、房飾りのついたスエード革のジャケットを羽織ったりしている。主催者の一人に、当時カリフォルニア大学理事会の理事長を務めていたリチャード・ブルムがいた。彼の夫人でカリフォルニア州選出上院議員のダイアン・ファインスタインの影響もあり、このイベントはチベット支持、中国政府の政策批判という色合いが強かった。イベントの席上、ブルムは「偉大な国家になりたいならば、道徳的な国家になるべきです。チベットの現状はどう見ても道徳的ではありません」と述べた[9]。

いつものように、ダライ・ラマはチベットや中国の話はほかの参加者に任せ、自ら言及することはなかった。その日彼が語ったのは慈悲の心だった。ほ乳類の母親が子供に見せる究極の心遣いのことである。彼は自分の子供時代の話をした。「無学で読み書きもできないが、心の底から優しい」母親は、無上の愛情を込めて彼を育てた。「台所に食べ物があれば、何でも分け与えました」。昼間は彼を背中に大事におぶって、農村の毎日の仕事に精を出した。おんぶされた彼は、母親の左の耳や右の耳を引っ張って、行きたい方向を示したという。母親はそんないたずらも受け入れる。母親の優しさは、慈悲の心の源であり、エネルギーの源であり、行動の源である。「慈悲の心の修養は、私の毎日の大切な修行の一つです」。別のエピソードも披露された。二人の子供を連れた夫婦と同じ飛行機に乗り合わせたときの話だ。子供たちは大泣きし、それを世話する母親を父親が助けていた。そのまま三時間が過ぎた。「三時間後、父親はもう仕方がないとあきらめたようでした。次の朝、母親の目は真っ赤に充血し、疲れ切っていました」。父親が薄情だと言いたいわけではない。子供を世話する母親の忍耐力がいかに優れているかという話である(10)。

その翌日、ダライ・ラマは「与えることの喜び」と題されたチャリティーブレックファスト（慈善朝食会）に出席した。サンフランシスコの高級ホテル、リッツ・カールトンホテルで開催されたこの会には、裕福なご婦人方がたくさん集まった。スパークリング・ワインが開けられ、極上の朝食がふるまわれる。そんな中、ダライ・ラマのその日の予定が紹介された。貧困者のための炊き出し所に行って昼食を出すという。炊き出し所の訪問が実現した経緯について、長年ダライ・ラマを支援しているサンフランシスコ大学ロースクールのトム・ナザリオ教授が説明してくれた。二年ほど前、教授がダライ・ラマにこう進言したのが発端だという。米国の富裕層と過ごす時間はもう十分とっているので、ホームレスや食べ物に困っている人とも同じくらいの時間をとったらいかがですか――。「そう伝えると、『では今日行きましょう』と言うんです。私は『そうはいきません。行くなら護衛や爆発物探知犬を配置しなければ』と言って、ちょっとした議論になりました。欧米人はこうやって彼に意見することがありますが、彼はその点が気に入っているようですね」[11]

ダライ・ラマは、「与えること」の本質について話し始めた。「コミュニティをよくすることが、一番私たちのためになるのです。真心を込めて与えることによって、大きな満足感や達成感が得られます。ただし、『どれくらい見返りがあるか?』などと計算したり予測したりしないように」。彼は利他主義について説き、仏教で教える施しの機会、その方法の奥深さに触れた。するとそこで一息入れ、話が途切れた。[12]「細かい話はしません。みなさんを退屈させてしまいますから。仏教の講義ではありませんからね」。彼は一貫して普通の人々に向けて話した。

二つの責務

米国旅行が始まってわずか数日で、ダライ・ラマは八カ所の公開イベントに出席し、個人的な会合をいくつかこなした。その疲れ知らずのエネルギーは、毎日の規則正しい生活から生み出されている。側近によれば、旅先でも自宅でも、起床はいつも午前三時三十分。その後すぐに朝の勤行を務め、瞑想をする。エクササイズも欠かさない。ダラムサラの自宅にいるとき、とくに雨季には室内のトレッドミルで運動し、それ以外の場合は外に出て散歩をする。そして夜明けごろに朝食をたっぷり食べる。メニューは大抵パンとジャム、果物、そして紅茶だ。勤行と瞑想に毎朝四時間かけ、それから仏教の経典を読む。昼食は正午ごろ。その後、ダラムサラにいるときは十二時三十分から一時ごろに事務所に行き、謁見や個人的な会合を三時間ほどこなす。自宅に戻るのは四時過ぎだ。五時三十分ごろにティータイムがあり、そのときビスケットを食べることもあるが、夕食はとらない。そして八時か八時半ごろにベッドに入る。毎日の日課はインドでも旅先でも滅多に変わらない。旅先では、現地時刻に適応でき次第いつもの日課を始める。側近たちも夜に予定を入れないよう心得ている。

一九九〇年代初めまで、ダライ・ラマが飛行機に乗るときは必ずエコノミークラスだった。近年では裕福な支持者が提供するプライベートジェットを使うこともあるが、通常は民間の航空機を使い、ファーストクラスではなくビジネスクラスを選ぶ。バークリーでの講演では「ファーストクラスは豪華過ぎる。お酒も多過ぎる。私は仏教の僧侶ですよ」と述べた。[13] 彼の側近のテンジン・タクラは「私が猊下に同行したとき、ファーストクラスを使ったことが、たしか二回あったと思います。(ドイツの)ルフトハンザ航空から、どうしてもという申し出がありましたので」と話した。[14]

ダライ・ラマはいつも肩に深紅の小さな袋をかけているが、持ち歩く物といえばそれくらいだ。タクラによれば、袋の中には菓子、ナプキン、ペン、サンバイザー、そしていくつかの小物が入っている。ダライ・ラマはしばしば科学の進歩やその責任ある利用を称賛するものの、彼自身はコンピュータを使わない。携帯電話も使わない。側近らが彼のためにツイッターのアカウントを開設し、公式サイト(www.dalailama.com)を運営している。そこで彼のスケジュールのほか、スピーチや講演などの様子が公開されている。また、ダライ・ラマが旅行するときは、いつも通訳一人、付き人二人、個人秘書一人、ボディガード二、三人が同行する。大抵は訪問先の国でさらに護衛がつく。米国の場合は、国務省によって外国のトップクラスの高官と同等の警護体制が敷かれる。

米国旅行ではマサチューセッツ州ケンブリッジにも滞在した。護衛たちは中国本土出身の学生の抗議行動に目を光らせたが、訪問先のメモリアルチャーチ——ハーバード大学構内のほぼ中心に位置する施設——では何ごとも起こらなかった。理由は簡単だ。講演には米国で最も権威のある同大学の教授陣が姿を見せ、ダライ・ラマにお墨付きを与えていたからだ。いくら中国出身で共産党に忠誠を誓う学生でも、大学のトップレベルの教授陣の統一見解に刃向かおうとはしない。

ダライ・ラマはしばしば、世俗的価値と宗教的調和を自分の人生の二つの責務だと述べ、これらの促進について語ることがある。彼いわく、この二つは人間の本質的な調和から生じるものだ。彼はメモリアルチャーチに集まった聴衆を見わたし、話し始めた。「たとえ人種の違い、肌の色の違い、宗教の違い、年齢の違いがあっても、根本的な違いはありません。精神、感情、心理の面では、私たちはみな同じです」。誰でも同じような可能性を秘めている。ダライ・ラマは「われわれ」と「彼ら」、あるいは味方と敵という考え方を捨てよと呼びかけた。国家主義など意味がない。過去の不当な扱いを憤っても意味がない。「私たちはみな同じ人間です。誰も戦争は望みません。誰も苦しい思いをしたくありません。力を合わせましょう」

さらに彼は、物質的な豊かさは内なる喜びを与えてはくれないと説いた。「貧しくても幸せな人はいます。幸せとか喜びは、心の持ち方次第なのです」。ダライ・ラマは、二十年近く中国の刑務所で過ごし、ようやく脱出してインドに来たという僧侶の話をした。その僧侶は自らの体験を彼に話し、獄中で「重大な危機」に直面したと告白した。詳しく聞くと、「危うく慈悲の心を失いかけそうな、重大な危機」があったという。誰に対する慈悲の心かというと——中国人の看守だった(15)。

ボストン周辺では、ハーバード大学メディカルスクールの主催で「瞑想と心理療法　慈悲と叡智を育てる」と銘打ったイベントも開催された。神経学、精神医学、精神衛生、利他主義の研究の分野で活躍する最も優秀な専門家らがゲストとしてボストンの高級ホテルのホールに登場し、聴衆には心理療法士や医療の専門家が集まった。私もそこに加わった。会場の一番後ろまで聴衆が入ったため、休憩時間に壁面に沿って巨大なスクリーンが設置された。それでどうにか演壇でダライ・ラマが専門家たちと話す姿が見えるようになった。専門家たちはダライ・ラマに質問を投げかけた。

ボストンのある精神科医は、精神病の患者と真摯《しんし》に向き合う際の葛藤《かっとう》について尋ねた。患者の中には悪口が聞こえるとか、心当たりのない罪で不当な扱いを受けていると訴える者がいる。こうした症状の患者には薬物を投与して改善を待つのが通常の医学的な手段だ。しかしこの医師は、症状が悪化して薬物が役に立たず、治療が行き詰まることがあると述べた。「こんなとき、私たちは彼らに何と説明すればいいのでしょう？　しかもうそはつかないという前提で」。会場は静まり返り、ダライ・ラマの答えを待った。

「その質問に、正確にお答えしますとね――」ダライ・ラマはゆっくりと口をひらいた。「私には（手を打つ）見当が（手を打つ）つきません！」(16)

とは言いつつも、話はここで終わらなかった。この問題に隠れている道徳的、倫理的な難しいテーマをもう少し掘り下げようとしたようだ。「他人の世話をする」という、もっと広い観点で話を続けた。彼は自身が一九五九年三月にチベットからの亡命を余儀なくされたときに感じた喪失感――もっと言えば悲しみ――について語った。そびえ立つポタラ宮の姿はかすんで見えなくなり、彼のキャラバンはヒマラヤに向けて進んだ。そのとき彼の個人教師は、悲しみにうちひしがれるのではなく、別の側面から問題を見るよう諭した。物事のネガティブな面に注目するのは賢明ではないし、現実的でもない。見方を変えれば祖国を失ったことが別のチャンスをもたらすかもしれないと教師は言った。まさにその通りになった。亡命した先には新たな地平線がひらけていた。そして、彼は世界をまたにかける人物になったのである。

「私がまだラサにいたら」――いつもの訥々《とつとつ》とした、でもわかりやすい英語で語る。「ここで議論に参加することもできません。……ポタラ宮の一番偉い人という立場にいたら、誰の役にも立ちませんでしたね」。そして、困難を乗り越えるためには覚悟を決めて行動しなければならないという話になった。その会合が開催されたころ、米国をはじめとする世界の主な国々は深刻な景気後退に見舞われていた。ダライ・ラマは、こうした危機をきっかけにして人生の本質を見つめ直すべきだと説いた。悲惨な状況や大きな困難にぶつかると、人は強くなり鍛えられる。「ちょうど土で作ったつぼが、火で焼かれて硬くなるのと同じです[17]」

聴衆には精神医学の分野の有名人も含まれていた。中にはダライ・ラマの話を聞くだけでは飽きたらず、何か人知を超えたヒントを授かりたいと考える者もいた。ある参加者は言った。「私たちに瞑想の方法を指南していただけませんか」。ダライ・ラマは一瞬躊躇し、それから精神の平静を保つ方法について話し始めた。彼はきっぱりと言った。「あなたがたの中には、一〇〇%の効果がある瞑想の仕方を知りたいという人もいるかもしれませんね。でも、そんなものはありませんよ」。チベット仏教では目的に応じて何千種類もの瞑想法が存在し、それを一つ一つ修行するのだという。「私だって、六十年修行してもまだ足りません」と言ってくすくす笑った[18]。

飽くなき好奇心

参加者の質問が科学の専門的な内容であっても、ダライ・ラマは熱心に耳を傾ける。昔から科学への興味は強かった。彼が生まれたのは、チベット東北部のタクツェルという寒村だ。小麦や大麦の畑が広がるこの小さな村に、あるときラマの一行がやってきて、幼い彼をダライ・ラマ十三世の転生者だと認めた。彼の父親はその村の長で比較的恵まれた家庭だったが、それでも生活は厳しかった。母親は十六人の子を産んだが、後のダライ・ラマ十四世を含む七人以外は幼くして亡くなった。当時二歳だった彼は先代のダライ・ラマの遺品を識別する試験に合格し、家族からラマたちに引き渡された。

ラサに到着すると、個人教師がつけられて宗教の勉強や瞑想の修行が始まった。壮大な十三階建てのポタラ宮で、小さなダライ・ラマは孤独な毎日を送った。望遠鏡をのぞき、遠くに見える泥だらけの小道で子供たちが遊ぶ様子をうらやましげに眺めることもあった。望遠鏡もそうだが、ほかにも映写機のような機器が彼の貴重な遊び相手になり、科学への興味がはぐくまれた。「小さいころ、私の興味を知った親切な人たちが、ときどき自動車、船、飛行機などの機械仕掛けのおもちゃを贈ってくれた。でも遊ぶだけではすぐに物足りなくなり、いつもばらばらに分解して動く仕組みを調べた。大抵はうまく組み立て直すことができたが、たまには――想像はつくだろうが、大失敗もした」[19]

彼の好奇心がきっかけで、オーストリア人の冒険家でラサに逃亡中だったハインリヒ・ハラーが、彼の科学の個人教師になるという縁が生まれた。ハラーは後に自伝『セブン・イヤーズ・イン・チベット』を執筆し、幼いダライ・ラマの知識への飽くなき欲求を回想している。

まるでダムが決壊したように次々と質問があふれだし、とどまる事がなかった。彼がこれまでに本や新聞を読んで身につけてきた知識の多さに驚かされた。……彼は飛行機や自動車、戦車の型を見分けることができたし、チャーチル、アイゼンハワー、モロトフといった名前もよく知っていた。しかし質問する相手がいなかったため、しばしば人物や出来事の関連性についての知識が欠けていた。[20]

こうした幼いころの興味にも、生涯にわたる歴史と科学への強い思い入れの片鱗がうかがわれる。若き日のダライ・ラマは、地図帳をじっくり眺めたり、腕時計を分解しては組み立て直したりした。チベットにあった三台の古い車のうちの一台——一九三一年型のダッジ——を動く状態に直したりもした。

成人して亡命の身となったダライ・ラマは、名声が高まるにつれ、スケジュールの中に科学者との会合をまぜることもできるようになった。彼は二〇〇五年、『ニューヨーク・タイムズ』紙の論説に、「素粒子物理学、宇宙学、心理学、そして生物学。世界的な科学者たちが、惜しげもなく指導してくれた」と書いている。一九八〇年代半ばになると、神経科学や脳の活動の研究に特に興味を抱くようになった。彼は科学の経験主義的アプローチと精神を探求する仏道に、相通じるものを見出していた。仏教の瞑想の習得者、そして脳科学、物理学、宇宙学のトップレベルの科学者を集めたマインド・アンド・ライフ協会の設立に参画したのはそんな時期だ。協会は一年に一度か二度、くつろいだ雰囲気の会合を開催し、ダライ・ラマも大抵姿を見せた。そして科学者と瞑想家が一緒になって、慈悲の本質や脳の可能性、利他主義、死、精神と身体の関係などをテーマに議論するのだ。

協会の創設メンバーの一人、心理学者で科学ジャーナリストのダニエル・ゴールマンが、初期の会合でのエピソードを語ってくれた。ダライ・ラマと科学者らは、怒り、不安、恐れ、喜びといった感情的反応の役割について討論した。科学者らは、感情的反応は進化の過程で生存確率を高めるために大きな役割を果たしてきたが、マイナス感情が強くなると、それが引き金となって自分自身や他人を傷つける場合があると説明した。「ダライ・ラマは、『それは興味深い。でも私の見方は違います』と言いました。『破滅的な感情というものは、程度が強かろうが弱かろうが、内なる均衡を乱すことに変わりはないと思いますよ。心の平静を乱して現実の認知をゆがめてしまうのです』。こちらのほうがよほど鋭い指摘です。五日間にわたり、きわめて興味深い議論が続きました」

最終的に科学者らは、何十年も瞑想の修行を続けてきた者──ゴールマンいわく「五輪レベルの瞑想の達人」──の脳の働きを研究しようということで合意した。欧米の脳撮像の研究所に瞑想の達人が集められ、さまざまな種類の瞑想をしているときの彼らの脳の働きが調査された。彼らの脳の画像を見た科学者らは仰天した。「見たこともない脳でした」とゴールマンは言う。「たとえば、額のすぐ奥にある左の前頭前野はポジティブな感情をつかさどっています。つまりそういう電気信号が主に発生する場所なのですが、僧侶たちが慈悲の瞑想を行うと、そこが反応しました。通常の生活では決して見られないレベルにまで活性化したのです[21]」

チベット人の神秘的な生活になじみがある人なら、そんな現象にも驚かないかもしれない。チベット人の言い伝えには人知を超えた聖人や超能力者の話がごまんとある。チベットを訪れた初期の欧米人旅行者たちは、馬より速いスピードで一日に三百キロメートル駆ける僧侶たちの姿を見たと報告している。重力をものともしないこの僧侶たちは、チベット語の「風の瞑想」という言葉に由来するルンゴンパと呼ばれ、走っているときはトランス状態になっていると考えられる。フランスの冒険家アレクサンドラ・ダヴィッド＝ネールは、ルンゴンパを見たときの様子をこう記している。「その人は走ってはいなかった。地面から浮き上がり、飛び跳ねるように進んでいた。ボールのような弾力を天から授けられて、足が地面に着くたびにバウンドしているように見えた。一歩一歩、時計の振り子のように規則正しかった。……そのラマが私たちの前を通り過ぎるとき、従者たちは馬から降りて地面にひれ伏した。彼は私たちの存在に気がつかなかったようで、そのまま行ってしまった」

トランス状態になったチベットの行者は、硬い鋼鉄の剣を二つに折り曲げたり、らせん状にねじったりできるという。今日でもチベットを旅してトゥンモ（チベット語で「内なる火」という意味）という瞑想法を実践する僧侶を見たという話を聞く。トゥンモを行うと体温がきわめて高くなり、衣類を脱ぎ捨てて雪の上に座ったり、冷たいヒマラヤの湖に浸した氷のような布を体に乗せて乾かしたりできるという。この瞑想法にはハーバード大学メディカルスクールの研究者も興味を抱いた。その中の一人ハーバート・ベンソンはこう述べている。「仏教徒は、われわれが生きている現実が絶対的なものではないという感覚を持っている。われわれの感情や日常生活の影響を受けない別の現実があって、利他の実践や瞑想によってそこに到達できると考えている。トゥンモの過程で体が非常な高熱を発するのは、副次的なことに過ぎない[22]」

ダライ・ラマは、自分には神秘的な能力、特に人を癒す能力はないと明言し、そんな能力があれば二〇〇八年に胆嚢の病気で入院することもなかったと繰り返し述べている。ロサンゼルスでも聴衆を前に、「つまりダライ・ラマに癒しの力はないことが科学的に証明されたわけです」と語った[23]。ダライ・ラマは、人が持っているのは慈悲深い心から生まれる癒しのエネルギーだけだと言い、いわゆる「心霊治療《ヒーリング》」に疑問を投げかける。その一方で、高位ラマに現代科学で説明できない物理現象が起こることは受け入れている。彼はたびたび、優れたラマは死後の遺体の傷み方がふつうとは違うという話をする。サンタバーバラの講演では、「私の師匠の遺体は、三十日間経っても傷みませんでした」と話した。さらに、ガンデン寺で亡くなったある高位のラマの遺体を調査した神経科学者らが、死後数週間後に脳から電流が流れていることを確認したという話もした。「私たちは、亡くなったラマの

意識がまだかすかに肉体に残っていたと考えています」(24)

ダライ・ラマの興味は伝統的なチベット仏教の枠を飛び越えて、科学、核戦争、環境問題など多岐に及び、さまざまな分野の第一人者と交流している。メディアには取り上げられないこうしたつながりのおかげで、ダライ・ラマは学問の世界や各国の環境団体、紛争解決組織などからも多大なサポートを受けている。さらに政治家や世界のリーダーたちともつながりがあり、そのネットワークはとてつもない規模で世界中に広がっている。世界の重要人物が彼の意見に耳を傾けるのだ。

ダライ・ラマ十四世が晩年を迎えた今、彼は結局、中国の支配下にあるチベットの人々に目に見える変化を与えることができなかったという見方もあるかもしれない。中国との対話で政治的なミスを犯したと批判する者もいる。大チベットを主張せず、より狭い地域――中国の定めるチベット自治区内――で自由の拡大を求めたほうがよかったという意見も少なくない。逆にあくまで中国のチベット支配に反対し、植民地支配反対を掲げて活動したほうがよかったという意見もある。ただ、こうした意見にそれぞれ根拠があるとしても、それで今日のチベット高原の現状が変わっていたかというと、その可能性は低いだろう。

ダライ・ラマ十四世は自らの人生を振り返って、「歴代のダライ・ラマの中で最高ではなかったが、最悪でもなかった」とよく口にする。しかしこの時代と困難に向き合うにあたり、彼を超えるチベットの指導者がいるとは思えない。ダライ・ラマことテンジン・ギャツォは、ハリウッドを味方につけ、誰にもまねのできない調和のメッセージで世界中の聴衆を魅了し、チベットの窮状に対する世界の関心を高めてきた。ダライ・ラマがこの世を去れば、チベットの人々は大きな支えを失うだろう。ダライ・ラマ十五世が現れたとしても、すぐに先代のようなカリスマ性を備え、世界の注目を集める存在になる可能性は低い。

ダライ・ラマのジレンマ？

二週間の米国旅行の終盤、ダライ・ラマはニューヨークに立ち寄った。そこで彼は外国に暮らす漢族の中国人らと非公式に会い、チベットについて話し合った。こうした会合はスムーズに実施できるとは限らない。二〇〇八年、ラサの暴動からわずか数週間後にミネソタ州ロチェスターで漢族の大学生と面会したときのことを、ダライ・ラマはこう語っている。何人かの学生はものすごく怒っていたが、大きなテーブルを挟んでいたのが幸いした。危うく手を伸ばして叩かれるところだった──。「あまりに感情的だった」と彼は述べている。私はマンハッタンのミッドタウンにあるウォルドルフ・アストリア・ホテルで開催されたその中国人の会合に参加し、会場の後ろのほうに座った。

会合を企画したのは、ダライ・ラマと、大西洋沿岸各地に住む中国の少数民族の人々だ。会場には百人ほどの中国人が集まったが、その多くは中国共産党に反対する民主活動家だった。それでダライ・ラマに友好的なのだ。私の隣の席にはメリーランド州から車でやってきたという中国人の大学院生が座った。彼はダライ・ラマの中国との交渉の努力は支持するが、成果は出ないだろうと言った。しばらく彼と話したが、取材メモに自分の名前を書かせないなど、警戒した様子が感じられた。彼が心配していたのは、米国の大学に留学している中国政府支持派の国家主義的な学生らに追及され、その矛先が本国にいる家族に及ぶことだった。「私がここに来たことがメリーランドの中国人社会にばれたら厄介なことになるでしょう。軽蔑されるかもしれない」(25)

彼が警戒するだけの理由はある。二〇〇八年、チベットで抵抗運動が発生した後のことだ。ノースカロライナ州にあるデューク大学の一年生だった中国人留学生の王千源《ワン・チェンユェン》が、キャンパスで抗議活動をする親チベット派と親中国派を仲裁しようとした。すると親中国派の一部が激怒し、彼女を「民族の裏切り者」とののしった。中国本国でも、インターネットを使った活動家らがネット上で彼女に制裁を加えた。中国語で「人肉捜索」と呼ばれるネットワークで王の個人情報を暴き、青島《チンタオ》の港町にある実家の住所まで暴露された。攻撃はそれにとどまらなかった。何者かが実家の前に排泄物をまき散らし、母親は身を隠さざるを得なくなった[26]。そして王も精神的な病に苦しんだという。

ダライ・ラマが会場に入ってくると、ほとんど全員が起立して迎えた。彼はあまり得意ではない中国語で一言二言あいさつすると、英語に切り替えた。まずは歴史のおさらいから始まった。一九五四年後半、ダライ・ラマはラサを出て北京におもむき、六カ月間滞在して毛沢東をはじめとする共産党幹部と会った。このとき共産党は、ダライ・ラマの協力を得ようとしていた。当初は北京訪問に大きな不安を抱いていたダライ・ラマだが、毛沢東に会ってみて、その社会主義的目標に共鳴したという。「北京滞在中、私は共産党に入党したいと申し出ました。それほど魅力的でした」と彼は語った。北京からラサに戻るときには「自信満々、希望でいっぱい」だったという。しかし希望は数年後に打ち砕かれる。毛沢東の並べた「きれいごと」は、現実にそぐわないことが露呈した。そして一九五九年三月、歴史の分岐点がやってきた[27]。

当時、軍の抑圧に耐えかねてチベット東部のカム地方を脱出した何千人もの難民たちが、ラサ近くの平原にあふれていた。一九五九年三月一日、中国人の下級将校が二人、ジョカン寺にやってきて、中国の高官も列席する演劇鑑賞会にダライ・ラマを招待した。ダライ・ラマの顧問たちはこの招待に不安を覚えた。数日後に受け取った知らせは疑念をさらに深めるものだった。ダライ・ラマの移動の際は二十五人の護衛兵が随行するのが慣例だったが、観劇の日は護衛をともなわずに軍の施設まで来いというのだ。疑念はたちまち一般の人々にも広がった。彼らは観劇への招待は中国側のわなだと確信していた。興奮した三万人の群衆がダライ・ラマの夏の離宮であるノルブリンカ宮殿を取り囲み、「中国人は出て行け！　チベットはチベット人に任せろ！」と叫んで気勢を上げた。

三月十七日、二発の炸裂弾がノルブリンカ宮殿の近くに撃ち込まれた。中国の軍隊が宮殿を制圧しようとしていると考えた人々はパニック状態になった。その夜、ダライ・ラマは兵士に扮《ふん》し、ライフルを肩に担いで宮殿を抜け出した。そして、高位ラマたちとともに、ヒマラヤ山脈を越えてインドを目指す旅に出たのである。脱出計画は成功した。一カ月後、『タイム』誌が「共産主義者を震撼させる脱出劇」という記事でこの一件を報じた。

ウォルドルフ・アストリア・ホテルに集まった人々を前に、ダライ・ラマは、彼が反中国派であるという中国政府のプロパガンダは間違っていると述べた。「どこへ行っても中国人コミュニティ、特に学生たちによる抗議運動が起きます。怒りをあらわにする人もいます」。そして、中国共産党が後ろ盾になっている場合もあるようだと言い添えた。彼は、国際的な圧力はチベット問題の恒久的な解決にはつながらないと訴えた。これはチベット人と中国人が協力して解決すべき問題なのだと。「チベットの問題は、漢族の兄弟姉妹とわれわれチベット人との間で解決しなければなりません。それ以外に道はありません」。しかし問題は――と彼は続ける。北京政府が情報を歪曲し、チベット人は幸せに暮らしていると主張していることだ。このプロパガンダのうそを暴くには、チベットを訪ねて自分の目で見るしかない。ダライ・ラマは集まった漢族の人々に呼びかけた。「どうか現実を理解してください。それで何も問題がないというなら、あるいは六割、七割のチベット人が幸せに暮らしているというなら、それでいいのです。問題がないなら文句はありません」。もしそれが事実なら共産党に詫《わ》びなければならない、と彼は言った[28]。

ダライ・ラマは別の機会にも中国政府のプロパガンダを批判していた。彼はあちこちで、中国共産党の権威主義や、社会主義から乖離したハイブリッド理論をからかうような発言をしている。「共産党なのに共産主義のイデオロギーがない。ただの資本主義ですよ。おかしな話です」。また、中国の指導者らが「科学発展」を盲信していることにも冷笑的で、「いつも科学、科学、科学と言っているわりに、あそこには科学らしいものが何もありません」と言っている。彼は現代中国を「混乱した国家」と呼び、六十年間政権を握った共産党に、そろそろ引き際だとさえ言う[29]。

しかし私が見たところ、ダライ・ラマはジレンマを感じているようだった。彼は中国共産党の治世はそう長く続かないと確信していた。私の目の前で、そう言ったのだ。しかし、もしそれが現実になれば、急激な変化が生じて混乱状態になる可能性が高い。ウォルドルフ・アストリア・ホテルでの会合で、彼は漸進的な変化への期待を表した。「中国が開かれた社会になれば、本当にすばらしい国になるでしょう。ただし自由への道は一歩ずつ進んでほしいのです。ロシアのように一足飛びではなく」。別の会合では、かなりの長期戦を想定していることをにおわせた。心理療法士たちを集めた例のボストンの会合では、自分たちの時代に目標が達成できなくても自信を失ってはならないと述べている。「これはあるチベットの指導者の言葉ですが、百年では達成できないことでも、もっと時間をかければ達成できるかもしれません[30]」

中国が着実に成長し、米国とも対等にわたりあう地位に近づいている今、中国共産党は国内に向けてかつてないほど強烈に党の力をアピールしている。一般市民は楽観的な将来像を描き、党の役人は自信を深めている。だが実際には、党全体に被害妄想がはびこり、不安におののいている。急速な高齢化、男女間の不平等、国内の人口移動、不完全な年金制度、伝染病の発生、都市部と農村の大きな経済格差――社会問題の種はいたるところにある。しかしこうした問題を抱えながらも、政府は中国の安定を強調し、反対意見を弾圧して封じ込めている。ほんのわずかな反対さえも認めない。

社会批評家として有名な現代芸術家の艾未未《アイ・ウェイウェイ》〔二〇一〇年一一月に軟禁、二〇一一年六月に保釈〕は、中国の政治システムは重大な欠陥のために弱体化していると指摘した。彼は新聞取材に応じ、「中国はとても速い短距離ランナーだが、心臓に病気を抱えている」[31]と表現した。中国の指導者はいつも心臓の薬を手元に置いて、病気の発作――悲観論者が予言する社会の内側からの爆発――を回避しようとしている。彼らの行く手には政治的な地雷がいくつも埋め込まれているため、チベット問題ではこれ以上問題を拡大させないと決めた。それでダライ・ラマの一挙一動を妨害するのだ。中国の工作員は彼のコンピュータに進入し、彼を受け入れる外国人を懐柔したり脅迫したりし、彼の信奉者たちの間に不和の種をまこうとしている。

第12章　ダライ・ラマを妨げるもの

小国は恐怖のために中国に譲歩する。大国は欲のために中国に譲歩する……。人権や民主主義など大した問題ではない。もっと重要なのはビジネスだ。

――サムドン・リンポチェ（チベット亡命政府主席大臣、オーストラリア・メルボルンの会合で、二〇〇九年十二月八日）

カリフォルニアの良心

サンフランシスコの北、太平洋を望む高台にチベット仏教の仏塔がそびえている。銅板の張られたその塔は高さが三十五メートルもあり、午後の日差しを受けて神々しいきらめきを見せていた。建立されたのは三十年ほど前で、米国初の大規模な仏塔だ。オディヤン・チベット仏教徒センター内にあるこの巨大なドーム型の仏塔は、一九七五年に米国に渡ったチベット僧タルタン・トゥルクの信奉者らによって建てられた。カリフォルニア州ソノマ郡の丘陵地帯にある同センターには、そのほかにも十一階建ての寺院があり、巡礼者が回す千二百基の銅のマニ車が、あたりに聖なる音色を響かせていた。起伏の激しいカリフォルニアの海岸線をドライブする人々は、そこから少し入った場所に千エーカーの仏教寺院があっても驚かないだろう。カリフォルニアの山中には仏教寺院、瞑想場、仏法センター、停泊型修養施設《リトリート》が点在している。ここでは仏教が洗練されたトレンドなのだ。

カリフォルニア州には十九世紀に日本人や中国人の労働者が多く移住し、彼らとともにアジアの宗教も入ってきた。そういう歴史もあり、欧米でカリフォルニアほど仏教の受け入れに寛容な場所はほかにないだろう。米国には仏教の実践者が約百五十万人いると言われているが、ざっとその半数がカリフォルニア州在住だ。そのうち三分の二ほどはベトナム、カンボジア、タイ、台湾、中国などからの移住者である。ロサンゼルスやサンフランシスコ・ベイエリアの美術館では、今でも膨大な仏教美術コレクションが所蔵されている。仏教専門の学部を持つ大学も多く、実際にカリフォルニア大学ロサンゼルス校の仏教研究者の数は、欧米の大学としては最多である[1]。チベット人に関して言えば、約七千人と言われる米国在住のチベット人のうち、カリフォルニアに住んでいる者は千人程度だが、彼らの文化的、宗教的な存在感は絶大だ。

このように仏教伝道に恵まれた環境であったことを踏まえると、二〇〇九年に州都サクラメントで起きたことは少々意外な感じがする。同州下院で、民族自決を目指すチベット人の戦いを支持するという決議案を審議したとき、議員らが拒否反応を示したのだ。その背後には、チベット問題をめぐる力学の変化、経済大国中国の影響力の拡大、チベットの利権をめぐる中国の戦略が透けて見える。チベット支持の決議案を提出したのは、海沿いの町サンルイスオビスポ出身のサム・ブレークスリー共和党下院議員〔二〇一〇年以降、上院議員〕だ。カリフォルニア大学サンタバーバラ校で地球物理学の博士号を取得した人物である。直接話を聞くため、私はサクラメントを訪ねた。沿岸地域から、広々と肥沃な土地が続くセントラルバレーを抜け、一時間ほどかけてカリフォルニア州議会議事堂に向かう。

サクラメントはそれほど大きな都市ではなく、カリフォルニア州内でも七番目の規模である。しかし二世紀前にはもっと重要な都市だった。十九世紀半ばにカリフォルニア州で起こったゴールドラッシュで急成長し、ほろ馬車隊、河船、大陸横断鉄道の主要な終着点になった。何万人もの中国人労働者が太平洋を越えてやってきて、鉄道建設作業に従事した。サクラメントには活気に満ちたチャイナタウンが形成された。時間があったので、私はかつてチャイナタウンがあったIストリートを歩いてみた。中華料理のレストランを二軒見つけたが、一軒はつぶれてしまったのか閉まっていた。米国に渡った中国人移民は排華移民法によって何十年も抑圧された。中国人は永住資格を得たり妻や家族を本国から呼び寄せたりすることを禁止され、一九四三年にこの法律が撤廃されるまで、人並みの生活ができなかったのだ。撤廃後の数十年は、よりスムーズに米国生活に溶け込めるようになった。やがて彼らはチャイナタウンを出て、郊外に移り住んだ。現在のサクラメントにチャイナタウンの面影はほとんど残っていないが、電話帳を見ると中国人の姓がちらほらと見つかった。

昼食をとってから、歩いて議事堂に向かった。百五十年ほど前に建てられた議事堂は、ワシントンの連邦議会議事堂を彷彿させる復古様式の建築が印象的な建物だ。学校の年度末も近い、よく晴れた春の日だった。何台かのバスでやってきた見学ツアーの生徒たちが、わくわくした様子で列を作っていた。何がそんなに楽しみなのだろう——怪訝《けげん》に思ったが、廊下をのぞいてみて納得した。カーキ色の制服につばのまっすぐな制帽をかぶった州の警察官が警備についていた。廊下を進むと大きな両開きの木製扉があり、その脇に州のシンボルであるハイイログマの銅像が置かれていた。扉の上には金文字でこう書かれている——「アーノルド・シュワルツェネッガー」。あのハリウッドのアクションスターが、今ではここの知事である〔二〇一一年一月退任〕。それを知らない人への配慮なのか、別の立て札が置かれ、そこがアーノルド・シュワルツェネッガー知事の執務室であることを明示していた。見学の生徒、ロビイスト、議会スタッフの群れをかき分けて、私は当時五階にあったブレークスリー議員のオフィスにたどりついた。

彼がチベット問題に力を入れるのには特別な理由があった。一九九八年、高校を卒業した息子のデビッドが、六カ月間インドに滞在したという。彼は男手一つで育ててきた息子がかわいくてならず、滞在先で無事に過ごしているか「心配で気が狂いそう」になったという。当時彼は新聞のコラムで、「息子とはべったりの関係だった。高校の難しい時期さえ仲がよかった。夜には一緒に音楽を聴いたり、ビリヤードをしたり、チェスをしたり、テレビを見たり。そして何でも話し合った。息子の姿が見えず、息子の声が聞こえない六カ月は耐えがたかった」と書いている(2)。

やがてダラムサラにいた息子から連絡が来た。父さんもこっちに来ないかと言う。彼はすぐに飛行機に飛び乗り、はるか遠いダラムサラを目指した。「サンルイスオビスポから四十四時間。かわいい息子と抱擁を交わしたときには涙が出そうだった。——あごひげを生やし、遠くを見るような目をして、幼い子供のころとはもう違っていたけれど」。息子はダラムサラのチベット子供村でボランティアをしていた。息子と合流した議員は、二人で三週間かけてインド北部を探検した。そして亡命チベット人や息子の目に世界がどのように映っているのかを思い知ったのだ。

ブレークスリー議員は、家族が経営する投資会社の後を継いでからもチベットへの関心を持ち続けた。二〇〇四年、彼は共和党からカリフォルニア州の下院議員に選出される。もちろん州の下院議員は全国的にはそれほど重要なポストではないが、だからといって軽んじることもできない。カリフォルニア州の経済は、仮に一つの国と考えれば世界で第八位に相当する規模だ。ブレークスリー議員は、チベット人が信教の自由と民族自決の権利を奪われていることに苛立った。共和党員議員の中には、彼のほかにも同じ怒りを感じている者がいた。二〇〇八年春、チベット人の暴動を中国政府が弾圧したという一連の報道を聞いて、ブレークスリー議員は居ても立ってもいられなくなった。

彼はスタッフに指示し、チベット問題について米国のほかの州や都市で採択された決議がないか調べさせた。するとまもなく、二十ほどの例があることが判明した。彼らは独自の決議案を作成した。採決にいたるまでに、決議案からは「文化の大虐殺」などという言い回しが削除され、提出も別の下院議員に委ねられることになったが、ダライ・ラマが「世界的に評価され、国際問題について非暴力の解決方法を探るリーダーシップが称賛されている」という部分は残った。また三月十日を「ダライ・ラマとチベット問題について啓発する日」とし、ダライ・ラマの説法やチベット文化を守るための取り組みを州の人々に紹介する機会にすることが提唱された。決議案が提出されると、ブレークスリー議員はそれを歓迎する声明を発表し、こう宣言した。「私たちはチベットの人々への残酷な弾圧に反対し、ダライ・ラマを支持します」。決議案は、発声投票で楽々と可決された。

中国政府の露骨な介入

ブレークスリー議員は気さくな人柄で、堅苦しいことは気にしなかった。私をオフィスに招き入れると、二〇〇九年初めの出来事について話してくれた。その年、彼は前年に可決された決議に「今年はダライ・ラマの亡命から五十年という重要な節目の年である」という内容を書き加え、州議会下院に提出した。難なく採択されるだろうと考えていた。しかし、このときは風向きが変わっていた。大統領官邸の主がオバマに代わったのである。だが、ブレークスリー議員は別の見方をしていた。中国があそこまで徹底的に妨害してくるとは思わなかった――それが敗因だと言う。

「ほかの議員から、中国領事館が介入してくるという話を聞くようになっていました。電話をかけてきたり、オフィスに現れたり」。それと呼応するように、南カリフォルニア在住の中国系の裕福な資金提供者が議事堂にやってきて、各議員を訪ねて回った。目を背けたくなるような写真の数々を持参していた。ダライ・ラマが亡命前にチベットで神権政治をしていたころの拷問の犠牲者だという。彼は熱心に訴えた。ダライ・ラマには人道上の罪があり、チベットの人々は中国の軍隊に解放されて幸運だったのだ――。選挙の時期でもあり、気前のよい献金を申し出る彼に心を動かされる議員もいた。

それから数日後、今度はサンフランシスコの中国領事館の外交官が二人、ブレークスリー議員のオフィスにやってきて同じような議論をした。

「彼らの話しぶりは非常に洗練されていて、堂々と自説を展開しました。そして最後に、決議文の提出について考え直せと言われました……。良好な関係を維持したいなどと言っていましたが、要するに『われわれの批判をするなら自己責任で』ということでしょう」。中国の外交官が来たという話は同僚議員からも聞かれた。それだけでなく、全権大使級の権限を持つ高戦生《ガオ・チャンシェン》総領事のサンフランシスコの自宅に招かれて豪勢な接待を受けたり、格安での中国旅行に招待されたりした者もいた。

そのころ高総領事は、カリフォルニア州議会の下院議員全員に四ページの文書を送付している。そこには、チベットに到着した中国軍がダライ・ラマ支配下の「人類史上最悪の奴隷制度」を終わらせ、「平和的解放」を実現したと記されていた。「中国の中央政府が七百年以上にわたり継続的にチベットを統治してきたという事実、そしてチベットが独立国であったことは一度もないという事実をご理解くださることを願ってやみません。世界にチベットを独立国家だと認めている政府は一つもありません。そもそも『侵略』とか『占領』という事実はないのです」[3]。高総領事の文書には、二〇〇八年にカリフォルニア州が中国に輸出する製品やサービスの額は百十三億ドルで、米国のどの州よりも多いということも指摘されていた。

文書には「背景資料　チベットに関する歴史的事実」と題した三ページの補足資料が添付されていた。複雑な中国－チベット関係について、中国側の一方的な見方を示したものだ。北京の政府がラサを統治していたことを疑いようのない歴史的事実と位置づけ、チベットの宗教的指導者が人々に過酷な仕打ちを続けていたと説明する。「二十世紀前半になってさえ、チベットは神権政権に基づく封建主義的な農奴社会であり、中世ヨーロッパをも上回る暗く野蛮な世界であった」。また、人口の五％に満たない宗教界のエリートが「きわめて残酷な刑罰を与えていた。たとえば両目をえぐり出したり、耳や舌や手足を切り落としたり、腱を引き抜いたり、川に放り込んだり、崖から突き落としたりしていた」と書いてある。

総領事からの文書、そして外交官らの直接訪問――こういうロビー活動は、カリフォルニア州議会ではあまり例がない。何らかの利害関係を持つ大企業や外国政府が議会に働きかけるときは、プロのロビイストを雇う場合がほとんどなのだ。ブリーフケースを持った中国人の外交官――まさしく一党支配の共産主義国家の代表者――が自ら下院の廊下を歩き回るのはきわめて珍しいことだった。しかし、その効果は抜群だった。中国の立場に理解を示した議員らは、決議文には「さらなる審議」が必要だとして委員会に差し戻した。これ以上の進展は望めないという通告である。ちまたで仏教が流行していても関係ない。議員らは十分承知していたのだ。中国は刃向かってきた人々を記録している。そして、いつか必ず経済的なしっぺ返しを食らわせる。

決議案の件の怒りも冷めやらぬころ、ブレークスリー議員に同僚のチャック・デボア共和党下院議員から電話があった。デボア議員のオフィスにＦＢＩ捜査官が来ていて、中国に関するコンピュータセキュリティ上の懸念について説明するから来てほしいとのことだった。ＦＢＩ捜査官によれば、ブレークスリー議員らは例の決議を支持したため、中国の治安当局にオフィスのコンピュータをハッキングされる可能性があるという。「同席した私たちに、ＦＢＩ捜査官は想定される事態を説明しました。相手は最新のワームなどを駆使し、キーボードの入力を追跡したり、端末に搭載されたカメラを作動させたり、電子メールの情報を入手したりするとのことでした。『すでに侵入されている可能性がきわめて高い』と言われました」。ブレークスリー議員は、説明を聞いて不安に駆られたという。そして数カ月後、チベット亡命政府全体がコンピュータセキュリティ上の脅威にさいなまれることになる。

ＦＢＩ捜査官がやってきたのと同じころ、ブレークスリー議員のオフィスにカリフォルニア州最高裁判所の元判事、ウィリアム・Ｐ・クラークから書簡が届いた。元判事はブレークスリー議員の選挙区に住んでいて、かつてロナルド・レーガン大統領のもとで要職につき、国家安全保障問題担当大統領補佐官も務めた人物だ。クラークは決議案をめぐる中国のロビー活動を詳細に考察したといい、「州のレベルで、これほどあからさまかつ積極的なロビー活動をする外国領事館の役人」は記憶にないという。こうした行為は珍しいでは済まされず、不適切だと元判事は述べた。手紙にはこう書かれていた。

中国共産党の不当な武力侵攻によってチベットの宗教指導者が亡命してから五十年。そう明記された決議文をめぐってこうした動きが見られたという事実は、皮肉というだけでなくまさに悲劇的です。あなたの決議文で正確に説明されているように、国連総会では、自決権を含むチベットの人々の基本的人権や自由を奪う政策の中止を求める決議文を、これまで三度にわたり可決しています。中国共産党政府の領事館の役人は、米国政府やカリフォルニア州政府から与えられた自由を悪用し、占領され抑圧されたチベットの人々に同じ自由を実現しようとする決議の採択を失敗させようとしているのです。実に嘆かわしいことです。

この件に関する私の意見は、次の問いにはっきり集約されます。これまで一度でも、米国の領事館関係者が中国のどこかの省の政府施設の廊下を歩き回り、人権問題に関連した法案に賛成しろ、あるいは反対しろと言ってロビー活動をすることを許されたためしがあったでしょうか？答えはおのずとわかります。(4)

近年では、米国の連邦議会、州議会、そして市議会において、中国に対しチベットへの締めつけの緩和を求める決議文が採択される例はいくらでもある。中国がカリフォルニア州の決議案を力ずくで封じ込めようとしていたころ、連邦議会の下院では決議案第四四二一ー一号——中国にチベットに対する抑圧をやめることを求め、オバマ政権にチベット人の人権を尊重するよう中国政府に圧力をかけることを求めるもの——が採択された。この決議案の共同提案者には、保守派の共産党議員——フロリダ州選出のイリアナ・ロスレイティネンやバージニア州のフランク・ウォルフ——もいれば、リベラル派の民主党議員——マサチューセッツ州のジェームズ・マクガバンやイリノイ州のジャン・シャコウスキー——もいた。

そう聞くと、当然疑問がわくだろう。なぜ中国の外交官はカリフォルニア州の決議案の妨害に多大な労力を費やしておきながら、もっと重みのある連邦議会の決議案に手を出さなかったのか？　おそらく中国は、ロビー活動の規則がより厳しいワシントンDCで決議案採決を阻止するには力不足だと自覚し、反ダライ・ラマのキャンペーンを張っても生産的ではないと考えたのだろう。それで、善後策として連邦議会下院が中国の内部問題に干渉したことに「強い不満と断固たる反対」を表明するにとどまったのだ。また、カリフォルニア以外の州については、チベット決議案の可決に向けた動きをそれほど重く見ていないか、あるいは骨抜きにするだけの外交要員が足りていると考えていた。

二〇〇九年には、バーモント州やウィスコンシン州がチベットにおける人権侵害を糾弾する決議を採択した。だが、こうした決議文は過去十年で大幅にトーンダウンしている。二〇〇一年のニューハンプシャー州の決議文は、中国が一九五〇年に「独立国」チベットを侵略したと糾弾した。一九九九年のニューメキシコ州の決議文は、中国の「大虐殺行為」を厳しく批判した。しかし近年の決議文でこのような言葉が使われることはまったくない。

屈する者、屈せざる者

チベット問題をめぐり強力なロビー活動を受けるのは政治家だけではない。大学の学長らも標的になることがある。ダライ・ラマの訪米の動きを察知すると、中国は可能なかぎりの影響力を発揮して妨害しようとする。二〇〇八年四月、ダライ・ラマがワシントン州を訪れる直前のことだ。ワシントン大学のマーク・A・エマート学長のもとにサンフランシスコの高総領事からていねいな書簡が届いた。同大学でもダライ・ラマ関連イベントが予定されていることについて、こう書かれていた。「あなたと同僚のみなさまが、ダライとの会見、ダライを迎えて開催されるイベントへの参加、そしてダライの活動への会場の提供を回避されますことを、心より願っております」。高総領事は、ダライ・ラマは「単なる宗教的指導者ではなく、亡命の身で中国からのチベットの分離を画策する政治的人物」だと主張した。もし忠告に従わなければ、ワシントン大学と中国の大学との交換プログラムや提携を妨害する――直接的には書かれていなかったが、そういう手段に出るかもしれないという圧力は伝わった。大学の首脳陣は、中国本土の優秀な研究者を引きつけること、また中国本土で米国主導のプログラムを拡大することの重要性を十分にわかっている。二〇〇九年五月、ダライ・ラマがマサチューセッツ工科大学を訪問したときのことだ。彼の側近によれば、大学側に圧力がかかったという。ダライ・ラマを受け入れれば、将来的に中国との提携の拒否、あるいは別の形で報いを受け、大学の不利益になるかもしれない――そう遠回しに警告を受けたらしい。

このような大学への圧力は、米国以外ではもっと露骨に現れる場合がある。二〇〇八年五月、中国本土からの留学生を大量に受け入れるロンドン・メトロポリタン大学が、ダライ・ラマの「世界平和の促進、ならびに優れた精神指導力とリーダーシップ」を称えて名誉博士号の授与を決めたときのことだ。憤った中国人学生がインターネットで同大学への反対運動を呼びかけた。ロンドン駐在の中国外交官も学長に説明を求めた。授賞式の後、英字紙『チャイナデイリー』は、大学が自らの行為を後悔したとし、ブライアン・ローパー副学長が「名誉博士号の授与は思慮に欠ける行いだった」と述べたと報じた。記事はまた、同大学が報復行為を受ける可能性も示唆した。「中国の多くの留学あっせん業者が同大学に反対の姿勢を示し、英国留学を希望する学生らに同大学を勧めなくなったという。グローバル・タイムズの取材に応じた北京の留学あっせん業者は、『チベットの独立を支持し、中国に非友好的な態度を示すような大学への留学を学生に勧めることはない』と述べた[5]」

記事の二日後に大学側が声明を出し、名誉博士号の授与について中国に謝罪したという事実はなく、授与を撤回する予定もないと明言した。しかし副学長が中国の外交官と面会したことは認め、「名誉博士号の授与によって中国国民が不快な思いをすると、外交官から遺憾の意が表明された。……どんな形であれ、不快な思いをさせることは当学の本意ではない」と説明した[6]。当時、英国ではおよそ五万人の中国人学生が学んでいた。もはや英国の大学の利益は、中国人学生からの収入なしでは考えられないのだ。この一件ははるか遠いオーストラリアにも波及した。二〇〇九年末、ダライ・ラマがタスマニア大学を訪問したとき、同大学は当初予定されていた名誉博士号の授与式を取りやめたのだ。同大学は中国人学生から授業料として年間二千六百万ドルを得ていた。また、事前に中国の役人も訪ねてきていたという[7]。

ヨーロッパの国々に対しても、彼らがレッドカーペットを敷いてダライ・ラマを歓迎しようものなら、中国はきわめて強硬な態度でそれをやめさせようとしてきた。警告に耳を貸さない国には、何らかの形の報復——たとえば首脳会談のキャンセルや、貿易協定の延期——が待ち構えている。

だが実際には、中国の命令に耳を傾けてそれに従う国のほうが多い。二〇〇七年、中国はベルギーに対してダライ・ラマの受け入れをキャンセルするよう警告した。この訪問はずっと前から計画されていて、ダライ・ラマはヨーロッパ各国の国会議員やチベット支援団体の活動家が集まる会合に出席する予定だった。中国は、ベルギーの皇太子が率いる経済ミッションが危機にさらされると警告した。ベルギーはしぶしぶこれに従い、ダライ・ラマもそれに理解を示す声明を発表した。彼は声明で「ベルギー政府から、中華人民共和国からの圧力を受けて厳しい立場にあると聞きました」と述べた。

「状況を考慮し、私は今回のブリュッセル訪問を取りやめることを決意しました」[8]

翌二〇〇八年、中国とヨーロッパの関係はさらにぎくしゃくした。そのど真ん中にあったのが、またしてもチベット問題だった。一部のヨーロッパ人の間では、徐々に中国の圧力や脅迫に対する不満が募り始めていたが、とうとう最悪の事態がやってきた。フランスのニコラ・サルコジ大統領が、同年十二月にポーランドのグダニスクでダライ・ラマと会談する予定を立てたところ、これに反発した中国が、その直前に予定されていた欧州連合（EU）・中国首脳会議——EU加盟国の全首脳が集まるサミット——の中止を表明したのである。ヨーロッパ各国の政府はあぜんとした。このサミットはEUと中国の双方にとって大きな意味を持つものだった。当時EUは中国の最大の貿易相手になっていて、貿易額は年間四千億ドルを超えていた。中国がサミット中止を通告したことを知ったベルギーの識者らは、一斉に怒りをぶちまけた。かつて外交官として北京に駐在し、現在はシンクタンクのヨーロピアン・カウンシル・オン・フォーリン・リレーションズに在籍するジョン・フォックスは、口角泡を飛ばして主張した。「ヨーロッパの首脳に対し、会ってもよい、会ってはいけないなどと指図する。そんなやくざまがいの中国の戦略は、まったくもって受け入れがたい。ポーランドでダライ・ラマと会談するというサルコジ大統領の決断を、ヨーロッパは断固として支持するべきだ」。ほかにも怒りの声が次々に上がった。欧州議会の議員で欧州自由民主同盟代表を務めるグレアム・ワトソンは、「こんないじめのような共産主義者の戦略は、ヨーロッパでは通用しない」と指摘した。[9]

一方、一般的な中国人は、罰を受けるべき者に罰が下されたと受け止め、ヨーロッパに対する政府の態度を歓迎した。二〇〇八年春の北京五輪が迫った時期に、チベット人が世界各地の聖火リレーを妨害して抵抗運動を繰り広げ、中国は面目をつぶされた。そのことを彼らはまだ根に持っていたのである。彼らの怒りを目に見える形で表した人物がいるとすれば、それはパリの聖火リレーでランナーを務めた車椅子フェンシングの金晶《ジン・ジン》選手だろう。かわいらしい顔をした金選手は、九歳の時に腫瘍のために右脚を失った。そして車椅子というハンディキャップをはねのけ、世界中で二万人の栄えある聖火ランナーに選出された。聖火リレーが行われる日、パリの朝は冷え込んだ。目を覚ました金選手の頭にあったのは、失敗はできない——ただその一念だった。すでに聖火が通過したサンフランシスコやロンドンでは、乱暴な抗議運動によってリレーが妨害されていた。友人からは、聖火のトーチを奪われないようにくれぐれも気をつけろというメールが届いていた。当初は銀と赤のトーチを特製の器具で車いすに取りつける予定だったが、自分の手で持って全力で守りながら走ることにした[10]。彼女が二番目の走者からトーチを受け取り、走り出してすぐのことだった。数人が警戒線を突破して突進してくるのが見えた。彼女はトーチを握りしめ、必死に身をよじって攻撃者から逃れた。警備員が駆けつけて攻撃者を引き離したが、彼女のあごにはひっかき傷ができ、肩にはあざができた。髪も引っ張られたが、彼女は燃え続けるトーチから手を離さなかった。攻撃はあっけなく撃退された。だがこの瞬間をとらえた映像が本国に転送されると、それを見た人々は、まさに母国を守る勇敢なヒロインだと彼女を絶賛したのである。

　数時間のうちに彼女には「車椅子のほほ笑みの天使」という呼び名がついた。ブロガーやインターネットユーザーたちは、攻撃を防げなかったフランス警察を公然と批判した。聖火トーチへの攻撃は母国への攻撃に等しい——それが多くの中国人の思いだった。そしてこんな屈辱を味わされた彼らが取るべき行動は一つしかなかった。愛国心の炎をいっそう熱く燃えたぎらせ、真っ赤な国旗をさらに盛大に打ち振ることである。その結果、チベット支持の抗議者と対峙することになっても、それはそれで仕方がない。中国人は負けじと怒りの声を張り上げるだろう。オーストラリアの首都キャンベラで聖火リレーが行われたときには、チベット支持団体との衝突を見越した中国人学生らが――バックには大使館がついているという情報もある――中国人の集結を呼びかけた。それに応じた人々が続々とバスでやってきて、聖火リレーコースの沿道を埋めた。中には無線機を携帯している者もいた。中国応援団はおよそ一万人に達し、大きな国旗をなびかせながら「中国は一つ」と声をそろえ、熱い愛国心をほとばしらせた。チベット支持団体は圧倒されてしまった(11)。

中国はますます強くなり、怒りを膨らませている。そして腕力を誇示して沸騰しそうな愛国心を抑えている。聖火リレーはこの点をさまざまな面から浮き彫りにするイベントとなった。一党支配の中国政府は、先走る国内世論の後手に回っているように見えることもある。しかし政権維持のために強さを誇示することが必要だと判断したときには、断固として強硬な手を打つのである。

中国の外交官の活動に関する事例研究の材料は、オーストラリアにもありそうだ。躍進する中国の製造業に原材料を輸出して利益を上げているオーストラリア。中国の外交官はどのような戦略でこの国の政治家に働きかけ、チベットなどのデリケートな問題から手を引かせようとしているのだろうか。中国のターゲットになった政治家の一人が、オーストラリア労働党の下院議員、恰幅のよいマイケル・ダンビーである。彼は長年チベットへの興味を持っていた。二〇〇九年二月、ダンビー議員がダライ・ラマの亡命五十周年の記念行事に出席する意向を表明したところ、たちまち章均賽《チャン・ジュンサイ》駐キャンベラ中国特命全権大使から欠席を求める書簡が届いた。章大使は「三月十日の集会では、『チベット独立』グループが『チベット独立』を求め、中国政府のイメージを汚そうとし、中国とオーストラリアの関係を損なおうと行動を起こすでしょう」と書いた。「出席されるならば、今までのあなたの発言と明らかに矛盾します。そして『チベット独立』グループに利用されることは避けられません。どうか慎重にご検討のうえ、三月十日の『チベット独立』行事には出席なさいませんように」。だがダンビー議員は「自尊心のある議員ならば、こんな手紙の言いなりになるわけがない」と言ってこれを無視し、記念行事に出席した。オーストラリアのスティーブン・スミス外務大臣もこの機会をとらえ、外国の大使には「どんな形であれ、選挙で選ばれた役人や下院議員の言動を指図しようとする」権利はないときっぱり表明した。

この数カ月後、私は偶然にもダラムサラでダンビー議員に出くわした。オーストラリアの六人の議員団が非公式に訪問していて、彼はその団長だった。メンバーの所属は労働党、自由党、緑の党——オーストラリアのあらゆる政治的志向をカバーしている。彼らの目的は、ダライ・ラマをはじめとするチベット亡命政府の役人との面会だった。ふさふさした白髪に半透明フレームの眼鏡をかけたダンビー議員の話によると、中国の外交官から事前に六日間のインド滞在を短縮するよう要請があったという。その日、ダンビー議員らは現地で記者会見をひらき、中国が彼らの旅行を中止させようとしたことについて強い不快感を表した。最も強硬な発言をしたのは、中道右派の自由党所属で弁護士のピーター・スリッパー議員だった。彼は、中国の公的機関による圧力は裏目に出ていて、オーストラリア国民の中には中国政府が自国の議員の活動に口出しするのを苦々しく思っている人々もいると示唆した。「ダラムサラにいる世界の至宝に会いに行ってはならぬ。そんなやくざまがいで理解不能な、我が国ではあり得ない理不尽な要求が中国当局から出されたと知れば、まっとうなオーストラリア人は中国大使館と中国政府のやり方に重大な欠陥があると考えるだろう(12)」

オーストラリアでは中国の作戦は不発だった。このようにいつも成功するとはかぎらないが、実際に効果を上げた例もある。たとえば、コスタリカのオスカル・アリアス・サンチェス大統領――彼もノーベル平和賞受賞者である――は、チベットの宗教的指導者であるダライ・ラマに対し、二〇〇八年八月に予定されていたサンホセ訪問を取りやめるよう要請した。大統領は「スケジュール上の問題」と説明したが、同年十一月には胡錦濤国家主席の同国訪問が予定されており、ダライ・ラマを受け入れてそのチャンスをつぶしたくはないと考えたのは明らかだ。コスタリカの中国重視の姿勢はそれだけではない。前年には、六十年間続いた台湾との国交を捨てて中国との国交を樹立している。

中国に地理的に近い国々では、チベット問題に関して中国の意見に従う傾向がさらにはっきり見て取れる。ロシアと北朝鮮はダライ・ラマが国内を通過することさえ認めていない。中国政府の感情を損なわないためだ。また、インドに次ぐ規模のチベット人コミュニティを持つ内陸国のネパールは、長年にわたり南隣のインドから大きな影響を受けてきたが、近年では北隣の中国の意見に従うようになってきている。ネパールでは中国の治安当局者が定期的にチベット人の捜索を実施している。そして中国側の強い要請により、ネパール警察は徐々に中国に反抗的な亡命チベット人に対して厳格な態度を取るようになってきている[13]。同じく中国の南隣にあるバングラデシュでも、中国に促される形でチベット支持の声を抑えつけている。二〇〇九年後半には、亡命チベット人をテーマにした写真展が警察によって封鎖された。このとき警察は、首都ダッカの中国大使館の二人の役人の要請に基づいた対応だと表明している[14]。

中国の影響力はアフリカでも拡大している。南アフリカ政府は二〇〇九年三月、ノーベル賞受賞者らが集まる平和会議に出席する予定だったダライ・ラマに対し、ビザの発給を拒否した。政府報道官はダライ・ラマの訪問について、「その時点で南アフリカにとって最大の利益ではなかった」と説明している。この平和会議は翌二〇一〇年のサッカー・ワールドカップ南アフリカ大会とも関連していて、人種差別や外国人恐怖症との戦いにサッカーが果たす役割について議論することになっていた。ダライ・ラマが招待されないらしいという情報が漏れ伝わると、同国のデズモンド・ツツ元大主教やF・W・デクラーク元大統領が抗議の声を上げた。ツツはBBCの取材に、南アフリカ政府は「恥知らずにも中国の圧力に屈した」と述べている。南アフリカはアフリカ諸国の人権と民主主義の先導役を自任し、プライドを持っている。しかし世界では中国との貿易の重要性が強まりつつあり、プライドの問題は二の次なのだ。[15]

ただ、中国の外交戦略が強引だと他国が批判するのは偽善になるかもしれない。特に米国がそれを言うのはうしろめたい。かつて中南米、中東、アフリカで、政権の打倒や樹立をめぐって陰に陽にさんざん圧力をかけてきたからだ。しかし、そんな遠慮も「ゴーストネット」の存在がニュースになるまでの話である。

ゴーストネット――サイバー攻撃の脅威

ゴーストネットは、水面下で不正をはたらく中国の体質の象徴ともいえる存在だ。この呼び名は、中国がかかわるサイバースパイの脅威を調査したコンピュータセキュリティの専門家チームが使った暗号名だ。チームを構成したのはカナダのトロント大学や英国のケンブリッジ大学を拠点とする研究者たちである。彼らハイテク・ゴーストバスターズは、中国のサーバーと接続したスパイネットワークを突き止めた。このネットワークは世界各国のおよそ千三百台のコンピュータにひそかに侵入し、アクセス権を掌握していたという。標的になったのは各国の外務省や大使館、報道機関、国際的な機関――特に、ダラムサラをはじめ世界各国にあるダライ・ラマ事務所――の端末だった。このニュースにチベットの活動家は警戒感を強めた。ダライ・ラマ事務所には衝撃が走り、ダライ・ラマの側近らはチベット支持者が逮捕やそれ以上の危険にさらされるのではないかと懸念した。コンピュータセキュリティ関係者は、これが将来起こるかもしれない世界情報戦争に結びつく新たな伏線になると指摘した。

ゴーストの調査は、ごくシンプルな形で始まった。ダラムサラの山の上にダライ・ラマの個人事務所を含む風変わりな黄色い施設があり、そこには小さなＩＴ担当部門がある。まずそこの技術者たちが、ダライ・ラマ周辺のコンピュータのファイアウォールに穴があるのではないかと疑い始めた。二〇〇八年のことである。彼らには、ハッカーがダライ・ラマ事務所周辺のメールサーバーを嗅ぎ回っているという確信があった。すでに不審な兆候は表れていた。ダライ・ラマ事務所から他国の外交官あてにダライ・ラマとの面会を調整するメールを送り、そのことを伝えようと担当者が先方に電話をかけたところ、すでに先方には中国から連絡が入り、面会に応じるなと警告された後だったのだ。

セキュリティの脆弱性を懸念した技術者たちは、オープンネット・イニシアチブ（ＯＮＩ）のアジア部門に通報した。ＯＮＩは、トロント大学、ハーバード大学、ケンブリッジ大学、オックスフォード大学のインターネット分野のトップクラスの研究者らを集めた共同プロジェクトで、主に抑圧的な政府によるインターネット上のフィルタリングや監視について調査している。ＯＮＩアジアは英国の研究者に連絡をとった。一人はケンブリッジ大学の研究者でインド人のシシル・ナガラジャ。もう一人はロンドンを拠点とするＯＮＩのアジア担当調査責任者で、ダライ・ラマ事務所とかかわった経験もあるグレッグ・ウォルトンだった。まずはナガラジャがダラムサラ入りし、持ち込んだプログラムや装置を使ってダライ・ラマ事務所のネットワークを流れるトラフィックの監視を試みた。ナガラジャは毎日十四時間作業にあたった。不審な動きを監視するために、一般的なプログラムのワイヤシャークを適用してみた。すると――見えた。ハッカーが悪意ある命令コードを実行し、ネットワークコンピューターから特定ファイルを取得していた。

調査チームがその命令コード――つまりワーム――を抽出して調べてみると、このワームはマイクロソフトのワードファイルやアドビのＰＤＦファイルに潜み、そのファイルがほかの端末に転送されることによって感染が拡大し続け、さらに広いネットワークがハッカーの手に落ちていることがわかった。彼らはこのワームをゴーストラット（GhOst RAT）と名づけ、やがてハッカーの支配するネットワーク全体をゴーストネットと呼ぶようになった。データのトラフィックを注視していると、まもなく別の発見があった。ダライ・ラマ事務所ではカリフォルニアの企業が提供するウェブホスティングサービスを利用していたが、サーバーのログを解析すると、中国や香港のインターネットサービスプロバイダに割り振られたＩＰアドレスからログインに成功している履歴が多数見つかったのだ。ダライ・ラマ事務所のスタッフとはまったく関係のない履歴である。さらに地道な調査を続けたところ、中国の新疆ウイグル自治区からのアクセスも見つかった。ナガラジャらの報告によれば、新疆ウイグル自治区は「チベット独立運動対策にあたる警察や情報機関の拠点[16]」である。五日後に調査チームは英国に戻り、収集したデータのさらなる解析に取りかかった。

ワームの解析を進めるにつれ、徐々にゴーストラットの並外れた能力――感染した端末の完全なコントロール権をハッカーに与える機能――が明らかになった。調査チームのメンバーでトロント大学ムンク国際研究センターの「シチズン・ラボ」に所属するロナルド・Ｊ・ダイバート教授は、「端末のすべてのファイルを閲覧できる。デスクトップのスナップショットを取得できる。システム管理用のファイルを削除できる。ウェブカメラを起動できる。オーディオファイルを再生できる。要するに、感染した端末を盗聴器として使えるようにする」と説明している。[17]

はるか遠くから姿の見えない支配者に操られたダライ・ラマ周辺のコンピュータシステムは、独りでに動き回っているように見えた。ある僧侶は驚きのあまり声も出なかったという。彼のコンピュータ上でワームが勝手にアウトルックを起動させ、ウイルスに感染したファイルをメールに添付し、他人に送信し始めたのだ。[18] 事務所にもぐりこまれるなら人間のスパイのほうがまだましだった。ダライ・ラマの敵は、どこかのコンピュータ——実際にはあらゆる場所にあるコンピュータ——を使って、完全な情報を把握していたと思われる。最も機密性の高い戦略的議論までが敵の手にわたっていた。ダイバート教授は、「われわれはネットワーク監視装置を走らせ、チベット亡命政府の交渉姿勢に関する文書がコンピュータから抜き出されるところを実際にこの目で目撃した」と述べている。

文字どおり命にもかかわる事態だった。ダライ・ラマ事務所のＩＴシステムには、ヒマラヤを越えてやってくるチベット難民の重要情報——故郷の様子、出国前の住所、現在のインドでの住所など——が保持されていた。おそらくそれだけではない。コンピュータには、たとえばダライ・ラマの外国訪問予定や中国との過去の交渉に関する報告書、チベット問題の将来についての分析、その他もろもろの機密事項に関する極秘文書が保存されていただろう。サイバースパイの規模の大きさが明らかになり、調査員の一人はこう結論づけた。「軍隊や国家の情報機関ならともかく、こうした攻撃を受けて持ちこたえられる組織はほとんどないだろう」。[19] 調査員らは感染範囲の特定作業を継続し、サイバースパイ捜査は十カ月も続いた。

ある日、調査員たちに幸運がめぐってきた。ゴーストラット・ワームのいくつかの制御サーバーが、パスワードで保護されていないことがわかったのである。サーバーは中国のネットワークアドレスと接続していて、ワームに感染したコンピュータが一覧できたほか、各端末へのコマンドの発行方法も丸見えで、どのコマンドが保留中でどのコマンドが完了済みか確認できた。調査員たちはおとり作戦をしかけた。ハッカーをおびき寄せる餌としてゴーストラットに感染させたコンピュータを準備し、そこからハッカーが情報を引き出す様子を観察したのだ。

六つの制御サーバーのうち五つが中国にあった[20]。感染端末が使われている場所もわかってきた。その中にはマニラが本部のアジア開発銀行、東南アジア諸国連合（ＡＳＥＡＮ）の事務局などが含まれた。調査員らは、在ワシントン・インド大使館、ＡＰ通信の英国支局、在キャンベラ・ドイツ大使館、在ニューヨークシティやロンドンにいるダライ・ラマ特使の事務所のコンピュータも感染していることを発見した。さらに、ダライ・ラマと密接なつながりがある国際的支援団体、インターナショナル・キャンペーン・フォー・チベットでも、七台の感染が確認された。

しかし調査員らは、ゴーストネットに関して中国を名指しで批判することには慎重な姿勢を維持した。二〇〇九年三月に発表された五十三ページの報告書、『トラッキング・ゴーストネット——サイバースパイ・ネットワークを調査して』では、何ともお人好しなことに、こう論じている。中国には膨大な数のインターネットユーザーがいるため、中にはワームを生み出す人がいるかもしれない。何らかの意図を持って、あるいは標的を決めて機密情報を収集するものとは言えない——。だが調査チームの主要メンバーだったダイバート教授は、もう少し大胆な発言をしている。カナダのジャーナリストが彼にポッドキャスト用の取材をしたときだ。「攻撃者は海南島に割り当てられたＩＰアドレスからログインしていました。中国人民解放軍の電子諜報部門の拠点です。つまり、決定的な証拠とは言えないまでも、中国政府の線がかなり濃厚だということです」と述べている。(21)

実際、海南島南部の沿岸にある陵水《リンシュイ》の電子諜報活動施設には、人民解放軍総参謀部第三部の千人以上の分析官が在籍すると言われている。この施設は国際衛星通信を傍受するために使われている。ナガラジャも、今回のサイバースパイは「中国政府の諜報員」によるものだと述べ、中国に疑いの目を向けていている。ナガラジャは、共同執筆者としてケンブリッジ大学に十二ページの報告書を提出した。『嗅ぎまわる龍《スヌーピング・ドラゴン》』という人目を引くタイトルがついたこの報告書では、問題のスパイ行為について、「抑圧的な国家の警察や治安当局の意思決定に使用可能な情報の収集を目的として計画された、標的を決めた監視攻撃である。攻撃対象に致命的な結果をもたらす可能性がある」と説明している。(22)中国政府はこれに憤慨し、「敵か味方か」の二元論で反論した。外交部の秦剛報道官は、「中国はネットワークセキュリティに多大な関心を持っている。ハッカーなどコンピュータネットワークに害を与える犯罪行為には断固として反対し、戦っている」と表明した。さらに「国外には『中国のコンピュータスパイ』などというでたらめな話をでっち上げて熱心に吹聴している者がいるようだ。しかし中国をおとしめようという彼らの企ては失敗に終わるだろう」と述べた。(23)

ゴーストネットの第一報が流れてから数カ月後、私はダライ・ラマ事務所のＩＴ部門に立ち寄った。米国人とチベット人の技術者が出てきて、施設のセキュリティの改善点について説明してくれた。サーバーを入れ替え、端末のセキュリティレベルを二段階に分けたという。通常の端末は、強化したファイアウォールを経由してインターネットに接続し、外界にアクセスできる。しかし、より機密性の高い情報を扱う場合には、インターネットから完全に切り離された端末を使うことにしたという。

機密情報用の端末では電子メールも使用できないため、ウイルスやワームに感染した文書が送られてくるリスクを大幅に減らせる。ダライ・ラマの側近たちが文書を共有する必要があるときには、セキュリティ機能つきのUSBメモリを使い、夜間は鍵をかけて厳重に保管することにした。

しかし、ゴーストネットがダラムサラの人々に与えた衝撃の後遺症は、まだありありと残っていた。活動家らは「ドレウラ・イニシアチブ・プロジェクト」の若いチベット人スタッフに起こった出来事についてしきりにうわさしていた。ドレウラとは、チベット人がインターネットを介して中国人の市民に働きかける場として二〇〇五年に設立されたオンライン支援事業である。ダラムサラにあるドレウラ事務所のコンピュータから、中国語が堪能なチベット人スタッフがインターネット上のフォーラムなどにログインし、中国本土のユーザーと意見交換する。そして、中国人たちに政府の検閲の回避の仕方を教えたり、チベット問題への関心を高めたり、ダライ・ラマの説法について議論したりすることを目的としていた。チベット語で「つながり」を意味するドレウラのスタッフたちは、インターネット上で存在感を強めていった。

一方、ゴーストネットの調査の過程で、ドレウラのコンピュータも何台かゴーストラット・ワームに感染していることが明らかになった。そのころドレウラの女性ボランティアスタッフの一人が中国当局に拘束される事件が起こったのだが、それも背後にこのワームが存在したようだった。その女性スタッフは、ドレウラで二年間活動した後、チベットに戻ることにした。ネパールからチベット入りしようとしたが、国境に着いたところで逮捕された。彼女は二カ月にわたって取り調べ施設に隔離され、ダラムサラでの活動について中国の当局者の尋問を受けた。ダラムサラでは勉強に専念していて、政治活動には関与していないと彼女は主張した。すると当局者は、過去数年のインターネット上での彼女の発言をすべて記録した書類を取り出した。ドレウラの活動は監視下にある——当局者はそう告げ、彼女はもちろん同僚スタッフらにも、チベットに近づかないよう警告したのだ。

チベット仏教界の内紛

さらに中国は、チベット仏教界に何百年も前から存在する対立構造を利用し、チベット人同士の衝突をあおっている。チベット仏教界の宗派間の政治的な駆け引きはすさまじく、ときに流血の惨事も招いた。夜中に起こった僧侶刺殺事件、怒れる神シュクデンをめぐる対立、ダライ・ラマの宗教的不寛容をめぐる訴訟——こうした仏教徒を二分する不和につけ込み、中国は宗教の自由を説くダライ・ラマを偽善者だとおとしめ、彼の信頼性を損ねようとしている。

宗派対立の中心になったのがドルジェ・シュクデン崇拝をめぐる問題だ。シュクデンは二面的な見方をされる神で、怒れる悪霊として畏怖する者もいれば、守護神として崇拝する者もいる。シュクデン信仰には四百年ほどの歴史があるが、数十年前まではそれほど広まっていなかった。しかしキリスト教の原理主義の台頭を契機に、シュクデンを信奉する過激なセクト主義者が、ゲルク派の伝統の純粋性を守るためとしてチベット仏教のほかの三宗派を否定するようになった。欧米に多くの信奉者を持つ英国在住の反ダライ・ラマ派僧侶の存在がこの対立の火種を大きくし、波紋は世界中に広がった。シュクデン信奉者はダライ・ラマの後を追ってニューヨーク、ロンドン、オックスフォード、ニュルンベルクなどの都市に現れ、「ダライ・ラマ、うそをつくのをやめなさい!」と書いたプラカードを掲げて抗議行動を展開している。

二〇〇八年七月、マンハッタンのミッドタウンでシュクデン支持派と反対派が対峙し、互いに物を投げつけたり唾を吐きかけたりしてにらみ合った。警察が出動して二十分間にわたり六番街を封鎖し、彼らを立ち退かせる事態になった。シュクデン支持派は、ダライ・ラマは独裁者だとか、権力に飢えた宗教の支配者だといって批判する。シュクデン支持派でない者からすると、まったく意味がわからない主張だ。興味深いことに、ダライ・ラマ自身もかつてはドルジェ・シュクデンを信奉していた。彼の師だったトリジャン・リンポチェは、ドルジェ・シュクデンの怒りを供養してシュクデン信仰を奨励した。そして一九五〇年、中国軍の侵攻を受けて避難していたチベット南部の国境近くのドロモで、ダライ・ラマに個人的にシュクデン信仰を教えたという。この時点では、トリジャン・リンポチェはゲルク派寺院でシュクデン信仰の修行を奨励していた。僧侶と僧侶がいがみ合うという現在の対立構造を理解するには、チベット仏教のゆがんだ側面について深く掘り下げていく必要がある。暗がりに光を当てる手がかりとして、簡単に歴史を振り返っておこう。

ドルジェ・シュクデンの起源は十七世紀にさかのぼる。さまざまな伝説が残っているが、以下の点は共通している。ダライ・ラマ五世の有力候補に挙げられたが、最終的に選ばれなかったトゥルク・タクパ・ギャルツェンという人物がいて、やがてダライ・ラマ五世と対立関係になる。そして一説によれば暗殺され、危険な「餓鬼」の姿に生まれ変わり、生前の宗教的修練による特別な霊力を身につけてチベットに戻ってきた。それがドルジェ・シュクデンだ。シュクデンは個人的な復讐を目指すかわりに、教義の純粋性を強化するという正義の行動に出た。[24] シュクデンはしばしば黒い顔の悪霊として描かれ、征服した悪の象徴である人間の頭の首飾りをつけている。血の海の中で雪獅子にまたがり、額には全知全能を表す第三の目が開かれている。腕に抱えたマングースは、信奉者らに施しを与える力の象徴だ。一部の学者は、シュクデン信仰はダライ・ラマの勢力拡大にともなって広まったという。

同じゲルク派の中で勢力が衰えることを危惧した保守派として、自然な反応というわけだ。

時代はずっとくだり、再び強力なダライ・ラマが現れた。ダライ・ラマ十三世である。そして、同時代に強い影響力を持った偉大なラマのパボンカ・リンポチェと対立した。こちらはダライ・ラマ十四世の二人の師匠の、そのまた師匠である。ダライ・ラマ十三世は、シュクデンは二流の護法神であって悟りをひらいた存在ではないと見なし、パボンカにシュクデン信仰の普及活動をやめるよう圧力をかけた。パボンカはダライ・ラマ十三世に譲歩し、それ以上シュクデン信仰を奨励しなくなった。だが、その譲歩に支持者らが従ったわけではなく、パボンカ自身もダライ・ラマ十三世の死後はそれに束縛されなかった。シュクデン派は復興運動として広がりを見せ、教義の純粋性を保ち秩序を守るという使命を自任するようになった。彼らはほかの宗派の説法を取り入れることを批判し、信奉者らには、ニンマ派などゲルク派以外の宗派の慣習を取り入れれば災いが起こる、場合によっては死がもたらされると説いた。彼らはシュクデン派こそ信仰を守る最後のとりでだと自負していたのである。

ダライ・ラマ十四世がシュクデン信仰に対する懸念を表明したのは、彼がシュクデン信仰に出会ってから二十年近く後のことだった。ダライ・ラマはリベラル派の多くが陥るジレンマに直面していた。つまり、極端なセクト主義者に対する宗教的不寛容に寛容でいられるか？――ということだ。一九七〇年代、ある高位のラマがシュクデンに関する本を出版した。そこには、復讐心に燃えるシュクデンが、宗教の実践に折衷主義を持ち込んだゲルク派の僧侶を、何十人も殺したり拷問したりしたと記されていた。ゲルク派の仏教徒たちはシュクデン派の台頭に恐れおののいた。ダライ・ラマは、一連の夢のお告げや自分自身の深い考察に基づき、インド南部に再建されたチベット仏教寺院――特にゲルク派総本山のガンデン寺の本堂――からシュクデン像を撤去させた。そして僧侶たちに公の場でシュクデン供養を行わないよう指示した。どうしてもシュクデンを崇拝したいという僧侶たちには、人目につかないように行うことを求めた。

一九九六年、ダライ・ラマはさらに踏み込んだ措置をとる。ある特別な儀式に先立ち、シュクデン信仰を捨てないかぎり参加させないと僧侶らに通告したのである。彼はネチュンと呼ばれる神託僧のお告げを持ちだした。シュクデンはダライ・ラマの安全とチベットの将来を脅かす存在だ――トランス状態になったネチュンはそう告げたという。ダライ・ラマは、シュクデン崇拝が仏教の伝統を堕落させると指摘した。また、対中関係が危機的状況にある今、修練に固執する強烈なセクト主義はチベット人の団結に悪影響を与えるという見方を示した。それ以来インド南部では、何百人もの僧侶や尼僧がチベット仏教寺院から追放されたり隔離施設に送られたりした。チベットでも、シュクデン像を取り壊そうとするダライ・ラマ信奉者が反対派と衝突する事件が起こっている。こうした衝突は中国当局が焚きつけている面もあった。中国は、シュクデン派を支援することでダライ・ラマにダメージを与えるチャンスができると考えていた。

そして、あるきわめて残酷な事件の発生をきっかけに、対立はいっそう激化した。一九九七年二月四日、凍えるような夜のことだ。ダラムサラにある仏教論理大学に、ナイフを持った襲撃者らが忍び込んだ。ダライ・ラマの住まいからもわずか数百フィートの場所である。襲撃者らはロブサン・ギャツォ学長の部屋を見つけ、中に踏み込むと、学長の腹や目を執拗に刺して殺害した。学長は当時七十歳。学長室の壁には血が飛び散り、襲撃が残酷で儀式めいたものだったことをうかがわせた。学長の付き人だった二人の若い僧侶も刺された。二人はそれぞれ十五～十八回刺され、数時間後に死亡した。警察は五人のシュクデン信奉者を正式に取り調べたが、襲撃者が侵入・殺人を犯した現場の目撃者がいなかったため、最終的に全員釈放された。彼らはチベットのシュクデン支持者の多い地域に戻り、中国の保護を受けていると言われる。

この殺人事件のあと、コロンビア大学で仏教を研究するロバート・サーマン教授（ハリウッド女優ユマ・サーマンの父親でもある）はシュクデン派を非難し、信奉者らをアフガニスタンのイスラム過激派武装勢力になぞらえて「チベット仏教のタリバン」と表現した。それから十年後、インド警察の代理として国際刑事警察機構《インターポール》が、この事件に関与した疑いのあるロブサン・チョダクとテンジン・チョジンの逮捕を正式に中国に要請した。二人は殺人事件の四日前に中国からインド入りしたと考えられている。あるタクシー運転手が、二人をニューデリーからダラムサラまで乗せたという有力情報をもたらしたのだ。インターポールの国際手配書によれば、二人はドルジェ・シュクデン信者慈善信仰協会のメンバーである[25]。本章の執筆時点で、中国政府はこの要請に応じていない。

チベット人の内部に不和の種をまくために中国がシュクデン派を利用しているのではないか。この殺人事件はチベット人にそう思わせる十分な根拠になった。チベット亡命政府のサムドン・リンポチェ主席大臣は、「今やシュクデン信奉者が中国政府ときわめて近い関係にあるのは明白だ」と述べている[26]。

近年ダライ・ラマは、シュクデンの修練は「単なる怨霊崇拝」で「邪悪」なセクトであるという見方を示している。二〇〇八年初めにインド南部で仏教徒に説法を施したとき、ダライ・ラマはシュクデン信奉者を一掃するために行動を起こすよう呼びかけた。「最近では、寺院は必要に応じて恐れることなくシュクデン僧を追い出しています。私は彼らの取り組みを全面的に支持します。高く評価します。もし、なかなか実施に踏み切れないという寺院があったら、ダライ・ラマが責任を取ると伝えなさい。シュクデン信奉者らは人殺しや暴力という手段を使います。放火したり、際限なくうそをついたりします。これがシュクデン派のやり方なのです。不届きなことです[27]」

インド南部のガンデン寺のラマたちは、「悪霊」の信奉者らをほかのラマから隔離するために三メートルの壁を作らせた。今やこの壁は、イスラエルがヨルダン川西岸に建てた隔離壁にも匹敵する厳重さで人の行き来を阻んでいる。インドやネパールの各地で、ダライ・ラマ支持者らが大々的にシュクデン派の排斥運動を始めた。規模の大きなチベット人居留地では、シュクデン信奉者とその家族を名指しするポスターが貼られた。「シュクデン崇拝者の入店おことわり」の看板を出す店やレストランもあった。シュクデン派は宗教のアパルトヘイトだと反発したが、ダライ・ラマ支持派は反発した。シュクデン派がシュクデンを崇拝するのは自由だが、ゲルク派の施設以外の場所でやれ——という論法だ。欧米のシュクデン派は、こうした侮辱に黙ってはいなかった。欧米で最も信奉者が集まっているのは英国である。中でも成長著しいのが、ダライ・ラマ反対派のラマ、ケルサン・ギャツォが創設したニュー・カダンパ・トラディションだ。今ではオーストラリア、マレーシア、ブラジル、メキシコ、米国、そしてヨーロッパ各国に、約千百カ所の居住型センターや支部を持っている。

浮かび上がる中国政府の影

私はこの現象に興味を持った。インドのデリーにあるチベット人居住区、マジュヌカティラにシュクデン信奉者らの寺があると聞き、その迷路のような路地に足を踏み入れた。マジュヌカティラが位置するのはいわゆるオールド・デリーで、ラール・キラー（赤い城）の北側の、ヤムナ川と高速道路に挟まれた地区だ。チベット風の黄色いアーチ状の門に「チベット難民居住区」と書かれているが、それを見逃したら車で通りかかっても気づかないだろう。居住区の奥行きはわずか数ブロックしかない。入り組んだ泥道は奥に進むにつれてどんどん細くなり、最後には左右の壁に両手が楽に届くほどになる。自動車や人力車は進入禁止で、人があふれ混沌としたデリー市街の喧騒と比べると、比較的静かな一画だ。路地に沿って旅行者目当ての仏教関連の書店やチベットのタンカのギャラリー、安ホテル、「リトル・ラサ」などの看板を出した食べ物の屋台が並んでいる。粥《かゆ》やモモ（羊肉を詰めたチベット風蒸しギョウザ）を売る行商人もいる。路上には収集されないゴミが放置されていて、ここもデリー独特の汚らしさと無縁ではなかった。デリーの暑さは日陰に入っても耐えがたかった。どう考えても寒いヒマラヤの気候に慣れたチベット人が住むには適さない。携帯電話で話している僧侶たちがいたが、重ね着した僧衣はいかにも暑そうで、気の毒になってきた――私も汗だくだった。

私が訪れた日はちょうどダライ・ラマの七十四歳の誕生日で、そこかしこに祝祭の雰囲気が感じられた。あちこちのスピーカーで居住区の祝賀行事の式次第が告知され、何百人もの人々が中央の寺院に集まっていた。チベット人の住人たちはにこやかだった。だが、私がシュクデン信者の本部はどこかと尋ねると――その名を口にするだけでもタブーなのだということがすぐにわかった。大抵の場合、彼らは一瞬口をつぐみ、探るような目で私を見つめ、どう返答したものかと考え込んだ。ちっぽけな居住区にもかかわらず、何人かは肩をすくめて知らないと答えた。

ようやく、十代になったばかりの少年が力を貸してくれた。彼はじっくりと考えたすえ、案内してあげると言った。彼に連れられ、幅の狭い多層階の建物の前に出た。ドルジェ・シュクデン信者慈善宗教団体の事務所だった。中に入るやいなや、背後で入口のドアが閉められた。案内されて狭い階段を上がり、二階の待合室に通された。私の扱い方について話し合う声が聞こえてきた。しばらくして、髪を短く刈った若いチベット人が姿を見せた。彼はある待ち合わせに遅れていると言い、もし私が彼をデリー中心部までタクシーで送って行くなら、その車中で話をしてもよいと言った。

私たちはタクシーに乗り込んだ。若者はツストリムという一語の名前を名乗り、話し始めた。シュクデン信奉者はダライ・ラマによる不法な迫害を受けている。崇拝する神の本性もわからないような無知なやつらだと蔑まれている——。「まったくの差別だ。邪悪な神かどうか、そんなことはわかっている。ぼくたちは馬鹿じゃない。善悪の区別はつく。……ぼくたちの組織はダライ・ラマとの対話を求めて何度も嘆願し、何度も説明してきた。でも毎回拒絶されている」。彼の話では、亡命政府は職員がシュクデン信奉者ではないかどうか確認を取っているという。またインドのチベット人居住地に住む難民に身分証明カードを発行する際に、シュクデン信仰の放棄を強要しているという。「ぼくたちシュクデン信奉者もチベット人なのに、チベット仏教界のどこにも居場所がない」

不当な扱いに打ちのめされ、なすすべもないというような彼の口ぶりとは裏腹に、シュクデン信奉者らの姿勢は攻撃的だ。チベット亡命政府の鼻先に、法律面で威嚇射撃をしたのである。二〇〇八年五月、彼らはダライ・ラマおよびチベット亡命政府の嫌がらせからの保護を求めてデリー高等裁判所に提訴した。訴状では、ダライ・ラマを「集団的、宗教的な増悪を扇動した罪」——何十年も宗教対立が続いてきた国では重大な意味を持つ罪状——で処罰することを求めた。そして、インド憲法、亡命チベット人憲章ともに宗教の自由を明記しているにもかかわらず、シュクデン崇拝者はどちらからも無視され、社会から排斥されていると訴えた。彼らの訴えは、宗教差別の是正だけでなく、チベット亡命政府の打倒も求めるものだった。「平行政府の性格を持ち、独自の司法基準、独自の立法・行政・司法システム、内務省、公安省、外務省を備えた外国政府が、インド領土内で機能するという状態は許容できるのか」[28]。この点について法廷の判断を仰いだのである。

デリー高裁は二〇一〇年四月、インド政府はチベット亡命政府を正式には認めていないとして、訴えをしりぞけた。判決では管轄の問題にも言及し、インド南部のカルナタカ州のシュクデン信奉者に関する権利侵害の有無については、州立裁判所が判断しなければならないとした。この判決は、さらなる訴訟の道を閉ざすものではなかった。今後も法王のイメージダウンを図ろうとする訴訟は起こるのだろうか――先行きは不透明だ。

こうした法的な挑戦を受けるダライ・ラマの立場は複雑だ。彼は中国がチベット人の宗教の自由を抑圧していると批判する一方で、自身も宗教の一派から迫害者だと批判される。ダライ・ラマが訴えられたり、狂信的なシュクデン信仰が復活したりする裏には、どちらも中国政府の影響力と金の流れが存在するのではないか。ダライ・ラマの信奉者らの疑念が消えることはない。中国当局が敵の勢力を弱体化させる戦略の一環として、チベットの仏教徒に資金援助をしてチベット人居住エリアの寺院にシュクデン像を建てさせたり、国外の亡命チベット人にシュクデン信仰を広めようとしたりしていることは、ほぼ間違いない。北京五輪を控えた時期には、もう一つの大規模なシュクデン派団体が台頭した。ウェスタン・シュクデン・ソサエティというなかなか資金力がありそうな団体で、しゃれたパンフレットやウェブサイトを作り、ダライ・ラマを「二十一世紀の仏教界の独裁者」[29]と呼んで批判している。

例のデリー高裁での訴訟を起こしたのは、クンデリン・リンポチェ十三世を名乗るラマだった。ロブサン・イエシェという名前でも知られる彼は、民族的にはチベット族と漢族にルーツを持つ。彼は、もしダライ・ラマのチベット支配が続いていれば、中国統治下の現在ほどチベット人の暮らし向きが改善することはなかったと述べ、中国のチベット統治に理解を示している。文化大革命時代のチベットの扱いについても中国を擁護していて、拠点とするインド南部から頻繁に中国を訪れている。チベット亡命政府は、彼は中国から金を受け取る工作員だと指摘しているが、彼自身は否定している。

私はダラムサラに戻り、チベット亡命政府公安副大臣のカルマ・リンチェンの執務室を訪ね、シュクデンをめぐる対立について話を聞いた。議論を始めるにあたり、副大臣はシュクデン支持派と中国政府との密接な結びつきを示す大量の写真を取りだした。

ある写真には、カトマンズ在住のシュクデン支持派の重要人物、ガンチェン・ラマが、ネパールの中国大使館のレセプションに出席した様子が映っていた。副大臣は「極秘」マークのついた書類を私に手渡した。目を通してみると、ガンチェン・ラマと密接なつながりのあるラサ在住の人々が、ラサで所有地を広げ、ネパール国境周辺の大手ホテルを獲得したと書かれている。また、インドやネパール在住のシュクデン支持派の重要人物と、中国の外交官や情報機関当局者が、香港などアジアのあちこちの都市で会合を重ねているとも書かれている。そのほか、二〇〇八年にダライ・ラマが訪米した際に、彼が訪ねる先々でシュクデン支持派と中国の国家主義者が協力する姿を写した写真もあった。ダライ・ラマがヨーロッパや北米を訪問する際に警護隊が警戒したのは、もともとはダライ・ラマを犯罪集団の頭目と見なす中国政府の見解をすり込まれた国家主義的な中国人の動きだった。しかし次第に、シュクデン信奉者の暴力行為にも目を光らせるようになった。

シュクデン信奉者とチベット亡命政府を巻き込んだ対立は、最近では新たな様相を見せている。チベットの若いシュクデン崇拝者が、寺院で教育を受けるという名目で次々とダラムサラに――つまりダライ・ラマのお膝元に――やってきているというのだ。二〇〇八年の夏の終わりごろ、十三歳から十八歳の若者十六人のグループがやってきた。彼らが難民を収容するチベット・レセプション・センターに着いたところで、警察いわく「法と秩序の問題」が発生した。リンチェン公安副大臣によれば、中国のチベット人居住エリアからやってきたその若者たちは、ネパールにあるシュクデン研修センターで二カ月の研修を受けた後、社会的な摩擦を引き起こす目的でダラムサラに乗り込んだのだという。ダラムサラを出るよう要請された彼らは、断固としてそれを拒否した。最終的に警察が出てきて、彼らをチベットに強制送還した。

ダライ・ラマに肩入れする欧米メディアは、彼のカリスマ性に注目し、国際問題や慈悲の心など、人々の心をつかむ彼の説法を熱心に取り上げている。しかし、ダライ・ラマの活動を妨害してその力を弱めようという中国の取り組みは欧米ではほとんど注目されていない。中国にチベットの統治権があることを既成事実にし、それを確実なものにするために、中国は多方面で、そしてしばしば水面下でバトルを繰り広げているが、この点はそれほど話題にならない。

中国は、欧米の世論の支持をめぐる闘いでダライ・ラマに後れを取っていることは自覚している。映画スターやロックシンガーに囲まれるダライ・ラマの姿を見れば、それは明らかだ。しかし、いくらメディアがダライ・ラマに好意的な報道をしても、目覚ましい成長を続ける中国で利益を上げようとする実業界の声に打ち勝つことはできない。いくら議員らが結集して決議案を提出しようとも、中国の怒り、そして自国の実業界の怒りを買ってまでチベット亡命政権を承認しようとする大統領はいない。まだ決着がついたわけではないが、実業界では総じて中国共産党の支配が続くことを織り込んで金が動いている。ダライ・ラマに寄り添う映画スターたちも、この流れを止められていない。

第13章　ハリウッド対ウォルマート

親愛なる北京の諸君に申し上げたい。米国はまとまりのない国だと思われることもあるだろう。しかしこの要請について米国民の心は一つだ――この平和の人の北京訪問を許可してほしい。

――トム・ラントス米下院議員
（ダライ・ラマへの議会名誉黄金勲章授章セレモニーでのスピーチ、二〇〇七年十月）

チベットを支援するセレブたち

ハリウッドやエンターテインメント界にもダライ・ラマの支持者は多い。俳優、映画監督、演出家、歌手、作曲家、ロックバンドなどの一流どころが彼の味方についている。

魅力的なセレブたちはこれまでにもさまざまなフリーチベット（チベット解放）運動に参加し、世界の関心を集めることに貢献してきた。また、俳優につきまといがちな「虚構の世界で生きるナルシスト」というイメージを払拭するために、お茶目でいたずらっ子のようなダライ・ラマのもとに集ったり、チベット仏教に興味を示したりする者もいる。

ハリウッドでは新興宗教のサイエントロジー教会も熱心に信者を勧誘しているが、チベット仏教はカルト的な修行を課すことはなく、奥深さの差こそあれ、ヨガのように無害だと考えられている。ダライ・ラマはセレブの政治力をしっかりと理解し、彼らを積極的に巻き込もうとしている。ダラムサラでは彼らのために時間を割くし、欧米訪問中にも特別な謁見の機会を設けたりしている。

フリーチベット運動は一九九〇年代に活発化した。中でも成功したのがチベタン・フリーダム・コンサートだ。この一連のコンサートによって、中国のチベット弾圧に対する関心がぐっと高まったのである。一九九六年六月の初回コンサートは、サンフランシスコのゴールデン・ゲート・パークで二日間にわたって開催された。参加ミュージシャンはレッド・ホット・チリ・ペッパーズ、スマッシング・パンプキンズ、レイジ・アゲインスト・ザ・マシーン、ビースティ・ボーイズなどで、現代の慈善コンサートとしては最大級のイベントとなった。その後、一九九七年のニューヨーク、一九九八年のワシントンと続き、一九九九年にはウィスコンシン州郊外、シドニー、東京、アムステルダムで開催。U2、フー・ファイターズ、ソニック・ユース、パール・ジャム、R・E・Mなどのバンドが参加した。チベタン・フリーダム・コンサートは、一九八〇年代に開催されたライブ・エイドやアーティスツ・アゲインスト・アパルトヘイトといった慈善コンサートと同じような現象を引き起こした。若い世代が大いに触発され、チベットの完全独立を提唱するスチューデンツ・フォー・フリーチベットが世界各地で勢いを増したのである。

一九九〇年代後半には、チベットを題材にした映画もいくつか制作された。主なところでは、ブラッド・ピット主演の『セブン・イヤーズ・イン・チベット』や、若き日のダライ・ラマを描いたマーティン・スコセッシ監督の『クンドゥン』である。一九九〇年代末になると、チベット問題はホットな時事問題になっていた。チベタン・フリーダム・コンサートの運営にも携わったビースティ・ボーイズのベーシスト、アダム・ヤウクは熱く叫んだ。「もっともっと関心を高めよう。そうすれば企業や政府も人道問題を無視できなくなる」[1]。ヤウクは考えた。中国市場でシェアを競う各国の大企業の関心を、ハリウッドスターたちと同じ方向に向けさせることができれば、チベット問題を動かす大きな力になるのではないか——。しかし現実は甘くなかった。アーティストたちは良心に基づいてチベットの人々の味方をするが、大企業は安い中国製品を買いたい消費者の味方である。チベット問題は、言うなればハリウッド対ウォルマートの戦いだ。

一九九〇年代末には、ダライ・ラマは世界一有名な仏教徒になっていた。そして彼を信奉するセレブたちが、チベットの信念を広める活動に熱心に取り組むようになっていた。その筆頭が、細い目の俳優、リチャード・ギアである。彼は、はやりの宗教に気まぐれにかぶれるようなハリウッドスターとはひと味違う。彼はチベット仏教の支援を二十年も続けている。そして、初めてチベット問題に一般の人々の注目を集めた功労者でもある。

一九九三年、ギアはアカデミー賞授賞式で最優秀美術賞のプレゼンターを務めた。そのとき、割り当てられた三十秒のスピーチ時間を使って、中国の「おぞましい、おぞましい人権状況」を糾弾したのである。彼は原稿を無視し、当時の最高指導者の鄧小平にこう訴えた。「軍隊、そして中国人をチベットから撤収させてほしい。チベットの人々が、再び自由で独立した人間として暮らせるようにしてほしい」。確信犯的な発言だった。この件があってから、アカデミー賞事務局は彼をプレゼンター候補から外しているようだ。これ以降、ギアはさらに精力的にチベット問題に取り組むようになる。自ら慈善団体を設立したほか、ダライ・ラマを支援する人権団体インターナショナル・キャンペーン・フォー・チベット（ICT）の代表を務め、彼が心の師と仰ぐダライ・ラマと会談するためにダラムサラに長期滞在することもある。

二〇〇九年十二月のあるさわやかな晩、私はギアをじかに見る機会があった。場所はサンフランシスコのユニオンスクエアにあるウェスティン・セントフランシス・ホテルの大広間。その日はチベット人、シェルパ族、そのほかヒマラヤ地方に住む人々を支援する非営利団体、米国ヒマラヤ財団のチャリティディナーが開催され、引退した実業界の大物、社交界のセレブ、登山家、深紅の僧衣をまとった僧侶、慈善事業家などバラエティに富んだ面々が集まっていた。そこに私も参加した。会場にはチベットの祈祷旗が飾られ、演壇の両脇に設置された大きなスクリーンにはヒマラヤの美しい写真が映し出されていた。年に一度開催されるこのチャリティディナーには、毎回多くのハリウッドスターが参加する。たとえばハリソン・フォード、シャロン・ストーン、スティーブン・セガール、シャーリー・マクレーン。ダライ・ラマも一度姿を見せたことがある。

その日、特別ゲストとして招待されていたのが、ギアとロディ・ギャリだった。ギャリは、長年にわたりワシントンでダライ・ラマの特使を務めるまん丸な顔の人物だ。会場を見わたしたところ、女性の参加者が多いようだった。財団代表のリチャード・ブルム――投資家で、夫人はダイアン・ファインスタイン上院議員――がジョーク混じりに言った。ご婦人方の目当てはギアですよ。六十歳を迎えてもなお、ギアのふさふさの髪、甘いマスク、危険な魅力は健在だった。

過去二十年で、チベット支援の輪に加わったセレブはたくさんいる。たとえば俳優のピアース・ブロスナン、デニス・クエイド、ゴールディ・ホーン、キアヌ・リーブスらがそうだ。映画監督のマーティン・スコセッシやオリバー・ストーン、作曲家のフィリップ・グラスも熱心なチベット支援者として知られる。ミュージシャンではポール・サイモン、スティング、R・E・Mのマイケル・スタイプなどが、仏教徒であるあるいはダライ・ラマの支持者であると公言している。しかしギアほどの情熱と強い信念を持っている者はいない。彼がチベット人の窮地について語るときの熱意は半端ではなく、仰々しいほどだ。チャリティディナーのときもそうだった。

ギアにとってチベット支援活動とは、ジャングルに咲くランのように貴重な、絶滅寸前のチベット文化・宗教を救おうというだけの話ではない。もっと深い問題なのである。演壇に立ったギアは、身を乗り出すようにしてゆっくりと話し始めた。「チベットだけの問題ではありません。猊下がチベットについてお話になることは、そのほとんどが普遍的な意味を持っています。チベットとは一種の思想です。私たちの心の中にある、感情的で精神的な概念です。私たちの心で燃え上がる熱い思い。互いに深く尊敬し合い、慈しみ合い、助け合って生きられるような世界を求める強い思い。それを形にするための、一番わかりやすいキーワードが『チベット』なのです[2]」

ギアが華やかなハリウッドの世界に身を投じたのは三十年以上も前だ。俳優リチャード・ギアは、一九七七年の映画『ミスター・グッドバーを探して』で世界に名を知られるようになる。しかし彼が本格的に脚光を浴びたのは、一九八〇年の『アメリカン・ジゴロ』で主役の男娼を演じてからである。そして一九八二年の『愛と青春の旅立ち』に主演してスターの座にのし上がる。その後は何度かキャリアの浮き沈みを経験する。官能的な不良少年からきざな大人の男へと脱皮し、一九九〇年にジュリア・ロバーツと共演したラブコメディ映画『プリティ・ウーマン』が大ヒット、二〇〇二年の『シカゴ』もヒットした。『シカゴ』ではタップダンスシーンを演じるために五カ月間もの練習を積んだという。彼はこのシーンについて、「いや、私は踊れない。作品中では何とか格好がついているけれど、実際は全然だめだ」、また「長い時間練習した。いい先生に恵まれたよ」と語っている[3]。

駆け出し時代には落ち込むことも多く、二十一歳のときにはニューヨークの精神病院に通っていたと言われる。「若いころは誰でもそうだが、あまり幸せだとは思えなかった。自暴自棄になっていたかどうかはわからないが、とにかく不満があった。『もうどうだっていいじゃないか』と思っていた(4)」。二十四歳のときに禅を試してみた。そして真剣に瞑想の修行をするようになった。初めての映画出演に成功した彼は、三十歳前後にネパールを旅した。そして後にダライ・ラマにも面会する機会があった。

「禅の修行を初めて五、六年ほど経ったころにインドで猊下にお会いした。しばらく会話したが、不意に猊下がおっしゃった。『そうですか、俳優さんですか』。しばし考えて、『では、俳優さんとして怒りを演じるときには、本当に怒っているのですか？　悲しみを演じるときには本当に悲しんでいるのですか？　涙を流すときは本当の涙ですか？』と訊く。私はいかにも俳優らしく答えた。感情を演じるのではなく、自分自身の感情だと思い込んだほうが、よい演技ができます——。猊下は私の目をじっと見つめたかと思うと、突然笑い出した。おかしくてたまらないといった様子だった。私が感情の存在を——怒り、憎しみ、悲しみ、痛み、苦しみなどの存在を——信じようと躍起になっていることが滑稽《こっけい》だったらしい。猊下にお会いして私の人生はがらりと変わった。そのことは疑いようがない(5)」

ギアはインドのマクロード・ガンジをたびたび訪れ、仏教指導者から個人指導を受けたり、ダライ・ラマと面会したり、慈善活動をしたりしている。あるとき、マクロード・ガンジを訪れた私はチョノール・ハウス——ダライ・ラマが資金提供するノルブリンカ・インスティテュートが運営するゲストハウス——にチェックインしようとした。すると、ギアがいつも泊まる部屋に泊まってみますかと言われた。もちろんイエスだ。その部屋は三階にあった。壁面にはチベットの暮らしが大きく描かれ、床にはトラが手足を広げた図柄のウールの絨毯が敷かれていた。宿からダライ・ラマの事務所に向かって山をくだっていくと、道沿いに小さな看板があり、マクロード・ガンジの下水システムへの寄付者が列挙されていた。そこにギアの名前もあった。

興味深いことに、ギアは一九九三年のアカデミー賞授賞式で中国批判をしたにもかかわらず、中国政府から招待を受けている。ディナーパーティーのスピーチで、ギアは招待されて驚いたというエピソードを披露した。中国版のアカデミー賞の代表者を名乗る人物から招待の電話がかかってきたが、彼は嫌がらせに違いないと考えた。「きっと殺し屋だと思い、無視しました。しかし電話は何度もかかってきたのです」。政府関係者の友人（彼は実際には「ＣＩＡ」と言った。本気かジョークか定かではない）に確認したところ、正式な招待だと判明した。ギアは招待に応じるにあたり、追加条件を提示した。一つ、中国訪問と同時にチベット訪問も許可すること。二つ、彼の仏教の師の同行を許すこと。中国側は条件を受け入れた。「実際にチベットにも行き、たぐいまれな経験をすることができました。非常に充実した旅で、その一瞬一瞬の記憶が今も私の中に鮮明に残っています」[6]

ギアは二人の尼僧と出会ったエピソードを紹介した。一方の尼僧の話では、二人とも牢獄から釈放されたばかりだという。獄中ではレイプされ、虐待されたという。「彼女が話し終えたとき、私はぼろぼろと泣いていました。『そんな仕打ちを受けて、なぜ相手を許せるのか』と私は訊きました。彼女は私をじっと見つめ、深く息を吸うと、こう言いました。『彼らの背後にはもっと巨大な存在があるのです。彼らに怒りをぶつけることはできません』」[7]

ギアはかなりの時間をチベット問題につぎ込んでいる。たとえば二〇〇九年の最後の三カ月間を見てみると、訪米したダライ・ラマを追ってワシントンに行き、科学者と仏教徒が一堂に会するマインド・アンド・ライフ協会の年次会合に参加。数週間後にはローマに飛んで各国の議員が参加するイベントに参加し、十二月にはサンフランシスコでチャリティディナーに出席するという具合だ。

チャリティディナーの時点で、私は六カ月以上も前からギアとの一対一のインタビューの機会をうかがっていたのだが、ことごとく失敗していた。ダライ・ラマよりも会うのが難しい。そう思わずにはいられなかった。ギアへの面会を申し込むと、アシスタントの女性から必要書類を提出するよう指示があった。質問事項のリスト、チベット問題に関して私が過去に取材した人物のリスト、履歴書、そして「執筆した書籍を刊行前に見せる」という誓約書だ。私はすべての要求を律儀にクリアした。あとは飛行機に乗り、海を越えて彼に会いに行くだけだった。すると搭乗の三十分前に彼女から短いメールが来た。「残念ながらワシントン滞在中に取材をお受けすることはできません。申し訳ありません。最善を尽くしましたが、どうしても時間を取ることができませんでした」(8)

もしかするとギアは、自身のチベット問題への取り組みや中国に対する見方をジャーナリスト相手に話すことに、不安を覚えたのかもしれない。そうだとしてもおかしくない状況だった。当時中国は、チベット問題について発言する映画スターたちに徐々に強硬な態度を見せるようになっていた。まずターゲットになったのが、『氷の微笑』で脚線美を見せつけた女優のシャロン・ストーンだった。二〇〇八年五月、四川省で巨大地震が発生して八万人とも言われる犠牲者が出た直後のことだ。また、三月のチベット人の暴動と鎮圧の記憶が生々しいころでもあった。カンヌ国際映画祭に参加したストーンに、報道陣がマイクを向けて地震に関するコメントを求めた。

「そうね、とても興味深いと思いました。つまり——まず、私はチベットの人たちに対する中国のやり方が気に入らないの。誰かが誰かにつらく当たるなんて、良いことだとは思わないから。これをどう考えればいいのか、何ができるのか、ずっと気にかけてきました。ああいうの、好きじゃないのよ。それから気になっているのは――そう、オリンピックについて。どう対応すべきかしらね。だって彼らはダライ・ラマに――私のすばらしい友人に――ひどい扱いをしているでしょう。それで、この間あんなひどい地震が起こって、考えたわ。これは業《カルマ》じゃないかって――悪い行いをすると、自分も同じ目に遭うということよ」[9]

何気なく飛び出したコメントだったが、中国人は激怒し、厳しく非難した。インタビューの映像は中国語の字幕つきであっという間に広まった。インターネットユーザーたちは彼女を「汚いブタ」、「娼婦」、さらにはもっとひどい言葉で侮辱し、もし中国に来たら石を投げつけると脅した。中国国営の新華社通信は、彼女を「人類の公敵」[10]と呼んだ。彼女とモデル契約を結んでいたフランスの高級ブランドのクリスチャン・ディオールは、「弊社は彼女の軽率なコメントに断固として反対いたします。彼女の発言についてきわめて遺憾に思います」という謝罪文を出した。同社はまた、ストーンからの謝罪として次のコメントも発表した。「私の不適切な言葉と行為により、中国のみなさんを怒らせ、悲しませてしまったことを心からおわびいたします。あらゆる救援活動に参加し、被災された中国のみなさんのお役に立ちたいと思います」。しかしストーン自身は、この謝罪を書いたことを否定した。「事実でないこと、真実でないことのために謝罪するつもりはありません。フェースクリームのために謝罪するつもりはありません」[11]。いずれにしろ手遅れだった。ディオールはストーンを起用した宣伝広告を中国国内から撤去し、中国では二度と使わないと表明した。

この件の数カ月前にも、中国は外国の有名人の中国批判に激烈な反応を見せている。アイスランドのロックスター、ビョークが上海で公演したときだ。チケットは完売し、観客は満員だった。アンコールで歌ったのは「独立を宣言しよう《デクレア・インディペンデンス》」。「旗を掲げろ！」と叫ぶ熱狂的な曲だった。ステージを去る直前、彼女は英語で叫んだ。「チベット！　チベット！」国営メディアがすぐにこの行為を問題視することはなかったが、インターネットで情報が広まり、それを知った中国のファンから失望の声が上がった。怒りの声も含まれていた。sina.com（新浪）には「この女が本当にこんなことをしたのなら、反吐《へど》が出そうだ」というコメントが投稿された。

中国文化部は、彼女の「政治的なショーは中国の法律や規則に抵触し、中国人の感情を傷つけただけでなく、アーティストの職業倫理にもとる」と批判し、同様の事例の再発を防ぐために外国人アーティストの中国公演の監視を強化すると発表した[12]。公言どおり、文化部は二〇〇九年四月に予定されていた英国のロックバンド、オアシスの中国公演を禁止した。これに対しオアシス側は、「オアシスも主催者も当惑している」とコメントしている[13]。しかし彼らが公演禁止になる理由はあった。メインソングライターのノエル・ギャラガーが、十二年前にニューヨークで開催されたチベタン・フリーダム・コンサートに出演していたのである。

ダライ・ラマの強み

俳優やミュージシャンの中には、中国でのビジネスチャンスを念頭に置いておとなしくふるまっている者もいる。だがダライ・ラマには当てはまらない。対中問題であれ、ほかの問題であれ、彼はいつも自分が信じるとおりに発言する。行動も気取りがなく、みなが持っている偉大な聖職者のイメージを軽々と覆すこともある。スタジアムなどで講演するとき、へんてこなサンバイザーや帽子をかぶって登壇する姿はもうおなじみだ。にこやかに彼を迎える人々の中に長いあごひげの人物を見つけたら、それをつかんで引っ張ったりすることも珍しくない。

あるとき、米国訪問中だった彼は唇にピアスをした若いリポーターに目を留めた。テネシー州メンフィスの国立公民権博物館で一般の人々からの質問に答え終わり、外に出たところだった。「質疑応答が終わって彼がホールから出るときでした。みなが彼に触れようと手を伸ばしました」。当のリポーター、ビアンカ・フィリップスは言う。「彼は私を見て立ち止まりました。『ほおー』と声を上げると、手を伸ばして私のリップピアスを揺らし、ちょっと笑って、行ってしまいました[14]」

文化のギャップに戸惑うようなシチュエーションでも、ダライ・ラマは大らかにそれを受け止め、それがまた新聞のヘッドラインを飾ることになる。これもメンフィスでの話だが、ダライ・ラマと対面して首にハタをかけてもらった同市のマイロン・ロウリー市長が、なかなか奇抜な方法でダライ・ラマを歓迎した。「当地でも、昔ながらの作法がありますよ。こうやって握り拳を作ってください」。市長はそう言うと、困惑気味のダライ・ラマの拳に、自分の拳をぐいと押し当てた。握手代わりのあいさつだ。「あなたはユーモアのセンスをお持ちだと評判ですね。私は、一度あなたに言ってみたいと思っていたのです。ハロー・ダライ！〔ミュージカル『ハロー・ドーリー！』のもじり〕」市長はほがらかにそう言って、もう一度げんこつを突き合わせた。ダライ・ラマも笑みを返したが、その笑顔はややぎこちなかった。げんこつのあいさつの方法がわからない彼は、自分の拳を妙な角度でひねり上げてしまった。拳で突くという暴力的なポーズが、ここでは親愛の表現として使われている——そのことがとっさに理解できなかったのだ。

一部のメディアは、ダライ・ラマへの礼儀を欠いた行為だと市長を批判した。後に市長は、「あのような方法で歓迎したのは、私が根っからの地元の人間で、公営住宅で母と三人の兄弟と育ったからです」と釈明した。「どんな奇妙なものであれ、猊下は現地の風習に触れることを喜ばれる方だと思います。猊下は平和と調和を愛する方です。げんこつのあいさつは心からの友好表現の一つです。お帰りの際、猊下は自らそのあいさつを返してくださいました」[15]。せっかくのダライ・ラマのフォローだったが、新聞を飾ったのは「メンフィス市長、ダライ・ラマにげんこつであいさつ」——そんな見出しばかりだった。

いつも上機嫌で、思いやりと誠実さにあふれたダライ・ラマ。この確立されたイメージのおかげで、彼はふつうならば名声に傷がつきそうな出来事も乗り越えてきた。その一つの例が、オーストリア人の登山家ハインリッヒ・ハラーとの友情だ。ハラーは元ナチス親衛隊のメンバーで、抑留されていたインドの施設を脱走して一九四六年にラサにたどり着いた。ラサの通りをうろついていたところをポタラ宮から望遠鏡をのぞいていた当時十一歳のダライ・ラマに見つかって、それ以来親交を深める。ハラーは七年近くラサに滞在し、一時期はダライ・ラマの個人教師として彼に英語と地理を教えた。そして後に著書の『セブン・イヤーズ・イン・チベット』で山の王国チベットに対する中国の支配を描き、世界的な注目を集めた。ダライ・ラマの側近らは、ハラーが後半生にチベットへの世界的な関心や共感を集めることに貢献したとして、過去の経歴は問題視していない。

もう一つの例が、日本のオウム真理教指導者で「最後の審判の日のグル」と呼ばれた麻原彰晃との関係だ。彼は貧しい畳職人の家に生まれ、弱視のために盲学校に通った。後にインドを旅行してダライ・ラマに面会した彼は、一九八七年に帰国すると解脱を宣言し、宗教法人としての認証を求めて日本政府と争った。ダライ・ラマの支持者らが味方について仲裁したこともあり、一九八九年にオウム真理教は宗教法人の認証を受けた。これに感謝した麻原は、チベット難民支援金として、ダラムサラのチベット亡命政府に十万ドルを献金した。彼はしばしば救世主のような行為を見せて信者を増やしていったが、やがてダラムサラとの関係は崩壊する。一九九五年三月二十日、オウム真理教信者が東京の地下鉄に神経ガスのサリンをまき、通勤者ら十二人が死亡、約五千五百人が重軽傷を負う事件が発生したのだ。このテロの最終目標は、東京を壊滅させて麻原が日本の支配者になることだった。麻原はすでに有罪を宣告され、絞首刑の判決を受けている。後にダライ・ラマは、麻原は「生き仏」ではなかったと述べ、自らの誤りを認めた[16]。

ダライ・ラマのもとには大量の人々が訪れるし、彼自身が疑わしきは罰せずというタイプであるため、こうしたつながりを持ってしまうことは避けられないかもしれない。また、ダライ・ラマは時流の変化に合わせて友人と距離を置くタイプでもない。私は彼がジョージ・W・ブッシュ前大統領との友情についてうれしそうに話す姿を何度か目にした。しかし目の前の聴衆は――残念ながら、前大統領に親しみを感じている様子はまったくなかった。

ほかにもダライ・ラマには意外な面がたくさんあって、にわかファンは驚かされるかもしれない。たとえば、仏教徒といえば命あるものすべてを尊び、菜食主義を実践するのが世界共通だと思われがちだが、ダライ・ラマは適度に肉も食べる。標高の高いチベット高原では過酷な気候で野菜が育ちにくいため、チベット人は日常的に肉を食べるのだ。一九六〇年代の初め、ダライ・ラマは亡命先のインドで菜食主義に取り組んだが、肝臓に負担がかかって軽度のB型肝炎を発症し、医師の助言に従って多少の肉を食べる生活に戻したという。一九九〇年代には、肉を食べるのは一日置きだと話している。二〇〇四年には、菜食主義は地球に優しいと称賛し、自身は外遊中だけ肉を食べると述べている。

だがダライ・ラマが実際に肉を食べる姿を見た者は、驚きを隠せないようだ。

二〇〇七年五月、彼がウィスコンシン州ミルウォーキーに滞在したときのことだ。彼が出席する予定の資金集めパーティーの料理を担当したシェフが、菜食主義者向けのメニューを考えていたところ、肉料理を入れるようにと指示があったという。それで最終的に、燻製魚を使った前菜、チキンベースのスープ、詰め物をしたキジ肉、じっくり焼いた子牛のローストなどが供された。ダライ・ラマは食欲旺盛だった。シェフのサンディ・ダマトは地元紙の取材に「もりもり召し上がった」と話した[17]。そのことを知って嫌悪感を抱いたある米国人の菜食主義の仏教徒が、ダライ・ラマに「殺された母なる生き物の肉を食べ続けている」ことをいさめる公開文書を送っている[18]。

同性愛者に寛容ではないダライ・ラマの態度も、支持者らにとっては悩みの種である。一九九七年、ダライ・ラマはサンフランシスコで仏教徒を前にこう語った。仏教の観点から言えばゲイの性行為は淫戒を破る行いであり、チベット仏教では同性愛・異性愛を問わず女性の膣以外を使う性行為——自慰や手を使った性的行為も含む——は不適切な行為である。しかし後に、ゲイの人々に対する敬意、寛容、慈悲は大切で、彼らも平等な権利を享受するべきだとはっきりと述べている[19]。

これらの要素はマイナスにもなるはずだが、ダライ・ラマはびくともしない。今や彼は映画や宣伝にも登場し、ポップカルチャーの世界でも平和と寛容の精神の象徴的存在だ。一九八〇年のコメディ映画『ボールズ・ボールズ』では、俳優ビル・マーレイが演じるカール・スパックラーが、チベットのゴルフコースでダライ・ラマのキャディーを務め、チップの代わりにありがたい言葉をいただいたことを振り返るシーンがある。「十八ホール終わったが、チップをくれる気配がない。おれは言ったんだ。『おーいラマさんよ、何かあるんじゃないの。ほら、これだけ働いたんだから』。そしたらこう言うんだ。『ああ、お金はないがね。きみは臨終のときにきっと悟りをひらけるよ』。お墨付きだぜ、いいだろ？」企業広告も、彼の幸福に満ちた悟りのイメージにあやかっている。米国のＩＴ企業アップルは、一九九七年から五年にわたって「シンク・ディファレント」と銘打った宣伝キャンペーンを展開した。同社が革新的企業としてのイメージを取り戻す契機となったこのキャンペーンでは、ダライ・ラマをはじめ、トーマス・エジソン、アルバート・アインシュタインなどの偉人の写真が看板や雑誌広告を飾った。ダライ・ラマの名前はテレビにも登場する。シットコム番組の『そりゃないぜ⁉ フレイジャー』では、倫理に反したやり方だと怒る主人公に、上司が「倫理的な手段がお望みなら、ダライ・ラマでも雇うことね！」と切り返すシーンがある。コメディアニメの『シンプソンズ』のシーズン十五では、パイ投げで悪を懲らしめるヒーロー「パイマン」に扮したホーマー・シンプソンが、ボスの命令でダライ・ラマの顔面にパイを投げつけようとする。ボスいわく、「やつの平和と愛の説教は、オレの赤い中国人のボスの邪魔なんだ」――結局、ホーマーがパイを投げつけることはなかったが。

駐米特使ロディ・ギャリの活躍

ダライ・ラマは、セレブたちの影響力とフリーチベット運動の政治力を巧みに利用している。彼が一九八九年にノーベル平和賞を受賞してから二十年以上経った今、フリーチベット運動の支持者はヨーロッパや北米で侮りがたい勢力に成長している。彼らはどのように勢力を伸ばしてきたのだろうか。その点を詳しく理解するために、ロディ・ギャリに会った。チベットの駐米特使で、例のサンフランシスコのチャリティディナーにリチャード・ギアとともに招待されていた人物だ。

ギャリはダライ・ラマが全幅の信頼を寄せる外交問題のアドバイザーで、中国政府との交渉の先頭に立っている。彼の拠点は、ワシントンにあるインターナショナル・キャンペーン・フォー・チベット（ＩＣＴ）だ。一九八八年に発足した非営利の国際人権団体で、コネチカット・アベニューから脇道に入ったところにある、芥子色とワイン色に塗られた感じのよい四階建てのビルにオフィスがある。周辺には洗練されたレストランや法律事務所、シンクタンク、銀行、ロビイング関連の会社などが立ち並ぶ。ビルの中はシンプルな内装で、ギャリのオフィスも例外ではなかった。質素な木製のオフィス家具。床のチベット絨毯がいろどりを添えている。南向きの二つの出窓に日差しをさえぎるカーテンはない。ギャリはグレーのズボンに上品なピンクのシャツを着て、茶色の矢はず模様のジャケットを羽織っていた。ジャケットの襟にはチベットのピンを刺している。眼鏡をかけていて、面会中に何度も取ったりかけ直したりした。書棚や壁に飾られた写真はダライ・ラマやそのほかのチベットの指導者が写ったものがほとんどで、妻や六人の子供の写真は一枚もなかった。

頭が切れて誠実な特使――ギャリの働きぶりはワシントンでも評判だ。政治家に助言を与える立場の人々からも信頼を得ている。彼が外交官としての才能を開花させていった時期は、ハリウッドでチベット問題への関心が高まっていった時期とも一致する。彼の活動の軌跡を見れば、着々と米国の省庁とのつながりを深め、影響力を強めていった様子がわかる。現時点でチベット亡命政府を正式に承認している国は一つもないが、各国はギャリを中規模国家の大使のような待遇で迎える。ＦＢＩも彼を信頼していて、定期的に彼のワシントンのオフィスに人を派遣し、中国の盗聴器が仕掛けられていないかチェックしたり、セキュリティ上の助言を与えたりしている。しかし彼が初めからこんな待遇を受けられたわけではなく、省庁とのつながりも最小限のところから始まったのだ。

一九七〇年代末、ギャリはダライ・ラマの付き人として初めてワシントンを訪問した。しかし、当時のジミー・カーター政権はダライ・ラマとの面会を拒絶した。面会どころか米国入国のビザを取ることさえ困難だったという。一九八〇年代のレーガン大統領時代に、ギャリは駐米特使としてワシントンに住むようになった。しかし、まだ楽な環境とは言えなかった。政府関係者に面会を申し込んでも、出てくるのは下っ端の役人ばかりだった。米国は中国政府の「一つの中国」政策——中国本土（チベット含む）、香港、台湾はすべて一つの政権下にあるという考え方——を支持する立場をとっていたため、役人らはそれに抵触することを警戒していた。ギャリが省庁を訪ねて面会することは許されず、会う場所はいつも外だった。「いつも小汚いところで話をしましたよ。きちんとしたホテルやレストランではなくて、ちっぽけな汚いコーヒーショップを使いました。今の状況と比べて、その変わりようと言ったら——中国風に言えば、驚天動地ですよ」とギャリは語る[20]。しかし、そこまでの道のりは長かった。米国に来て数年経っても、彼は国務省の前で列に並び、身分証を示し、面会相手に取り次がれるまで待たされた。また、国務省の同伴者つきでなければ議会議事堂に入ることもできなかった。

二期続いたレーガン政権では、ダライ・ラマと大統領の会談は実現しなかった。初めて会談を実現したのは次のジョージ・H・W・ブッシュ大統領だった。このときの会談は心のこもった友好的なものだったが、それから十年ほど後の、息子のジョージ・W・ブッシュ大統領とダライ・ラマとの会合がまるでヒッピーの集会のように愛と平和に満ちあふれていたことを考えると、やや控えめだったかもしれない。ギャリは語った。「ブッシュ・シニアは、息子ほどの興味を持ってはいませんでした。……彼は、米国にとっては対中関係がきわめて重要だと考えていました。私が思うに……中国の重要性と比べれば、チベット問題など大したことはないと考えていたのでしょうね」[21]。一九八九年の天安門事件で米中関係がぎくしゃくしていたころでもあり、ブッシュ・シニアの顧問らにとってチベットはいわば目の上のこぶだった。そういう時期に、大統領官邸でダライ・ラマとの三十分間の会談が実現したのである。三日後、ダライ・ラマは下院議長と上院多数党院内総務（ともに民主党）が準備した上下院議員の集会で演説した[22]。

やがて、ビル・クリントン――ハリウッドでも顔が広い、サックス吹きの元アーカンソー州知事――がホワイトハウスの主人になると、ワシントンでのダライ・ラマへの注目度、そしてギャリの立場は急上昇を始める。このときダライ・ラマはすでにノーベル賞受賞者であり、米国の議員らは、世界的な重要人物として盛大に彼を歓迎するようになった。その背後には、中国の一党支配への不満を示そうという意図も見え隠れした。ギャリは言う。

「いきなり米国と蜜月関係になったわけではありません。それにはもっと時間がかかります。しかし、徐々にクリントン大統領は――そして夫人のヒラリーも――ダライ・ラマと温かい友情で結ばれるようになったのです。実際、ヒラリーのほうが心の通った交流をしていました。猊下を会食に招待したこともありました。今でもはっきり覚えていますよ、あれは彼女が北京で開催された（一九九五年の）世界女性会議から帰国してすぐのことでした」。このときヒラリーは中国だけでなくモンゴルも訪問し、ほぼすべての遊牧民のテントにダライ・ラマの写真が飾られている様子を視察した。そのことを会食の席で話題に出した。「彼女はこう言いました。『猊下、あなたがモンゴルであれほど人気があるとは存じませんでした。もし猊下がモンゴルで何かの選挙に立候補されたら、現職の人が続投するチャンスはないでしょうね』。猊下はこう答えました。『ええ、たしかにそうですね』。……猊下が大統領にお会いになるとき、ヒラリーはなるべく自分も同席できるよう調整しておられました」[23]

ダライ・ラマとの交流を深めたのは、クリントン大統領夫妻よりもアル・ゴア副大統領のほうが先だった。両者の関係はゴアが上院議員だったころに始まり、一九九二年にリオデジャネイロで開催された国連地球サミットでさらに深まった。ゴアは同サミットで、クリントン大統領とダライ・ラマを対面させるお膳立てをした。しかし大統領のほうは、中国の専門家からの助言もあり、当初はダライ・ラマと一対一で会うことに難色を示していた。「両者の対面は、初めは『ちょっと立ち寄る』という体裁をとりました。私たちがゴアに会って話しているところに、クリントンがやってきて加わるのです」。一九九三年、一九九四年にも何度かこうした「立ち寄り」が実現した。そして一九九五年、上院が、クリントン大統領に大統領官邸でダライ・ラマと一対一で会談することを求める決議を全会一致で採択した。しかし大統領の慎重な姿勢は変わらなかった。この時点でも、前もってセッティングされたダライ・ラマとゴアとの会談に後から加わるという形を選んだ。一九九八年、クリントンはダライ・ラマと大統領官邸で三十分間会談したが、このときも主催者はヒラリーということにされ、非公式の面会という体裁が貫かれたのだ。

門戸をひらいてダライ・ラマを迎えよと熱心に主張したのは民主党議員の面々だったが、実際にダライ・ラマと最も親密な関係を築いたのは、意外なことに共和党のジョージ・W・ブッシュ大統領だった。二〇〇一年、大統領就任から数カ月経ったころに、彼はダライ・ラマを大統領官邸に招いた。[24]ダライ・ラマはこの会談について、「長年の友人同士の二人」が再会したようだったと語っている。その後ブッシュ政権は二つの戦争の泥沼にはまり、数年後には支持率の低下に悩まされていた。だがダライ・ラマはブッシュ大統領を称賛する立場を崩さなかった。「正直に言って、ブッシュ大統領の政策の中には目も当てられないものもありました。でも愛すべき人物です。彼はオープンで誠実な性格で、私たちは初回の会談ですっかり親しくなりました」。親愛の情はうわべだけではなかったらしい。「初回の会談で、両者は一瞬にして心を通わせたのです」

ギャリによれば、大統領は夫人のローラにも二〇〇一年と二〇〇三年の会談の様子を聞かせたと思われる。彼女もこのチベットの聖者との対面を心から望むようになったからだ。ギャリいわく、ローラは「本当に心の温かい人。並み外れて心の温かい人」で、当時すでにいくつかの国際問題、たとえばアフガニスタンやミャンマーの問題に関心を寄せていた。ローラはやがてチベット問題にも興味を持ち、政権二期目の終わりごろに、ギャリを大統領官邸でのプライベートな昼食会に招待した。後にギャリは、「彼女はチベット問題に自ら尽力したいと話された」と述べ、大統領退任後にブッシュ夫妻が「チベットにとって大きな価値を持つ」可能性を示唆している。ローラも、回顧録の中でダライ・ラマのことに触れている。「心の優しい穏やかな方で、その言動からは大いに刺激を受けました。……ジョージは、ダライ・ラマを受け入れるのは米国人の特別な責務だと考えていました。世界は米国にリーダーシップを求めています。私たちが自由のために立ち上がらなければ、ほかに誰が立ち上がるでしょうか[25]」

ブッシュ大統領がダライ・ラマと個人的な友情を育んだとはいえ、米国政府がダライ・ラマとの友好関係を大っぴらに示すことはなかった。議会が諸手を挙げて彼を歓迎したのとは対照的である。実際に、過去二十年ほどを振り返ってみると、チベット問題をめぐる外交政策において、議会は大統領よりもはるかに親チベット的なアプローチを見せてきた。一九九一年の決議では、チベットと青海省・甘粛省・四川省・雲南省のチベット人居住エリアを「占領された状態が続く国家。……本来彼らを代表するのはダライ・ラマとチベット亡命政府である」と言い切っている。国民感情に敏感な議員らがチベット問題に大きな同情を寄せたのとは対照的に、政府は企業の声や貿易の利益を重視した。歴代の大統領は、米国企業に利益をもたらす中国と良好な関係を築くことを優先し、チベット問題を二の次にする傾向があった。しかし、徐々に議会がその権限を行使して行政府に圧力をかけ、チベットに特別な配慮をすることを求めるようになったのである。

一九九四年に米下院で可決した外交授権法では、政府が議会に提出するすべての文書について、アルファベット順の国別見出しにチベットを独立項目として記載することを求めている。議会は翌年以降も、チベット語を話せる米国人外交官をラサに駐在させること、政治犯を釈放するよう年に二度のペースで中国に要請すること、国務省高官の中からハイレベルの「チベット問題特別調整役」を任命することなどを要求した。亡命チベット人支援プログラムには、しっかりと予算をつけた。二十一世紀になるころ、議員らの姿勢は多少軟化して、チベットを「占領された国」と呼ぶことはなくなった。しかし毎年採択される拘束力のない決議では、チベットの将来についてダライ・ラマと意義のある交渉をするよう中国に圧力をかけること、また中国政府によるチベットへの政治的・宗教的弾圧を監視することを大統領に求めている。

声高にダライ・ラマ支援を叫ぶ議会とは対照的に、イラクや北朝鮮、地球温暖化などさまざまな問題で中国の協力を得たい大統領官邸は、現実的な政策を選ばざるを得ない。中国が国際的プレーヤーとして勢いを増すなか、両者の溝は広がるばかりだ。しかも溝はほかにもたくさん走っていて、それらの存在が、強力なチベット支配を現状のまま維持したい中国にとってプラスに働いているようだ。権利を侵害されている少数派、宗教の自由を求める集団、民主化を求める集団――こうしたさまざまな集団の力を中国政府への挑戦という一つの方向に結集できていない点も、一つの溝と言えるだろう。そして、外国ではメディアの力やダライ・ラマの世界的な名声をバックにチベット支援活動が盛んに繰り広げられているのに、中国の支配下で厳しい暮らしを強いられている当のチベット人はその動きをほとんど知らない。これも大きな溝である。

米国とチベットの絆

二〇〇七年十月十七日、連邦議会とダライ・ラマが団結と友好のきずなで結ばれ、いくつかの溝が一挙に消し飛ぶような感動的な瞬間がやってきた。いつもは国内外の問題でいがみ合っている民主・共和両党の議員らが、ダライ・ラマに議会名誉黄金勲章を授与することで声を一つにしたのだ。

この勲章は議会が文民に与える最高の栄誉であり、外国の指導者に授与された例はマザー・テレサ、ローマ教皇ヨハネ・パウロ二世、ネルソン・マンデラ、トニー・ブレアなど数えるほどしかない。授章セレモニーでは、ジョージ・W・ブッシュ大統領、ローラ夫人、そして議会の最高位の二人が贈呈者を務めた。米国大統領とダライ・ラマが公の場で同席したのは、このときが初めてである。セレモニーは連邦議会の象徴とも言える議事堂の円形大広間《ロトンダ》で行われ、有力議員、閣僚、ノーベル賞受賞者、セレブ、チベット僧を含む各種宗教の聖職者らが参列した。議事堂のまわりの芝生には一万人近いチベット支持者らが集まり、巨大スクリーンに映し出されるセレモニーの様子を見守った。さらに旗を掲げた海兵隊の儀礼兵が整列し、これが最高の格式の式典であることを印象づけた。

授賞セレモニーの序盤で、エリ・ヴィーゼルが演壇に立った。ナチスのホロコーストを生き延び、ノーベル平和賞を受賞した人物だ。「世界中の何百万もの人々に評価され、チベットの伝統に忠実であり、他者に心をひらいた人。人の話に耳を傾け、学ぶ姿勢をいつまでも忘れない人。深遠なる宗教的な信念を持ったダライ・ラマ法王は、チベットの人々にも、ほかの人々と同じく独立した宗教的・文化的生活を営む権利があると確信しておられます。これは何人たりとも奪うことができない権利です」[26]。ヴィーゼルのスピーチに、参列者は総立ちになった。内径三十メートル、円蓋までの高さ五十五メートルのロトンダに、盛大な拍手が鳴り響いた。ロトンダはまさに米国の歴史を凝縮したような場所である。壁に飾られた大きな油絵には、巡礼始祖《ピルグリム・ファーザーズ》の船出、一七七六年の独立宣言への署名、独立戦争の勝利を決定づけたコーンウォリス将軍の降伏など、歴史的な光景が描かれている。見上げれば、ドーム状の窓の下にも米国の歴史をモチーフにしたフリーズ〔帯状の彫刻〕が施されている。

　ヴィーゼルのスピーチが終わると、ダライ・ラマの隣に座った民主党のナンシー・ペロシ下院議長はそっと涙をふいた。ダライ・ラマを挟んで反対側にはブッシュ大統領が座っていた。ペロシが演壇に立った。彼女は、かつてフランクリン・ルーズベルト大統領が、機械や科学を好んだ幼いダライ・ラマに時計を贈ったエピソードに触れた。文字盤に月齢と曜日が表示される時計だったという。「ダライ・ラマ法王は時計が大変気に入り、一九五九年にチベットを脱出するときにもお持ちになりました」とペロシは語った。「かつてルーズベルト大統領は、ダライ・ラマ法王に金時計《ゴールド・ウォッチ》を贈呈しました。本日ブッシュ大統領は、彼に議会名誉黄金勲章《ゴールド・メダル》を贈呈いたします[27]」

　セレモニーでは、ほかにもさまざまな人物がスピーチをした。カリフォルニア州のリベラル派の民主党議員、マイアミのキューバ系米国人で反共産主義の共和党議員、ケンタッキー州の保守派のベテラン上院議員。彼らは日ごろの主義主張の垣根を飛びこえて、ダライ・ラマこそ宗教的伝統を超越した平和の使者であると声をそろえて称賛した。ハンガリー出身のユダヤ系米国人で、ホロコーストの生き残りであるトム・ラントス下院議員――このセレモニーの数カ月後に亡くなった――は、ダライ・ラマを世界の道徳的リーダーと呼んで絶賛した。「世界に道徳的権威が何より欠如しているこの時代に、この謙虚な僧侶が与えてくださるものは計り知れない」。そして彼は、ダライ・ラマの北京訪問を認め、チベット人の信念を訴える機会を与えることを中国政府に求める点で、民主党と共和党の心は一つだと述べた。共和党の上院院内総務のミッチ・マコーネル議員は、長年にわたり中国にチベット人の自由の拡大と彼らの遺産の保護を求めてきた連邦議会の心意気を語った。

二〇〇一年以降、議会はこうした見解を十六の決議で示してきました。われわれはチベット文化を守り、山々を越えてインドやネパールに逃れた難民を助けるために資金を提供してきました。一部の難民には、フルブライト奨学生として米国の学校で教育を受ける機会を与えてきました。またボイス・オブ・アメリカやラジオ・フリー・アジアを通じて、チベットに希望のメッセージを届けてきました。ダライ・ラマ法王とチベットの人々のために、われわれは何度も団結して手を差し伸べてきました。われわれの姿勢はこれからも変わりません。中国政府はそう理解すべきです。米国連邦議会はチベットとともにあります。(28)

セレモニーではダライ・ラマも登壇した。そして、自身の政治的スタンスについて、きわめて重要な発言をした。このとき、彼はいつものように即興的に話すのではなく、あらかじめ準備した原稿を読んだ。このスピーチが世界中の人々、そして中国国内に住むチベット人に届くことは明らかだった。

議員らを前にしたダライ・ラマは、まず勲章の受章がチベット人に「多大なる喜びと勇気を与える」と述べ、感謝の意を示した。それから中国との交渉について話し始めた。チベット人の自治の拡大を実現することは、中国政府が懸念するような完全独立への布石ではない。むしろ、チベット人が繁栄するには中国の力強い経済成長に連動する必要があり、中国の傘の下にとどまる道を誠実に模索していきたい——。その一方で、彼は中国政府に対し、沸騰しそうなほどのチベットの緊張感の原因を考えるよう強く求めた。

「この場をお借りして、中国の指導部にもう一度申し上げたい。チベットに住むチベット人の心からの不満、深い憤りをきちんと認識してください。そして、調和の精神をもってこの問題に現実的に取り組むべく、ぜひとも勇気と知恵を発揮してください(29)」

授章セレモニーは一時間もしないうちに終わった。ダライ・ラマがペロシと手を取り合うようにして議事堂の正面階段に現れると、チベットの長い角笛が一斉に吹き鳴らされた。ダライ・ラマは集まった何千人もの群衆の歓声に応えた。ペロシが群衆に向かい、ロトンダで行われたセレモニーは、北京に向けた意思表明でもあると述べた。「米国は中国に、きわめて明確なメッセージ、きわめて明確なシグナルを送りました。ダライ・ラマ法王を北京に迎え入れ、中身のある対話を実現してほしいということです(30)」

人道と経済的利害

話はサンフランシスコでのチャリティディナーに戻る。ダライ・ラマの勲章受章から二年以上も経っていたが、リチャード・ギアはスピーチでこのことに触れ、「可能性を再確認するような出来事」だったと述べた。ギアのスピーチはあくまで前向きだったが、最後に一つだけ、一部のチベット支援活動家らに見られる態度――私に言わせれば「神頼み」作戦――に危機感を表した。すなわち、中国の政治体制が崩壊してチベットが行政権を獲得し、願わくは香港のような自治が実現しますようにーーと指をクロスさせてひたすら祈るだけという態度である。

「たとえ中国の体制が変化したとしても、やるべきことはたくさんあります」と彼は言う。「そしてまさに今、中国は変わろうとしています。歴史に照らしても、おそらく大きな動きがあるでしょう。そのときにはチベットの人々の立場……そして生活も変わります。そのときにチベットの人々の力が衰えていては元も子もありません。教育が必要です。医療も必要です。チベット難民コミュニティで求められるものすべてが必要です[31]」

つまりギアが示唆したのは、中国の抜本的な体制変化まで辛抱することができれば、亡命チベット人――ひいてはチベット人全体――には現実的な希望が見えてくるということだ。

彼のスピーチより前に、私は別の人物からも同じ意見を聞いた。広い会場内で私の向かいに座った、ヨーロッパ訛りの――どこの国かは判然としないが――英語を話す盛装した中年の紳士である。ちょうどつややかに焼かれたサーモンに舌鼓を打っているとき、私がチベットに関する本を執筆中だということを知った隣席のダニー・ゴールドスタイン――バークリー・セラピー・インスティテュートの心理学者――が、そのヨーロッパ紳士と話してみるよう勧めてくれた。その紳士はオランダからやってきた弁護士のマイケル・C・ファン・ヴァルトで、ダライ・ラマの法律コンサルタントを二十年以上も務める人物だった。一九九〇年代、彼は代表なき国家民族機構（UNPO）の事務局長だった。UNPOとは国連やその他の国際機関に代表を送っていない国や少数民族グループが加盟する権利擁護団体だ。亡命チベット人がUNPOで精力的に活動していることは、私も知っていた。

私はファン・ヴァルトに自己紹介をした。そしてチベット人の自治拡大と言っても簡単ではないでしょうね、と悲観的に尋ねたところ、即座に反論された。ヴァルトは、自身が深くかかわってきた東ティモールの例を持ち出した。ポルトガルの植民地だった東ティモールは、一九七五年に独立を宣言した。しかし、たちまちインドネシア軍がやってきて占領され、翌年にはインドネシアの一つの州として併合されてしまった。東ティモールの人々は自由を求めて戦ったが、インドネシア政府はまったく認めようとしなかった。

だが一九九〇年代後半、インドネシアで予期せぬ災難が立て続けに発生し、突如として混乱状態に陥った。東ティモール独立派の人々は、そのチャンスを逃さなかったのだ。インドネシアを襲った最初の災難は、一九九七年から九八年にかけてアジアを直撃した金融危機だ。インドネシアは東南アジアの中でも最も大きな打撃を受け、独裁的指導者だったスハルト大統領の力は衰えた。さらに大規模な森林火災と干ばつが追い打ちをかけた。スハルト大統領が一九九八年三月の選挙で再選を決めると、デモや暴動が頻発した。そして五月、大統領の退陣表明を受け、副大統領のＢ・Ｊ・ハビビが昇格した。それ以降、東ティモールの独立の是非を問う国民投票の実施を求める米国やポルトガルの圧力は、求心力の弱いこの暫定大統領に向けられた。一九九九年に国連の監視のもとで国民投票が実施され、独立に賛成する意見が圧倒的多数を占めた。二〇〇二年、インドネシアの政治的混乱が続く中、東ティモールの独立宣言は国連に承認された。ヴァルトはこの時期に、発足したての東ティモール政府の顧問として憲法草案のチェックや外務省の設立に尽力したのである。

「東ティモールの例をごらんなさい」とヴァルトは言う。「インドネシアに変化があったとき、彼らの準備はすでに整っていました」。これこそ亡命チベット人が手本にすべき最高のシナリオだと彼は言う。いくら実りがなかろうと、チベット亡命政府は対中交渉をやめるべきではない。しかしその一方で、いざ中国に大変化が起こったときに迅速に動けるよう、戦略を練っておく必要がある――。

チャリティオークションが始まって会場がにぎやかになり、それ以上ヴァルトと話すことはできなかった。私は彼が示唆したことをよくかみしめてみた。

あのベルリンの壁でさえ崩壊したのだ。中国の一党支配体制にひびが入る、あるいはいきなり崩壊するということが想像できないわけではない。書店に行けば、二〇〇一年出版の『迫り来る中国の崩壊《ザ・カミング・コラプス・オブ・チャイナ》』などが並んでいる。だが、しょせん予測は予測にすぎない。「迫り来る」とはいっても、実際にはずっと遠い未来の話かもしれないし、今となっては事情が変わっているかもしれない。

一九八九年に、ソビエト連邦や東欧諸国の共産主義体制があれほど急激に崩壊することを予測した専門家はほとんどいなかった。同じように、中国が過去三十年でこれほど劇的な経済成長を遂げると予測した者もほとんどいない。中国のＧＤＰは世紀の初めには約一兆一千億ドルだったが、十年後には約五兆ドル以上に伸びている。私の北京のオフィスから外を歩く人々の姿を見ていても、成長のすさまじさは実感できた。十年前の携帯電話の使用台数は四千八百万台だったが、十年後には七億三千九百万台に増え、国民の半数以上に普及した(32)。中国がぐんぐん力をつけて欧米諸国に金を貸す立場になったことに対する反感もあるのだろう。中国共産党の最後の日を待ち望む声さえ聞かれるようにもなった。中国が保有する米国債は一兆ドルに近づいていて、米国の将来に多大な影響力を持つ立場になった。中国の快進撃は当分終わらないだろう。

ダライ・ラマへの議会名誉黄金勲章の授章セレモニーは、たしかに感動的な友好ムードに満ちていた。しかしそれは蜃気楼のようにはかないものだった。象徴的なインパクトはあったが、それで米国の政策が変わるとは思えなかった。複雑で多面的な米中関係から見れば、チベットなどいわば些末《さまつ》な問題だ。両国間には、たとえば地球温暖化に対する取り組みなど、両国だけでなく世界中に影響を与えるような重大な課題が山積している。チベットの進む道はさながら過酷な山登りで、行く手にはいくつものクレバスが口を開けている。

その中の一つは、おそらく「ウォルマート・クレバス」というべきものだ。米国の議員たちはダライ・ラマを支援する米国人の良心を応援し、セレブたちもチベットのために声を上げている。しかし大統領官邸が味方するのは、中国に莫大な投資をしている大手の米国企業である。その筆頭に挙げられるのがウォルマートだ。同社は世界最大の小売企業であり、米国の企業番付であるフォーチュン500で何度も一位に輝いている。ウォルマートは製品の約七〇%を中国から輸入している。二〇〇七年の中国からの輸入額はウォルマートだけで三百二十億ドルにのぼった。現在では、米国全体の中国からの輸入額のうち、一〇~一五%を同社が占めている。仮にウォルマートを一つの国と考えると、二〇〇八年の同社の中国からの輸入額は世界第八位に相当し、インドやロシアを上回る。(33)

ウォルマートは供給管理を徹底し、消費者に驚くほどの低価格で商品を提供している。人々はダライ・ラマを尊敬するかもしれないが、やはり働くなら稼げる仕事がいいし、買うなら安い中国製品がいい。要するに、ダライ・ラマよりもウォルマートというわけだ。そうだとすると、政府としては、宗教の自由やチベットの問題よりも、中国との良好な関係の維持を重視するのが当然だろう。亡命チベット人でさえ、中国製品のボイコットには身が入らず、ほとんど無視している状態だ。

チベット支援の活動は、親中派の実業界の声に打ち負かされながらも、少しずつ組織的な力を蓄えてきた。一九八〇年代後半から一九九〇年代初めにかけてのICTの活動は微々たるもので、一九九九年時点でも雇っていたスタッフはわずか十一人だった。しかし二〇〇八年にはスタッフは三十人に増え、ワシントンDCのほかにベルリン、アムステルダム、ブリュッセルにもオフィスを構え、五百三十万ドルもの寄付金を受け取るまでになった。のべ二百万ドルほど提供している大口の寄付者もいる。これだけでワシントンの立派なオフィスを買い上げることもできるだろう。ICTの有能なロビイストは、議員らの決議案作成に協力し、メディアに情報を流し、チベット内部の様子を伝える報告書を次々と発行している。

しかし、全体的なチベット支援活動の動き、そしてチベット高原の状況を見ると、やはりどうしても非現実的な印象が否めない。外国の若い活動家たちが大胆なパフォーマンスを敢行して新聞をにぎわせ、彼らのもとにたっぷり寄付金が届いたという話は聞くが、彼らのパフォーマンスが中国の支配下にあるチベットには何の影響も与えていないという点は無視されている。二〇〇六年六月のある日、私は北京の主要駅でフリーチベット運動の学生たちが何かやるらしいという情報を得た。北京とラサを結ぶ鉄道の開通に合わせて計画された抗議運動だ。私は数人の同僚と連れだって見に行った。すると、二人の欧米人が駅の建物の上に現れて横断幕を広げた。「中国のチベット鉄道　目的は破壊だ」と書いてある。

これを見て私は複雑な気分になった。ブログでこの件を取り上げ、この活動家らがチベット人ではなかった点を指摘した。「横断幕は英語で書かれていた。中国語でもチベット語でもない。その場に居合わせた人たちの中で、横断幕に注目した、そして意味がわかったという者はほとんどいなかった。欧米メディアが取材しなければ、まったく知られずに終わっただろう。彼らが横断幕を広げたことはニュースと言えるだろうか」。そう問題提起をすると、なるほどと思わせる鋭いコメントが寄せられた。「中身のない街頭パフォーマンス。もちろん、人々がなぜこのような無意味なアプローチをするのか、という点を考えるメタストーリーとしては意味があるかもしれないが」[34]。別の読者は、中国にはほかにも破壊されつつある文化がたくさんあるのに、欧米人はチベットにしか目を向けないようだと指摘した。「中国にはチベット人以外にも十三億の人間がいるのだ。もしチベット活動家らが、その他大勢の中国人にも少しは関心を持っているということを示せば、中国人もたまには彼らの活動に注目するかもしれない[35]」

チベットの将来について思いをめぐらせていると、思い出されるのはダライ・ラマの言葉である。彼は中国共産党よりも長生きするつもりだった。もしかすると、その通りになるかもしれない。しかし彼の予言は、そのほかの選択肢がことごとく失敗していることの裏返しでもある。

ハリウッドのセレブがどれほど彼を褒めそやしたところで、中国のチベットへの締めつけが緩むわけではない。チベット人は、中国の政治体制がいつかその根本的な欠陥のために崩壊し、彼らが優位に立つ日を待ち望んでいる。だが、そんなにうまくいくだろうか。それが実現する前に、チベット高原の人々が外国の明るいニュース——たとえば米国大統領がダライ・ラマと会談したなど——を聞いて、彼らに対する強力な支援の証だと勘違いし、街頭で抵抗運動を繰り広げて大弾圧を受ける可能性はないだろうか[36]。

外国ではチベタン・フリーダム・コンサートや街頭パフォーマンス、そのほかチベット人のためのさまざまな活動が行われているが、チベットにいるチベット人はそのことをほとんど知らない。私はチベット人に会ったときには、外国での動きを伝えて感想を聞くようにしている。しかし彼らは満足げにうなずいたり、感謝の気持ちを表したりするものの、詳しいことは何も知らない。私が会ったチベット人で、リチャード・ギアの名前を知っていた人は皆無に等しい。中国風の発音で「リチャ・ジア」を知っているかと尋ねても、困惑した表情が返ってくるだけだ。

チベット人と話していると、彼らの問題意識はただ一点に集約される。ダライ・ラマはいつチベットに戻るのか。今年でしょうか、と訊く者もいる。現実を見れば、中国の指導者がダライ・ラマのチベット帰還を許可することはありそうにない。彼が二度とチベットの土を踏むことなく天国に行ってしまう可能性もあり、法王様を一目拝みたいという敬虔な信者らの願いは叶わないかもしれない。正直にそう答えるべきかもしれないが——私には、彼らの夢を踏みにじる勇気はなかった。

終章

中国の「完全に正しい」政策

欧米諸国がチベット問題について客観的かつ公平な姿勢を確立しないかぎり、中国と協力することは不可能である。

――「人民網」解説(二〇〇九年三月五日)

「反体制は存在しません」

中国政府の報道官の発言を聞くかぎり、中国にインターネット検閲は存在しない。また、平和を愛する人民解放軍が急ピッチで軍備の増強を進めているという事実もない。中国社会は安定していて、もとより民主的で、多民族が共存していて、宗教の自由と社会の調和がすみずみまで行きわたっている。外国政策は実利優先だが、問題の多い隣国の北朝鮮には影響力を行使していない。――いかにもうさんくさい説明だが、一党独裁体制の中国ではこれらが「作られた現実」の一部である。さらに、中国の報道官たちはちょくちょく新たな大風呂敷を広げてみせる。そのあまりの壮大さに、中国慣れしている人たちでさえ、ぎょっとしてニュースにくぎ付けになる。

二〇一〇年初めにもそういうことがあった。痛烈な体制批判で共産党を苛立たせてきた劉暁波に、裁判所が懲役十一年という きわめて重い判決を下したときのことだった。劉には私も何度もインタビューしたことがある。共産党の論理を解き明かす彼の洞察力にはいつも感服させられ、インタビュー後は笑顔になって帰途についたものだ。さすがに高い教育を受けた文学教授、共産党の欺瞞《ぎまん》を暴く分析の切れ味は抜群だ。そして絶妙に風刺が散りばめられていて、聞き手をとりこにしてしまう。彼はふちなし眼鏡をかけ、髪は大抵短く刈っている。ヘビースモーカーで歯が黄色くなっている。私たちが会うときはいつも同じ喫茶店を使ったが、彼は必ずたばこを買ってくれとせがんだ。私は喜んでそれに応じた。話を聞かせてくれるかぎり、たばこは吸い放題というわけだ。

二〇〇八年後半、劉は中国共産党がめぐらせた一線を踏み越えた。彼の行動が党の権力掌握を脅かすものと見なされたのだ。当時彼は、少人数の反体制派グループのリーダーとして、民主化や基本的人権の保障を求めた「08憲章」を起草した。それが公安当局に漏れて逮捕されたのである。インターネット上に公開されたこの憲章は、最終的に数千人もの署名を集めた。密室裁判が行われ、裁判官らは「国家権力の転覆を扇動した」罪で彼に厳しい判決を言いわたした。被告人側は証拠の提出さえ認められなかった。そして二〇一〇年二月十一日、長期の実刑判決が確定したのだ[1]。

同日、外交部報道局の馬朝旭《マ・ジャオシュ》局長――洗練された上品な人物――の記者会見で、劉への判決は中国の反体制派にどんなメッセージを送るか、という質問が飛んだ。すると局長は顔色一つ変えず、ものすごいことを言ってのけた。「中国に反体制派は存在しません」

馬局長のこの発言に対し、実際には無数に存在する反体制派の一人、艾未未が即座に反応した。芸術家やコメンテーターとして有名な彼は、ツイッターを使ってメッセージを発信した[2]。艾いわく、馬局長の発言は多層的な読み取り方ができ、言外には次のような意味が含まれている。

一、反体制派は犯罪者である。
二、反体制的な考え方をするのは犯罪者だけである。
三、犯罪者と非犯罪者の違いは、反体制的な考え方を持っているかどうかの違いである。
四、中国に反体制派が存在すると考える者は、犯罪者である。
五、中国に反体制派が存在しないのは、反体制派の人物はすでに犯罪者だからである。
六、私の意見と異なる考えの人はいませんか？

艾の父親は最も優れた中国現代詩人の一人で、その才能は毛沢東も称賛したというが、やがて党によって西部の荒れ地に追放された。艾自身は現代芸術のパイオニアである。こうしたすべての要素が重なって、艾は公安当局の拘束をまぬかれてきたのだろう〔二〇一〇年一一月に軟禁、二〇一一年六月に保釈〕。また中国では強力なインターネット検閲機能、通称グレート・ファイアウォールによってツイッターへのアクセスが拒否されるため、彼の皮肉な投稿を目にした中国人が少なかったことも幸いした。とはいえ、仮想プライベートネットワークやプロキシサーバーなどの技術を使ってグレート・ファイアウォールを飛び越え、ツイッターやユーチューブなど禁止されたサービスを使っている中国人は何万人もいる。馬局長の発言と、それに対する艾の風刺の効いた反応を見れば、中国が矛盾を抱えていることは明らかだ。それを踏まえると、中国－チベット問題の先行きの予想はいっそう難しくなる。

コーカサス地方や中央アジアの各地で繰り広げられた「色の革命」と呼ばれる独裁政権打倒の動きや、二〇〇八年にチベット、二〇〇九年に新疆で起きた大規模な民族暴動を受けて、中国共産党は抑圧的な政策の強化を進めてきた。その一方で、中国のインターネット人口は最近の四年間でほぼ四倍に拡大し、すでに四億人を超えている。そして一般の人々が驚くほど多様なトピックについて議論するようになった。デリケートなトピックは徹底的な検閲の対象になり、内容が削除されることもある。共産党幹部は、それこそ国家レベルの最高指導者から田舎の役人にいたるまで、インターネット上で人民の感情を把握し、それに対処している。民主的とはとても言えないが、ある意味一般参加型と呼べるシステムが生まれようとしている。

議論の際には、しばしば言葉の使い方に制限がつく。とりわけチベット問題についてはそれが当てはまる。チベットをテーマにした主要な英文雑誌のタイトルは『中国のチベット（China's Tibet）』だ。所有格を用いたこの表現は政府系通信社のニュースなどにも多用されるが、どうも過剰な印象だ。わざわざ米国のフロリダ州、カナダのユーコン州、インドのカルナタカ州などと言うと冗長に聞こえるのと同じである。二〇〇八年にチベットで暴動が発生して以来、共産党は公式な外交方針として、中国を訪問する外国の指導者に、チベットについての見解を口頭で表明することを要求している。党指導者らにとって、相手の本心などどうでもよい。「チベットは中国の不可分の一部です」と言わせることが肝心なのだ——まるで口に出せばそれが事実になるとでもいうように。今や中国の協力を得るためには、このように口頭で証言することが必須条件になっている。ナイキの宣伝キャンペーン「ジャスト・ドゥ・イット」ならぬ「ジャスト・セイ・イット」の外交政策には、高まる自負心と不安という両極端の感情が反映している。

中国は六十年以上にわたってチベットを軍事力で厳しく支配し、何十億ドルもの投資金や助成金をつぎ込んできたが、結局チベットを中国のパッチワークに縫い込むことはできていない。その点は中国の指導者らも自覚している。彼らはチベット人がどうしても中国の支配になじまないことを感じ取り、地理的な戦略地域であるチベットへの中央政府の影響力が弱まることを恐れている。だが、中央政府を悩ませるのはチベット問題だけではない。それ以外にも、さまざまな不平等や政策への不満が原因で毎週のように社会の安定をおびやかすような事件が発生し、党の正当性や政権の掌握力が試されている。ある調査によれば、中国の「大規模な事件」の発生件数は一九九三年の八千七百九件から二〇〇六年には九万件に増加し、その後二〇〇九年まで連続して九万件を上回っている(3)。中国の指導者らは基本的に自信満々の態度を崩さないが、社会の安定やチベットの将来については、ときに不安や苛立ちが見え隠れする――これは現代中国が抱える矛盾の一つである。いちいちチベットは中国の一部ですと外国人に宣言させる政府のやり方には、強迫神経症の患者に通じるものを感じる。大した不安ではないのに、それに取りつかれてしまって自分ではコントロールできないのだ。

執拗な同化政策

チベット人への不信に凝り固まった共産党は、次から次へと新たな攻撃対象を生み出している。最近の例では、ラサの印刷会社やコピーサービス店に、利用客の個人情報の記録を義務づけた。コピーされたチベット語の文書が社会不安を媒介することを恐れたからだ。党はチベット語の文書をまるで爆破装置、あるいは社会の攪乱装置のように見なして、この規則の周知徹底を図っている。『ニューヨーク・タイムズ』の記事に、ラサで印刷店を営む漢族女性の話が出ていた。夫がこの規則の説明会に出席したというこの女性は、「うちの店でチベット語の文書を印刷するお客さんもいます。私たちには読めませんが、違法なパンフレットかもしれないということですよね(4)」と話した。

ただ、党指導部がチベット問題にどれほど不安を感じていようとも、党内の迷いや意見の相違が表に出ることはない。二〇一〇年初め、中国では向こう十年間のチベット戦略を策定するトップレベルのフォーラムが開催された。五回目の開催となったこのフォーラムについて、国営メディアの新華社通信はその施策の妥当性を称賛し、「中国共産党中央委員会の新たな時代のチベット政策は、完全に正しく、国家の状況、チベットの実情、チベットのすべての民族集団の本質的な利益に合致する」と伝えている。(5) 中国が掲げる目標は、チベットを開発し、容赦なく中国に組み入れ、「中国の特色」を強め、「チベットの特長」を弱めることである。このフォーラムで出された結論も、その目標に沿うものだった。

簡潔に言えば、この第五次チベットフォーラムで党の指導者らが決めたのは、いかにチベットに金をつぎ込んで民族暴動のリスクを減らし、国際的な関心をチベットからそらすかということだ。胡錦濤国家主席はこのフォーラムで、チベット政策は「民族の団結、社会の安定、国家の安全、良好な国際環境のために不可欠である」と述べた。(6) 胡の隣には、温家宝首相をはじめとする中央政治局――国家の最高指導部――の八人の常務委員が顔をそろえていた。髪を黒々と染めた（温を除く）この国の重鎮たちは、チベット自治区の「飛躍的な発展」を指示し、また二〇一五年までにチベット人の農民・牧畜民の所得と国民の平均所得との格差を狭め、二〇二〇年までに撤廃するという胡の目標に賛同した。そのためにはチベットの道路・鉄道・空港は「完璧に改善」されなければならない。さらに胡錦濤は、チベット地域の細切れの開発を批判するチベット人への譲歩として、チベット自治区だけでなくチベット人居住エリア全体の政策を連動させることも指示した。

なかなか立派な目標だと思うかもしれない。しかし、あまり注目されていないが、今後数年でチベットを訪れる中国人旅行者を増やすという目標も掲げられている。これまでチベット人は、チベット文化の存続にかかわる政策について発言権が与えられていないことに不満を表明してきたが、それをまったく無視した目標だ。だが、この目標こそ重大な意味を持つかもしれない。観光当局は、チベットへの旅行者を二〇二〇年までに約四倍の二千万人に増やすことを計画している。旅行者を集める主な観光スポットとして七つの景勝地を指定し、新たな開発計画——四川省の省都成都からラサに通じる新鉄道の建設など——も始動している。全長千六百キロメートルのこの鉄道が実現すれば、八千七百万の人口を抱える四川省とラサをあっという間に行き来できるようになる。現状では、ラサを目指す四川省出身の貧しい移住者らは、バスに乗って悪路を三日間も走り続けなければならない。しかし時速二百キロで走る新鉄道が開通すれば、八時間ほどでラサに到着できる。(7)

観光当局のレポートを読んで、私は中国の南側の国々が常々感じているだろう恐怖に思いをめぐらせた。あまりに強大な中国に押され、海に追いやられてしまいそうだ。剛腕で知られるカンボジアのフン・セン首相が、二〇〇七年にこうした不安を表した。彼はこう述べたという。「中国は十三億人の人口を擁する巨大国家だ。もし中国人が一斉に排尿すれば、大洪水が起こるだろう」(8)

新鉄道建設などの開発計画はすでに進行中だ。チベットの人々が、民族の運命が決するのも時間の問題だと危機感を募らせても何の不思議もない。ダライ・ラマはチベットの人々に、悲観的にならないようにと説いている。共産党支配が永久に続くわけではないのだから、と。それも一理あるかもしれない。権威主義的な国家は、ともすれば変化への対応が鈍い。そしてひとたび変化が始まれば、すべてを覆すような劇的な変化になりがちだ。しかし党の指導者らは、そのような末路を断固として回避する決意である。

決意といえば、自らの生活を向上させようとひたすら努力する国民の思いも並大抵ではない。香港を中心とする珠江《チューチュアン》三角州には工場地帯が果てしなく続き、商業地帯は大いににぎわっている。毎年六月には、大学受験生たちの親が張り詰めた面持ちで子供を高考《ガオカオ》――進学先の大学を決定する年に一度の恐ろしい試験――に送り出す。小学生の親たちでさえ同じような顔つきをしている。私の下の娘が通う北京の小学校でもそうだ。よい成績をとらねばならないというプレッシャーはすさまじく、月曜に提出する宿題のために、娘は土曜の朝から大騒ぎしていた。今日の中国に渦巻いているのは、野心、際限なく拡大する欲求、成長を続ける国家に対する誇り、そして公務員の汚職に対する怒りである。

基本的に、私は中国共産党の権威主義が好きにはなれなかった。中国勤務の前にも権威主義的な国に赴任した経験がある。政治的左派の国（キューバ）、右派の国（ピノチェト大統領時代のチリ）の両方で暮らしたが、そのときも強硬な政権に好感は持たなかった。とはいえ、私が会った中国の役人には、きわめて能力の高い人材も多かった。彼らは過去三十年間で、誰にもまねのできない経済成長を達成している。カリフォルニア大学ロサンゼルス校の中国研究者、リチャード・バウム教授の話を思い出す。二〇〇五年の一時期に北京で教壇に立った経験を持つ彼は、共産党の下位の役職では汚職が蔓延しているが、上位の指導者らはきわめて優秀だと言っていた。「いつか中国のトップレベルの指導者二十人と、それに対応する米国の指導者二十人を、それぞれの能力という点で比較してみたい(9)」

三つのシナリオ

中国の、そしてチベットの将来は、右肩上がりの生活水準の向上に慣れた国民を共産党がどこまで満足させ続けられるかという点にかかっている。党の長老たちは、いつまで思い通りのシナリオを描き続けられるのだろうか？　それを見極めるのは至難のわざだ。今や中国の将来予想に挑戦する人はたくさんいるが、最も優秀な中国研究者たちはその難しさを認め、想定できるシナリオをいくつか提示することしかできないと述べている。

二〇〇九年秋のある研究では、各国の中国研究者からなるグループが、二〇二〇年の中国の姿について三つのシナリオを提示した。[10]第一のシナリオは「分裂」と名づけられ、社会的欲求の高まりによって党の正当性が徐々に失われると予測した。経済成長のペースが急激に落ち込み、企業や台頭する市民団体の要求が増大し、中央政府を圧倒する。さらに、大規模な自然災害や国際的な危機が追い打ちをかける可能性がある。党はそれらにうまく対応できず、崩壊が始まるという。

だが、「強い国家」と名づけられた第二のシナリオはまったく違う。このシナリオでは、向こう十年間、党の指導者らは高い経済成長率を守り抜く。党はテクノロジーを駆使して問題の解決や反対意見の抑圧にあたり、強固な支配力を維持し続ける。公共の秩序を守るために、広範なビデオ監視システムが構築される。政府の透明性が向上して汚職は減少し、政府主導の環境浄化キャンペーンは大きな効果を上げる。二〇二〇年の中国は、さらに経済力が増し、党の独裁体制が強化され、一般市民は生活水準の向上に満足しているという。

最後に、第三のシナリオは「部分的な民主主義」と名づけられている。このシナリオでは、党は経済目標の達成や汚職の撲滅に失敗し、ひらかれた政治を実現しないかぎり巨大な権力を維持することはできない。党の指導者らは派閥政治を認めて一党独裁制度に執着するが、能力重視の人材で構成される新たな「権力の中枢」の形成を容認する。二〇二〇年には、党は「抑制と均衡」のシステムを制度化し、政治参加を促進し、中国に対する国際社会の批判に対処していくという。

チベット人にとって悲劇的なのは、中国がどのシナリオをたどるにせよ、ダライ・ラマ十四世はそこで繰り広げられる出来事を遠くから見守ることしかできないということだ。ダライ・ラマは世界中で支持者を増やし、欧米の新聞に取り上げられ、文化面で大きな勢力を味方につけている。しかし中国では強力な検閲システムが機能しているため、彼が一般の中国人とコミュニケーションを取る手段はほとんどないと言ってよい。ダライ・ラマもまた、ほかの外国人たちと同様に、中国国内で起ることを注意深く見守るしかない。彼は中国人に向けて象徴的なメッセージを発することしかできず、それがグレート・ファイアウォールの向こうに届くことは滅多にない。

だが二〇一〇年五月、彼のメッセージが壁を突き抜けた。実現させたのは中国人作家の王力雄《ワン・リーション》。反体制派の漢族の知識人で、最近チベット仏教に改宗した。妻は有名なチベット人ブロガーのツェリン・オーセルだ。王は、ツイッターを利用してダライ・ラマと中国のインターネットユーザーが検閲を受けずに対話する方法を考えついた。本来なら一般の中国人が国の指導者の問題について語ることなど考えられない。王のアイデアの斬新さは際立っていた。王は自身のツイッターアカウントを利用して、ダライ・ラマが一時間にわたって質問に答える機会を提供した。ツイッター対話の四日前に、王は中国のツイッターユーザーにダライ・ラマへの質問を投稿するよう呼びかけた。そして集まった二百八十二件の質問の中から、約一万二千人の投票によって――これもまたインターネット上のツールを使って――最も人気のある質問をいくつか決定した。いよいよツイッター対話が始まった。ダライ・ラマは訪問先の米国で、これらの質問に答えていった。

ネットユーザーの人気を集めた質問はどれも真剣なもので、内容は多岐にわたっていた。ダライ・

ラマはチベットに駐留する中国軍についてどう考えているのか。チベットにどのような政治形態を実現したいのか。もしチベット人の発言権が増した場合、チベットに漢族が住むことを許すのか。ダライ・ラマの死後も闘争は続くのか――。合計で十の質問が提示され、ダライ・ラマはそれらにすべて回答した。その内容は、彼がそれまでに公の場で発言してきたことを踏襲するものだった。

チベットに駐留する中国軍についての質問に、ダライ・ラマはこう答えた。かつて彼はチベットを軍隊の存在しない「平和地帯」にするよう求めたことがある。「しかし、これは遠すぎる理想というものです。実際、世界全体がこういうたぐいの理想を抱いています。本当は何も心配することはありません」。チベットの将来の政治形態に関する質問には、チベットに住むチベット人が決定すべきだと明快に答えた。そのうえで、亡命チベット人のコミュニティでは「すでに社会に民主主義が実現しています」と答えた。

またチベットへの漢族の流入については、すでにチベット高原の一部では漢族人口の増加によってチベット人の文化が危機にさらされていると述べ、過剰な漢族の流入は認めるべきではないと示唆した。「問題は、チベットが内蒙古自治区のようになってしまうのかということです。今や内蒙古自治区ではモンゴル族が少数派です。もしチベット人もそうなるとしたら、自治の重要性が失われてしまいます」

ある質問の回答に、ダライ・ラマはかなりの文字数を費やした。質問者は、漢族の中国人もまた、チベット人を苦しめているのと同じ独裁的支配の犠牲者だと指摘した。「この問題についてどのようにお考えですか?　漢族とチベット族がよい関係を維持する方法がありますか?」　ダライ・ラマは答えた。互いに不信感や疑念を抱いているのは漢族とチベット族だけではない。世界中で見られる問題であり、その解決策は対話しかない。平等な立場で意思の疎通を図ることができれば、多くの問題は解決するはずだ。「中国本土の人々と会うといつも思うのですが、彼らはきわめて誠実で、コミュニケーションをとるのに何の障壁もありません」(11)

しかし、ダライ・ラマと大多数の中国人との間には巨大な障壁が存在する。圧倒的多数の中国人は、「ダライ・ラマは救いがたい分裂主義者で、チベットを専制的な神政主義の時代に戻そうとしている」という作られたイメージを信じ込んでいる。向こう十年間で中国がどの方向に進むにせよ、ダライ・ラマが晩年にさしかかっている今、彼が一般の中国人と直接対話できる道は整いそうもない。チベット高原に流入する漢族はますます増加している。チベットが、多数派の漢族に組み込まれてしまった地域——内蒙古自治区など——と同じ道をたどることは、ほとんど避けられなさそうだ。レースは終わりに近づいている。共産党の「完全に正しい」政策は粛々と進められ、天気予報の「青空の日」はますます増えるだろう。だが、本当に空は青いのか——それはまだわからない。

謝辞

本書を執筆するきっかけになったのは、二〇〇七年初めのチベット旅行である。二人のジャーナリスト仲間と旅したあの日々は忘れられない。それ以来、数え切れないほどの人々が私に力を貸してくださった。チベットの状況について助言をくださった人、私が研究を続けられるよう尽力してくださった人。安全上の理由から名前を挙げることはできないが、協力していただいた中国とチベットの人々には心から感謝している。マクラッチー・ニュースペーパーズの編集者たちは、私の興味にとことん付き合ってくれた。そして、チベット難民の取材のためにチベット高原やネパールに行きたいという私に、何度も出張許可を出してくれた。本書に書かれた見解について、また本書に含まれる誤りについて、当然のことながら難民の人々にまったく責任はない。取材協力者の人々についても同様である。

中国駐在中には、カリフォルニア大学ロサンゼルス校の中国研究者、リチャード・バウム教授が運営するC－Polのメーリングリストに参加し、そこで交わされる刺激的な討論に多大な影響を受けた。このメーリングリストでは、何百人もの優秀な中国の人々の意見や分析に触れることができた。ブリティッシュ・コロンビア大学のツェリン・シャキャ氏、コロンビア大学のロバート・バーネット氏など、多くの研究者の方々に直接的に指導していただいた。また、中国の少数民族政策に関する意見をくださったヒューマン・ライツ・ウォッチのニコラス・ベケリン氏にも感謝したい。

インターナショナル・キャンペーン・フォー・チベットには、ケイト・ソーンダーズ氏というすばらしい広報責任者がいた。彼女はダラムサラやワシントンで私の際限のない要求をかなえるために尽力し、二〇〇九年七月初めのダライ・ラマとのインタビューも手配してくださった。ダラムサラでは、ダライ・ラマ個人事務所のテンジン・タクラ氏とチメ・R・チョエキャパ氏、そしてダライ・ラマの長年の支援者であるジェレミー・ラッセル氏にも大変お世話になった。

こうしたつながりから友情が生まれることも多々あった。たとえば中国から追放されたデチェン・ペンパ氏。ネパールのクンブ地方で山歩きのガイド役を務め、後に若い亡命チベット人をたくさん紹介してくださったテンジン・チョペル氏。そしてマシュー・アケスター氏には、最初はネパール、その後はダラムサラで、チベットについての見解を聞かせていただいた。北京では有名なチベット人ブロガーのツェリン・オーセル氏に何度かお会いし、夫の王力雄氏とも一度お会いした。北京のジャーナリスト仲間とは家族ぐるみで貴重な時間を過ごし、大いに励ましていただいた。ジャスパー・ベッカー氏、ジョナサン・ワッツ氏、リチャード・マクレガー氏、バーバラ・デミック氏、ピーター・フォード氏、イーディス・コロン氏、フランソワ・ブーゴン氏、そしてロンドンのミック・ブラウン氏（電子メールで知り合った）にも感謝したい。サイモン・エレガント氏、メアリー・ケイ・マギスタッド氏にも、本書の重要な部分で有益な助言をいただいた。私の最も古くからの友人の一人、ジョン・オーティス氏は、この本の企画を練る段階で——彼自身も南アフリカを題材にした本の執筆で多忙だったにもかかわらず——きわめて忍耐強く私を導いてくださった。また洞察力に富んだ修正や提案をしてくださった、才能ある作家のデビッド・ワイズバーグ氏にも深く感謝したい。十代のころから続く私たちの友情は、このプロジェクトを通してさらに深まった。

私のエージェント、スターリング・ロード・リテリスティックのロバート・ギンスラー氏にも多大なご協力をいただいた。そして、ネーション・ブックスのエディトリアル・ディレクター、カール・ブロムレー氏と仕事ができたことは大変光栄だった。コピーエディターのベス・ライト氏は、五つの目で原稿をチェックしてくださった。また、ペルセウス・ブックス・グループのプロジェクトエディター、サンドラ・ベリス氏のおかげで最終稿が仕上がり、印刷までこぎ着けることができた。

最後に、今回の仕事では妻のターニャに大いに助けられた。チベットについてとめどなく話し続ける私に、いつも耳を傾けてくれた。また、一つ一つの章を丹念に読んで、いくつもの有益なアドバイスをしてくれた。彼女と話すことでアイデアがひらめくこともあったし、思考が整理されることもあった。私のひいき目が入ることを承知で書かせてもらえば、彼女の慈悲の心と明るさはダライ・ラマにも匹敵する。そして二人の娘、ミシェルとソフィアには、父親のいない週末を何度も我慢してもらった。私の家族は、みな中国の影響を強く受けている。思い返せば、約一世紀前に上海に向かった母方の祖父母も、中国で人生を形作ったのだった。アジアに魅せられた家族の歴史はこれからも続く。

僧たちの一部は行動に駆り立てられ，受章記念の旗を掲げた．中国の警察は彼らを逮捕し，寺を一週間以上閉鎖した．See "Lhasa Monks Held, Questioned After Dalai Lama's Medal," Radio Free Asia, Oct. 29, 2007, www.rfa.org/english/news/politics/tibetan_monks-20071029.html. これらの逮捕への不満は 2008 年 5 月のチベット全土における蜂起の誘因の一つとなった．蜂起はさらに多くの逮捕者を生み，デプン寺の逮捕者の中には懲役 15 年以上の罰を科せられた者もいる．

終章　中国の「完全に正しい」政策

1. 本書が印刷に近づいているとき，劉暁波はノーベル平和賞を受賞した．選考委員会は「中国において基本的人権を求める彼の長期にわたる非暴力の闘い」を称賛したが，中国政府は，劉は有罪判決を受けた犯罪者であると述べ，「平和賞を冒涜した」賞に値すると表明した．
2. 艾未未のツイート（中国語），2010 年 2 月 11 日，twitter.com/aiww/statuses/8962515702.
3. これらの数値は 2009 年 12 月 26 日に中国弁護士協会においてユー・ジャンロンが示したもの．ユーは中国社会科学学会の農村開発研究所社会問題研究センターの議長．翻訳の一部が以下に掲載．chinadigitaltimes.net/2010/03/yu-jianrongmaintaining-a-baseline-of-social-stability-part-i/〔2010 年 6 月 9 日アクセス〕．
4. Sharon LaFraniere, "China Aims to Stifle Tibet's Photocopiers," *New York Times*, May 20, 2010, www.nytimes.com/2010/05/21/world/asia/21tibet.html.
5. "China to Achieve Fast-Paced Development, Lasting Stability in Tibet," Xinhua News Agency, Jan. 23, 2010, news.xinhuanet.com/english/2010-01/23/content_12859870.htm.
6. 同上．
7. "Sichuan-Tibet Railway to Start Construction in Sept," *China Daily*, Sep. 1, 2009, www.chinadaily.com.cn/china/2009-09/01/content_8641571.htm.
8. "Downstream from China," *Travellers' Tales—The FEER Blog*, *Far Eastern Economic Review*, Feb. 24, 2007, feer.wsj.com/tales/?p=429.
9. リチャード・バウムへのインタビュー，2005 年 11 月 29 日．
10. 報告書 *China 2020* は以下でダウンロード可能．cgascenarios.wordpress.com/china/.
11. 元プリンストン大学教授で最近はカリフォルニア大学で中国文学を教えているペリー・リンクによる英訳文を使用．彼は 1989 年の民主化運動への共産党の対応について記した *Tiananmen Papers* の共同執筆者．ダライ・ラマとのツイッターでの質疑応答を 2010 年 5 月 24 日，*New York Review of Books* にて発表した．"Talking About Tibet: An Open Dialogue Between Chinese Citizens and the Dalai Lama," www.nybooks.com/blogs/nyrblog/2010/may/24/talking-about-tibet/.

13. Dan Washburn, "Oasis: China Cancelled Gigs Due to Band's Tibet Ties," *shanghaiist* blog, Mar. 3, 2009, shanghaiist.com/2009/03/03/oasis_china_canceled_gigs_due_to_ba.php.
14. "The Dalai Lama Lip Jiggle," *Memphis Flyer*, Sep. 23, 2009, www.memphisflyer.com/TheDailyBuzz/archives/2009/09/23/the-dalai-lama-lip-jiggle.
15. Myron Lowery, "Commentary: Why Fist-Bumped the Dalai Lama," *CNN.com*, Sep. 24, 2009, edition.cnn.com/2009/POLITICS/09/24/lowery.fist.bump.
16. Pico Iyer, "Making Kindness Stand to Reason," 1998 essay, republished in *Understanding the Dalai Lama*, ed. Rajiv Mehrotra (New York: Viking, 2004), 62.
17. Nancy Stohs, "Dalai Lama Digs into Veal, Pheasant," *Milwaukee Journal-Sentinel*, May 15, 2007, http://news.google.com/newspapers?nid=1683&dat=20070515&id=uHY0AAAAIBAJ&sjid=m44EAAAAIBAJ&pg=5555,3395404
18. Norm Phelps, "An Open Letter to the Dalai Lama," June 15, 2007, www.allcreatures.org/letters/20070615-np.html.
19. Dennis Conkin, "Dalai Lama Urges 'Respect, Compassion and Full Human Rights for All,' Including Gays," *Bay Area Reporter*, June 19, 1997.
20. ロディ・ギャリへのインタビュー，ワシントン D.C.，2008 年 12 月 30 日.
21. 同上.
22. Gwen Ifill, "Lawmakers Cheer Tibetan in Capitol Rotunda," *New York Times*, Apr. 19, 1991.
23. ロディ・ギャリへのインタビュー.
24. "Dalai Lama and Bush Meet 'Like Old Friends,'" *CNN.com*, May 21, 2001, edition.cnn.com/2001/WORLD/asiapcf/east/05/23/dalai.bush.02/.
25. Laura Bush, *Spoken from the Heart* (New York: Scribner, 2010), 359.
26. "U.S. Congressional Gold Medal Ceremony," DVD, International Campaign for Tibet and Garthwait & Griffin Films, 2008.
27. 同上.
28. 同上.
29. 同上.
30. 同上.
31. ギア，米国ヒマラヤ財団チャリティディナー.
32. "Mobile Phone Penetration Rate Reaches 54.3%," *People's Daily Online*, Dec. 29, 2009, english.people.com.cn/90001/90778/90860/6855171.html.
33. *US-China Trade Statistics and China's World Trade Statistics*, US-China Business Council, 2008.
34. Tim Johnson, "The News Media and Tibet," *China Rises* blog, June 30, 2006, washingtonbureau.typepad.com/china/2006/06/the_news_media_.html.
35. 中国南部に拠点を置きブログ *Mutant Palm* で発信しているデイブ・ライオンズによる著者のブログへの投稿，2006 年 7 月 2 日. ライオンズは私のブログに頻繁にコメントしている. 後に彼は，将来の研究者のために，重要だが削除されかねないインターネット上のコンテンツ（検閲で削除されたものを含む）を集めたデジタル図書館をつくるプロジェクトを開始した.
36. 2007 年 10 月 16 日，ダライ・ラマの議会名誉黄金勲章受章の知らせを聞いたラサ近郊デプン寺の

connect2canada.com/connect-lien/podcast-balado/?storyId=28007.
18. Nagaraja and Anderson, *The Snooping Dragon*, 7.
19. 同上. , 3.
20. Vito Pilieci, "The GhostNet Buster," *Ottawa Citizen*, Apr. 25, 2009.
21. "Cybersecurity and GhostNet."
22. Nagaraja and Anderson, *The Snooping Dragon*, 3.
23. 秦剛, 記者会見, 北京, 2009 年 3 月 31 日.
24. Georges Dreyfus, "The Shuk-den Affair: Origins of a Controversy," *Journal of the International Association of Buddhist Studies* 21, no. 2 (1998). 記事は修正されたデジタル版がある. www.dalailama.com/messages/dolgyal-shugden/ganden-tripa/the-shugden-affair-i.
25. "Interpol Alert Against Killers of Dalai Lama's Aide," *Press Trust of India*, Jun. 17, 2007, www.indianexpress.com/story_print.php?storyId=33892.
26. "The Dalai Lama's Demons," video, *France 24*, Aug. 8, 2008, www.france24.com/en/20080808-dalai-lama-demons-india-buddhism-dorje-shugden.
27. His Holiness the Dalai Lama in *People & Power* video, *Al Jazeera English*, Sep. 30, 2008.
28. "Writ Petition Under Article 226 of the Constitution of India," ドルジ・シュクデン信者慈善信仰協会によりデリー高等裁判所に提出, 2008 年 4 月 8 日.
29. "The Tibetan Situation Today: Surprising Hidden News," Western Shugden Society, 2008, media.westernshugdensociety.net/Tibetan_Situation_Today.pdf.

第 13 章　ハリウッド対ウォルマート

1. Adam Yauch interview, *Dreams of Tibet*, PBS *Frontline Online*, 1999, www.pbs.org/wgbh/pages/frontline/shows/tibet/interviews/.
2. リチャード・ギア, 米国ヒマラヤ財団のチャリティディナーでのスピーチ, 2009 年 12 月 8 日.
3. Tiffany Rose, "Richard Gere: Don't Call Me Babe," *Independent* (London), Feb. 18, 2005.
4. Melvin McLeod, "Richard Gere: My Journey as a Buddhist," *Shambhala Sun*, May 1999, www.shambhalasun.com/index.php?option=com_content&task=view&id=1882〔2009 年 12 月 21 日アクセス〕.
5. 同上.
6. ギア, 米国ヒマラヤ財団チャリティディナー.
7. 同上.
8. ギア財団のモリー・ロドリゲスからの E メール, 2009 年 10 月 3 日.
9. "Sharon Stone's Cold-Blooded Speech About China earthquake," YouTube video, www.youtube.com/watch?v=DYoZEn9vlzE.
10. Clifford Coonan, "Dior Drops Sharon Stone After Quake Comments," *Independent*, May 30, 2008. 新華社によるオリジナルの記事はインターネットから消えているが, ストーンに対するこの表現は *Guardian*, *Times of London*, *New York Times* など多くの記事で引用された.
11. Cathy Horyn, "Actress Stone and Dior Differ Over Apology," *New York Times*, June 1, 2008, www.nytimes.com/2008/06/01/fashion/01stone.html.
12. "Bjork's 'Tibet' Show to Be Probed," Xinhua News Agency, Mar. 8, 2008, www.china.org.cn/entertainment/2008-03/08/content_11961803.htm.

での講演「倫理と啓発されたリーダーシップ」より．最後の引用は 2009 年 5 月 5 日，ニューヨークでの海外在住中国人との会合．
30. ダライ・ラマ，演説，「瞑想と心理療法」カンファレンス．
31. David Pilling, "Lunch with the FT: Ai Weiwei," *Financial Times*, Apr. 23, 2010, www.ft.com/intl/cms/s/2/f04810fc-4e62-11df-b48d-00144feab49a.html.

第 12 章　ダライ・ラマを妨げるもの

1. UCLA 仏教研究センターのサイトを参照．www.international.ucla.edu/buddhist/about/.
2. Sam Blakeslee, "The Journey," *New Times* (San Luis Obispo, CA), 1998.
3. 高戦生総領事がロサンゼルスから来た民主党下院議員ヘクター・デ・ラ・トーラに送った文書のコピーから．
4. 手紙のコピーはサクラメントのブレークスリー議員事務所から入手．ブレークスリーは 2009 年 3 月に彼のサイトに掲載したニュースレターでこの件について記した．www.arc.asm.ca.gov/member/33/newsletter/09_03_22.htm〔2010 年 7 月 14 日アクセス〕．
5. "London School Regrets Honoring Dalai Lama," *China Daily*, July 8, 2008, www.chinadaily.com.cn/china/2008-07/08/content_6826398.htm.
6. Office of Tibet, London, "University Did Not Say Sorry to China for Degree," *Phayul.com*, July 11, 2008, www.phayul.com/news/article.aspx?id=21921.
7. "University Cancels Dalai Lama's Degree," *ABC News Online*, Aug. 11, 2009, abc.gov.au/news/stories/2009/08/11/2652886.htm?section=australia.
8. "The Dalai Lama's Message to the 5th International Conference of Tibet Support Group," *Phayul.com*, May 11, 2007, phayul.com/news/article.aspx?id=16505.
9. "Brussels Stunned as Beijing Cancels EU-China Summit," *Euroactiv.com*, Apr. 16, 2009, www.euractiv.com/en/foreign-affairs/brussels-stunned-beijing-cancelseu-china-summit/article-177550.
10. "Golden Girl Lifts a Nation," *China Daily*, Apr. 14, 2008.
11. Ben English, "Chinese Rent-a-Crowd 'Inflamed' Olympic Torch Tensions," *Daily Telegraph* (Sydney), Apr. 25, 2008, www.dailytelegraph.com.au/news/nsw-act/rent-a-crowd-inflamed-torch/story-e6freuzi-1111116157886.
12. オーストラリア議会代表団，記者会見，ダラムサラ，2009 年 7 月 3 日．
13. Isabel Hilton, "Dissolution of Paradise: The Options for Tibetan Refugees Are Narrowing as China Flexes Its Muscles in Landlocked Nepal,", *Guardian* (London), Sep. 9, 2009, www.guardian.co.uk/commentisfree/2009/sep/09/tibetan-refugees-in-nepal.
14. "Police Prevent Tibet Photo Exhibition," *bdnews24.com*, Nov. 1, 2009, bdnews24.com/details.php?id=146052.
15. "Dalai Lama Ban Halts Conference," BBC News, Mar. 24, 2009, news.bbc.co.uk/2/hi/africa/7960968.stm.
16. Shishir Nagaraja and Ross Anderson, *The Snooping Dragon: Social-Malware Surveillance of the Tibetan Movement*, University of Cambridge Computer Laboratory technical report, March 2009, 5, www.cl.cam.ac.uk/techreports/UCAM-CL-TR-746.pdf.
17. "Cybersecurity and GhostNet," podcast, *Connect2canada.com*, June 18, 2009, www.

6. Matthieu Ricard, "Compassion in Practice," in *Understanding the Dalai Lama*, ed. Rajiv Mehrotra (New Delhi: Penguin Books India, 2004), 81.
7. ダライ・ラマ,「私たちの時代の倫理」講演, カリフォルニア大学, サンタバーバラ, 2009 年 4 月 24 日.
8. ダライ・ラマ, 朝の講演「心の本質」の質疑応答, カリフォルニア大学, サンタバーバラ, 2009 年 4 月 24 日.
9. リチャード・ブルム, 演説, グリークシアター, カリフォルニア大学, バークレー, 2009 年 4 月 25 日.
10. ダライ・ラマ,「慈悲を通じた平和」講演, グリークシアター, カリフォルニア大学, バークレー, 2009 年 4 月 25 日.
11. ナザリオはこのことを 2009 年 4 月 26 日の朝食時に, 貧困と闘う非営利組織ザ・フォゴットン・インターナショナルで話した. ダライ・ラマもこれについて数百人の支持者を集めたその後のイベントで話した.
12. ダライ・ラマ, ザ・フォゴットン・インターナショナルでのスピーチ, サンフランシスコ, 2009 年 4 月 26 日.
13. ダライ・ラマ, 講演, 2009 年 4 月 25 日.
14. テンジン・タクラへのインタビュー, 2009 年 6 月 26 日.
15. ダライ・ラマ,「心の教育」講演, ハーバード大学メモリアルチャーチ, 2009 年 4 月 30 日.
16. ダライ・ラマ,「瞑想と心理療法——慈悲と叡智を育む」講演, ハーバード・メディカルスクール・カンファレンス, ボストン, 2009 年 5 月 1 日.
17. ダライ・ラマ,「叡智について」セッション, 2009 年 5 月 1 日.
18. ダライ・ラマ,「慈悲について」セッション, 2009 年 5 月 1 日.
19. His Holiness the Dalai Lama, *My Land and My People* (1962; reprint, New York: Warner Books, 1997), 33.
20. Heinrich Harrer, *Seven Years in Tibet* (1953; reprint, London: HarperCollins, 2005), 252–253.
21. Daniel Goleman, "Inside the Mind of the Dalai Lama," *Bigthink.com*, bigthink.com/ideas/14680.
22. William J. Cromie, "Meditation changes temperatures: Mind controls body in extreme experiments," *Harvard University Gazette*, Apr. 18, 2002, www.news.harvard.edu/gazette/2002/04.18/09-tummo.html.
23. "Dalai Lama Visits LA, Speaks at Universal," *KTLA.com*, Feb. 22, 2010, www.ktla.com/news/landing/ktla-dalai-lama,0,4903728.story (accessed Mar. 3, 2010).
24. ダライ・ラマ, 講演, 2009 年 4 月 24 日.
25. 卒業生へのインタビュー, ウォルドルフ・アストリア・ホテル, ニューヨーク, 2009 年 5 月 5 日.
26. Evan Osnos, "Angry Youth: The New Generation's Neocon Nationalists," *New Yorker*, July 28, 2008.
27. ダライ・ラマ, 中国人教授, 学生, 反対者との会合, ウォルドルフ・アストリア・ホテル, ニューヨーク, 2009 年 5 月 5 日.
28. 同上.
29. ダライ・ラマは 2009 年 4 月 26 日, サンフランシスコのザ・フォゴットン・インターナショナルにおいて, 中国共産党が共産主義イデオロギーを失っていることについて述べた. 中国の指導者の「科学発展」への盲信については 2009 年 4 月 30 日, マサチューセッツ工科大学倫理と変容価値センター

11. TCHRD, *Monk Suicides on the Rise in Buddhist Tibet*, report submitted to the U.N. Special Rapporteur on the Freedom of Religion or Belief, June 7, 2009, www.tchrd.org/press/2009/pr20090607.html.
12. Congressional-Executive Commission on China, *Special Topic Paper: Tibet 2008–2009*, Oct. 22, 2009, 77.
13. 中国のイスラム教徒の数の推計値は増え続けている. 宗教と国民生活に関するピュー・フォーラムは, 2009 年の世界におけるムスリム人口についての報告において, 中国のムスリム人口を 2,160 万人と推計している. See Pew Forum on Religion and Public Life, *Mapping the Global Muslim Population: A Report on the Size and Distribution of the World's Muslim Population*, Oct. 1, 2009, pewforum.org/docs/?DocID=451.
14. Daniel H. Bays, "Chinese Protestant Christianity Today," in Overmyer, ed., *Religion in China Today*, 182.
15. カール・アンド・シューフラー紙, イェール大学図書館蔵.
16. 延平会議報告, 福建省メソジスト・エピスコパル教会, メソジスト教会伝道会刊, 1922 ～ 1924 年.
17. 毛沢東, 中国人民政治協商会議開会式での冒頭挨拶, 1949 年 9 月 21 日, www.international.ucla.edu/eas/documents/mao490921.htm.
18. 孫牧師へのインタビュー, 2006 年 11 月 27 日.
19. 同上.
20. スー・バイシンへのインタビュー, 2006 年 11 月 27 日.
21. ウェイピン・ショウへのインタビュー, 2006 年 11 月 27 日.
22. 鄭建平へのインタビュー, 2006 年 11 月 28 日.
23. シュ・チアシェンへのインタビュー, 2006 年 11 月 28 日.
24. 何光滬へのインタビュー, 中国人民大学, 北京, 2006 年 12 月.
25. 同上.
26. "China Highlights Role of Buddhism in Promoting Social Harmony," Xinhua News Agency, May 10, 2006, au.china-embassy.org/eng/xw/t251589.htm.
27. Benjamin Kang Lim, "China Hopes Buddhist Forum Will Counter 'Threat' Theory," Reuters, Mar. 27, 2006, www.buddhistchannel.tv/index.php?id=46,2484,0,0,1,0.
28. 何光滬へのインタビュー.

第 11 章 「ただの僧侶」

1. "Dignitaries Met: 2005–2010," *Dalailama.com*, www.dalailama.com/biography/dignitaries-met.
2. Deborah Solomon, "The Priest: Questions for Archbishop Desmond Tutu," *New York Times Sunday Magazine*, Mar. 7, 2010, www.nytimes.com/2010/03/07/magazine/07fob-q4-t.html.
3. ダライ・ラマ, 日本外国特派員協会での記者会見, 東京, 2008 年 11 月 3 日.
4. Joseph Kahn, "Murdoch's Dealings in China: It's Business, and It's Personal," *New York Times*, Jun. 26, 2007, www.nytimes.com/2007/06/26/world/asia/26murdoch.html.
5. アイヤーは 2009 年 5 月 3 日のタウンミーティングで,「危機的時代における叡智と慈悲」と題するスピーチを行った. www.dalailama.com/webcasts/post/47-wisdom--compassion-for-challenging-times.

15. "Issues Facing Chinese-Occupied Tibet," TGIE Department of Information and International Relations fact sheet, 2008.
16. Wang Wenchang, "Rural Management: The Way Out for Tibetan Rural Areas," *China Tibetology* 1, 2008.
17. ジャムヤン・チーのブログ記事「彼ら」. チベット語で書かれ英訳が以下に掲載. *High Peaks Pure Earth* blog, Nov. 10, 2008, www.highpeakspureearth.com/2008/11/they-by-jamyang-kyi.html
18. 同上.
19. 同上.
20. オレゴン州選出共和党上院議員ゴードン・スミス, マサチューセッツ州選出民主党上院議員ジョン・ケリー, ウィスコンシン州選出民主党上院議員ラッセル・ファインゴールドによる, 国務長官コンドリーザ・ライスへの意見書, 2008 年 5 月 21 日. ほぼ同時にジャムヤン・チーは釈放された. 意見書の中で彼らは, このチベット人歌手が歌詞と曲において「中国のチベット統治に反対すると解釈される内容を避ける」ことを考えていたと述べている. www.tibet.net/en/flash/2008/0608/06A0608.html.
21. ジャムヤン・チーへのインタビュー, 2009 年 10 月 14 日.
22. 同上.
23. 同上.
24. 同上.

第 10 章　宗教を求める

1. ロンドンに拠点を置くフリー・チベット・キャンペーンは殺害されたチベット人の写真を公表し, 中国の警察がアバにおいて致死力を用いたと述べた. 少なくとも 13 人のチベット人の殺害が目撃されたという. www.freetibet.org/newsmedia/pictures-dead-kirti-monastery.
2. ロイターによる当初のレポートは "Tibetan Monk Sets Himself on Fire—Activist Group" (Feb. 27, 2009, uk.reuters.com/article/idUKPEK233080. ここでは僧は死亡したと報じられたが後の報道では確認されなかった.
3. 台湾人の尼僧へのインタビュー, 2009 年 10 月 12 日.
4. Liu Peng, "A Crisis of Faith," *China Security* 4, no. 4 (Autumn 2008): 26.
5. Raoul Birnbaum, "Buddhist China at the Century's Turn," in *Religion in China Today*, ed. Daniel L. Overmyer, China Quarterly Special Issues no. 3 (New York: Cambridge University Press, 2003), 142.
6. Maureen Fan, "In China, a Different Brand of Buddhism," *Washington Post*, Feb. 19, 2009, A19.
7. 台湾人の尼僧へのインタビュー.
8. Tibetan Centre for Human Rights and Democracy (TCHRD), "Destruction of Serthar Institute: A Special Report," 2002, www.tchrd.org/publications/topical_reports/destruction_of_serthar-2002.
9. ダワへのインタビュー, 2009 年 10 月 13 日.
10. TCHRD, "Two Monks Commit Suicide in Amdo Ngaba," *Phayul.com*, Apr. 4, 2008, www.phayul.com/news/article.aspx?id=20319.

CN-H09–06–321–00/V. 標準中国語の記録はマクラッチー北京支社のアシスタントによる.

14. Robert Barnett, "Historical Introduction," in *A Poisoned Arrow: The Secret Report of the Tenth Panchen Lama* (London: Tibet Information Network, 1997), xiii.
15. Nicholas D. Kristof, "The Panchen Lama is dead at 50; Key figure in China's Tibet policy," *New York Times*, Jan. 30, 1989, nytimes.com/1989/01/30/obituaries/the-panchen-lama-is-dead-at-50-key-figure-in-china-s-tibet-policy.html.
16. Gyatso, *Panchen Lama*, 142.
17. Dawa Norbu, "Preface," in A *Poisoned Arrow*, xxvi.
18. レンジへのインタビュー, 2009 年 5 月 21 日.

第 9 章　戸口のオオカミ

1. Leo Lewis, "Tibetan Mastiff Is 'Most Expensive' Dog After £352,000 Sale in China," *Times Online*, Sep. 11, 2009. timesonline.co.uk/tol/news/world/asia/article6828862.ece.
2. この歌詞は, 実名公表が大学での研究に及ぼす影響を恐れる北京の友人の未発表論文から得た.
3. 同上.
4. Daniel J. Miller, "The World of Tibetan Nomads," 2007, 以下の未出版物の中の一章. Drokpa: Nomads of the Tibetan Plateau and Himalaya, www.scribd.com/doc/16359460/The-World-of-Tibetan-Nomads.
5. Sudha Ramachandran, "Yarchagumba! It's Caterpillar Cocktail Time," *Asia Times Online*, July 26, 2008, www.atimes.com/atimes/South_Asia/JG26Df02.html.
6. Jiang Rong, *Wolf Totem* (New York: Penguin, 2008), 476.
7. "Tibetans Burn Wild Animal Skins in Tibet to Encourage Wildlife Preservation," International Campaign for Tibet, Feb. 14, 2006, www.dalailama.com/news/post/22-tibetans-burn-wild-animal-skins-in-tibet-to-encourage-wildlife-preservation
8. "Tibetan Broadcasters Ordered to Wear Fur," Radio Free Asia, Apr. 29, 2006, newsblaze.com/story/20060429212925nnnn.nb/topstory.html.
9. "Resettlement Policies Threaten the Survival of Tibetan Nomads," Free Tibet, freetibet.org/about/nomadic-lifestyle-under-threat.
10. U.S. State Department, 2008 Country Report on Human Rights Practices in China, Tibet, Macau and Hong Kong, www.state.gov/g/drl/rls/hrrpt/2008/eap/119037.htm.
11. 同上.
12. Jonathan Fenby, *The Penguin History of Modern China: The Fall and Rise of a Great Power 1850–2009* (London: Penguin, 2008), 396.
13. "All Tibet's Farmers, Herdsmen to Move in Affordable Housing by 2010," Xinhua News Agency, Dec. 1, 2009, chinatibet.people.com.cn/6829088.html.
14. 四川省に関する通信社の報告書はインターネット上から削除されたようだが, 報告書について記したロイターの記事がある. "China Sets Plan to Settle 470,000 Tibetan Herders," Oct. 11, 2008, www.reuters.com/article/latestCrisis/idUSSHA149502. また青海省の遊牧民に関する新華社の話についてのフランス通信社による以下の記事も参照. "100,000 Tibetan Nomads Ordered to Settle in Towns," Oct. 1, 2007, afp.google.com/article/ALeqM5guapJRda-NSrCy_q7Qn3W4ONf0yg.

intervention-on-karmapa-issue/〔2010 年 2 月 16 日アクセス〕.

25. David Van Biema, Patrick E. Cole, and Jefferson Penberthy, "Battle of the Future Buddhas," *Time*, May 2, 1994.
26. Charles Bell, *The Religion of Tibet* (1968; reprint, Delhi: Book Faith India, 1998), 131–132.
27. Alexander Norman, *Holder of the White Lotus: The Lives of the Dalai Lama* (London: Little, Brown, 2008), 319–321.
28. 同上 , 324.

第 8 章　チベットのプリンセス

1. 中国は 2007 年 7 月 17 日，国連人権委員会において，信仰・宗教の自由に関する特別報告者アスマ・ジャハンジールの質問に応えて声明を発表した．声明を含む報告書を以下で閲覧できる．www2.ohchr.org/english/bodies/hrcouncil/docs/7session/A-HRC-7–10-Add1.doc.
2. アブシ・パン・リンジンワンモ（レンジ）の生い立ちの物語と彼女の発言は，2009 年 1 月 10 日と 1 月 27 日に北京で行った著者によるインタビュー，2010 年 3 月 15 日のフォローアップの打ち合わせ，彼女のアシスタントのクリストファー・トーマス（しばしばレンジの公式発言の表現修正を行う）との多くの E メールにもとづく．
3. Jampal Gyatso, *The Panchen Lama*, unpublished English translation by Rachel W. Schlesinger of a work originally in Tibetan and Mandarin, 127.
4. 同上．
5. レンジへのインタビュー，2009 年 5 月 21 日．
6. 同上．
7. レンジの補佐官クリストファー・トーマスは，2010 年 7 月 6 日付けの著者への E メールで，政治的な計算が人間の感情ほどには役割を果たさなかった可能性について詳しく説明した．「鄧夫人は周恩来の姪がモンゴル人と結婚した例を挙げていましたので，夫人がこうした結婚を支援していることは明らかでした．とはいえ，鄧夫人の発言とレンジの偉大な祖父の心境の変化が，レンジの母と父との結婚が国家統合の模範的な例であり中国が必要とするものだという認識によるものであることは，さらに明らかだと感じます．この結婚を " 利のあるもの " としてのみ考えるのは誤りです，それは計算のしすぎです．鄧夫人のこうした単純な発言によってレンジの偉大な祖父が完全に説き伏せられるとは考えにくいのです．彼の中にはすでにはっきりした感情があったに違いありません」
8. ペノル・リンポチェは 2009 年 5 月に死去．彼はセガールについての質問に対し 1999 年 9 月に以下の記事で応えた．"Statement by H.H. Penor Rinpoche Regarding the Recognition of Steven Seagal as a Reincarnation of the Treasure Revealer Chungdrag Dorje of Palyul Monastery," www.palyul.org/docs/statement.html. ペノル・リポチェはこの中で，トゥルク認定に当たりセガールからいかなる取引も行っていないと述べている．
9. クリストファー・トーマス，著者への E メール，2009 年 10 月 20 日．
10. 李光永へのインタビュー，2009 年 7 月 29 日．
11. "Renji, The Lama's Daughter," フェイスブック，www.facebook.com/notes.php?id=22946312326.
12. 元記事は『人民日報』2009 年 8 月 6 日．ローランド宋がブログ「東西南北」で英訳してコメントしている． www.zonaeuropa.com/20090806_1.htm (accessed Feb. 22, 2010).
13. *The Cadence of Life*, 2008, DVD, produced for Princess Yabshi Pan Rinzinwangmo, ISRC

2. 手紙のコピーはウゲン・ティンレ・ドルジェ，すなわちダライ・ラマが認めるカルマパ 17 世のサイトで閲覧できる．www.kagyuoffice.org/karmapa.reference.recognition.predictionletter.html.
3. Michele Martin, *Music in the Sky: The Life, Art & Teachings of the Seventeenth Karmapa, Ogyen Trinley Dorje* (New Delhi: New Age Books, 2004), 23.
4. Xinhua News Agency, Jan. 7, 2000, 他のニュース記事でも引用された．たとえば，Jeremy Page, "Lama Fled China After Visa Refusal," Reuters, Jan. 8, 2000.
5. カルマパの記者会見，ギュト密教寺院，ダラムサラ，2001 年 4 月 27 日.
6. 複数の外国人特派員によるカルマパ 17 世へのインタビュー，ギュト密教寺院，2008 年 11 月 22 日.
7. *Religion & Ethics Newsweekly*, PBS, July11, 2008, www.pbs.org/wnet/religionandethics/episodes/july-11–2008/karmapa-lama/36/.
8. カルマパへのインタビュー，2008 年 11 月 22 日.
9. ダライ・ラマ，日本外国特派員協会での記者会見，東京，2008 年 11 月 3 日.
10. Patrick Symmes, "Tibet's Rising Son," *Newsweek*, Feb. 21, 2009, www.newsweek.com/id/185796/page/1 (accessed Feb. 16, 2010).
11. この段落の引用はすべて，著者によるインタビュー，ダラムサラ，2008 年 11 月 22 日.
12. ダライ・ラマによる外国人レポーターへの談話，アムリッツァル，2007 年 11 月 27 日．ユダヤ教，ヒンドゥー教，シーク教，イスラム教，キリスト教，仏教の各界の著名人を集めた異教徒間対話にて．afp.google.com/article/ALeqM5i6FXsaCp58kaPjnMBrSTyWaAn8gw.
13. ダライ・ラマ，記者会見，ダラムサラ，2008 年 11 月 23 日.
14. "Reincarnation of Living Buddha Needs Gov't Approval," Xinhua News Agency, Aug. 4, 2007, www.chinadaily.com.cn/china/2007-08/04/content_5448242.htm.
15. カルマパはチベット語で話したため以下の翻訳から引用．Wasfia Nazreen, "Karmapa Appeals for Wildlife Conservation," Phayul.com, June 30, 2009, www.phayul.com/news/article.aspx?id=25036
16. カルマパへのインタビュー，ダラムサラ，2009 年 7 月 4 日.
17. カルマパへのインタビュー，ダラムサラ，2008 年 11 月 22 日.
18. カルマパへのインタビュー，ダラムサラ，2009 年 7 月 4 日.
19. Rashmee Roshan Lall, "Video War Games Satiate My Feelings of Aggression," *Times of India*, Sep. 20, 2009, articles.timesofindia.indiatimes.com/2009-09-20/all-that-matters/2809125 (accessed Feb. 18, 2010).
20. Rashmee Roshan Lall, "ç," *Times of India*, Sep. 21, 2009.
21. Anand Sankar, "The Karmapa Breaks His Silence," *Business Standard* (Mumbai), May 23, 2009.
22. Lall, "I'm Very Passionate."
23. Claude Arpi, "Trying to Guess Why the Karmapa's Tour Was Cancelled," *Claude Arpi* blog, Apr. 7, 2010, claudearpi.blogspot.com/2010/04/trying-to-guess-why-karmapas-tour-was.html. また，"India Says No to U.S. Tour of Tibetan Monk," *Thaindian News*, July 15, 2010, www.thaindian.com/newsportal/uncategorized/india-says-no-to-us-tour-of-tibetan-monk_100396143.html
24. "Title Claimant to Approach NEMPF for Intervention on Karmapa Issue," *Voice of Sikkim*, Feb. 11, 2010, voiceofsikkim.com/2010/02/12/title-claimant-to-approach-nempf-for-

福田宏年訳，角川書店，1997年〕
22. John Kenneth Knaus, *Orphans of the Cold War: America and the Tibetan Struggle* (New York: Public Affairs, 2000), 140–148.
23. Foreign Relations of the United States (FRUS), 1964–1968, vol. 30, Item 342, "Draft Memorandum for the 303 Committee," CIA文書の日付は1968年1月26日．米国務省サイトに掲載．www.state.gov/www/about_state/history/vol_xxx/337_343.html.
24. Knaus, *Orphans of the Cold War*, 217.
25. Mikel Dunham, *Buddha's Warriors: The Story of the CIA-backed Tibetan Freedom Fighters, the Chinese Invasion, and the Ultimate Fall of Tibet* (New York: Tarcher, 2004), 317–318.
26. Joe Bageant, "CIA's Secret War in Tibet," *Military History*, February 2004.
27. Knaus, *Orphans of the Cold War*, x–xi.
28. FRUS, 1964–1968, vol. 30, Item 337.
29. ダライ・ラマ，パネルディスカッション，ハーバード・メディカルスクール生涯学習部門主催による瞑想と心理療法のカンファレンス，ボストンパークプラザホテル，2009年5月1日．

第6章　ダラムサラ

1. パルベズ・ノウロジーへのインタビュー，ダラムサラ，2008年11月21日．
2. 同上．
3. ニシャ・サリンへのインタビュー，ダラムサラ，2009年7月2日．
4. 同上．
5. "Free Tibet! sang by Dorjee Tsering (Lhaksam)," YouTube.com, Mar. 19, 2007, www.youtube.com/watch?v=PIQAilW0y2E.
6. ロブサン・ワンギェルへのインタビュー，ダラムサラ，2009年7月2日．
7. ボイドはこの話を著者の同僚で旅に同行したクリフォード・コーナンに伝え，コーナンはそれを以下の記事に記した．"U.S. Singer Has Key Part in Tibet Independence Movement," *Irish Times*, Nov. 21, 2008.
8. Jamyang Norbu, "Waiting for Mangtso," *Shadow Tibet* blog, Sep. 9, 2009, www.jamyangnorbu.com/blog/2009/09/09/waiting-for-mangtso/.
9. 中でも最も注目すべきはオーストラリア出身の英国人記者マイケル・バックマンの記事．"Behind Dalai Lama's Holy Cloak," Age (Melbourne, Australia), May 23, 2007, www.theage.com.au/news/business/behind-dalai-lamas-holy-cloak/2007/05/22/1179601410290.html.
10. Hilary Lehman, "Dalai Lama Offers 100K to FIU Religion Department," Associated Press, May 26, 2009, abcnews.go.com/US/wireStory?id=7681523.
11. Daniel Erikson, "The Politics of Disaster Relief: China, Taiwan and the Haitian Earthquake," *China Brief* 10, no. 3 (Feb. 4, 2010), www.jamestown.org/single/?tx_ttnews[tt_news]=36009.
12. ツェワン・イェシへのインタビュー，2009年7月3日．

第7章　カルマパ

1. Emily Wax, "A Young Lama Weighs Tibetans' Future," *Washington Post*, Mar. 17, 2009, www.washingtonpost.com/wp-dyn/content/article/2009/03/16/AR2009031602668.html.

2. Tibetan Centre for Human Rights and Democracy, *Human Rights Situation in Tibet, Annual Report 2009*, 49, www.tchrd.org/publications/annual_reports/2009/ar_2009.pdf.
3. テンジン・ツゥンドゥへのインタビュー，ダラムサラ，2008年11月19日.
4. テンジン・ツゥンドゥ，著者ら支援者へのEメール，2008年2月16日.
5. テンジン・ツゥンドゥへのインタビュー.
6. 同上.
7. 同上.
8. Tenzin Tsundue, *Semshook: Essays on the Tibetan Freedom Struggle* (Dharamsala: TibetWrites, 2007), 83.
9. テンジン・ツゥンドゥへのインタビュー.
10. 同上.
11. Website of the Tibetan Youth Congress, www.tibetanyouthcongress.org/aboutus.html.
12. "TYC, a Terrorist Organization Much Catastrophic [sic] Than Bin Laden's, Say Netizens," *People's Daily Online*, Apr. 10, 2008, english.peopledaily.com.cn/90001/90780/91342/6390216.html.
13. ツェワン・リグジンへの電話インタビュー，2008年3月25日.
14. インド軍では秘密部隊に1,000人以上のチベット人兵士が在籍，多くはインド国境を約50年にわたり守っている特殊国境部隊（SFFとして知られる）に属している．インド・チベット国境警察（ITBP）で働く者もいる．卒業後にしばしば校門で行われる採用活動に比べ，チベット人兵士の歴史は公に知られていない．チベット人兵士たちはその任務をチベット独立の希望を保つ活動と見なしている．SFFのチベット人によるヒンディー語の歌の一節には彼らの希望がにじみ出ている（www.tibetwrites.org/?Not-their-own-wars より）.

    われらは開拓者
    中国はわれらからチベットを奪い
    われらを家から追い出した
    それでもインドは
    われらを同胞として守る
    いつか，そういつの日か
    中国人に教訓を与えよう
    機会があればいつであれ
    われらは自分の人生を生きる

15. ツェワン・リグジンへのインタビュー，2008年11月20日.
16. 同上.
17. 同上.
18. "Police: Offensive Weapons Found in Tibetan Temples," Xinhua News Agency, Apr. 2, 2008, news.xinhuanet.com/english/2008–04/02/content_7900972.htm.
19. "TYC Refutes Chinese Communist Party's Allegations," Phayul, July 16, 2008, www.phayul.com/mobile/?page=view&c=2&id=21973.
20. ツェワン・リグジンへのインタビュー.
21. Heinrich Harrer, *Seven Years in Tibet*, trans. Richard Graves (1953; reprint, New York: Tarcher, 1997), 223.〔ハインリヒ・ハラー『セブン・イヤーズ・イン・チベット——チベットの七年』

Mar. 28, 2008.
5. U.S. Department of State, *2008 Human Rights Report: China (Includes Tibet, Hong Kong, and Macau)*, Feb. 25, 2009, www.state.gov/g/drl/rls/hrrpt/2008/eap/119037.htm.
6. ギャロ・トゥンドゥップの記者会見，ダラムサラ，2008 年 11 月 19 日.
7. ケルサン・ギャルツェンへのインタビュー，ダラムサラ，2008 年 11 月 21 日.
8. ダライ・ラマ特使の声明 "Memorandum on Genuine Autonomy for the Tibetan People," 2008 年 11 月 16 日. 筆者はコピーをダラムサラで入手したがファイルも存在. www.savetibet.org/policy-center/topics-fact-sheets/memorandum-genuine-autonomy-tibetan-people.
9. "Differences Remain with Dalai Lama, Official Says," *People's Daily Online*, Dec. 10, 2008, english.peopledaily.com.cn/96054/96056/6550801.html.
10. "Door for Talks with Dalai Lama Still Open, National Sovereignty Non-Negotiable: CPC official," Xinhua News Agency, Feb. 1, 2010, news.xinhuanet.com/english2010/china/2010-02/01/c_13159016.htm.
11. Tim Johnson, "Corpses Litter the 'Death Zone' Near Everest's Summit, Frozen for Eternity," McClatchy Newspapers, May 16, 2007, www.mcclatchydc.com/117/story/16188.html.
12. Tim Johnson, "Climbing the Often-Lethal Slopes of Mount Everest—Feat or Folly?" McClatchy Newspapers, May 16, 2007, www.mcclatchydc.com/117/story/16190.html.
13. ギャロ・トゥンドゥップの記者会見.
14. チベット自治区主席ジャムパ・プンツォクによる冒頭発言，国務院新聞弁公室での記者会見，北京，2008 年 3 月 17 日，munich.china-consulate.org/ger/xwdt/t416203.htm (accessed Nov. 19, 2009).
15. Ma Ting, "A Look-back on March 14," *Messenger*, a publication of China Radio International, Mar.–Apr. 2008, 14–15.
16. U.S. Department of State, *2009 Report on International Religious Freedom*, Washington, DC, Oct. 26, 2009.
17. Ye Xiaowen, "Time for Reflection as the Dust Clears," in *Materials on the March 14 Incident in Tibet* (Beijing: Foreign Languages Press, 2008), 13.
18. ツェリン・オーセルへのインタビュー，北京，2009 年 12 月 15 日.
19. 同上.
20. 同上.
21. 同上.
22. 報告書の発表後，政府は公盟を脱税容疑で閉鎖し，司法当局は公盟に関係する弁護士 53 人の資格を剥奪した.
23. Li Kun, Huang Li, and Li Xiang, *An Investigative Report into the Social and Economic Causes of the 3.14 Incident in Tibetan Areas*, Open Constitution Initiative, May 2009, www.savetibet.org.
24. ツェリン・オーセルへのインタビュー.

第 5 章　ヒマラヤを越えて

1. ミングマ・テンバへのインタビュー，クンデ病院，2008 年 2 月 10 日.

17. "China Imposes Ramadan Security Crackdown in Muslim Northwest," Agence France-Presse, Sept. 4, 2008, afp.google.com/article/ALeqM5hdEdZru3e81VgdC0jbXbfR0mKfhg.
18. Lydia Wilson and Poppy Toland, "Xinjiang: China's 'Other Tibet,'" *AlJazeera.net*, Mar. 25, 2008, english.aljazeera.net/news/asia-pacific/2008/03/2008525184819409441.html.
19. Maria Casadei, "Remembering Kashgar," *Far Eastern Economic Review*, May 2009.
20. "Uygurs Decry 'Reconstruction Project' Set to Change the Face of Old Town in Kashgar," *South China Morning Post*, Dec. 30, 2009.
21. "Ethnic Clash in Guangdong," *YouTube.com*, reposting of a video provided by Radio Free Asia, June 29, 2009, www.youtube.com/watch?v=6_PJTO2k0PM.
22. Jonathan Watts, "Old Suspicions Magnified Mistrust into Ethnic Riots in Urumqi," *Guardian* (London), July 10, 2009, www.guardian.co.uk/world/2009/jul/10/china-riots-uighurs-han-urumqi.
23. Lucy Hornby, "Needle Attacks and Rumours Spread in China's Xinjiang," *Reuters*, Sep. 11, 2009, uk.reuters.com/article/idUKTRE58A0OG20090911.
24. Uyghur Human Rights Project, "Four New Death Sentences issued in East Turkestan," press release, Jan. 27, 2010, www.uhrp.org/articles/3479/1/.
25. Edward Wong, "China Nearly Doubles Security Budget for Western Region," *New York Times*, Jan. 14, 2010.
26. シンナへのインタビュー，フフホト，2008 年 10 月 30 日.
27. 同上.
28. マクラッチー北京支社の協力者によるナブチへの電話インタビュー，2008 年 11 月 3 日. 協力者の安全のため姓名は伏す.
29. トゴチョグ・エンフバトへの電話インタビュー，2008 年 10 月 28 日.
30. "Uiles' Statement of Jan. 2nd, 2010," *Xinna on Human Rights in Southern Mongolia* blog, Jan. 5, 2010, free-hada-now.org/blog/.
31. ダライ・デュレンへのインタビュー，フフホト，2008 年 10 月 31 日.
32. センゲ・レンチンへのインタビュー，北京，2008 年 11 月 5 日.
33. ダライ・ラマ，日本外国特派員協会での会見，2008 年 11 月 3 日.
34. シンナへのインタビュー.
35. "Huge Mineral Resources Found on the Tibet-Qinghai Plateau," Xinhua News Agency, Feb. 13, 2007, www.chinadaily.com.cn/bizchina/2007-02/13/content_833286.htm.
36. "China and Britain Ready to Exploit Tibet's Natural Resources," *Sunday Telegraph* (London), July 27, 2008, www.phayul.com/news/article.aspx?id=22092.

第 4 章　聖なる都か、悪魔の国か

1. Alexandra David-Neel, *My Journey to Lhasa: The Personal Story of the Only White Woman Who Succeeded in Entering the Forbidden City* (1927; reprint, London: Virago, 1969), 257.
2. Peter Whitfield, *Cities of the World: A History in Maps* (Berkeley: University of California Press, 2005), 97.
3. Sudip Mazumdar, "Course Correction," *Newsweek*, Jan. 27, 2010.
4. Tim Johnson, "Tibetans See 'Han Invasion' as Spurring Violence," McClatchy Newspapers,

3. Central Tibetan Administration, *Tibet: A Human Development and Environment Report* (Dharamsala: CTA Department of Information and International Relations, 2007), 272.
4. Warren W. Smith Jr., *China's Tibet? Autonomy or Assimilation* (Lanham, MD: Rowman & Littlefield, 2008), 34.

第 3 章　鉄道に乗ってチベットへ

1. Robert Lee, *Tools of Empire or Means of National Salvation? The Railway in the Imagination of Western Empire Builders and Their Enemies in Asia*, University of Western Sydney, Macarthur, Feb. 11, 2003, www.york.ac.uk/inst/irs/irshome/papers/robert1.htm.
2. United Nations Development Programme, "Show the World," press release on promotion of ethnic culture, Jan. 8, 2009.
3. Rebiya Kadeer, with Alexandra Cavelius, *Dragon Fighter: One Woman's Epic Struggle for Peace with China* (Carlsbad, CA: Kales, 2009), 256.〔ラビア・カーディル，アレクサンドラ・カヴェーリウス『ウイグルの母　ラビア・カーディル自伝――中国に一番憎まれている女性』水谷尚子監訳，熊河浩訳，武田ランダムハウスジャパン，2009 年〕
4. ラビア・カーディルへのインタビュー，ワシントン D.C.，2008 年 12 月 16 日.
5. 同上.
6. 同上.
7. Kadeer, *Dragon Fighter*, 265.〔カーディル『ウイグルの母　ラビア・カーディル自伝』〕
8. ウイグルの英文の綴りには Uighur と Uyghur がある．米国の多くの通信社は前者を好むが，より発音に近い後者を用いるウイグル人団体があり，ウイグル人権プロジェクトも同様．引用はアリム・セイトフへの電話インタビュー，2008 年 12 月 17 日.
9. Jeff Stein, "The Long Arm of China's Secret Police Reaches into the U.S.," *Congressional Quarterly*, Oct. 6, 2006.
10. "Police Destroy Terrorist Camp, Killing 18," Xinhua News Agency, Jan. 8, 2007.
11. Mission of the People's Republic of China to the European Union, "Truth of the '7-5' Riot in Urumqi, Xinjiang Uyghur Autonomous Region," Newsletter 20, Aug. 25, 2009, www.chinamission.be/eng/sthd/t580613.htm (accessed Jan. 27, 2010).
12. Information Office of the State Council of the People's Republic of China, *History and Development of Xinjiang*, May 2003, www.china.org.cn/e-white/20030526/.
13. James A. Millward and Peter S. Perdue, "Political and Cultural History of the Xinjiang Region Through the Late Nineteenth Century," in *Xinjiang, China's Muslim Borderland*, ed. S. Frederick Starr (Armonk, NY: M. E. Sharpe, 2004), 38.
14. ヒューマン・ライツ・ウォッチ研究員ニコラス・ベクリンへのインタビュー，2008 年 4 月 10 日.
15. Graham E. Fuller and S. Frederick Starr, *The Xinjiang Problem* (Baltimore: Central Asia-Caucasus Institute, School of Advanced International Studies, Johns Hopkins University, 2003), 18.
16. ウイグル人は中國における最大のムスリム集団ではない．深く中国化されて独自言語を持たない回族の総数は公式統計はないが約 900 万人と推定されている．回族は寧夏回族自治区，甘粛省，青海東部に居住，中国全土にネットワークを持ち 1980 年代以来チベットにも勢力を拡大している．回族の信仰に対する規制はウイグルに対するものほど厳しくない．

原注

※記載 URL は注記のない場合は 2011 年 10 月 1 日アクセス確認したもの．確認不能なものは原著者によるアクセス日を記している．

はじめに

1. Carsten A. Holz, "Have China scholars all been bought?" *Far Eastern Economic Review* (April 2007) 36, www.feer.com/articles1/2007/0704/free/p036.html.

第 1 章　大きな賭け

1. テンジン・タクラ，著者への E メール，2009 年 5 月 27 日．
2. 今日，チベット仏教の信者はチベット高原とネパール，ブータン，インド北部のアルナーチャルプラデシュ州，ヒマーチャルプラデシュ州とシッキム州の一部を含むヒマラヤの多くの地域に居住．チベット仏教はまたモンゴルと，カルムイク，ブリヤート，トゥヴァを含むロシアの一部でも実践されている．
3. 本章内の引用はすべて著者によるダライ・ラマ 14 世へのインタビュー，ダラムサラ，2009 年 7 月 1 日．
4. ダライ・ラマ，日本外国特派員協会での発言，東京，2008 年 11 月 3 日．
5. この点はアクセス・アジア社の 2009 年 12 月 23 日のニュースレターで強調されている．同社は上海，クアラルンプール，英国ブリストルに拠点を持つ市場調査会社．
6. Lee Davidson, "Huntsman Pleased with Obama in China," *Deseret News*, Nov. 17, 2009, www.deseretnews.com/article/705345147/.
7. "The Chinese Celebrate Their Roaring Economy, as They Struggle with Its Costs," Pew Global Attitudes Project, July 22, 2008, pewglobal.org/reports/display.php?ReportID=261.
8. "Coal Mine Deaths Drop 15% in 2008," Xinhua News Agency, Jan. 28, 2009.
9. 非営利の人権活動団体，労改調査基金は既知の 909 の労改キャンプのリストを公開しているが，全土に 1,000 以上が存在すると見積もっている．1949 年以来，ソ連の強制収容所をモデルとしたそれらのキャンプには 4,000 ～ 5,000 万人が送られてきたという．See www.laogai.org.
10. この 2007 年 1 月 28 日の出来事について，劉は検閲を避けるため中国国外でホスティングされている反体制派のサイト Boxun で書いた．記事は後にブログ EastSouthWestNorth blog で英訳された．www.zonaeuropa.com/200701.brief.htm.
11. 外交部報道官の秦剛，2009 年 11 月 12 日の会見．
12. Alan Wachman, "China's Lincolnophilia," The China Beat blog, Nov. 27, 2009, www.thechinabeat.org/?p=1193. ワックマンはタフツ大学フレッチャー法科大学院で国際政治を教えている．

第 2 章　チベット高原の周辺で

1. これら 2 件と他の事例が駐華外国人記者協会のサイトで報告されている．www.fccchina.org.
2. 私は北米では普通の遊び方をロビンに教えなければならなかった．一人がシュートするともう一人は同じ位置からシュートしなければならず，ミスすると "horse" の語が 1 文字ずつ積み上がる．先に "horse" に到達（5 回ミス）したほうが負けとなる．

［著者］

ティム・ジョンソン
Tim Johnson

ジャーナリスト。過去 20 年にわたり、『マイアミ・ヘラルド』、ナイトリダー・ニュースペーパーズ、マクラッチー・ニュースペーパーズの外国特派員として活躍。ナイトリダーとマクラッチーでは北京支局長を計 6 年間務めた。現職はマクラッチーのメキシコ支局長。

［訳者］

辻 仁子
Satoko Tsuji

愛知県生まれ。京都大学総合人間学部卒業。IT企業勤務を経て、現在翻訳業。

チベットの祈り、中国の揺らぎ
世界が直面する「人道」と「経済」の衝突

発行日 2011年10月30日 第1版 第1刷

著者 ティム・ジョンソン
訳者 辻仁子（つじ・さとこ）
発行人 原田英治
発行 英治出版株式会社
〒150-0022 東京都渋谷区恵比寿南1-9-12 ピトレスクビル4F
電話 03-5773-0193 FAX 03-5773-0194
http://www.eijipress.co.jp/
プロデューサー 高野達成
スタッフ 原田涼子 岩田大志 藤竹賢一郎 山下智也
杉崎真名 鈴木美穂 下田理 渡邉美紀 山本有子
牧島琳 千葉英樹 野口駿一
印刷・製本 シナノ書籍印刷株式会社
装丁 英治出版デザイン室
翻訳協力 株式会社トランネット www.trannet.co.jp

ISBN978-4-86276-115-6 C0031 Printed in Japan